منهجية البحث العلمي

في التربية والعلوم الاجتماعية

رقم الإيداع لدى المكتبة الوطنية (2008/8/3009)

301 .072
دعمس، مصطفى
منهجية البحث العلمي في التربية والعلوم الاجتماعية
عمان: دار غيداء للنشر والتوزيع، 2008
(   ) ص
ر:أ: (2008/8/3009)
الواصفات: الأبحاث//أساليب البحث//العلوم الاجتماعية// التربية/

*تم اعداد بيانات الفهرسة والتصنيف الأولية من قبل دائرة المكتبة الوطنية

ISBN: 978-9957-480-28-8

دار غيداء للنشر والتوزيع

تلاع العلي- شارع الملكة رانيا العبد الله
مجمع العساف التجاري - الطابق الأول
تلفاكس: 2043535 6 269 +
خلوي: 143 95667 7 692 +
ص: ب: 520946 عمان 11152 الأردن
E-mail:darghidaa@gmail.com

منهجية البحث العلمي

في التربية والعلوم الاجتماعية

تأليف

الاستاذ مصطفى نمر دعمس

الإهداء

الى أمي وأبي العزيزين

وزوجتي وأبنائي

اسراء & آلاء & صهيب & محمد

وجميع الأحبة ممن يحبون العلم والمعرفة

الفهرس

الفصل الرابع

الفصل الخامس

المقدمة

الحمد لله والصلاة والسلام على رسول الـلـه، وبعد:

أضحى تقدم الأمم والمجتمعات مرهون بما تمتلكه من معرفة متطورة وتقانة متقدمة، وثروة بشرية متعلمة، قادرة على الإبداع والإنتاج والمنافسة العالمية وتحقيق أفضل معدلات التنمية البشرية الراقية والاستثمار الإيجابي لثرواتها الطبيعية، "فالأمم العارفة هي الأمم القوية " التي ترى أن البحث العلمي برمته يشكل أحد الأعمدة الأساسية في تطوير المجتمع.

وغير خافٍ على أيٍّ منا أن البحث العلمي الذي ورثناه من تلاقح وتوارث كل الحضارات ولا سيما حضارتنا العربية الإسلامية حول كل هذه الموروثات والتقاليد العلمية إلى نوع من الإرث التاريخي وإلى مسلمات لها قداستها ومكانتها لدى البعض، لكن منتصف القرن العشرين فجر قنبلة غير متوقعة في مفهوم التقنيات والمعلومات الرقمية، هذه القنبلة أحدثت هزة في كل النظم والمسلمات المتعارف عليها،جعلت الحضارة الحديثة حضارة علمية في حقيقتها.

وقد وضعت كتابي هذا (منهجية البحث في التربية والعلوم الاجتماعية)، وما هو إلا خلاصة جهد لكثير من الباحثين والتربويين خاصة في عالمنا العربي الكبير، راجياً أن ينال إعجاب الجميع وأن يفيدوا منه.

كتابي هذا، يشمل مفهوم العلم والفرق بين العلم و المعرفة، مصادر المعرفة في التصور الإسلامي وسماته،خطوات الأسلوب العلمي للمعرفة،بناء المنهج ومستويات المعرفة،مفهوم التربية وأهدافها،علاقة التربية بالعلوم الاجتماعية، فروع العلوم الاجتماعية،أهداف العلوم الاجتماعية.

وسوف نتناول الأساسيات المفاهيمية للبحث:المفاهيم،التعاريف،النظرية،..الخ، وأيضاً نشأة البحث العلمي،مفهوم البحث العلمي،مناهج البحث العلمي،نظرية المنهج،الخطوات المنهجية العلمية،أنواع البحوث وكيفية انجازها،مهارات البحث العلمي، خصائص البحث العلمي،أسس البحث العلمي،مستلزمات البحث العلمي،العناصر الأساسية للبحث،مشكلات البحث،الفروض،مصادر البحث والفروض، خطوات البحث العلمي،مراحل البحث العلمي،أساليب البحث، الجوانب الفنيَّة في كتابة البحث العلمي.

وكذلك، أهمية البحث العلمي، وواقع البحث العلمي في الوطن العربي.

واخيراً،التقنية والبحث، استخدام الحاسوب في البحث العلمي،دور الانترنيت في البحث العلمي، الدورية الإلكترونية العلمية وتطوراتها، المكتبات الرقمية، جماعة المكتبات البحثية.

وسيجد القارئ في هذا الكتاب خير معين بإذن الله، وذلك من خلال المعلومة الشائقة وطرح أهم القضايا المتعلقة بالبحث العلمي الهادفة؛ وذلك لدفعه إلى المزيد من البحث والتواصل.

وقد تمت مواءمة الكتاب مع أنجع وأحدث المراجع المختلفة.

و الله ولي التوفيق

المؤلف

الفصل الاول
البحث العلمي

الفصل الاول

البحث العلمي

نشأة البحث العلمي:

إن نشأة البحث العلمي قديمة قدم الإنسان على سطح الأرض، فمنذ أن خلق الله آدم، ونزوله الأرض، والإنسان يعمل عقله وفكره ويبحث عن أفضل السبل لممارسة الحياة فوق سطح الأرض، ومن ثم لتحقيق وظيفة الاستخلاف التي خلق اللهُ الإنسانَ من أجلها..

(وإذا قال ربك للملائكة إني جاعلٌ في الأرض خليفة) البقرة: ٣٠

ومنذ ذلك اليوم، والإنسان يمارس المحاولات الدائبة للمعرفة وفهم الكون الذي يعيش فيه..

وظلت البشرية على مدار قرون طويلة تكتسب المعرفة بطريقة تلقائية مباشرة عن طريق استخدام الحواس الأساسية للإنسان.. وبالطبع لم تمارس أي منهج علمي في التوصل إلى الحقائق أو محاولة فهم بعض الظواهر التي تحدث حول الإنسان.. (محمد مسعد ياقوت-2007)

هذا، ولقد تطور البحث العلمي عبر العصور ببطء شديد واستغرق هذا التطور عدة قرون في التاريخ الإنساني، ومن الصعب تتبع تاريخ البحث العلمي بالتفصيل في هذه الصفحات القليلة وغاية مايستطاع هو ذكر بعض معالم التطور في مجال البحث العلمي ونشاطاته..

- البحث العلمي في العصور القديمة:

يقصد بالعصور القديمة الفترات التي عاش فيها المصريون القدماء والبابليون واليونان والرومان، فمنذ ذلك التاريخ كان اتجاه التفكير لدى قدماء المصريين اتجاها علميا تطبيقيا حيث برعوا في التخطيط والهندسة والطب والفلك والزراعة.

- كما أسس المصريون القدماء حضارة علمية في الصيدلة والكيمياء يقول عنها المؤرخ جابين "إن المصريين كانوا منجما اغترف منه الاقدمون العقاقير وأوصافها المذكوره في أعمال ديسقوريدس وبليني وغيرهما كان من الواضح انها مأخوذه من المصريين القدماء.

- أما بالنسبة لقدماء اليونان فقد كان لهم اهتمام بالبحث العلمي حيث أنهم أعتمدوا على التأمل والنظر العقلي المجرد وقد وضع أرسطو قواعد المنهج القياسي والاستدلالي في التفكير العلمي كما فطن أيضا للاستقراء وكان الطابع التأملي هو الغالب على تفكيره واعتمد اليونان أيضا في بنائهم العلمي على الإكتشافات السابقة التي سجلها المصريون والبابليون ومن أبرز علمائهم البارزين في هذا المجال فيثاغورس في الجغرافيا والرياضيات والفلسفه (600 ق. م) وديمقراطس الذي اقترح نظرية التنافر الذري.. لشرح تركيب المادة (400 ق.م) وثيوفراستوس الذي أسس طريق منهجية في النبات، وأرشميدس عالم الفيزياء (300 ق.م) وسترابو عالم الجغرافيا (20 ق.م) وبطليموس الذي وضع أول نظرية ملائمة عن حركة الكواكب في القرن الثاني الميلادي.

- أما التفكير العلمي عند الرومان فقد أزدهر أيضا ويعتبر الرومان ورثة المعرفة اليونانية ويتركز إسهامهم في الممارسة العلمية أكثر من متابعتهم لها وكانوا صناع قوانين ومهندسين أكثر منهم مفكرين متأملين.

- البحث العلمي في العصور الوسطى:

يقصد بالعصور الوسطى الفترة الزمنية التي أزدهرت فيها الحضارة الاسلامية وفترة عصر ـ النهضة في أوروبا وتمتد تلك الفترة من حوالي القرن الثامن حتى القرن السادس عشر ـ الميلادي وقد أفاد المسلمون في هذه الفترة من العلوم السابقة للمصريين القدماء والاغريق والرومان واليونان وتعتبر الحضارة الاسلامية حلقة الاتصال بين الحضارات القديمة كحضارات المصريين والإغريق والرومان واليونان وبين من بعدهم في عصر النهضة الحديثة ولم يكتفوا بنقل حضارة من قبلهم فقط بل أضافوا إليها علوما وفنونا تميزت بالأصالة العلمية فالفكر الإسلامي تجاوز الحدود الصورية لمنطق أرسطو أي أن العرب عارضوا المنهج القياسي وخرجوا على حدوده إلى اعتبار الملاحظة والتجربة مصدرا للبحث العلمي.

- كما أن العرب قد أتبعوا في إنتاجيتهم العلمية أساليب مبتكرة في البحث فاعتمدوا على الاستقراء والملاحظة والتدريب العلمي والاستعانة بأدوات القياس للوصول إلى النتائج العلمية وقد نبغ الكثير من العلماء المسلمين في مجال البحث العلمي مثل الحسن بن الهيثم وجابر بن حيان والخوارزمي والبيروني وابن سينا

وغيرهم وقد شهد على نبوغ العلماء العرب في هذا المجال الكثير من رواد النهضة الأوروبيين مثل ((Sarton) العالم الأمريكي الذي قال ان العرب أعظم معلمين في العالم في القرون الوسطى ولو لم تنقل إلينا كنوز الحكمة اليونانية لتوقف سير المدنية لبضعة قرون فالعرب قد أسهموا بإنتاجهم العلمي في تقدم الحضارة وأسهموا باصطناع منهج الاستقراء و اتخذوا الملاحظة والتجربة أساسا للبحث العلمي.

■ ولقد ساهم الفكر الإسلامي في تأصيل الحضارة الإنسانية تأصيلا سويا وصائبا ووضعها في مسارها الصحيح ونقلها من العشوائية والتخبط إلى المناهج العلمية الصائبة التي تعتمد على أسس وقواعد ومبادئ كما أرسى الفكر الإسلامي قواعد وأساليب التحصيل العلمي لشتى العلوم الإنسانية النظرية والتطبيقية وأرسى قواعد الموضوعية والشكلية في البحث والكتابة والاستقصاء ومن تلك القواعد والأسس التي وضعها العلماء المسلمون:

أ- قواعد منهج البحث العلمي التي يعتمد عليها في نقد مصادر الرواية..

ب- قواعد منهج البحث العلمي التي يستند إليها في التجريح والتعديل..

جـ- قواعد التصنيف للروايات والآثار.

■ وقد أفاد رواد النهضة الأوروبية مثل روجر بيكون 1214م وليونارد دي فينشي ـ 1452م وغيرهم من العلوم العربية التي خلفوها لهم وأعتمدوا عليها في بناء أسس الحضارة الأوروبية الحديثة.

■ ويمكن القول باطمئنان أنه لا يوجد شيء من المعارف الإنسانية إلا وللمسلمين فيه بحث أو تطوير أو إضافة أو إحاطة ومعرفة، ولقد استخدم المسلمون في أبحاثهم العلمية المنطق القديم والمنطق الحديث على حد سواء، فلم يظنوا كما ظن مفكرو العصور الوسطى من الأوربيين أن أرسطو قد وضع النظرية النهائية لقواعد الاستنتاج، ولكنهم اهتدوا إلى أسلوب هام من أساليب التفكير هو ما يطلق عليه الآن اسم الاستقراء، وعرفوا المنهج الرياضي الذي يعتمد على المسلّمات والبديهيات، وعنهم نقل بيكون منهجه العلمي لأنه تتلمذ على علماء المسلمين.

■ عندما حمل المسلمون شعلة الحضارة الفكرية للإنسان؛ ووضعوها في مكانها السليم؛ كان هذا إيذاناً ببدء العصر العلمي القائم على المنهج السليم في البحث؛ فقد تجاوز الفكر العربي الإسلامي الحدود التقليدية للتفكير اليوناني، وأضاف

العلماء العرب المسلمون إلى الفكر الإنساني منهج البحث العلمي القائم على الملاحظة والتجريب، بجانب التأمل العقلي،كما اهتموا بالتحديد الكمي واستعانوا بالأدوات العلمية في القياس. وفي العصور الوسطى بينما كانت أوربا غارقة في ظلام الجهل كان الفكر العربي الإسلامي يفجر - في نقلة تاريخية - كبرى ينابيع المعرفة..

- ثم نقل الغربُ التراثَ الإسلامي، وأضاف إليه إضافات جديدة حتى اكتملت الصورة وظهرت معالم الأسلوب العلمي السليم، في إطار عام يشمل مناهج البحث المختلفة وطرائقه في مختلف العلوم، التطبيقية والإنسانية.
- فقد تمثل المسلمون المنهجية في بحوثهم ودراساتهم في مختلف جوانب المعرفة.. والمنهجية التي اختطوها لأنفسهم تلتقي كثيرا بمناهج البحث الموضوعي في عصرنا، وشهد بذلك بعض المستشرقين الذين كتبوا مؤلفات يشيدون فيها بما يتمتع به العلماء المسلمون من براعة فائقة في منهج البحث والتأليف، ويبدو ذلك واضحا في كتاب (مناهج العلماء المسلمين في البحث العلمي) للمستشرق "فرانتز روزنتال"

هذا، و الدراسات المقارنة للمنهج العلمي الحديث أثبتت أن المنهج العلمي الحديث وأسلوب التفكير المنطقي قد توفر لدى علماء المسلمين في دراساتهم وبحوثهم واكتشافاتهم في مجال الفلك والطب والكيمياء والصيدلة وبقية فروع العلم التطبيقي..

وهكذا، على مدى ألف عام مضت، حقق العرب قفزات كبيرة في كافة مجالات العلوم. وأصبحت بغداد ودمشق والقاهرة وقرطبة مراكز للإشعاع الحضاري بينما كانت الحال في أوروبا على عكس ذلك حيث كانت أوروبا تعيش عصرها المظلم .

لقد أفاد العرب من علوم الإغريق والرومان وحضارة آسيا وحققوا تقدماً هائلاً ـ كما تقدم ـ في الرياضيات والميكانيكا والطب والكيمياء والعلوم التطبيقية إضافة إلى البحث والتقنية النظريين.

بين القرنين الثامن والثالث عشر تم اكتشاف أهم الاختراعات العلمية وتم إرساء أسس الحضارة الحديثة. وقد قدم العالم الإسلامي العلماء والاكتشافات العلمية بأعداد كبيرة، كما قدم الكثير من الإبداعات الفنية و المعمارية الرائعة والمكتبات الضخمة والمستشفيات الكبيرة ومختلف التقنيات والجامعات والصناعات وخرائط العالم وطرق الملاحة باستخدام

الأجرام السماوية والكثير من الإسهامات الأخرى. ثم تم نقل هذه المعرفة إلى الأوروبيين عن طريق مراكز الحضارة الإسلامية في إسبانيا قبل نهاية العصور الوسطى حينما ألحقت الحروب الصليبية بالعالم الإسلامي التدمير والخراب.

وهكذا ارتبط البحث العلمي في تاريخه العتيق بمحاولة الإنسان الدائبة للمعرفة وفهم الكون الذي يعيش فيه، وقد ظلت الرغبة في المعرفة ملازمة للإنسان منذ المراحل الأولى لتطور الحضارة.. وعندما حمل المسلمون العرب شعلة الحضارة الفكرية للإنسان، ووضعوها في مكانها السليم، كان هذا إيذاناً ببدء العصر العلمي القائم على المنهج السليم في البحث، فقد تجاوز الفكر العربي الإسلامي الحدود التقليدية للتفكير اليوناني.

وأضاف العلماء العرب المسلمون إلى الفكر الإنساني منهج البحث العلمي القائم على الملاحظة والتجريب، بجانب التَّأمل العقلي، كما اهتموا بالتحديد الكمي واستعانوا بالأدوات العلمية في القياس. وفي العصور الوسطى بينما كانت أوروبا غارقة في ظلام الجهل كان الفكر العربي الإسلامي يفجر في نقلة تاريخية كبرى ينابيع المعرفة. ثم نقل الغربُ التراثَ الإسلامي، وأضاف إليه إضافات جديدة حتى اكتملت الصورة وظهرت معالم الأسلوب العلمي السليم، في إطار عام يشمل مناهج البحث المختلفة وطرائقه في مختلف العلوم، التطبيقية والإنسانية.

فقد تمثل المسلمون المنهجية في بحوثهم ودراساتهم في مختلف جوانب المعرفة ..والمنهجية التي اختطوها لأنفسهم تلتقي كثيراً بمناهج البحث الموضوعي في عصرنا، وشهد بذلك بعض المستشرقين الذين كتبوا مؤلفات يشيدون فيها بما يتمتع به العلماء المسلمون من براعة فائقة في منهج البحث والتأليف، ويبدو ذلك واضحاً في كتاب (مناهج العلماء المسلمين في البحث العلمي) للمستشرق (فرانتز روزنتال) (عبد اللـه عسيلان،2005)

أن "الدراسات المقارنة للمنهج العلمي الحديث والمنهج الذي سار عليه المسلمون في مجال علوم الطبيعة والكون أثبتت أن المنهج العلمي الحديث وأسلوب التفكير المنطقي قد توفر لدى علماء المسلمين في بحوثهم واكتشافاتهم في مجال الطب والكيمياء والصيدلة وعلوم الكون وبقية فروع العلم التطبيقي" (عبد الرحمن، 2005)

تأسيس منهجية البحث العلمي

ان البحث العلمى واحد من اوجه النشاط المعقدة التى يمارسها العلماء باستقصاء منهجى فى سبيل زيادة مجموع المعرفة العلمية وتقنياتها ويطلق على العلم المعنى بطرائق وأساليب البحث فى العلوم الكونية للوصول الى الحقيقة العلمية أو البرهنة عليها اسم (علم مناهج البحث (Methodology كما يطلق على منهج البحث فى العلوم الكونية التى تبحث فى الظواهر الجزئية للكون والحياة اسم (المنهج التجريبى الاستقرائى) ويقصد به منهج استخراج القاعدة العامة (النظرية العلمية) أو القانون العلمى من مفردات الوقائع استنادا الى الملاحظة والتجربة.

وينسب الكثير من المؤرخين وعلماء المناهج الفضل فى اكتشاف هذا المنهج الى العالم الانجليزى (فرنسيس بيكون) الذى وضع ابان عصر النهضة الاوربية الحديثة كتابه المشهور" الاورجانون". ويشهد استقراء تاريخ الفكر البشرى بان علماء الحضارة الاسلامية كانوا أسبق من الغربيين الى نقض منطق ارسطو النظرى واتباع المنهج التجريبى قبل بيكون بعدة قرون فقد استطاعوا ان يميزوا بين طبيعة الظواهر العقلية الخالصة من جهة، والظواهر المادية الحسية من جهة أخرى، وفطنوا الى ان الوسيلة او الادارة التى تستخدم فى هذه الظواهر يجب ان تناسب طبيعة كل منها ويعتبر شيخ الاسلام ابن تيمية من اوائل العلماء المسلمين الذين نقدوا منطق ارسطو الصورى حيث هاجمه بعنف في الحسى الذى يصلح للبحث فى الظواهر الكونية ويوصل الى معارف جديدة .

سبق المسلمين

عرف العلماءُ المسلمون طريقَ العلم، واكتشفوا وسائله وأدواته وساروا خطواته ومراحله، فكانت إنجازاتهم في سبيل اكتسابه وتحقيقه والإضافة عليه وإعلاء بنائه أسساً وقواعد لمن بعدهم، فالبحثُ العلميُّ في خطواته ومناهجه وأدواته ليس إنجازاً غربيّاً بل كان المسلمون الأوائل أصحابَه وروّادَه، تخذوه طريقاً لتحصيل العلم ولاكتساب المعرفة، وفحصوا فيه التراث الإنسانيّ فقوّموا فيه ما وصل إليهم من الأمم الأخرى من العلم والمعرفة.

اتجه علماء الحضارة الاسلامية الى المنهج التجريبى الاستقرائى عن خبرة ودراية باصوله وقواعده وأحرزوا على اساسه تقدما ملموسا فى حركة التطوير العلمى والتقنى فهذا هو الحسن بن الهيثم - على سبيل المثال لا الحصر - يصف ملامح المنهج التجريبى الاستقرائى

الذى اتبعه فى بحث ظاهرة الابصار بقوله "... رأينا أن نصرف الاهتمام الى هذا المعنى بغاية الامكان ونخلص العناية به ونوقع الجد فى البحث عن حقيقته ونستأنف النظر فى مباديه ومقدماته ونبتدىء بالاستقراء الموجودات وتصفح أحوال المبصرات وتمييز خواص الجزئيات ونلتقط باستقراء ما يخص البصر فى حال الابصار وما هو مطرد لا يتغير وظاهر لا يشتبه من كيفية الاحساس... ثم نترقى فى البحث والمقاييس على التدريج والترتيب مع انتقاد المقدمات والتحفظ من الغلط فى النتائج ونجعل غرضنا فى جميع ما نستقرئه ونتصفحه استعمال العدل لا اتباع الهوى ونتحرى فى سائر ما نميزه وننتقده طلب الحق لا الميل مع الاراء... فلعلنا ننتهى بهذا الطريق الى الحق الذى به يثلج الصدر ونصل بالتدرج والتلطف الى الغاية التى عندها يقع اليقين ونظفر مع النقد والتحفظ بالحقيقة التى يزول معها الخلاف وتنحسم بها مواد الشبهات... وما نحن من جميع ذلك براء مما هو فى طبيعة الانسان من كدر البشرية ولكننا نجتهد بقدر مالنا من القوة الانسانية ومن الـله نستمد العون فى جميع الامور..."

من ناحية اخرى يتضح من القراءة المتأنية للنصوص العلمية فى التراث الاسلامى ان الفضل فى اكتشاف المنهج العلمى (التجريبى الاستقرائى) لا ينسب الى عالم إسلامى بعينه على غرار ما يقال عادة عن منهج ارسطو او بيكون او ديكارت بل انه يعزى الى علماء كثيرين مهدوا فى مختلف فروع العلم فهذا هو جابر بن حيان يلقى مزيدا من الضوء على خصائص المنهج التجريبى الذى اتبعه فيؤكد أن "لكل صنعة أساليبها الفنية " ويحذر من الافراط فى الثقة بنتائج تجاربه بالرغم من موضوعيته فى البحث العلمى فيقول انا نذكر فى هذه الكتب خواص ما رايناه فقط - دون ما سمعناه او قيل لنا او قراناه - بعد ان امتحناه وجربناه وما استخرجناه نحن قايسناه على اقوال هؤلاء ويقول ايضا " ليس لاحد ان يدعى بالحق انه ليس فى الغائب إلا مثل ما شاهد او فى الماضى والمستقبل إلا مثل ما فى الان" ونجد فى مؤلفات الرازى والبيرونى والبتانى والبوزجانى والتيفاشى والخازنى وابن النفيس وابن يونس وغيرهم ما يؤكد ايمانهم بالمنهج الجديد فى تحصيل الحقيقة العلمية وممارستهم لهذا المنهج عن ادراك وفهم دقيق لكل مسلماته وأدواته وخصائصه وغاياته.

وفى هذه الحقيقة الهامة يكمن السر والوافع وراء نجاح هذا المنهج ومواكبته لحركة التقدم العلمى التى حثت عليها تعاليم الاسلام الحنيفة ومبادؤه السامية متمثلة فى آيات القرآن الكريم والاحاديث النبوية الشريفة التى تكرم العلم والعلماء وتحث على إعمال العقل ومداومة البحث فى ملكوت السموات والارض وتحرر التفكير من القيود والاوهام المعوقة

للكشف والابداع وتحارب التنجيم والتنبؤ العشوائى والتعصب للعرق والعرف وتحذر من الاطمئنان الى كل ما هو شائع أو موروث من آراء ونظريات.

القرآن الكريم... نقطة الانطلاق

وتدلنا قراءة التراث الاسلامى على أن المسلك الذى اتبعه علماء الاصول وعلماء الحديث فى الوصول الى الصحيح من الوقائع والاخبار والاقوال قد انسحب على اسلوب التفكير والتجريب فى البحث العلمى فنرى على سبيل المثال - ان الحسن بن الهيثم يستعمل لفظ الاعتبار (وهو لفظ قرآنى) ليدل على الاستقراء التجريبى أوالاستنباط العقلى ويستخدم قياس الشبه فى شرحه لتفسير عملية الابصار وادراك المرئيات كذلك نجد ابا بكر الرازى يستخدم الاصول الثلاثة الاجماع والاستقراء والقياس فى تعامله مع المجهول فهو يقول (إنا لما راينا لهذه الجواهر أفاعيل عجيبة لا تبلغ عقولنا معرفة سببها الكامل لم نر أن نطرح كل شىء لا تدركه ولا تبلغه عقولنا لان فى ذلك سقوط جل المنافع عنا بل نضيف الى ذلك ما ادركناه بالتجارب وشهد لنا الناس به ولا نحل شيئا من ذلك محل الثقة الا بعد الامتحان والتجربة له.. ما اجتمع عليه الاطباء وشهد عليه القياس وعضدته التجربة فليكن أمامك) .

وليس هناك من شك فى ان الحضارة الاسلامية فى العصور الوسطى تعتبر حلقة هامة فى تاريخ العلم والحضارة بما قدمه علماؤها من تأسيس لمنهج علمى سليم ساعد على تطوير معارف جديدة لكننا فى عالمنا الاسلامى لا نزال بحاجة ماسة الى إعادة قراءة تراثنا بأسلوب العصر ومصطلحاته ليس فقط من أجل تحديث الثقافة العلمية الاسلامية بل أيضا من أجل أسلمة طرق التفكير العلمى طبقا لخصائص التصور الاسلامى ومقوماته ان إسلامية المعرفة بعامة والمعرفة العلمية بخاصة يجب أن تكون من الروافد الاساسية للصحوة الاسلامية المنشودة.

وهكذا يتبيّن أن الشعلة والانطلاقة للبحث العلمي كانت إسلامية وعربية البحث العلمي من حيث النشأة والبداية والسبق من خلال نهجهم أسلوب الملاحظة والتجربة .

مفهوم البحث العلمي: Scientific Research

- **البحث العلميُّ:** لا يكون البحثُ علميّاً بالمعنى الصحيح إلاّ إذا كانت الدراسة موضوعه مجرَّدة بعيدة عن المبالغة والتحيُّز، أنجزت وفق أسسٍ ومناهج وأصول وقواعد، ومرَّت بخطوات ومراحل، بدأت بمشكلةٍ وانتهت بحلِّها، وهي قبل هذا

وبعده إنجاز لعقلٍ اتَّصف بالمرونة وبالأفق الواسع، فما البحثُ العلمـيُّ في تعريفـه وفي مناهجـه وفي ميزاته وخصائصه وفي خطواته ومراحله؟.

- **تعريف البحث العلميِّ:** ليس من اليسير أن نحصر كل التعريفات التي أُطلقت على مفهوم (البحـث العلمي)، حيث تعددت تلك التعريفات وتنوعت، تبعاً لأهدافه ومجالاته ومناهجه، لكن معظم تلك التعريفات تلتقي حول التأكيد على دراسة مشكلة ما بقصد حلها، وفقاً لقواعد علمية دقيقـة، وهـذا يعطي نوعاً من الوحدة بين البحوث العلمية رغم اختلاف حياديتها وتعدد أنواعها..

وقد تناول العديد من الباحثين مفهوم البحث العلمي، كما اختلفت مداخلهم وتباينـت اتجاهـاتهم حـول هذا المفهوم، فكل واحد منهم قد نظر إليه من زاويته الخاصة وحسب ميوله أو قناعته العلمية..

البحث العلمي: مفهومه، اهميته،خصائصه، وظائفه، دوافعه، أنواعه

مفهوم البحث العلمي

مصطلح البحث العلمي يتكون من كلمتين هما

البحث (لغوياً مصدر الفعل الماضي - بحث – ومعناه: إكتشف، سأل، تتبع، تحرى، تقصى، حاول، طلب).

العلمي (كلمة منسوبة إلى العلم والعلم يعني المعرفة والدرايـة وإدراك الحقـائق وهـو: المعرفـة المنسـقة التي تنشأ من الملاحظة والتجريب).

أهمية البحث العلمي

1. يساعد على إضافة المعلومات الجديدة ويساعد على إجراء التعديلات الجديدة للمعلومـات السـابقة بهدف إستمرار تطورها.
2. يفيد البحث العلمي في تصحيح بعض المعلومات عن الكون الـذي نعـيش فيـه وعـن الظـواهر التـي نحياها وعن الأماكن الهامة والشخصيات وغيرها.
3. يتغلب على الصعوبات التي قد نواجهها سواء كانت سياسية أو بيئية أو إقتصادية أو إجتماعية وغـير ذلك.

4. يفيد الإنسان في تقصي الحقائق التي يفيد منها في التغلب على بعض مشاكله كالأمراض والأوبئة أو في معرفة الأماكن الأثرية أو الشخصيات التاريخية أو في التفسير النقدي للآراء والمذاهب والأفكار.

5. يحل المشاكل الإقتصادية والصحية والتعليمية والتربوية والسياسية وغيرها، ويفيد في تفسير الظواهر الطبيعية والتنبؤ بها عن طريق الوصول إلى تعميمات وقوانين كلية.

البحث العلمي

الوصف...التفسير...التنبؤ...التطبيق العلمي...حل.

المشكلات...التحكم...الوصول إلى معارف وحقائق جديدة.

دوافع البحث العلمي

1- الدوافع الذاتية:حب البحوث وغريزة الإستطلاع، المنافسة بين الزملاء داخل الجامعة، تجنب التفرغ الكامل للتدريس، حب الرحلات الإستطلاعية، الترقية الأكاديمية، المكافآت المالية التكليف الرسمي، الشهرة والبروز، الدوافع الدينية أو الوطنية

2- الدوافع الموضوعية: وجود مشاكل تدفع الباحث للقيام ببحثه مثل المشاكل الإقتصادية والسياسية والعلمية وغيرها، الرغبة في التنبؤ مثل التنبؤ بما سيحدث في المستقبل، الرغبة في تحسين الإنتاج، الرغبة في زيادة الدخل القومي، الرغبة في تطبيق نظرية من النظريات، الرغبة في السيطرة على القوى الطبيعية، الرغبة في إيجاد بدائل للموارد الطبيعية، ظهور حاجات جديدة نظراً للتقدم التكنولوجي،

خصائص البحث العلمي

التراكمية...التنظيم...الدقة والتجريد...البحث عن الأسباب...الشمولية واليقين

1- أنواع البحوث العلمية

تقسيم البحوث حسب طبيعتها والدوافع إليها (بحوث علمية أساسية... بحوث تطوير وتنمية... بحوث علمية تطبيقية... بحوث الخدمات العلمية العامة)

أ- البحوث العلمية الأساسية: تنقسم إلى: بحوث علمية أساسية حرة (تنبع فكرتها من الفرد بدون إتجاه معين وهي أعمال فردية في أغلب الأحوال)

(بحوث علمية أساسية موجهة تتركز الجهود فيها على إكتشاف حقائق جديدة مرتبطة بظاهرة محددة أو بحوث تهدف إلى جمع معلومات وبيانات في مجال محدد تكون أكثر دقة وتفصيلاً من المعلومات المتاحة في هذا المجال)

ب- بحوث علمية تطبيقية:تعرف بأنها (نشاط بحثي موجه نحو زيادة المعرفة العلمية أو إكتشاف حقول علمية جديدة متقدمة بهدف تطبيق مباشر)

وتهدف إلى التعرف على أسباب صلاحية أو فشل طريقة أو وسيلة معينة تستخدم في مجالات التطبيق سواء في الإنتاج الزراعي أو الصناعي أو الخدمات، أو تحسين الطرق والوسائل المستخدمة ورفع كفاءة أدائها كما أنها تعالج موضوعات محددة وتتناول مشكلات تواجه المسئولين في مختلف المجالات، وهذه البحوث عادة ما تبدأ بحل مشكلات قائمة.

ج- بحوث تطوير وتنمية:تعرف بأنها (نشاط خلاق منسق يجري لزيادة المعرفة العلمية والتكنولوجية للوصول إلى تطبيق جديد) ويهدف هذا النوع إلى (التطوير والتجديد أكثر من إكتساب المعلومات والمعارف الجديدة فهو تطبيق منظم لنتائج البحوث التطبيقية والخبرة التجريبية في إنتاج أو تحسين الأجهزة والأدوات أو المواد المستخدمة في الإنتاج).

د- بحوث الخدمات العلمية العامة تعرف بـ (البحوث والأنشطة التي تعنى بجمع المعلومات والبيانات العلمية وحفظها ووصفها في صورة صالحة للإستخدام)

وهي تشمل إجراء الأرصاد الجوية وعمليات المسح وإجراء الإختبارات والتحاليل والإمدادات بالعينات من جميع الأصناف حية كانت أو جامدة حسب ماتتطلبه الأنشطة العلمية الآخرى.

2- تقسيم البحوث حسب مناهج البحث والأساليب المستخدمة فيها إلى:

أ- البحوث الوصفية:

تعرف بأنها (طريقة من طرق التحليل والتفسير بشكل علمي منظم من أجل الوصول إلى أغراض محددة لوظيفة إجتماعية أو مشكلة إجتماعية أو سكانية معينة)

وتتحقق أهداف البحوث الوصفية من خلال: جمع معلومات وبيانات عن الظواهر والوقائع التي يقوم الباحث بدراستها لإستخلاص دلالاتها مما يفيد في وضع تعميمات عن الظاهرة أو الظواهر المراد دراستها.

ومن أنواع البحوث الوصفية: دراسة الحالة...دراسات النمو التطوري ...الدراسات المسحية مثل (المسح الإجتماعي، مسح الرأي العام، المسح التعليمي، مسح السوق)

ب- البحوث التاريخية:

يتضمن المنهج التاريخي خمس عمليات أساسية هي: إختيار موضوع البحث...جمع المادة التاريخية...عرض المادة التاريخية وتفسيرها...نقد المادة التاريخية...كتابة تقرير البحث

ج- البحوث التجريبية

هي البحوث التي تبحث المشكلات والظواهر على أساس من المنهج التجريبي أو منهج البحث العلمي القائم على الملاحظة وفرض الفروض والتجربة الدقيقة المضبوطة للتحقق من صحة هذه الفروض.

وتعتمد البحوث التجريبية على التحكم في الظروف والشروط التي تسمح بإجراء التجربة وفيها يتضح معالم الطريقة العلمية في التفكير بصورة جلية لأنها تضمن تنظيمها بجمع البراهين بطريقة تسمح بإختيار الفروض والتحكم في مختلف العوامل التي يمكن أن تؤثر في الظاهرة موضوع الدراسة والوصول إلى العلاقات بين الأسباب والنتائج.

وتنقسم البحوث التجريبية إلى بحوث تجريبية إنسانية... بحوث تجريبية طبيعية

وعند تناول مصطلح (البحث العلمي) يُلاحظ أنه يتكون من كلمتين هما:

(البحث) + (العلمي) .

أما البحث لغوياً فهو مصدر الفعل الماضي (بَحَثَ) ومعناه: (تتبع، سأل، تحرى، تقصى، حاول، طلب (وبهذا يكون معنى البحث هو:

طلب وتقصي حقيقة من الحقائق أو أمر من الأمور، وهو يتطلب التنقيـب والتفكير والتأمـل، وصـولاً إلى شيء يريد الباحث الوصول إليه [1]

أما العلمي: فهي كلمة منسوبة إلى العلم، والعلم cience: يعني المعرفة والدراية وإدراك الحقائق.؟ والعلم في طبيعته (طريقة تفكير وطريقة بحث أكثر مما هو طائفة من القوانين الثابتة).. وهو مـنهج أكثـر مـما هـو مـادة للبحث فهو (منهج لبحث كل العالم الأمبريقي المتأثر بتجربة الإنسان وخبرته). [2]

أما العلم في منهجه فهو:

(المعرفة المنسقة التي تنشأ من الملاحظة والتجريب، وأما في غايته فهو الذي يتـم بهـدف تحديـد طبيعـة وأصول الظواهر التي تخضع للملاحظة والدراسة، فهدفه صوغ القـوانين لأنـه لـيس بحثـاً يجـد في طلـب الحقيقـة العظمى النهائية، وإنما هو فقط أسلوب في التحليل يسمح للعالم بالوصول إلى قضايا مصاغة صوغاً دقيقاً) (المصـدر السابق)

ويذكر (رشوان، 1989) بأن العلم لا يصلح أن نطلق عليه علماً إلا إذا توفرت فيه الشروط الأساسية التالية:

1- وجود طائفة متميزة من الظواهر يتخذها العلم موضوعاً للدراسة والبحث .

2- خضوع هذه المجموعة من الظواهر لمنهج البحث العلمي .

3- الوصول في ضوء مناهج البحث إلى مجموعة من القوانين العلمية .

ويضيف (كورمانوف، 1983) قائلاً: إن (العلم إمـا أن يكـون نظريـاً أو تطبيقيـاً فـالنظري يتوجـه إلى شرح للواقع، والتطبيقي يتوجه إلى التأثير في الواقع ولا غاية نفعيـة للعلـم النظري، أمـا التطبيقـي فينظـر إلى اعتبارات المردود المادي والربح) (المصدر السابق).

وعبارة البحث العلمي مصطلح مترجم عن اللغة الإنجليزية ((Scientific Research)، فالبحث العلمي يعتمد على الطريقة العلمية، والطريقة العلمية تعتمد على الأساليب المنظمة الموضوعة في الملاحظة وتسـجيل المعلومـات ووصف الأحداث وتكوين الفرضيات.

---

(1) ابن منظور: لسان العرب (مجلد15)، ج 2، ص،114 والفيروز آبادي: القاموس المحيط، (د. ت)، ص 211
(2) مقال على الإنترنت، بتاريخ 2005/8/8).

تعدد تعريفات البحث العلمي:

وردت لدى الباحثين في أصول البحث العلميّ ومناهجه تعريفاتٌ تتشابهُ فيما بينها برغم اختلاف المشارب الثقافيَّة لأصحابها وبرغم اختلافِ لغاتهم وبلادهم؛ فمنها:

في مفهوم (وتني1946 Whitney ، البحثُ العلميُّ: استقصاءٌ دقيقٌ يهدف إلى اكتشاف حقائقَ وقواعدَ عامَّة يمكن التحقُّق منها مستقبلاً، كما أنَّ البحثَ العلميَّ استقصاءٌ منظَّمٌ يهدف إلى إضافة معارف يمكن توصيلها والتحقُّق من صحتها باختبارها علميّاً،

وقال (هيل واي Hillway 1964): يعدُّ البحثُ العلميُّ وسيلةً للدراسة يمكن بواسطتها الوصولُ إلى حلٍّ مشكلة محدَّدة وذلك عن طريق التقصِّي الشامل والدقيق لجميع الشواهد والأدلَّة التي يمكن التحقُّق منها والتي تتَّصل بها المشكلةُ المحدَّدة.

وعرَّف (ماكميلان وشوماخر) البحثَ العلميَّ بأنَّه عمليَّة منظَّمة لجمع البيانات أو المعلومات وتحليلها لغرضٍ معيَّن.

أما (فان دالين، 1977م) فيعرِّف البحث العلمي بأنه "المحاولة الدقيقة الناقدة للتوصل إلى حلول للمشكلة التي تؤرق البشرية".

فيما تعريف البحث العلميّ في مفهوم (توكمان) بأنَّه محاولةٌ منظَّمة للوصول إلى إجابات أو حلول للأسئلة أو المشكلات التي تواجه الأفراد أو الجماعات في مواقعهم ومناحي حياتهم.

في حين عَرَّفَتْ ملحس البحثَ العلميَّ بأنَّه محاولة لاكتشاف المعرفة والتنقيب عنها وتطويرها وفحصها وتحقيقها بتقصٍّ دقيق ونقدٍ عميق ثمَّ عرضها عرضاً مكتملاً بذكاءٍ وإدراكٍ لتسيرَ في ركب الحضارة العالميَّة، وتسهم فيها إسهاماً حيّاً شاملاً، (ملحس،1960م، ص24).

وفي مفهوم غرايبه وزملائه البحثُ العلميُّ هو طريقة منظَّمة أو فحص استفساريٌّ منظَّم لاكتشاف حقائق جديدة والتثبُّت من حقائق قديمة ومن العلاقات التي تربط فيما بينها والقوانين التي تحكمها.

وعُرِّفَ البحثُ العلميُّ بأنه: "البحثُ العلميُّ دراسةٌ متخصِّصة في موضوع معيَّن حسب مناهج وأصول معيَّنة"،

وعُرِّفَ البحثُ التربويُّ وهو أحد فروع البحث العلميِّ في معجم التربية وعلم النفس بأنَّه " دراسةٌ دقيقة مضبوطة تهدف إلى توضيح مشكلةٍ ما أو حلِّها، وتختلف طرقُها وأصولها باختلاف طبيعة المشكلة وظروفها"

وهو" جهدٌ منظَّمٌ وموجَّهٌ بغرض التوصُّل إلى حلولٍ للمشكلات التربويَّة والتعليميَّة في المجالات التعليميَّة والتربويَّة المختلفة".

ما ذكره (خضر، 1989)، وهو أنه (عملية فكرية منظمة يقوم بها شخص يسمى (الباحث) من أجل تقصي الحقائق في شأن مسألة أو مشكلة معينة تسمى (موضوع البحث) باتباع طريقة علمية منظمة تسمى (منهج البحث)، بغية الوصول إلى حلول ملائمة للعلاج أو إلى نتائج صالحة للتعميم على المشكلات المماثلة تسمى (نتائج البحث) (المصدر السابق).. ويؤكد هذا التعريف على عدة أبعاد أهمها حاجة البحث العلمي من الباحث إلى التفكير العلمي المنظم، وتحديد موضوع البحث واتباع منهج منظم، والحصول على نتائج صالحة للتعميم، ومن ثمَّ حل المشكلات .

وقد ذكر (بدر، 1977) أن البحث العلمي هو (استقصاء منظم يهدف إلى إضافة معارف يمكن التحقق من صحتها عن طريق الاختبار العلمي الشامل والدقيق لجميع الشواهد والأدلة التي يمكن التحقق منها. (المصدر السابق)

وهذا التعريف يضيف للأبعاد السابقة التي أشار إليها (خضر) بأن الهدف من التفكير المنظم هو إضافة معارف يمكن التحقق من صحتها بالاختبار العلمي .

ويعرفه (عناية، 1984) بأنه (التقصي المنظم باتباع أساليب ومناهج علمية محددة للحقائق العلمية بقصد التأكد من صحتها وتعديلها أو إضافة معلومات جديدة لها) (المصدر السابق)

أما (بدوي، 1968) فقد عرَّف البحث العلمي بأنه (الطريق المؤدي إلى الكشف عن الحقائق في العلوم بوساطة طائفة من القواعد العامة، تهيمن على سير العقل وتحديد عملياته، حتى يصل إلى نتيجة معلومة أسبابها، وما يناسبها من حلول وذلك بطريقة محايدة غير متحيزة للمشكلة) (المصدر السابق)

كما أورد (رشوان، 1989) تعريفاً للبحث العلمي، هو: (أنه طريقة أو منهج معين لفحص الوقائع وهو يقوم على مجموعة من المعايير والمقاييس تسهم في نمو المعرفة، ويتحقق البحث حين تخضع حقائقه للتحليل والمنطق والتجربة والإحصاء، مما يساعد على نمو

النظرية) (المصدر السابق). وهذا التعريف يحدد للبحث العلمي معايير يتم في ضوئها إخضاع الحقائق للتحليـل والمنطق والتجربة والإحصاء.

ويذكر (عاقل، 1410هـ) تعريفاً للبحث العلمي بأنه (البحث النظامي المضبوط والخبري في المقولات الافتراضية عن العلاقات المتصورة بين الحوادث الطبيعية أو الاجتماعية أو النفسية) (المصدر السابق)

ويؤكد هذا التعريف الجانب الإعلامي، حيـث لا يقتصر ـ الباحـث في بحثه على انتهاج أسلوب مـنظم ومضبوط في جمع المعلومات وتحليلها والوصول من خلالها إلى إثبات صحة المعلومات بل إنه يسعى إلى نشرـ مـا توصل إليه من نتائج..

وأما (العواودة، 2002) فيعرّف البحث العلمي ببساطة شـديدة بأنه: (وسيلة للدراسـة يمكن بوساطتها الوصول إلى حل لمشكلة محددة، وذلك عن طريق الاستقصاء الشامل والدقيق لجميع الشواهد والأدلة التي يمكن التحقق منها، والتي تتصل بهذه المشكلة المحددة).

ومن خلال العرض السابق لبعض تعريفات البحث العلمي يمكن القول:

إن كل تعريف منها تناوله من زاوية معينة، فالبعض أبـرز جانب الأهـداف والبعض الثاني أبـرز جانـب الوظائف، والبعض الثالث أبرز جانب الأهمية أو جانب الخصائص، ولكنها في مجملها تعطي صورة واضحة لمفهـوم البحث العلمي.

مما سبق يتبين أن هناك عدد من التعريفات في إطار البحث عن تحديد مفهـوم البحـث العلمـي نوردهـا فيما يلي، كما جاءت تاركين للقارئ حرية الاختيار للتعريف الذي يرى فيه الدقة والموضوعية.

وهناك تعريف يقول أن البحث العلمي"هو وسيلة للاستعلام والاستقصاء المنظم والدقيق الـذي يقـوم بـه الباحث بغرض اكتشاف معلومات أو علاقات جديدة بالإضافة إلى تطوير أو تصحيح المعلومات الموجودة فعلاً،على أن يتبع في هذا الفحص والاستعلام الـدقيق، خطوات المـنهج العلمي،واختيـار الطريقـة والأدوات اللازمة للبحـث وجمع البيانات " والمعلومات الواردة في العرض بحجج وأدلة وبراهين ومصادر كافية.

وكذلك التعريف القائل:أن البحث العلمي هو عرض مفصل أو دراسة متعمقة تمثل كشفاً لحقيقة جديدة أو التأكيد على حقيقة قديمة سبق بحثها،وإضافة شيء جديد لها،أو حل لمشكلة كان قد تعهد بها شخص باحـث بتقصيها وكشفها وحلها.

وكذلك هناك التعريف الذي مفاده:أن البحث العلمي هو نشاط علمي منظم،وطريقة في التفكير واستقصاء دقيق يهدف إلى اكتشاف الحقائق معتمداً على مناهج موضوعية من أجل معرفة الترابط بين هذه الحقائق واستخلاص المبادئ العامة والقوانين التفسيرية.

ويستنج من ذلك أن البحث العلمي يثير الوعي ويوجه الأنظار إلى المشكلة المراد دراستها أو معالجتها بحثياً.

وباختصار يمكن القول أن البحث العلمي،هو مجموع الطرق الموصلة إلى المعرفة الحقيقية وفي العادة يطلق اسم الباحث "على الشخص الذي يبحث عن الحقيقة العلمية،ويعتمد البحث العلمي على مناهج متعددة.

البحث العلمي هو الوسيلة التي يمكن بوساطتها الوصول إلى حلٍّ مشكلة محددة، أو اكتشاف حقائق جديدة عن طريق المعلومات الدقيقة، كما أن البحث العلمي هو الطريقة الوحيد للمعرفة حول العالم،وعبارة البحث العلمي مصطلح مترجم عن اللغة الإنجليزية (Scientific Research)، فالبحث العلمي يعتمد على الطريقة العلمية، والطريقة العلمية تعتمد على الأساليب المنظمة الموضوعة في الملاحظة وتسجيل المعلومات ووصف الأحداث وتكوين الفرضيات.

من خلال العرض السابق لمفهوم البحث العلمي يمكن استخلاص التعريف التالي:

وهو: إن البحث العلمي حزمة من الطرائق والخطوات المنظمة والمتكاملة تستخدم في تحليل وفحص معلومات قديمة، بهدف التوصل إلى نتائج جديدة، وهذه الطرائق تختلف باختلاف أهداف البحث العلمي ووظائفه وخصائصه وأساليبه .

المفهوم العام للبحث العلمي:

يُقصد بالبحوث العلمية استجلاء الحقائق والتحقق من الافتراضات،والتوصل إلى النتائج والاستنتاجات. ذلك أن البحث جهد مضن، ونبش في جوهر الأشياء،قصد الظفر بحلول للمشكلات التي تؤرق أبناء المجتمع.،ومن ثمة فالبحث العلمي ليس عملا ترفيا،بل أن"البحث العلمي الحقيقي، هو طرح جديد لمشكلة قديمة، أو وعي حديث لمشكلة جديدة، وهو من حيث طبيعته ابتكار طريقة أو طرائق جديدة وأداة وأدوات جديدة...واستعمالها ضمن إطار مقاربة معرفية مرجعية تسمح بالتقاط الأعراض والبينات والدلائل الكافية والقابلة للتفسير والتأويل حول النقطة المطلوب إضاءتها، كما تسمح برسم شبكة علاقات الفعل والانفعال السائدة بين العناصر الرئيسة...وذلك بهدف الوصول إلى بناء تشخيص وظيفي يسمح

بالتدخل الفعال في الزمن المناسب، والمكان المناسب، وبالاتجاه المناسب، وبالشدة المناسبة التي تفرضها أهداف المتدخل ".

مفهوم شامل:

البحث العلمي هو عملية فكرية منظمة يقوم بها شخص يسمى (الباحث)، من أجل تقصي- الحقائق في شأن مسألة أو مشكلة معينة تسمى (موضوع البحث)، بإتباع طريقة علمية منظمة تسمى (منهج البحث)، بغية الوصول إلى حلول ملائمة للعلاج أو إلى نتائج صالحة للتعميم على المشاكل المماثلة تسمى (نتائج البحث).

البحث العلمي هو الطريقة الوحيد للمعرفة حول العالم

البحث العلمي هو البحث لفهم حقيقة واقعية بعبارات القوانين والمبادئ العامة.

وفي ضوء تلك التعريفات والمفاهيم السابقة يمكن الخروج بتعريفٍ ومفهومٍ عن البحث العلميِّ بأنَّه وسيلة يحاول بواسطتها الباحث دراسة ظاهرة أو مشكلةٍ ما والتعرُّف على عواملها المؤثِّرة في ظهورها أو في حدوثها للتوصُّل إلى نتائج تفسِّر ذلك، أو للوصول إلى حلٍّ أو علاج لذلك الإشكال، فإذا كانت المشكلة أو الظاهرة مشكلةً تعليميَّة أو تربويَّة سُمِّيَ بالبحثِ التربويِّ، ولزيادة إيضاح ذلك يمكن الإشارة إلى أنواع البحث العلميِّ.

أنواع البحث العلميِّTypes of scientific research

يعدُّ مجالُ البحثِ العلميِّ واسعاً بحيث يغطِّي جميعَ مناحي الحياة وحاجات الإنسان ورغباته، ومن ثَمَّ يكون اختلافُ البحوث العلميَّة باختلاف حقولها وميادينها تنويعاً لها في توسيع آفاق المعرفة الإنسانيَّة،وعموماً تنقسم البحوثُ العلميَّة من حيث جدواها ومنفعتها إلى بحوثٍ رياديَّة يتمُّ فيها اكتشاف معرفة جديدة أو تحلُّ بها مشكلة قديمة، وإلى بحوث يتمُّ فيها تجميع المواد العلميَّة والمعارف أو الكشف عنها أو عرضها لغايات المقارنة والتحليل والنقد، فالبحثُ العلميُّ من حيث ميدانه يشير إلى تنوُّعه بالبحوث التربويَّة والاجتماعيَّة والجغرافيَّة والتاريخيَّة وغيرها، ومن حيث أهدافه يتنوَّع بالبحوثِ الوصفيَّة وبالبحوثِ التنبؤيَّة وببحوثِ تقرير السببيَّة وتقرير الحالة وغيرها، كما يتنوَّع البحثُ العلميُّ من حيث المكان إلى بحوثٍ ميدانيَّة وأخرى مخبريَّة، ومن حيث طبيعة البيانات إلى بحوثٍ نوعيَّة وأخرى كميَّة، ومن حيث صيغ التفكير إلى بحوثٍ استنتاجيَّة وأخرى استقرائيَّة.

مما سبق نلاحظ أنه لا يوجد اتفاق حول كيفية تصنيف البحوث التربوية، لاختلاف معايير التصنيف، وفي الحقيقة فالتصنيف ليس مهما في حد ذاته، الا بقدرما يخدم تحليل عمليات البحث وخطواته.

هناك أكثر من أساس يمكن أن نبني عليه تقسيم البحوث العلمية، من هذه الأسس ما يلي:

أولا: التقسيم التقليدي:

حيث تم تقسيم العلوم على اساس صلتها بالتفكير النظري أو العلمي، وهي في كلِّ أنواعها السابقة تندرج في قسمين رئيسين: بحوث نظريَّة بحتة، وبحوث تطبيقيَّة عمليَّة.

فجاء التقسيم كالتالي:

1- البحوث الاساسية أو البحتة (Basic Research):

وهي البحوث المتمركزة في المجالات المهنية والمنظمات الرسمية والمشكلات الاجتماعية، ويركز هنا على مشكلة اجتماعية معينة بقصد فهمها وتقيمها ومعالجتها والتنبؤ بها. وتشمل البحوث التي تهدف إلى تطوير النظريات من خلال اكتشاف المبادئ أو التعميمات، وهي تهتم بالمبادئ الاساسية للسلوك أكثر من اهتمامها بتطبيق نتائج البحث على المشكلات.

وتسمى هذه البحوث بالبحوث النظرية Pure research: وهي البحوث التي تشير إلى النشاط العلمي الذي يكون الغرض الأساسي والمباشر منه الوصول إلى حقائق وقوانين علمية ونظريات محققة. وهو بذلك يسهم في نمو المعرفة العلمية وفي تحقيق فهم أشمل وأعمق لها بصرف النظر عن الاهتمام بالتطبيقات العلمية لهذه المعرفة.

2- البحوث التطبيقية (Applied Research):

وهي البحوث التي تشير إلى النشاط العلمي الذي يكون الغرض الأساسي والمباشر منه تطبيق المعرفة العلمية المتوفرة، أو التوصل إلى معرفة لها قيمتها وفائدتها العملية في حل بعض المشكلات الآنية المُلحّة. وهذا النوع من البحوث له قيمته في حل المشكلات الميدانية وتطوير أساليب العمل وإنتاجيته في المجالات التطبيقية كالتربية والتعليم، والصحة، والزراعة، والصناعة.. الخ.

تهدف البحوث التطبيقية الى تحسين الواقع العملي من خلال اختبار النظريات في مواقف حقيقية، وهو يستخدم المنهج العلمي لبناء العلاقات واختبار النظريات بدقة. وتقع

ضمنها البحوث التي تنفذ في القطاعات الحكومية أو الأهلية وتهدف إلى معالجة مشكلة ما لاتخاذ قرار بشأنها. والهدف هنا تمكين متخذي القرار من اتخاذ القرار.

ويصعب وضع خط دقيق للتفريق بشكل قاطع بين النوعين، فالبحوث الاساسية مثلا ربما تعتمد وبشكل كبير في اجرائها على نتائج البحوث التطبيقية.

ثانيا: التقسيم بحسب نوعية القائمين بالبحوث:

1- طلبة الدراسات العليا، كطلبة برامج الماجستير والدكتوراه، ويسمي رسالة أو أطروحة، ويكون حجمها كبير نسبيا ويتم اخراجها ضمن مواصفات تتعلق بحجم الورق وطريقة الطباعة وترتيب المحتويات، واستعمال الهوامش والتوثيق....الخ.

2- أعضاء هيئة التدريس في الجامعات والباحثون المتخصصون، يسمى بالبحوث المهنية ويقوم بها الباحثون كجزء من عملهم مقابل رواتب مادية.

ثالثا: البحث الكمي والبحث الكيفي:

1-البحث الكمي Quantitative research:

وتعرف ايضا بالبحوث المسحية، ويقصد بهذه البحوث التي تعنى بجمع البيانات من خلال استعمال أدوات قياس كمية، يتم تطويرها وتخضع لشروط الصدق والثبات، وتعالج بياناتها احصائيا ويمكن تعمبم نتائجها على المجتمع الاصلي.

2- البحث الكيفي Qualitative research:

يعتمد على دراسة الظاهرة في ظروفها الطبيعية بإعتبارها مصدرا مباشرا للبيانات، وتستخدم بياناته الكلمات والصور وليس الارقام، ويتم جمع بياناته بالملاحظة المباشرة والمقابلة المتعمقة والفحص الدقيق للوثائق، ويهتم بالعمليات أكثر من مجرد النتائج، وهو يعتمد في تحليل البيانات بطريقة استقرائية.

رابعاً: تقسيم البحوث اعتماداً على أسس المعيار الزمني:

1 ـ البحوث الوصفية Descriptive research:

تهدف إلى وصف ظواهر أو أحداث معينة وجمع الحقائق والمعلومات عنها ووصف الظروف الخاصة بها وتقرير حالتها كما توجد عليه في الواقع. وفي كثير من الحالات لا تقف البحوث الوصفية عند حد الوصف أو التشخيص الوصفي، وتهتم أيضاً بتقرير ما ينبغي أن تكون عليه الظواهر أو الأحداث التي يتناولها البحث. وذلك في ضوء قيم أو معايير معينة،

واقتراح الخطوات أو الأساليب التي يمكن أن تُتبع للوصول بها إلى الصورة التي ينبغي أن تكون عليه في ضوء هذه المعايير أو القيم. ويُستخدم لجمع البيانات والمعلومات في أنواع البحوث الوصفية أساليب ووسائل متعددة مثل الملاحظة، والمقابلة، والاختبارات، والاستفتاءات تتعلق البحوث الوصفية ببحث بما هو كائن حالياً، ولكنه لا يحكم على الواقع حكما قيميا كونه جيدا أو رديئاً، وهو وإن كان أكثر أنواع البحوث إستخداماً إلاّ أنه يصعب اثبات العلاقة السببة هنا ايضا كما في البحث التاريخي، ويعتمد البحث في تفسير نتائجه بشكل كبير على زمن الدراسة وحجم العينة، وهذا النوع من البحوث أكثر من مجرد بيانات ويجب على الباحث مناقشة البيانات والوصول الى تفسير ملائم، واكتشاف المعاني والعلاقات الخاصة بها، ويتفاوت عدد الافراد في الدراسة الوصفية، فالعدد قليل في دراسة الحالة، في حين قد يكون العدد كبيرا جدا في الدراسات المسحية والتي قد تصل لدراسة جميع أفراد المجتمع الأصلي في المسح الشامل على سبيل المثال "جرائم الإنترنت في المجتمع العربي".

وتنقسم البحوث الوصفية الى:

أ -البحث المسحيResearch survey : من أشهر البحوث، وهو يحاول تحليل واقع الحال للافراد في منطقة معينة من أجل توجيه العمل في الوقت الحاضر وفي المستقبل القريب، ويجب العناية في إختيار عينة ممثلة لمجتمع البحث لصعوبة الحصول على معلومات خاصة بجميع أفراد البحث.

ب -تحليل المضمون Content analysis: تتعلق بمجموعة من الأشياء وخاصة الوثائق الرسمية المدونة.

ج -تحليل العملAnalysis work : يهدف الى وصف المهام المرتبطة بعمل ما.

د -دراسة العلاقات Study Relations: من أهم الدراسات الوصفية، وتنقسم الى دراسات ارتباطية تهدف إلى اكتشاف العلاقة بين متغرين أو أكثر من حيث نوع الارتباط وقوته، أما الدراسات السببية فتتعدى مجرد الكشف عن الارتباط الى الكشف عن مدى تأثير أحد المتغرين في الاخر.

هـ -الدراسات التطويريةDevelopmental studies : تتناول التغيرات التي تحدث في بعض المتغريات نتيجة مرور الزمن.

و -دراسة حالةCase study : تتعلق بدراسة فرد أو عدد قليل من الافراد أو الحالات المحددة.

2-البحوث التجريبية Experimental research:

وهي البحوث التي تبحث المشكلات والظواهر على أساس من المنهج التجريبي أو منهج البحث العلمي القائم على الملاحظة وفرض الفروض والتجربة الدقيقة المضبوطة للتحقق من صحة هذه الفروض. ولعل أهم ما تتميز به البحوث التجريبية على غيرها من أنواع البحوث الوصفية والتاريخية هو كفاية الضبط للمتغيرات والتحكم فيها عن قصد من جانب الباحث.

وتعتبر التجربة العلمية مصدراً رئيسياً للوصول إلى النتائج أو الحلول بالنسبة للمشكلات التي يدرسها البحث التجريبي، ولكن في نفس الوقت تستخدم المصادر الأخرى في الحصول على البيانات والمعلومات التي يحتاج إليها البحث بعد أن يُخضعها الباحث للفحص الدقيق والتحقق من صحتها وموضوعيتها.

تتعلق البحوث التجريبية بمعرفة ما يمكن أن يكون عند ضبط عوامل معينة، ويعد أفضل طريقة لبحث المشكلات التربوية، فهو يتميز بقيام الباحث بدور فاعل في الموقف البحثي، ويهدف إنشاء علاقة سببية بين المتغيرات من خلال تصميم الموقف التجريبي، وتتم تجميع البيانات على أساس مجموعة محددة من المحكمات تشمل المعالجة (تعني التغيير الذي يجريه الباحث على بعض افراد دراسته)، والضبط (ويعني تثبيت بعض الخصائص المتعلقة بالموقف البحثي)، واخيرا العشوائية (تعني تعيين أفراد الدراسة في المجموعة الضابطة او التجريبية على أساس عشوائي، ولا تتوافر هذه الخصائص بصورتها التامة في جميع المواقف البحثية التجريبية.

3- بحوث تاريخية Historical research:

لهذه البحوث أيضاً طبيعتها الوصفية فهي تصف وتسجل الأحداث والوقائع التي جرت وتمت في الماضي، ولكنها لا تقف عند مجرد الوصف والتأريخ لمعرفة الماضي فحسب، وإنما تتضمن تحليلاً وتفسيراً للماضي بغية اكتشاف تعميمات تساعدنا على فهم الحاضر بل والتنبؤ بأشياء وأحداث في المستقبل. ويركز البحث التاريخي عادة على التغير والتطور في الأفكار والاتجاهات والممارسات لدى الأفراد أو الجماعات أو المؤسسات الاجتماعية المختلفة. ويستخدم الباحث التاريخي نوعين من المصادر للحصول على المادة العلمية وهما المصادر الأولية والثانوية، وهو يبذل أقصى جهده للحصول على هذه المادة من مصادرها الأولية كلما أمكن ذلك.

تتعلق البحوث التاريخية ببحث الماضي، ويمكّن من تحديد البدايات التي قادت الى الظروف الراهنة، وهي تهيئ الطريق للبحث الوصفي، ومن ثم للبحث التجريبي، ومن سلبيات هذا النوع صعوبة إثبات تفسيرات البيانات التاريخية بمجرد جمعها، كما يصعب تحديد الاحداث الماضية لقلة المعلومات المتوفرة، كما يصعب تفسير الاحداث التاريخية بدلالة المواقف والأفراد، أو التدليل على صحة افتراضات البحث، كما يصعب بناء العلاقات السببية، ومن ايجابياتها سهولة ووضوح تحديد بعض الحقائق التاريخية بوضوح بمجرد صياغة البيانات بطريقة كمية ومعالجتها بطريقة احصائية، ويجب هنا تحديد مشكلة البحث بشكل دقيق وضمن حدود معقولة، ويتم جمع البيانات بطريقة منظمة تكون عادة مملة وتستغرق وقتا، ويسعى الباحث الى الحصول على مصادر أولية إلاّ أنه قد يضطر الى الاعتماد على مصادر ثانوية كلما بحث في تواريخ أبعد، وتتعرض بيانات البحث التاريخي الى نوعين من النقد للحكم على ملائمتها، الأول هو نقد خارجي يتعلق بموثوقية الوثيقة وأصالتها وسلامتها، والثاني النقد الخارجي، ويتعلق بدرجة الثقة والسلامة والمصداقية بمحتوى المصدر، والاجراءات المستخدمة في البحث التاريخي هي أساسا نفس الاجراءات المستعملة في أنواع البحوث الأخرى.

خامساً: من حيث أساليبها في ثلاثة أنواعٍ رئيسة هي:

1- بحث التنقيب عن الحقائقSearch exploration of the facts :

يتضمَّن هذا النوع من البحوث التنقيب عن حقائق معيَّنة دون محاولة التعميم أو استخدام هذه الحقائق في حلِّ مشكلة معيَّنة، فحينما يقوم الباحثُ ببحث تاريخ الإشراف التربويِّ فهو يجمع الوثائق القديمة والتقارير والخطابات والتعاميم الوزارية وغيرها من المواد وذلك للتعرُّف على الحقائق المتعلِّقة بتطوُّر الإشراف التربويِّ، فإذا لم يكن هذا الباحث ساعياً لإثبات تعميم معيَّن عن الإشراف التربويِّ فإنَّ عمله بذلك يتضمَّن بصفةٍ أساسيَّة التنقيبَ عن الحقائق والحصول عليها.

2- بحث التفسير النقديِّ Search interpretation critical:

يعتمد هذا النوع من البحوث إلى حدٍّ كبير على التدليل المنطقيِّ وذلك للوصول إلى حلولِ المشكلات، ويستخدم هذا النوعُ عندما تتعلَّق المشكلة بالأفكار أكثر من تعلُّقها بالحقائق ففي بعض المجالات كالفلسفة والأدب يتناول الباحث الأفكار أكثر ممَّا يتناول الحقائق؛ وبالتالي فإنَّ البحثَ في ذلك يمكن أن يحتوي بدرجةٍ كبيرة على التفسير النقديِّ

لهذه الأفكار، ولحدَّة النظر والفطنة وللخبرة تأثير في هذا النوع من البحوث؛ لاعتمادها على المنطق والرأي الراجح، وهذا النوع خطوةٌ متقدِّمة عن مجرَّد الحصول على الحقائق، وبدون هذا النوع لا يمكن الوصول إلى نتائج ملائمة بالنسبة للمشكلات التي لا تحتوي إلاَّ على قدرٍ ضئيلٍ من الحقائق المحدَّدة.

وفي التفسير النقديِّ لا بدَّ أن تعتمد المناقشةُ أو تتَّفق مع الحقائق والمبادئ المعروفة في المجال الذي يقوم الباحثُ بدراسته، وأن تكونَ الحججُ والمناقشاتُ التي يقدِّمها الباحثُ واضحةً منطقيَّة، وأن تكون الخطواتُ التي اتَّبعها في تبرير ما يقوله واضحة، وأن يكون التدليلُ العقليُّ وهو الأساس المتَّبع في هذه الطريقة تدليلاً أميناً وكاملاً حتى يستطيعَ القارئ متابعة المناقشة وتقبُّل النتائج التي يصل إليها الباحث، والخطر الأساسيُّ الذي ينبغي تجنُّبه في بحث التفسيرِ النقديِّ هو أن تعتمدَ النتائج على الانطباعات العامَّة للباحث وليس على الحجج والمناقشات المنطقيَّة المحدَّدة.

3- البحث الكاملFull search :

هذا النوع من البحوثِ هو الذي يهدفُ إلى حلِّ المشكلات ووضع التعميماتِ بعد التنقيب الدقيق عن جميع الحقائق المتعلِّقة بموضوع البحث (مشكلة البحث) إضافةً إلى تحليل جميع الأدلَّة التي يتمُّ الحصولُ عليها وتصنيفها تصنيفاً منطقيّاً فضلاً عن وضع الإطار المناسب اللازم لتأييد النتائج التي يتمُّ التوصُّلُ إليها، ويلاحظ أنَّ هذا النوع من البحوث يستخدم النوعين السابقين بالتنقيب عن الحقائق وبالتدليل المنطقيِّ ولكنَّه يعدُّ خطوة أبعد من سابقتيها.

وحتى يمكن أن تعدَّ دراسةٌ معيَّنة بحثاً كاملاً (*)،يجب أن تتوفَّر في تلك الدراسة ما يأتي:

1) أن تكون هناك مشكلة تتطلَّبُ حلاً.

2) أن يوجد الدليلُ الذي يحتوي عادةً على الحقائق التي تمَّ إثباتها وقد يحتوي هذا الدليلُ أحياناً على رأي الخبراء (الدراسات السابقة).

3) أن يُحَلَّل الدليلُ تحليلاً دقيقاً وأن يصنَّفَ بحيث يُرتَّب الدليلُ في إطارٍ منطقيٍّ وذلك لاختباره وتطبيقه على المشكلة.

4) أن يُسْتَخْدَمَ العقلُ والمنطقُ لترتيب الدليل في حججٍ أو إثباتاتٍ حقيقيَّة يمكن أن تؤدِّيَ إلى حلِّ المشكلة..

5) أن يُحَدَّدَ الحلُّ وهو الإجابةُ على السؤال أو المشكلة التي تواجه الباحث.

الدراسة والبحث مصطلحان مترادفان يعنيان شيئاً واحداً، ويفسَّر أحدهما بالثاني، ويتناوبان في كتابات الباحثين تناوب المترادف، و يمكن القول: بأنَّ الدراسة مظهر من مظاهر البحث العلميِّ يتناول النوع الثالث وهو البحث الكامل.

البحث الإجرائي Research Procedural :

إن التأمل في البحث الإجرائي هو عملية جوهرية ومركزية. ففي الأبحاث التقليدية والتجريبية، يقوم الباحثون بإجراء البحث "على إناس آخرين. لكن الباحثين في البحث إجرائي، يعملون أبحاثاً على أنفسهم. وبينما يقوم الباحثون التجريبيون بدراسة حياة الأشخاص الآخرين، فإن الباحثين في البحث الإجرائي يقومون بدراسة شخصياتهم وذواتهم. فالمعلم كممارس، يفكر في حياته وفي عمله الشخصي، وهذا يشمل أسئلة يطرحها على نفسه، مثل: لماذا أفعل الأشياء التي أقوم بها؟ ولماذا أنا في الحالة التي أنا عليها الآن؟

إن البحث الإجرائي ذو نهاية مفتوحة بطبيعته فهو لا يبدأ بفرضية محددة بل بفكرة يطورها الشخص، إن عملية البحث هي عملية تطويرية في الأفكار، ورؤية كيف تسير، وفحص ما إذا كانت هذه الأفكار تسير على المسار الذي تحب أن تحدث فيه.

ومن العناصر الأساسية للبحث الإجرائي التي يتوجد على الباحث القيام بها:

- مراجعة الممارسات الحالية.
- التعرف على ممارسة ما كقضية للبحث.
- تخيل طريقة ما كخطوة للأمام، وتجريب هذه الخطوة.
- التأكد إذا كانت هذه الطريقة تعمل من خلال فحصها.
- تغيير الممارسة في الخطوة أو الطريقة التي نجحت (أو تجريب خيار آخر إذا لم تنجح).
- مراجعة الممارسات الحالية بعد التغيير، وهكذا تستمر.......

ومن النماذج التي تصور خطوات البحث الإجرائي فكرة Lewin المثلة بالشكل التالي:

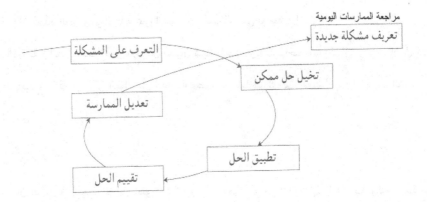

مراجعة الممارسات اليومية
تعريف مشكلة جديدة
التعرف على المشكلة
تخيل حل ممكن
تعديل الممارسة
تطبيق الحل
تقييم الحل

مفهوم المنهج:

ترجمة كلمة منهج باللغة الإنجليزية: Method ونظائرها في اللغات الأوروبية ترجع إلى أصل يوناني يعني: البحث أو النظر أو المعرفة .

والمعنى الاشتقاقي لها يدل على الطريقة أو المنهج الذي يؤدي إلى الغرض المطلوب.

ويرى (عسيلان، 2004): أننا في غنى عن مثل هذه الإحالة فالكلمة شائعة ومتوفرة في معاجم اللغة العربية وتعني الطريق الواضح.

المنهج هو الطريقة التي يعتمدها الباحث للوصول إلى هدفه المنشود، و أن وظيفته في العلوم الاجتماعية هي استكشاف المبادئ التي تنظم الظواهر الاجتماعية و التربوية، و الإنسانية بصفة عامة و تؤدي إلى حدوثها حتى يمكن على ضوئها تفسيرها و ضبط نتائجها و التحكم بها.

وفي ابتداء عصر النهضة الأوروبية أخذت الكلمة مدلولاً اصطلاحياً، يعني أنها: طائفة من القواعد العامة المصوغة من أجل الوصول إلى الحقيقة في العلم بقدر الإمكان (عبد الله عبد الرحيم2005)..

ويحدد أصحاب المنطق الحديث المنهج بأنه: " فن التنظيم الصحيح لسلسلة من الأفكار العديدة، إما من أجل الكشف عن الحقيقة حين نكون بها جاهلين، وإما من أجل البرهنة عليها للآخرين حين نكون بها عارفين" (عبد الرحمن بدوي، ص 4.)

وقد وردت في القرآن الكريم، في قول الله تعالى : (لِكُلٍّ جَعَلْنَا مِنكُمْ شِرْعَةً وَمِنْهَاجًا وَلَوْ شَاءَ اللَّهُ لَجَعَلَكُمْ أُمَّةً وَاحِدَةً) المائدة: ٤٨

وفي مجمل أقوال المفسرين، أن " المنهج والمنهاج" بمعنى الطريق الواضح.

المنهج العلمي Scientific method:

عبارة عن مجموعة من التقنيات و الطرق المصممة لفحص الظواهر و المعارف المكتشفة أو المرافبة حديثا، او لتصحيح و تكميل معلومات أو نظريات قديمة. تستند هذه الطرق أساسا على تجميع تأكيدات رصدية و تجريبي و مقيس (قابل للقياس) تخضع لمبادىء الاستنتاج.

مع أن طبيعة و طرق المنهج العلمي تحتلف حسب العلم المعني، فهناك صفات و مميزات مميزة تميز البحث و التقصي inquiry العلمي عن غيره من أساليب التقصي و تطوير المعارف. عادة يضع الباحث العلمي فرضية hypothesis أو مجموعة فرضيات كتفسير للظاهرة الطبيعية التي يدرسها و يقوم بتصميم بحث علمي تجريبيScientific research pilot لفحص الفرضيات التي وضعها عن طريق فحص تنبؤاتها و دقتها. النظريات Theoriesالتي تم فحصها و تقصيها ضمن مجال واسع و عدد كبير من التجارب غالبا ما تكون نتيجة جمع عدة فرضيات متكاملة و متماسكة تشكل إطارا تفسيريا شاملا لمجال فيزيائي كامل. ضمن هذه النظريات أيضا يمكن أن تتشكل فرضيات جديدة يتم فحصها.ويرى أينشتاين أنَّ التفكيَر (المنهج) العلميَّ هو مجرد تهذيب للتفكير اليوميِّ، (عودة؛ ملكاوي، 1992م، ص13).

ويُعَرَّفُ المنهجُ العلميُّ بأنَّه" الوسيلة التي يمكن عن طريقها الوصول إلى الحقيقة أو إلى مجموعة الحقائق في أيِّ موقفٍ من المواقف ومحاولة اختبارها للتأكُّد من صلاحيَّتها في مواقفَ أخرى وتعميمها للوصول بها إلى ما يطلق عليه اصطلاح النظريَّة؛ وهي هدفُ كلِّ بحثٍ علميٍّ". (زكي؛ يس، 1962م، ص8)

كما يُعَرَّفُ بأنَّه "الطريق المؤدِّي إلى الكشف عن الحقيقة في العلوم بواسطة طائفة من القواعد العامَّة المهيمنة على سير العقل وتحديد عمليَّاته حتى يصلَ إلى نتيجةٍ معلومة".

ميزاتُ المنهج العلميِّ:

يمتاز المنهجُ العلميُّ كما ورد في تعريفاته السابقة وكما أشار إليها فان دالين (1969م، ص ص35-53) بالميزات الآتية:

1) بالموضوعيَّة والبعد عن التحيُّز الشخصيِّ، وبعبارةٍ أخرى فإنَّ جميع الباحثين يتوصَّلون إلى نفس النتائج باتِّباع نفس المنهج عند دراسة الظاهرة موضوع البحث،

ويبدو ذلك بالمثالين التاليين: عليٌّ طالب مواظب على دوامه المدرسيّ، عليٌّ طالب خلوق، فالعبارة الأولى عبارةٌ موضوعيَّة لأنَّها حقيقةٌ يمكن قياسها، فيما العبارة الثانية عبارةٌ غير موضوعيَّة تتأثَّر بوجهة النظر الشخصيَّة التي تعتمدُ على الحكم الذاتيِّ الذي يختلف من شخصٍ إلى آخر.

2) برفضه الاعتمادَ لدرجةٍ كبيرة وبدون تروٍ على العادات والتقاليد والخبرة الشخصيَّة وحكمةِ الأوائل وتفسيراتِهم للظواهر كوسيلة من وسائل الوصول إلى الحقيقة، ولكنَّ الاسترشادَ بالتراث الذي تراكم عبر القرون له قيمته، والاعتمادُ عليه فقط سيؤدِّي إلى الركودِ الاجتماعيِّ.

3) بإمكانيَّة التثبُّت من نتائج البحث العلميِّ في أيِّ وقتٍ من الأوقات وهذا يعني أن تكون الظاهرةُ قابلةً للملاحظة.

4) بتعميم نتائج البحث العلميِّ، ويقصد بذلك تعميم نتائج العيِّنة موضوع البحث على مفردات مجتمعها الذي أُخِذَتْ منه والخروج بقواعد عامَّة يستفاد منها في تفسير ظواهر أخرى مشابهة، والتعميم في العلوم الطبيعيَّة سهلٌ، لكنَّه صعبٌ في العلوم الاجتماعيَّة والإنسانيَّة؛ ومردُّ ذلك إلى وجود تجانس في الصفات الأساسيَّة للظواهر الطبيعيَّة، ولكنَّ هذا يختلف بالنسبة للعلوم الاجتماعيَّة فالبشرُ يختلفون في شخصيَّاتهم وعواطفهم ومدى استجاباتهم للمؤثِّرات المختلفة ممَّا يصعبُ معه الحصول على نتائج صادقة قابلة للتعميم.

5) بجمعه بين الاستنباط والاستقراء؛ (*) أي بين الفكر والملاحظة وهما عنصرا ما يعرف بالتفكير التأمُّليِّ، فالاستقراء يعني ملاحظة الظواهر وتجميع البيانات عنها بهدف التوصُّل إلى تعميماتٍ حولها، أمَّا الاستنباطُ فيبدأ بالنظريَّات التي تستنبط منها الفرضيَّات ثمَّ ينتقل بها الباحث إلى عالم الواقع بحثاً عن البيانات لاختبار صحَّة هذه الفرضيَّات، وفي الاستنباط فإنَّ ما يصدق على الكلِّ يصدق على الجزء؛ ولذا فالباحثُ يحاول أن يبرهنَ على أنَّ ذلك الجزء يقع منطقيّاً في إطار الكلِّ وتستخدم لهذا الغرض وسيلةٌ تعرف بالقياس، ويستخدم القياس لإثبات صدق نتيجة أو حقيقة معيَّنة، وإذا توصَّل الباحث إلى نتيجة عامَّة عن طريق الاستقراء فمن الممكن أن تستخدم كقضيَّة كبرى في استدلالٍ استنباطيّ.

6) بمرونته وقابليَّته للتعدُّد والتنوُّع ليتلاءمَ وتنوُّع العلوم والمشكلات البحثيَّة.

يعدُّ آخرون الأسلوبَ العلميَّ مرادفاً للأسلوب الاستقرائيِّ في التفكير، وهو أسلوبٌ لا يستند على تقليدٍ (أحد التقاليد) أو ثقلٍ أو سلطةٍ بل يستند على الحقائق، ويبدأ بملاحظة الظواهر التي تؤدِّي إلى وضع الفرضيَّات وهي علاقاتٌ يتخيَّلها الباحث بين الظواهر التي يلاحظها، ثمَّ يحاول التأكُّد من صدقها وصحَّتها ومن أنَّها تنطبق على جميع الظواهر الأخرى المشابهة لها وفي هذه المرحلة يَسْتَخْدِمُ التفكيرَ القياسيَّ في تطبيق تلك العلاقة على حالة خاصَّة جديدة، وهكذا فالاستقراء والاستنتاج يكمل كلٌّ منهما الآخرَ في المنهج العلميِّ، وتستحسن الإشارةُ إلى خطأ شائع يقع فيه مختصُّون في العلوم الطبيعيَّة فيستخدمون مصطلحَ التَّجْرِبَةَ كمرادفٍ للمنهج العلميِّ أو الطريقة العلميَّة؛ فالتجربةُ وهي شكلٌ من أشكال العمل العلميِّ لا تمثِّل جميعَ جوانب المنهج العلميِّ الذي يتضمَّن جوانبَ عديدةٍ من النشاط، ذكر في:

خصائصُ المنهج العلميِّ:

وكما أنَّ للمنهج العلميِّ ميزاتِه فله خصائصُه، التي من أبرزها الآتي:

1) يعتمد المنهجُ العلميُّ على اعتقادٍ بأنَّ هناك تفسيراً طبيعيّاً لكلِّ الظواهر الملاحظة.

2) يفترض المنهجُ العلميُّ أنَّ العالمَ كونٌ منظَّم لا توجد فيه نتيجةٌ بلا سبب.

3) يرفض المنهجُ العلميُّ الاعتماد على مصدر الثقة، ولكنَّه يعتمد على الفكرة القائلة بأنَّ النتائج لا تعدُّ صحيحةً إلاَّ إذا دعَّمها الدليل.

الخطوات المنهجية العلمية:

يتخطى الهدف الرئيسي لأي بحث علمي مجرد وصف المشكلة أو الظاهرة موضوع البحث الذي فهمها وتفسيرها،وذلك بالتعرف على مكانها من الإطار الكلي للعلاقات المنظمة التي تنتمي إليها،وصياغة التعميمات التي تفسر الظواهر المختلفة،هي من أهم أهداف العلم، وخاصة تلك التي تصل إلى درجة من الشمول ترفعها إلى مرتبة القوانين العلمية والنظريات.

إن تفسير الظواهر المختلفة تزداد قيمته العلمية إذا ساعد الإنسان على التنبؤ،ولا يقصد بالتنبؤ هنا التخمين الغيبي أو معرفة المستقبل،ولكن يقصد به القدرة على توقع ما قد يحدث إذا سارت الأمور سيرا معينا،وهنا يتضمن التوقع معنى الاحتمال القوي.

كما أن أقصى أهداف العلم والبحث العلمي هو إمكانية" الضبط " وهو ليس ممكنا في جميع الحالات،فمثلا في دراسة ظاهرة الخسوف يتطلب الأمر وصف الظاهرة،ومعرفة العوامل المؤدية إليها وتفسيرها،وهذا يمكن من التنبؤ باحتمال وقوع الخسوف،إذا توصلنا إلى معرفة علمية دقيقة له،ولكن لا يمكن ضبطه أو التحكم فيه،لأن عملية الضبط في مثل هذا المجال تتطلب التحكم في المدارات الفلكية،وهذا يخرج عن نطاق قدرة أي عالم،مهما بلغ من العلم والمعرفة أو الدقة في البحث،ولكن في المقابل هناك بعض الظواهر التي يمكن ضبطها والتحكم فيها بدرجة معقولة،ومثال ذلك،القدرة على محاربة بعض الظواهر الاجتماعية،مثل جنوح الأحداث أو السرقة أو التغلب على الاضطرابات الاجتماعية التي تضعف البناء الاجتماعي.

وتعتمد جميع العلوم في تحقيق الأهداف الثلاثة،المشار إليها سابقا (التفسير التنبؤ،الضبط)على الأسلوب العلمي،وذلك لأنه يتميز بالدقة والموضوعية واختبار الحقائق اختبارا يزيل عنها كل شك مقبول،مع العلم أن الحقائق العلمية ليست ثابتة،بل هي حقائق بلغت درجة عالية من الصدق.

و في هدا المجال، لابد أن تشير إلى قضية منهجية يختلف فيها الباحث في الجوانب النظرية عن الباحث التطبيقي (التجريبي)،حيث أن:

الأول: لا يقتنع بنتائجه حتى يزول عنها كل شك مقبول،وتصل درجة احتمال الصدق فيها إلى أقصى درجة.

أما الثاني: فيكتفي بأقصى درجات الاحتمال،فإذا وازن بين نتائجه يأخذ أكثرها احتمال الصدق، بمعنى أنه إذا بحث الاثنان في ظاهرة معينة،وكانت درجة احتمال الخطأ فيها واحد من عشرة (10/1)،قبلها الباحث التطبيقي،في حين لا يقبلها الباحث النظري إلا إذا انخفضت درجة احتمال الخطأ إلى واحد في المائة (1%).

ولا يغيب عن الذهن، أن الأسلوب العلمي يعتمد بالأساس على الاستقراء الذي يختلف عن الاستنباط والقياس المنطقي،وليس ذلك يعني أن الأسلوب العلمي يغفل أهمية القياس المنطقي،ولكنه حين يصل إلى قوانين عامة يستعمل الاستنباط والقياس في تطبيقها على الجزئيات للتثبت من صحتها (أي أن الباحث النظري يبدأ بالجزئيات ليستمد منها القوانين،في حين أن التطبيقي،يبدأ بقضايا عامة ليتوصل منها إلى الحقائق الجزئية)أي يستعمل التفسير

التطبيقي الذي يتمثل في تحقيق - أي تفسير- ظاهرة خاصة من نظرية أو قانون أو ظاهرة عامة.

كما أنه يستخدم الطريقة الاستنتاجية التي تتمثل في استخلاص قانون أو نظرية أو ظاهرة عامة من مجموعة ظواهر خاصة.

و مهما يكن، فإن الأسلوب العلمي يتضمن عمليتين مترابطتين هما:

الملاحظة Observation ، والوصف Description.

فإذا كان العلم يرمي إلى التعبير عن العلاقات القائمة بين الظواهر المختلفة، فهذا التعبير في أساسه وصفي، وإذا كان هذا التعبير يمثل الوقائع المرتبطة بالظاهرة، فلا بد أن يعتمد على الملاحظة، ويختلف الوصف العلمي عن الوصف العادي، في أنه لا يعتمد على البلاغة اللغوية، وإنما هو بالأساس وصف كمي، ذلك أن الباحث عندما يقيس النواحي المختلفة في ظاهرة أو أكثر، فإن هذا القياس ليس إلا وصفا كميا، يقوم على الوسائل الإحصائية في اختزال مجموعة كبيرة من البيانات إلى مجموعة بسيطة من الأرقام والمصطلحات الإحصائية.

أما الملاحظة العلمية، فهي الملاحظة التي تستعين بالمقاييس المختلفة، وتقوم على أساس ترتيب الظروف ترتيبا مقصودا ومعينا، بحيث يمكن ملاحظتها بطريقة موضوعية، والملاحظة تتميز بالتكرار، وللتكرار أهمية كبيرة من حيث الدقة العلمية، فهو يساعد على تحديد العناصر الأساسية في الموقف المطلوب دراسته، وتحرك العناصر التي تكون وليدة الصدفة، كما أن التكرار يظل ضروريا للتأكد من صحة الملاحظة، فقد يخطئ الباحث نتيجة الصدفة أو لتدخل العوامل الذاتية، مثل الأخطاء التي تنجم عن الاختلاف في دقة الحواس والصفات الذاتية للباحث، كالمثابرة وقوة الملاحظة. التمييز بين المصطلحات.

منهج البحث في الأسلوب العلمي:

يشير مصطلح الأسلوب العلمي إلى ذلك الإطار الفكري الذي يعمل بداخله عقل الباحث، في حين أن كلمة" منهج البحث " تعني الخطوات التطبيقية لذلك الإطار الفكري، ولا يعني هذا الاختلاف ماهية هذين الاصطلاحين، أي تعارض بينهما، فمن الناحية اللغوية يتقارب كثيرا معنى كل من أسلوب ومنهج، ولكن يقصد بهذا التمييز التوضيح والتفسير، ففي أي دراسة علمية تتخذ العمليات العقلية في ذهن الباحث ترتيبا وتنظيما متكاملا يوجه خطواته التطبيقية، ولذلك يفضل أن يستقل كل مصطلح بجانب من الجانبين، بحيث تستعمل كلمة" أسلوب" لتشير إلى الجانب التطبيقي لخطوات

البحث،ولتوضيح ذلك أكثر،يعتمد التمثيل في أن نتصور وجود مشكلة ما تواجه شخصين، الأول يتخبط ويحاول ويخطئ حتى يصل إلى حل ما لهذه المشكلة قد يكون صوابا أو خطأ،ولكنه في كلتا الحالتين لا يعتبر محققا علميا،لأنه لم يسير في حلها تبعا لتنظيم ذهني يمكنه من التحقق من نتائجه، أما الثاني،فيعالج المشكلة بأسلوب علمي أي أنه سار في حلها بخطوات فكرية معينة يطلق عليها العلماء " خطوات التفكير العلمي " وهذا ما يميز الباحث العلمي من الشخص العادي - فأسلوب التفكير العلمي هو الذي يميز الباحث العلمي ويمكنه من تمحيص نتائج بحثه والتحقق من صحتها. أما بخصوص خطوات الأسلوب العلمي في التفكير،فهي تكاد وتكون هي نفسها خطوات أي منهج بحثي،مع وجود بعض التفاصيل التي تختلف باختلاف مناهج البحث،إلا أن الأسلوب الفكري هو الذي ينظم أي منهج بحثي.

خطوات الأسلوب العلمي في التفكير:

تتمثل خطوات الأسلوب العلمي في الشعور أو الإحساس بمشكلة أو تساؤل يحير الباحث أو يجلب اهتمامه، فيضع لها حلولا محتملة أو إجابات محتملة،تتمثل في"الفروض "أو " فرضيات البحث " ثم تأتي بعد ذلك الخطوة الثالثة، وهي اختبار صحة الفروض والوصول إلى نتيجة معينة، و هذه الخطوات الثلاثة الرئيسية تقود الباحث في مراحل دراسته المختلفة ما دام قد اختار المنهج العلمي كسبيل لوصوله إلى نتائج دقيقة و موضوعية، ومن الطبيعي أن يتخلل هذه الخطوات الرئيسية عدة خطوات تنفيذية مثل، تحديد طبيعة المشكلة المراد دراستها، وجمع البيانات التي تساعد في اختيار الفروض المناسبة، وكذلك البيانات التي تستخدم في اختبار الفروض، والوصول إلى تعميمات واستخدام هذه التعميمات تطبيقيا،وبذلك يسير المنهج العلمي،على شكل خطوات - مراحل - لكي تزداد عملياته وضوحا،إلا أن هذه الخطوات لا تسير دائما بنفس التتابع، كما أنها ليست بالضرورة مراحل فكرية منفصلة، فقد يحدث كثير من التداخل بينهما، وقد يتردد باحث بين هذه الخطوات عدة، كذلك قد تتطلب بعض المراحل جهدا ضئيلا،بينما يستغرق البعض الآخر وقتا أطول، وهكذا يقوم استخدام هذه الخطوات على أساس من المرونة الوظيفية. ولا يغيب عن البال،أن مناهج البحث تختلف من حيث طريقتها في اختبار صحة الفروض، ويعتمد ذلك على طبيعة وميدان المشكلة موضوع البحث، فقد يصلح مثلا المنهج الوصفي التحليلي في دراسة مشكلة لا يصلح فيها المنهج التاريخي أو دراسة الحالة وهكذا. وفي حالات كثيرة تفرض مشكلة البحث المنهج الذي يستخدمه الباحث، وإن اختلاف المنهج لا يرجع فقط إلى طبيعة وميدان المشكلة، بل أيضا

إلى إمكانات البحث المتاحة، فقد يصلح أكثر من منهج في تناول دراسة بحثية معينة، ومع ذلك تحدد الظروف، الإمكانات المتوفرة و أهداف الباحث نوع المنهج الذي يختاره الباحث.

المنهج العلمي عند المسلمين:

لقد استند علماء الحضارة الاسلامية على اختلاف تخصصاتهم - فى ممارستهم للمنهج العلمى - الى مبادىء اساسية استمدوها من تعاليم دينهم الحنيف ويمكن ايجازها فيما يلى:

1- عقيدة التوحيد الاسلامى هى نقطة الانطلاق فى رؤية الانسان الصائبة لحقائق الوجود قال تعالى: (اقْرَأْ بِاسْمِ رَبِّكَ الَّذِي خَلَقَ (1) خَلَقَ الْإِنْسَانَ مِنْ عَلَقٍ (2) اقْرَأْ وَرَبُّكَ الْأَكْرَمُ (3) الَّذِي عَلَّمَ بِالْقَلَمِ (4) عَلَّمَ الْإِنْسَانَ مَا لَمْ يَعْلَمْ) سورة العلق: آية 1 - 5) فالله سبحانه وتعالىهو الحق المطلق وهو مصدر كل الحقائق المعرفية الجزئية التى أمرنا بالبحث عنها واستقرائها فى عالم الشهادة باعتبارها مصدرا للثقة واليقين وليست ظلالا أو أشباحا كما نظرت اليها الثقافة اليونانية قال تعالى:(سَنُرِيهِمْ آيَاتِنَا فِي الْآفَاقِ وَفِي أَنْفُسِهِمْ حَتَّى يَتَبَيَّنَ لَهُمْ أَنَّهُ الْحَقُّ) فصلت: ٥٣

2- الايمان بوحدانية الله سبحانه وتعالى يستلزم بالضروة العقلية ان يرد الانسان كل شىء فى هذا الوجود الى الخالق الحكيم الذى أوجد هذا العالم بإرادته المباشرة المطلقة على أعلى درجة من الترتيب والنظام والجمال وأخضعه لقوانين ثابتة لا يحيد عنها وحفظ تناسقه وترابطه فى توازن محكم بين عوالم الكائنات وقد شاءت إراته تعالى أن تبين لنا من خلال نظام الكون ووحدته اطراد الحوادث والظاهرات كعلاقات سببية لنرقبها وندركها وننتفع بها فى الحياة الواقعية بعد ان نقف على حقيقة سلوكها ونستدل بها على قدرة الخالق ووحدانيته والانطلاق فى التفكير العلمى فى إطار المفهوم الايمانى لمسلمة النظام الكونى يجعل الطريق مفتوحا دائما أمام تجدد المنهج العلمى وتطوره بما يناسب مع مراحل تطور العلوم المختلفة كما أنه يضفى على النفس الاطمئنان والثقة اللازمين لمواصلة البحث والتأمل وينقذ العلماء من التخبط فى التيه بلا دليل كالاحالة على الطبيعة أو العقل أو المصادفة أو ما الى ذلك من التصورات التى طرحتها الفلسفات الوضعية المتصارعة قديما وحديثا وأصابتها بالعجز والعطب قال تعالى: (الَّذِي خَلَقَ سَبْعَ

سَمَوَاتٍ طِبَاقًا مَا تَرَى فِي خَلْقِ الرَّحْمَنِ مِنْ تَفَاوُتٍ فَارْجِعِ الْبَصَرَ هَلْ تَرَى مِنْ فُطُورٍ (3) ثُمَّ ارْجِعِ الْبَصَرَ كَرَّتَيْنِ يَنْقَلِبْ إِلَيْكَ الْبَصَرُ خَاسِئًا وَهُوَ حَسِيرٌ﴾ الملك:3- 4

3- منهج البحث والتفكير يقوم فى المفهوم الاسلامى على التأليف بين العقل والواقع ويعول فى اكتساب المعرفة على العقل والحواس وباقى الملكات الادراكية التى وهبها الله للانسان وقد حملنا الله سبحانه وتعالى مسئولية استخدام وسائل العلم وادواته فى مواضع كثيرة من القرآن الكريم مثل وقوله عز من قائل: (ألم نجعل له عينين، ولساناً وشفتين، وهدينه النجدين) سورة البلد 8.10

وهكذا نجد أن علماء الحضارة الاسلامية قد تشربوا تعاليم دينهم الحنيف واصطنعوا لنفسهم منهجا علميا إسلاميا تجاوزوا به حدود الاراء الفلسفية التى تميزت بها علوم الاغريق وانتقلوا الى إجراء التجارب واستخلاص النتائج بكل مقومات الباحث المدقق مدركين ان لمنهجهم الجديد شروطا وعناصر نظرية وعماية وإيمانية يجب الامام بها.

ونعتز بأن علماء الحضارة الاسلامية كان لهم السبق في تحديد عناصر المنهج العلمى بما يتفق مع كثير من المسميات والمصطلحات الجديدة التى يتداولها اليوم علماء المنهجية العلمية مثل انواع الملاحظة والتجربة ومقومات الفرض العلمي واستخدام الخيال العلمي فى المماثلة بين الظواهر المختلفة والكشف عن الوحدة التى تربط بين وقائع متناثرة.

نظرية المنهج

- **نظرية المنهج: نظرة تاريخية**

يعد المنهج عنصرا رئيسا من عناصر المنظومة التعليمية،وقد عني الباحثون بدراسته أيما عناية، وقد تجلى ذلك في كثرة الدراسات التي تناولته بالبحث والتنظير،وتشيرمصادرالأدب التربوي أن الدراسات التي عنيت بالتنظير للمنهج ـ أي محاولة وضع نظرية له ـ قد بدأت بصورة بسيطة بدائية منذ عشرينات القرن الماضي. (زينب الشمري، 2003،ص34).

غير أن البداية الفعلية للدراسات في هذا المجال ترجع إلى العام 1947 م، حيث عقد أول مؤتمر لنظرية المنهج بجامعة شيكاغو بالولايات المتحدة الأمريكية، وقد نُشِرت البحوث التي نوقشت فيه عام 1950.

تلا ذلك صدور كتاب: نظرية المنهج لـ (بوشامبBouchamp)عام (1961)وقد عُدّ ظهوره خطوة لهـا أهميتها في مجال بلورة نظرية المنهج، وقد أعيد طبع الكتاب مرات عدة ممـا يـدل على رواج الفكرة. (محمود سليمان وآخرون،1987)

و تمثـل ورقتـا العمـل المقـدمتان مـن (بوشـامبBouchamp) للمـؤتمر القـومي لجمعيـة الإشراف وتطويرالمناهج بالولايات المتحدة عام (1963 م) مرحلة متقدمة في مسيرة تطور هـذه الدراسـات ؛ حيـث نـاقش في الورقة الأولى بناء النظرية في المنهج، أما الثانية فقد ناقش فيها دور الفلسفة في تطوير نظرية المنهج.

وقد توالت الدراسات بعد ذلك وصارت نظرية المنهج جزءا أساسيا من الدراسات المتعلقة بالمنهج.

ولكي يتضح لنا مفهوم نظرية المنهج سنبدأ في التعرف على مفهوم النظرية بشكل عام ثم نناقش مفهوم النظرية التربوية، ثم نتعرف على المقصود بنظرية المنهج.

أولا: تعريف النظرية:

- **للنظرية** Theory عدد من المعاني المختلفة باختلاف الفرع التـي تستخدم بـه هـذه الكلمـة. بشكل عام، تكون النظرية نوعا من التفسير لشرح كيفية حدوث ظاهرة طبيعية، بشرط تحقق حدوث هذه الظاهرة وعدم وجود نزاع في حدوثها، تأتي الآن **النظرية** لتشرح آلية حدوث هذه الظواهر وتكون بشكل عام عرضة للصواب والخطأ، لكن التماسك المنطقي والرياضي للنظريـة ثم شرحها لأكبر عدد ممكن من النتائج التجريبية يدعم النظرية و يعطيها تأكيدا أكثر فأكثر.

- تزداد النظرية صحة عنـدما تقـدم تنبـؤات بشـأن ظـواهر غـير مثبتـة بعـد، ثـم تـأتي الأرصاد والتجارب بإثباتها، فنظرية النسبية العامة مثلا تنبأت بانحرافات دقيقة في مدار الكوكب عطارد لم تكن مرصودة بعد، وتم التحقق من ذلك بعد ظهور النظرية مما أعطاها مصداقية أكبر.

- هناك فرق شاسع بين الاستعمال العلمي لكلمة **نظرية** والاستعمال العام لها. بشكل عام يقصد بكلمة نظرية أي وأي او فرضية، في هذا المجال لا يتوجب ان تكون النظرية مبنية على حقائق. اما في المجال العلمي تشير النظرية إلى نموذج مقترح لشرح ظاهرة او ظواهر معينة بامكانها التنبؤ باحداث مستقبلية ويمكن نقدها. ينتج من ذلك انه في المجال العلمي النظرية والحقيقة ليسا شيئين متضادين. مثلاً الحقيقة هي ان الاجسام تسقط إلى مركز الكرة الارضية، والنظرية التي تشرح سبب هذا السقوط هي الجاذبية.
- مثال على ذلك: خطأ نظرية أرسطو (مركزية الأرض) بأن الأرض هى مركز الكون وأن الكواكب والنجوم تدور حول الأرض، وثبوت صحة نظرية فيلاكوس كوبرنيكوس بأن الشمس هي المركز (مركزية الشمس). و تنطلق النظرية من مسلمات أو مبادىء متفق عليها و تكون أساسا لبناء النظرية و ما يترتب عليها من نتائج.

ومن الملاحظ أن تعريفات النظرية تعددت بمفهومها العام في مصادر العلوم الطبيعية ومصادر الأدب التربوي،ومن هذه التعريفات ما يلي:

يُعرِّف (كابلانKablan)النظرية بأنها " منطق أعيد بناؤه ليبدو كأداة لتفسير ونقد وتوجيه القوانين الراسخة وتطويعها لتتناسب مع البيانات غير المتوقعة في تكوينها، ثم توجيه السعي نحو اكتشاف تعميمات جديدة ".) جاسم،2001،ص231)

ويذهب (كيرلنجر (Kerlingerإلى أن النظرية " مجموعة من ا لمفاهيم و التعريفات والافتراضات المترابطة التي تقدم نظرة نظامية إلى الظواهر، يتم فيها تحديد المتغيرات التي تؤثر في كل منها والعلاقات بين هذه المتغيرات بهدف وصف الظواهر وشرحها والتنبؤ بها ".)

ويلخِّص (سنو (Snow مفهومه للنظرية بقوله: " تعتبر النظرية في أبسط صورها بناء رمزيا، صمم ليحوِّل الحقائق المعممة أو القوانين إلى ارتباط منظم وهي تتكون من:

1. مجموعة من الوحدات (حقائق، مفاهيم، متغيرات)
2. نظام من العلاقات بين الوحدات. " (جورج بوشامب،ترجمة محمود سليمان، أما (رمضان القذافي) فيرى في كتابه: نظريات التعليم والتعلم أن النظرية " صياغة

لمجموعة من العلاقات الظاهرة،تمّ التحقق من صحتها جزئيا على الأقل بين مجموعة من الظواهر.

ويعرٍّف (فالوقي) النظرية في كتابه بناء المناهج التربوية بأنها " مجموعة مترابطة من الفروض التي يقصد منها شرح وتفسير ظاهرة معينة وكيفية وقوعها وشروط حدوثها والظروف الملائمة لذلك مع بيـان النتـائج المترتبـة عليها.

ويشير (شحاتة والنجار) إلى أن " النظرية في صورتها الأنموذجية عبارة عن صياغة كميـة أو كيفيـة مـوجزة ومحكمة وعالية التجريد، تعبر عن نسق استنباطي تصوري وافتراضي وتعمل بمثابة دليل أو موجه للبحث العلمي في مجالهـا،كما تفسر الظـاهرات موضـوع تنظيرهـا، هـذا بالإضـافة إلى إمكانيـة التنبـؤ مـن خلالهـا بمعطيـات معرفيةجديدة مثل الحقائق النسبية والفروض والقوانين، ويمكن إخضاع النظرية للاختبار إضافة إلى قبولها للدحض أو النقد (التفنيد). (شحاتة و النجار، 2003،ص 313)

ويوجز (عوض) تعريف النظرية قائلا بأنها " مجموعة من القـوانين مهمتهـا فهـم مجموعـة معينـة مـن الظواهر، ثم بيان العلاقة بينها و تقديم تفسير مناسب لها ". (عادل عوض، 2000،ص 56)

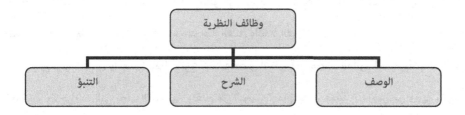

وتكاد التعريفات تجمع على أن وظائف النظرية هي:

الوصف Description : ويهدف إلى تقديم تعريف دقيق للمصطلحات المستخدمة في النظرية.

الشرح Commentary: ويقصد به شرح الشيء من خلال التوصل إلى علاقات بينه وبين المعارف المتوفرة لدينا من أجل إزالة الغموض الذي يكتنفه.

التنبؤ Predict: وهو يشير إلى ميل بعض النظريات إلى التنبؤ بأمور مستقبلية، ويرى بعض الباحثين أن المعيار الحقيقي للحكم على صدق النظرية يتمثل في قدرتها التنبؤية.

والنظريات العلمية رغم صدقها النسبي إلا أنها لا تتصف بالثبات لأن العلم دائم التطور، وكم من نظريات علمية سادت أزمانا باتت الآن في عالم النسيان.

ثانيا: تعريف النظرية التربوية:

يبدو ارتباط مصطلح النظريةTheory بمصطلح التربية Education ـ للوهلة الأولى ـ أمرا غير مألوف؛ إذ طالما ارتبط مفهوم النظرية بالعلوم الطبيعية لا العلوم الاجتماعية، إلا أن ميل الباحثين إلى التعاطي مع التربية كعلم جعل هذا المصطلح متداولا في مصادر الأدب التربوي، فما المقصود بهذا المصطلح؟

يعرف (مدكور) النظرية التربوية Educational theory بأنها: " مجموعة من المبادئ المترابطة التي توجه العملية التربوية و تحكم الممارسات التعليمية.

يرى (عميرة) أن النظرية التربوية " مجموعة من المصطلحات والافتراضات، والمنشآت العقلية الأخرى، المترابطة منطقيا، والتي تمثل نظرة نظامية إلى الظواهر التربوية، والنظرية التربوية تصف الظاهرة (أو الظواهر) وتتنبأ بها، وتشرحها، كما أنها تخدم كسياسة لتوجيه العمل واتخاذ القرار."

ويعرفها (اللقاني والجمل) بأنها "نوع مختلف عن النظرية في مجال العلوم الطبيعية؛ إذ إنها تصف العمليات والإجراءات التي يجب القيام بها، وتقدم من التوصيات ما يفيد في عملية التدريس من وجهة نظر معينة فهي تصف مجموعة من الأنشطةالتي تحدث في عملية التربية مثل:

التدريس، والإقناع، وإثارة الدوافع، والتعليم، ومن ثمَّ في تعمم لبلوغ أهداف معينة، وتعطي من التوصيات ما يساعدعلى الممارسة".

من التعريفات السابقة نجد ان النظرية التربوية تتلاقى مع النظرية في أنها تسعى إلى وصف الظاهرة وشرحها والتنبؤ بها إلا أن الاختلاف الأساسي بينهما يتمثل في أن النظرية العلمية تصف وتشرح ما هو قائم في الطبيعة بينما تقوم النظرية التربوية على وصف وشرح ما ينبغي أن تكون عليه الممارسات التربوية.

ويشير عطيفة إلى أن النظرية التربوية ليست في قوة النظرية في مجال العلوم الطبيعية، ورغم أن دورها في المجالات التربوية غير واضح إلا أن لها مكانا في البحوث التربوية.

ويرى (مدكور) أننا في العالم الإسلامي لسنا بحاجة إلى نظرية تربوية، بل نحن بحاجة إلى تصور إسلامي للتربية ؛ ذلك أن أي نظرية لا بد أن تبنى على فلسفة ولا يوجد في إسلامنا فلسفة بل شريعة ربانية المصدر، كما أن كل نظرية تبنى على ثلاثة أمور أساسية وهي:

المصادر، والمقاصد والغايات، و الوسائل والأساليب والطرائق.

ويستطيع أصحاب النظرية تغير وتطوير ما يشاءون منها بينما في التصور الإسلامي فإن المصادر والغايات ثابتة لأنهما مستمدة من العقيدة أما الوسائل والأساليب والطرائق فهي قابلة للتطوير. (مدكور، مرجع سابق، ص 21-26)

ثالثا: نظرية المنهج:

- **تعريف نظرية المنهج:**

يستطيع الباحث في مصادر الأدب التربوي أن يجمع تعريفات عدة لنظرية المنهج، و أرى أن أقوم بعرض بعض منها لتساعد في تكوين مفهوم واضح لنظرية المنهج.

تُعرِّف (هيلدا تابا Hilda Taba) نظرية المنهج بأنها " طريقة لتنظيم التفكير حول قضايا تخص تطوير المنهج مثل مكونات المنهج أو أهم عناصره، وكيفية اختيارها وتنظيمها، ومصادر القرارات المنهجية، وكيفية ترجمة المعلومات والمعايير النابعة من هذه المصادر لأجل بناء قرار منهجي محسوس ".

أما (بوشامب Bouchamp) فقد عرَّف نظرية المنهج بأنها " مجموعة من العبارات المترابطة التي تعطي معنى لمنهج مدرسة عن طريق إبراز العلاقات التي تربط بين عناصره و تطويره واستخدامه وتقويمه ".

وتذهب (Cwynn)إلى أن نظرية المنهج " مجموعة المعتقدات التي يتبناها الفرد ويستخدمها كقاعدة لقراراته الخاصة في تنفيذ المنهج، وتشتق هذه المعتقدات من مبادئ الفكر الفلسفي والاجتماعي المتداخلة ومن المرئيات المتعلقة ببنية المعرفة وطبيعتها ."

وتستلهم تعريفات الباحثين العرب لنظرية المنهج تعريفات الباحثين الأجانب فمثلا نرى (زياد حمدان)

يعرفها بأنها " مجموعة المبادئ الفلسفية والتاريخية والثقافية والنفسية والمعرفية التي توجه صناعة المنهج ومكوناته المختلفة من أهداف ومعلومات وأنشطة تربوية متنوعة "

ويعرفها (حسام مازن (بأنها " مجموعة من الأفكار والمعتقدات التربوية والنفسية التي يتبناها المخطط التربوي وتوجه المنهج التربوي بعناصره المختلفة من أهداف ومحتوى وطرق وأساليب وأنشطة ووسائل تعليمية وتقويمية بما يساهم في تجويد العملية التعليمية وتوجيهها لصالح المتعلم والمجتمع.

ويخرج كل من (اللقاني والجمل (بنظرية المنهج من دائرة الأفكار و المعتقدات ا لتي توجه عمل واضعي المنهج إلى دائرة الفعل والتنفيذ حيث يعرِّفان نظرية المنهج بأنها "مجموعة القرارات التي تسفر عنها دراسة المجتمع وثقافته وفلسفته التي يلتزم بها، ودراسة المتعلم وطبيعته وعلاقاته وتفاعلاته في السياق الاجتماعي الذي ينتمي إليه والتي تنعكس على أهداف المنهاج ومحتواه وتحدد العلاقة بين المحتوى والمتعلم واستراتيجيات التدريس وغير ذلك من مقومات العملية التعليمية سواء في مستوى القرارات الاستراتيجية أم في مستوى القرارات التكتيكية."

وبمقدور المتمعن في التعريفات السابقة لنظرية المنهج أنْ يدرك أنَّ ثمة اختلاف بين هذه التعريفات ففي حين ركَّز بعضها على طبيعة المنهج المدرسي وعناصره وتطوره واستخدامه ركز جانب آخر منها على المعتقدات والمبادئ الفكرية التي توجه عمل واضعي المنهج، وقد أدى هذا التباين في التعريفات إلى دفع الباحثين إلى تصنيف نظريات المنهج:

- **تصنيف نظريات المنهج:**

تعددت تصنيفات الباحثين لنظريات المنهج، فمنهم من صنَّفها إلى نظريات معقدة وأخرى ناضجة ومنهم من صنف واضعيها إلى منهجيين يتسمون بالشدة و منهجيين يتسمون باللين.

ويميل بعض الباحثين إلى الأخذ بتصنيف (ماكدونالد (Macdonaldلكونه من أفضل التصنيفات التي تسهم في فهم الواقع الحالي للتنظير للمنهج، وقد صنف واضعه نظريات المنهج إلى أنواع ثلاثة هي:"

1- النظرية المنهجية الضابطة: Theoretical methodology officer

وهي تزود الحقل المنهجي وعملياته بأطر ضابطة، توجهه لزيادة كفايته وفعاليته التربوية.

2- النظرية المنهجية التفسيرية: Explanatory theory methodology

وهي تهتم بوضع تفسيرات وتأويلات أو تأملات توضح مظاهر المنهج وعملياته وابتكار تصورات جديدة تأخذ على عاتقها تحليل الظواهر والممارسات المنهجية الجارية وفهمها ومن ثم تحديد عيوبها وضعفها

3- النظرية المنهجية الناقدة: Theoretical methodology critical

وهي أشمل النظريات المنهجية وأكثرها إيجابيةً وعمليةً لحقل المنهج ؛ لأنها تجمع بين النظرية والتطبيق وبين وظائف أخرى تؤدي إلى فهم حقل المنهج وضبطه في آن واحد. " (جاسم،مرجع سابق،ص231، بتصرف)

- وظائف نظرية المنهج:

لنظرية المنهج وظائف لا تقف عند حدود الوصف والشرح و التنبؤ ـ وهي الوظائف الأساسية لأية نظرية ـ بل تمتد لتشمل القضايا الهامة في تطوير المناهج وإبراز العلاقات الموجودة بين هذه القضايا، والتنبؤ بمستقبل الحلول وضعت لهذه القضايا، كما تسعى نظرية المنهج لإكساب المعلم القدرة على نقد المجتمع نقدا حرا، وتوجيهه إلى تبني أفضل الاختيارات وأكثرها معقولية بالنسبة لعمله.

- مآخذ على نظرية المنهج:

يرى بعض الباحثين أن نظرية المنهج تتسم بالضعف ؛ وذلك استنادا إلى مجموعة من الحجج التي تقول بأن النظرية في مجال التربية لم تنضج بعد ولم تصل إلى مرحلة من الدقة تشبه تلك الدقة التي تمتلكها النظريات العلمية في مجال العلوم الطبيعية،كما أن التربية ليست علما، وأن الظواهر التربوية تمتاز بالتشابك والتعقيد مما يجعل مجال الخطأ في دراستها كبيرا، كما أن الواقع الميداني يثبت ضعف النظريات التربوية على التنبؤ بالسلوك الإنساني، إضافة إلى أن المعلمين في ميدان التدريس يعتمدون على معارف متفرقة دون الاستناد إلى نظرية ثابتة. ويَرُدُّ فريق آخر من الباحثين على الرأي السابق قائلين بأنَّ التربية وإنْ لم تكن علما محددا واضح المعالم فإنها تشمل مجموعة من العلوم التي تُدَرَّس في نسق واحد لطلبة كليات التربية،ويضيفون بأن التربية لكي تصل إلى مراتب العلوم فلا بد لها من نظرية تستند إليها،

وقد شهد الميدان التربوي محاولات جادة لوضع نظريات للمنهج يأتي على رأسها محاولة (بوشامب Bouchamp) في كتابه نظرية المنهج،كما ظهرت النظرية الجوهرية و النظرية البراجماتية.

والسؤال الذي يطرح نفسه:

هل العالم الإسلامي بحاجة إلى نظرية منهج أم بحاجة إلى تصورإسلامي للمنهج؟

وهل العالم الإسلامي بحاجة وسائل قابلة للتجديد والتطوير للمنهج تكون مصادره وغاياته ثابتة (مستمدة من الكتاب والسنة).

من وجهة نظري أرى أنه من الملائم أن تساير المناهج التعليمية هذا التغير الحتمي وتواكبه لكي يكون التعليم محققاً لطموحات الأمة ملبياً لآمالها وتطلعاتها في حياة أكثر رقياً وتطوراً ونماءً وازدهاراً، وتحديث المناهج وتطويرها هو السبيل الأمثل لما لها من قوة وأهمية كبيرة في تحقيق الأهداف ومسايرة روح العصرـ وتحقيق الغايات والطموحات، ولا سيما في هذا العصرـ الذي يتسم بالعلم والتقنية والتطورات العلمية والاقتصادية والتربوية والتفجر المعرفي الهائل وثورة المعلومات والاتصالات. (دعمس، 2008، ص7)

تطوير المنهج (Curriculam Development):

إن الوعي بأهمية تطوير المناهج واستخدام التقنية في تطوير المناهج عامل حيوي فعّال، وكذلك المواكبة المستمرة للتطوير والتدريب والتأهيل، وتطوير طرق التدريس للمادة، وتأليف الكتاب الجيد، وتحقيق الترابط والتكامل بين المواد الدراسية، وربط المعلومات بالحياة العملية والتقنيات المعاصرة، وإيجاد الوسائل الفعالة لتنمية مهارات التفكير الإبداعي، وإيجاد التوازن بين الجوانب النظرية والجوانب العملية في المنهج. كما أن تطوير المناهج مطلب تربوي واقتصادي واجتماعي، وذلك يتطلب السعي الحثيث من أجل تحقيق تطابق المناهج مع التطلعات والأهداف الطموحة. ولا شك أن هناك جهوداً تبذل في هذا الميدان (تطوير المناهج)؛ حيث نرى عدداً من اللجان والأسر الوطنية في إطار المساعي الهادفة إلى تحديث أنظمة التعليم وإدخال التعديلات اللازمة على المنهج. (دعمس/ المصدر السابق- ص11)

وتطويرالمنهج يبدأ من منهج قائم ولكن يراد تحسينه أوالوصول إلى طموحات جديدة، ومن جهة أخرى تشترك عمليتا بناء المنهج وتطويره في أنهما تقومان على أسس مشتركة وهي المتعلم،ـ والمجتمع، والمعرفة، وأنهما تتطلبان قدرة على استشراف المستقبل وحاجات المجتمع وأفراده.

وتطوير المنهج يعني الوصول بالمنهج إلى أحسن صورة حتى يؤدي الغرض المطلوب منه بكفاءة واقتصاد في الوقت والجهد والتكاليف، ويمكن التوصل ان تطوير المنهج هو: "إحداث تغييرات في عنصر أو أكثر من عناصر منهج قائم بقصد تحسينه، ومواكبته للمستجدات العلمية والتربوية، والتغيرات في المجالات الاقتصادية، والاجتماعية، والثقافة بما يلبي حاجات المجتمع وأفراده، مع مراعاة الإمكانات المتاحة من الوقت والجهد والكلفة." (دعمس/ مصدرسابق- ص12)

لماذا نطورالمنهج؟

توجد هناك عدة دواعي وأسباب لتطويرالمنهج منها*:

1) طبيعة العصر الذي نعيش فيه.

2) سوء وقصور المناهج الحالية.

3) عدم قدرة المناهج الحالية على الإسهام الفعال في التغيير الاجتماعي.

4) عجز المناهج الحالية عن ملاحقة التطور في الفكر التربوي والنفسي.

5) ارتفاع نسبة الفاقد في التعليم.

6) مشكلة الغزو الثقافي.

7) ما تنشره وسائل الإعلام المقروءة والمسموعة حول المناهج فهي تعبّر عن رأي قطاع من أفراد المجتمع لا يمكن إغفاله.

8) حدوث تطورات وتغيرات على المستوى المحلي، والعربي، والعالمي في القطاع السياسي، والاجتماعي، والاقتصادي مما يترتب عليه الحاجة الملحة لتطوير المناهج بما يتناسب مع هذه المستجدات

9) من اجل التنبؤ باحتياجات الفرد والمجتمع لأن المناهج هي أداة لبناء الشخص.

أنظر، كتاب (استراتيجيات تطوير المناهج وأساليب التدريس الحديثة- مصطفى نمر دعمس- الطبعة الأولى2008 / دار غيداء للنشر والتوزيع / الأردن) _ (.. إن عملية تطوير المنهج يسهم في التقدم العلمي والتقني وحدوث تطورات في المعرفة الإنسانية من حيث الكم والكيف، وبالتالي تقويم المناهج مما يكشف عن الأخطاء، وأوجه القصور ويستدعي معالجة هذه الأخطاء وتلافي أوجه القصور فيها. وعملية تطوير المنهج هي عملية هامة لا تقل أهميتها عن عملية بناءه، والدليل على ذلك هو انه لو قمنا بأعداد منهج بكافة صور التكنولوجيا والتقدم الحديث، أهمل هذا المنهج لسنوات عدة، فسيحكم عليه بالتجمد والتخلف، ومن

هنا تظهرعملية تطويرالمنهج لدرجة انه من يقوم في أيامنا هذه بعملية بناء المنهج لا بد أن يضع تحت نصب عينيه أسس تطويره بشرط أن تكون مصادره وغاياته ثابتة مستمدة من الكتاب والسنة..).

مناهج البحث التربويّ:

تتّصل مناهجُ البحث العلميّ التربويّ اتّصالاً وثيقاً بالإستراتيجيّة التربويّة؛ لأنّ وضع الإستراتيجيّات التربويّة وتخطيطها يعتمد على حاجة المجتمع وإمكاناته الماديّة والمعنويّة والبشريّة، وعموماً فإنّ تطبيق الإستراتيجيّات التربويّة يتّصل اتّصالاً وثيقاً بالأمور الآتية:

1) تفهُّم الإدارة التربويّة للحاجة إلى التجديد والتطوير والمعاونة في ذلك.

2) إعداد الوسائل والأجهزة والكوادر البشريّة اللازمة لتطبيقه من متخصّصين وفنيّين.

3) تشجيع ومعاونة المهتمّين بالتطوير في حقل التربية لتحديد مجالاته ومجالات الإبداعات وعمل البحوث العلميّة اللازمة المتعلّقة بهما.

وللقيام بالبحوث التربويّة على الباحث أن يتّبع الخطوات الآتية:

1) معرفة النظام التربويّ المراد إجراء البحوث فيه ودراسته دراسة متعمّقة.

2) تحسُّس مواضع الخلل في النظام التربويّ ونواحي القصور فيه عند بلوغ الغاية الموضوع من أجلها، ألا وهي مدُّ المجتمع بما يحتاج إليه من خبرات ومهارات وتخصُّصات بصورة مستمرّة وحسبما تتطلّبه الحاجة.

3) تحديد اختبارات الفرضيّات المقترحة كحلول ثمّ اختيار عددٍ منها بحسب الحاجة.

4) تطبيق اختبارات الفرضيّات واحداً واحداً والقيام بالتجارب اللازمة عليها قبل تعميمها ثمّ تحديدها.

5) توفير الوسائل اللازمة لعمل البحوث ولإظهار نتائجها.

6) تعميم النتيجة والتغيير المرغوب فيه.

وهذه الأمور لا تخرج عن الطريقة العلميّة للبحث والتي تؤكّد على ملاحظة الظاهرة موضوع البحث عن طريق الشعور بالمشكلة ثمّ تحديدها، فافتراض الفرضيّات لحلّها، ثم اختبار الفرضيّات المختارة بعد توفير الوسائل اللازمة لذلك، ومن ثمّ وبعد الوصول إلى النتائج العمل على نشر التغيير المطلوب وتعميمه ليستفيد منه الأفراد والمجتمع، ولا بدّ لأيّ بحثٍ تربويٍّ أن يأخذ بعين الاعتبار وعلى قدم المساواة مجموعةَ الأغراض والأهداف التعليميّة، ومجموعةَ المعتقدات عن الطريقة التي يتعلّم بها الناس، والبرنامجَ التعليميَّ المخطّط لتسير

بموجبه العمليَّة التعليميَّة والتربويَّة، فإذا ترك أحدها دون تغيير أو تطوير فإنَّ التغيير الذي يحدث بين الاثنين الآخرين لا يكون له التأثير المرغوب فيه في العمليَّة التعليميَّة والتربويَّة.

وينصبُّ اهتمام البحثِ التربويِّ على حقول التربية والتعليم وما يمتُّ لها بصلة قريبةٍ أو بعيدة وهذا يشمل حقول المناهج، وإعداد المعلِّمين، وطرائق التدريس، وإستراتيجيَّات التدريس، والوسائل التعليميَّة وتقنيات التعليم، والإدارة التربويَّة، والتسرُّب، وأساليب التقويم وغيرها، وحيث يعدُّ البحث التربويُّ فرعاً من فروع البحث العلميِّ، يتَّبعه في كثيرٍ من أهدافه ووسائله وأصوله، فإنَّ الباحث في الموضوعات والحقول السابقة يسير بدراستها بحسب خطوات البحث العلميِّ خطوة خطوة أحياناً، أو يعدُّ لها حتى تتمشَّى مع متطلَّبات وأهداف البحث التربويِّ ولكنَّها في النهاية تلتقي مع خطوات البحث العلميِّ بصورة عامَّة.

ويصنِّف التربويُّون أبحاثهم كالآتي:

1- البحث التجريبيُّ: يعتمد على التجربة الميدانيَّة التطبيقيَّة، ويستخدم للمفاضلة بين أسلوبين أو طريقتين لاختيار أحدهما أو إحداهما للتطبيق مباشرةً أو للتطبيق بعد التعديل حسبما تدعو إليه النتائج والحاجة.

2- البحث التحليليُّ: يعتمد على جمع البيانات والمعلومات المتعلِّقة بنشاطٍ من النشاطات التربويَّة ثمَّ تحليل تلك المعلومات والبيانات المجموعة لاستخلاص ما يمكن استخلاصه لتقرير ذلك النشاط أو تعديله.

3- البحث الوصفيُّ: يستخدم هذا النوع بتجميع المعلومات والبيانات لتكوين فكرة واضحة وصورة متكاملة عن مشكلة تعليميَّة أو تربويَّة، ومن عيوبه محدوديَّة فترته الزمنيَّة ممَّا يحدُّ من إمكانيَّة تعميم نتائجه، فدراسة أسباب التخلُّف الدراسيِّ ترتبط في بيئةٍ معيَّنة في زمن محدَّد، قد تقف آثارها في بيئة أخرى أو بعد فترة زمنيَّة للبيئة مكان الدراسة، كما أنَّ وصف ظاهرة معيَّنة وتبيان مدى انتشارها قد يوحي بتقبُّل المجتمع لها، وهذا أمر يجب أن يُحذر منه.

4- البحث التقويميُّ: يستخدم هذا النوع من أنواع البحوث التربويَّة معاييرَ ومقاييسَ معترفاً بها، فيتمُّ قياس أو تقويم النشاطات التعليميَّة والتربويَّة في مدرسة ما أو في منطقة ما.

يقول عودة وملكاوي (1992م): تثير محاولة تصنيف البحوث في ميدان التربية والتعليم مشكلة لا يوجد اتِّفاق حولها؛ حيث تستخدم أسسٌ على اعتبارها معايير للتصنيف ينتج عنها

أنظمة تصنيفيَّة متعدِّدة، ويضع أيُّ نظام للتصنيف إطاراً لفهم المبادئ الأساسيَّة في عمليَّة البحث (منهج البحث)؛ ولذلك فإنَّ نظام التصنيف ليس مهمّاً في حدِّ ذاته إلاَّ بقدر ما يخدم عمليَّات البحث وخطواته بطريقة واضحة مفهومة، (ص95)، لذلك يمكن تصنيف البحوث في ميدان التربية والتعليم من زاويا غير الزاوية التي صنَّفتها إلى بحوث تحليليَّة، وبحوث تجريبيَّة، وبحوث وصفيَّة، وبحوث تقويميَّة باستخدام معايير تصنيفيَّة أخرى، منها تصنيف الأبحاث في ميدان التربية والتعليم إلى: البحث التربويّ والبحث في التعليم، وإلى البحث التربويِّ والبحث والتطوير، كما يمكن تصنيف البحوث التربويَّة على أساس المعيار الزمني.

البحث التربويُّ والبحث في التعليم:

لقد أجريت عشراتُ الآلاف من الأبحاث والدراسات في مختلف المجالات التربويَّة والتعليميَّة، وقد كان الهدفُ الأساسيُّ لتلك الأبحاث هو زيادة المعرفة بعمليَّة التعلُّم والتعليم ولكنَّ الجانب الأول (التعلُّم) حظي بأكثرها واستأثر بمعظم جهود الباحثين وذلك على حساب الجانب الثاني (التعليم)، فلا تزال المعرفة التربويَّة بعمليَّة التعليم الصَّفِّيّ قليلةً للغاية، وما ازداد اهتمام الباحثين التربويِّين بعمليَّة التعليم الصَّفِّيِّ إلاَّ انطلاقاً من اعتقادهم بأنَّ دراسة عمليَّة التعليم هي الإطار الذي يجب أن يحكم النشاطَ والعملَ التربويَّ؛ فقد لاحظوا أنَّ نتائج البحث في عمليَّة التعلُّم الذي كان اتِّجاه الباحثين لفترة طويلة لم تكن لها آثار مباشرة وسريعة على التعليم الصَّفِّيِّ وأنَّ على الباحثين أن يهتمُّوا بإدراك الطبيعة الفرديَّة والحيويَّة لعمليَّة التعليم والاعتماديَّة المتبادلة بين التعليم والتعلُّم.

وإزاء هذا التَّوجُّه في اهتمامات الباحثين نحو البحث في عمليَّة التعليم فقد بلوروا منهجاً للبحث في ذلك، وحدَّدوا مفهوم البحث في التعليم بالبحث المتعلِّق بالمفاهيم والطرق والإجراءات الخاصَّة بمشاهدة عمليَّة التعليم في حجرة الصَّف، ومن أمثلة البحوث في ذلك ما يأتي:

1) رصد وتحليل التفاعل الصَّفِّيِّ.

2) الربط بين التلاميذ والأنشطة التعليميَّة الصَّفِّيَّة.

3) تطوير أدواتٍ ومقاييسَ للمشاهدة المنظَّمة للتعليم الصَّفِّيِّ.

4) السلوك التعليميُّ للمعلِّم.

5) العمليَّات العقليَّة في حجرة الصَّف.

6) التفاعل بين القدرة العقليَّة وأساليب التعليم وأثره على التحصيل.وقد تبيَّن للباحثين بأنَّ المهمَّة المتعلِّقة بالبحث في التعليم أصعبُ ممَّا تصوَّروها

مسبقاً؛ ممَّا يستدعي توافر عدد أكبر بكثير من خلفيَّات تخصُّصيَّة كالفلسفة، وعلم الاجتماع، وعلم السياسة والاقتصاد بالإضافة إلى المختصِّين في علم النفس التربويِّ الذين سيطروا على ميدان البحث وحدهم فترة طويلة.

البحث التربويُّ والبحث والتطوير:

يشكو التربويُّون الذين يعملون في الميدان من اتِّساع الفجوة بينهم وبين البحوث ونتائجها، كما تصعب عليهم ترجمةُ البحوث ونتائجها إلى إستراتيجيَّات تتعامل مع المشكلات التربويَّة التي يواجهونها، ومن تلك الشكوى ومن تلك الصعوبة ظهر ما يسمَّى البحث والتطوير والذي يختلف عن البحث التربويِّ في أنَّ البحث التربويَّ يهدف إلى اكتشاف معارف تربويَّة جديدة من البحوث الأساسيَّة (البحتة) أو الإجابة عن أسئلة حول مشكلاتٍ عمليَّة من خلال البحوث التطبيقيَّة، وأنَّ البحثَ والتطوير يهدف إلى استخدام نتائج البحوث التربويَّة في تطوير نواتج ومواد وإجراءات تربويَّة لخدمة الميدان العمليِّ في التعليم ولذلك يمكن تسمية البحث والتطوير بالتطوير المرتكز على البحث.

ويختلف البحث التربويُّ عن البحث والتطوير أيضاً في خطوات البحث، فخطوات البحث التربويِّ هي خطوات البحث العلميِّ بينما خطوات البحث والتطوير شيءٌ آخر، يمكن إبرازها بالآتي:

1) تحديد الهدف أو الناتج التربويِّ.

2) مراجعة نتائج البحوث التربويَّة وتحديد ما يخدم منها الناتج أو الهدف المقصود.

3) بناء نموذج أوليٍّ للناتج المرغوب.

4) اختبار فعاليَّة النموذج في مواقف حقيقيَّة باستخدام معايير أو محكَّات محدَّدة.

5) إعادة النظر في النموذج بناءً على درجة تحقيقه الغرضَ.

6) تكرار الخطوتين السابقتين خلال فترة معيَّنة إلى أن تصل إلى المستوى المطلوب.

وهكذا فإنَّ مصطلح دراسة تحليل الدراسات السابقة الذي اقترحه الباحث الأمريكي جلاس Class عام 1976م في مقالةٍ له بمجلَّة الباحث التربويِّ أصبح عنواناً على نوعٍ من الدراسات يقوم فيها الباحث بمراجعة تحليليَّة ناقدة ودقيقة لمجموعة الدراسات التي أجراها الباحثون في موضوعٍ تربويٍّ معيَّن، ويعرِّفها ماكميلان وشوماخر بأنَّها إجراءاتٌ محدَّدة لمراجعة الدراسات السابقة حول موضوع معيَّن باستخدام تقنيَّات مناسبة للجمع بين نتائجها.

تصنيف البحوث التربويَّة على أساس المعيار الزمني:

دأبت معظم المراجع والمؤلَّفات المتخصِّصة بالبحث في ميادين التربية والعلوم الاجتماعيَّة والنفسيَّة على تصنيف البحوث في ثلاث فئات، هي: البحوث التاريخيَّة والبحوث الوصفيَّة، والبحوث التجريبيَّة، وقد تمكَّن أحد الباحثين التربويِّين من تحديد هذا التصنيف من خلال طرحه الأسئلة التالية:

1) هل يتعلَّق البحثُ بما كان؟، وعندها يكون البحثُ متعلِّقاً بالماضي فهو بحث تاريخيٌّ، ويمكن للمؤرِّخ التربويِّ أن يسعى للتوصُّل إلى وصفٍ دقيق لأحداثٍ فريدة حدثت في الماضي بخصوص موضوعٍ تربويٍّ معيَّن، أو للتوصُّل إلى تعميمات مفيدة نتيجة لمسح أحداثٍ ماضية يمكنها أن تفيد في فهم السلوك القائم حاليّاً ويمكن الاعتماد عليها في حلِّ مشكلات راهنة.

2) هل يتعلَّق البحث بما هو كائن حاليّاً؟؛ أي بتمييز معالم الأشياء أو المواقف أو الممارسات الحاليَّة بشكلٍ يسمح للباحثِ بتحديد وتطوير إرشاداتٍ للمستقبل، وعندها يكون البحث وصفيّاً.

3) هل يتعلَّق البحث بما يمكن أن يكونَ عند ضبط عوامل معيَّنة؟، وعندها يكون البحثُ تجريبياً، ويتمُّ من خلال محاولة ضبط جميع العوامل المؤثِّرة في المواقف باستثناء عدد قليل من العوامل التي تعدُّ متغيِّرات مستقلَّة في الدراسة يجري معالجتَها وبيان أثرها وبناء علاقة سببيَّة بينها وبين متغيِّرات أخرى تسمَّى بالمتغيِّرات التابعة.

وحيث أنَّ المنهج التجريبيَّ والمنهج الوصفيَّ يعدَّان أكثر المناهج استخداماً من قبل الباحثين التربويِّين فإنَّ عرضهما بصورة أوسع من غيرهما من مناهج البحثِ العلميِّ قد يكون مطلباً ملحّاً أكثرمن غيره.

المنهج التجريبي

تاريخ المنهج التجريبي:

يعتبر المنهج التجريبى من أفضل مناهج البحث العلمى لان هذا المنهج يعتمد بالاساس على التجربة العلمية مما يتيح فرصة عملية لمعرفة الحقائق وسن القوانين عن طريق هذه التجارب. و المنهج التجريبى قديم قدم الانسان فمنذ ان اوجده الله على سطح الارض وبدأ في

التعامل مع الطبيعة، استطاع عن طريق الملاحظة والتجريب الوصول إلى ابعد مما كان يتصور. فبعد ان كان شغل الانسان الاول هو كيفية التكيف واستثمار الطبيعية للسيطرة على كوكب الارض اصبح الان يتجه إلى الفضاء ليكتشف ما فيه.

اذن يمكننا القول ان أكثر مناهج البحث اهمية بالنسبة للإنسان هو المنهج التجريبى لان هذا المنهج ساعده على التطور وبناء حضارته عن طريق الملاحظة والتجريب والوصول إلى النتائج الصحيحة ومعرفة الطرق السلمية للتعامل مع الظواهر وتفسيرها.

ومما لاشك فيه ان هذا المنهج في البحث العلمى مر بمراحل عديدة من التطور شأنه شأن الحضارة الانسانية فبينما كان الانسان الاول يقوم باستخدام هذا المنهج دون ان يشعر اصبح هذا المنهج الان مكتمل الصور ويتم استخدامه بطريقة تعتمد في الاساس على القواعد العلمية. وتتضح قيمة المنهج التجريبى فى العلوم البحتة والتطبيقية.

ارتبط ظهور الانسان منذ ان خلقه الله على وجه الارض بمحاولته لمعرفة الطبيعة التى اوجدها الله له، وبدأ الانسان منذ ذلك الحين بتجريب واختبار المواد لمعرفة الصالح والمناسب له ولو اخذنا مثالاً على ذلك ان الانسان الاول كان يستخدم حجر الصون لقدح الشرر وتوليد النار منه فلابد ان الوصول لهذه النتيجة سبقتها العديد من الاختبارات على عدد من العناصر لمعرفة هذه الخاصية الموجودة في حجر الصوان دون باقى العناصر. فالشاهد في ذلك انه استخدم الملاحظة ثم قام بعملية التجريب بدا في مرحلة مبكرة من تاريخ الانسانية.

1- اليونانين والمنهج التجريبي

لاشك أن ظهور المنهج التجريبي وتثبيت اركانه كان عسيرا، إذ استمر يحاول الظهور منذ عهد سقراط بل ومن قبله، إذ ان فلسفة اليونان كثيرا ما كانت تشمل أجزاءً نعدها اليوم منتمية إلى مجال العلم التجريبي كالنظريات الخاصة بأصل الكون أو بطبيعة المادة ومن هذا القبيل كان مذاهب التجريبيين اليونانيين التي نجدها في الفترة السابقة لسقراط وكذلك في الفترة المتأخرة للفلسفة اليونانية.

ولقد كان أبرز هؤلاء الفلاسفة هو ديمقريطس (Democritus) وهو معاصر لـ سقراط، يعد أول من طرأت على ذهنه الفكرة القائلة، ان الطبيعة تتألف من ذرات، ومن هنا اصبح يحتل مكانةً في تاريخ العلم فضلًا عن تاريخ الفلسفة ويمكن ان يعد ديمقراطيس من بين الفلاسفة اليونانيين الذين كانوا يعتقدون أن المعرفة لا بد ان تكون يقينية او مجربه على نحو مطلق.

وقد أدرك كارنيدس (Carneddes) في القرن التاسع قبل الميلاد أن الاستنباط لا يمكنه تقديم مثل هذه المعرفة، لأنه لا يقتصر على استخلاص نتائج من مقدمات معطاة ولا يستطيع اثبات صحة المقدمات كما أدرك انه لا ضرورة للمعرفة المطلقة، من أجل توجيه الإنسان في حياته اليومية. والواقع أن كارنيدس بدفاعه عن الرأي الشائع وعن الاحتمال قد أرسى دعائم الموقف التجريبي في بيئة عقلية وكان اليقين الرياضي يعد فيها الصورة الوحيدة المقبولة للمعرفة. وقد استمر الاتجاه إلى التجربة عن طريق الشك في المعلومات العقلية المجردة في القرون التالية. وكلما قامت حضارة ارتفعت أسهم الحركة التجريبية ولكن ظل الاتجاه العام في الفكر هو الاتجاه العقلي.

أما التجربة فقد كانت من خصائص أصحاب الحرف والصناعات وفي بعض الأوقات الأطباء وقد كان سكستس ايرامبيريكوس (Sextus Erampiricus) في حوالي العام 150 م رائداً لمدرسة الأطباء التجريبيين الذي ظهر منها أبو الطب ابقراط الذى اثر في مسيرة المنهج التجريبي ولقد تأثر به سقراط كثيرا ولاننسى تجربته الرائدة عندما قام بكسر بيض الدجاج في مراحل مختلفة لمعرفة مراحل تطور الجنين.

2- المسلمين والمنهج التجريبي

عندما انبثقت الحضارة الإسلامية وجاءت معها بروح علمية جديدة واستخدم العلم كأداة لتطوير الحياة نشطت الحركة التجريبية، وأضاف العلماء العرب المسلمون إلى الفكر الإنساني منهج البحث العلمي القائم على الملاحظة والتجريب،وظهر في علماء المسلمين كثيرون ممن اعتمدوا التجربة منهجاً أساسياً في المعرفة وأبرزهم كان جابر بن حيان في القرن الثاني للهجرة. كذلك كان الحسن بن الهيثم اشتهر في الغرب بمؤلفاته في حقل البصريات إلا أن فترة اضمحلال الحضارة الاسلامية رافقه ضعف في حركة التجربة وانعطاف جدي إلى المناهج العقلية. وفي الغرب شهدت الفترة هذه جموداً حضارياً إنعكس بالطبع على المدرسة التجريبية حيث كانت الفلسفة في القرون الوسطى (إسم يطلق على هذه الفترة بالذات) من اختصاص رجال اللاهوت الذين حصروا أنفسهم على المنهج المدرسي وأضفوا عليه طابعاً دينياً وأبعدوا المنهج التجريبي بالطبع عن واقع الحياة.

3- الغرب والمنهج التجريبي

في العصور الوسطى بينما كانت أوربا غارقة في ظلام الجهل كان الفكر العربي الإسلامي يفجر - في نقلة تاريخية - كبرى ينابيع المعرفة..

ثم نقل الغربُ التراثَ الإسلامي، وأضاف إليه إضافات جديدة حتى اكتملت الصورة وظهرت معالم الأسلوب العلمي السليم، في إطار عام يشمل مناهج البحث المختلفة وطرائقه في مختلف العلوم، التطبيقية والإنسانية متمثلاً في فلاسفة من أمثال: (روجر بيكون 1294-1213 Bacon Rogerم) الذى كان شديد الاهتمام بالمنهج التجريبى وله تأملاته في خطواته ومبادئه المنطقية وكان روجر بيكون على معرفة كاملة بكثير من المجالات المتنوعة ابتداء من معرفته بالبارود وتركيبته الكيميائيه حتى تصوره وعلى نحو سابق لعصره بالغواصات والسفن التى تسير بالمحركات الآلية حيث كان من الذين نقلوا روح التجربة العلمية من بلاد المسلمين إلى الغرب. وبظهور العلم الحديث في حوالي عام 1600 بدأ المذهب التجريبي يتخذ شكل نظرية فلسفية إيجابية قائمة على أسس متينة يمكن أن تدخل في منافسة ناجحة مع المذهب العقلي. كما في مذاهب فرانسيس بيكون (1561 -1626) م وهو فيلسوف انجليزي أول من حاول إقامة منهج علمي جديد يرتكز إلى الفهم المادي للطبيعه وظواهرها، وهو مؤسس المادية الجديدة والعلم التجريبي وواضع أسس الاستقراء العلمي، فالغرض من التعلم عنده هو زيادة سيطرة الإنسان على الطبيعة وهذا لا يمكن تحقيقه إلاَ عن طريق التعليم الذي يكشف العلل الخفية للأشياء. دعا أيضا إلى النزعة الشكية فيما يتعلق بكل علم سابق بحيث يجب أن تكون هذه النزعة الخطوة الأولى نحو الإصلاح وتطهير العقل من المفاهيم المسبقة والأوهام التي تهدد العقل بشكل مستمر

و جون لوك (1632 -1704)م وآخرين من الذين أسهموا في بناء المنهج التجريبي الحديث.

ان ذلك كان جانبا واحدا فقط من جوانب المنهج التجريبي. وهو الجانب النظري منه فقط، وهناك جانب آخر للمنهج التجريبي هو الجانب العملي منه وهو ذلك الجانب الذي يعتمد على صنع ظاهرة من ظواهر الحياة ثم ملاحظتها ودراسة أسبابها وميزاتها وطرق التحكم فيها. ويفترق هذا الجانب عن ذاك في أمرين:

- إن صنع الظاهرة يخضع لشروط الباحث نفسه ويستطيع بذلك إبعاد كافة الملابسات التي قد تشوش الرؤية وتعوق دون فهم حقيقة الظاهرة والعوامل الأساسية المؤثرة في ظهورها بينما ملاحظة ظاهرة طبيعية لا تخضع لشروط الباحث وتتداخل فيها عوامل عديدة يصعب تمييز العامل الحاسم من بينها.

- إن التجربة النظرية هي حصيلة العلوم النظرية التي لا تحتاج إلى جهد إضافي بينما التجربة العمليـة هي نوع من القيام بعمل تغيير في الحياة ويحتاج إلى جهد والى ايجاد شروط صعبة في الحياة ولـذلك استطاع علماء اليونان اكتشاف أهميـة المـنهج التجريبـي نظريـا بيـنما لم يقـدروا عـلى إجـراء أبسـط التجارب العملية التي لو أنهم جربوها لكانوا اكتشفوا حقائق كثيرة، فمثلاً: الفكرة القائلة أن الشمس والأرض والكواكـب تتحـرك حولنـا لم تكـن مجهولـة لليونـانيين، فقـد اقـترح أرسـطوفوس السـاموسي (Aristarchus of Samos) بصواب فكرة النظام المتمركز حول الشمس في حوالي عام 200 ق.م ولكنـه لم يتمكن من اقناع معاصريه بصواب رأيـه ولم يكـن في اسـتطاعة الفلكيـين اليونـانيين أن يأخـذوا بـرأي أرسطوفوس لأن علم الميكانيكا كان في ذلك الحين في حالة تأخر مثال ذلك ان بطليموس اعـترض عـلى أرسطوفوس بالقول: أن الأرض ينبغي ان تكون ساكنة لأنها لو لم تكن كـذلك لمـا سـقط الحجـر الـذي يقع على الأرض في خط رأسي ولظلت الطيور في الهواء مختلفة عن الأرض المتحركة وهبطت إلى جـزء مختلف من سطح الأرض ولم تجر تجريـة إثبـات خطـأ حجـة بطليمـوس إلا في القـرن السـابع عشرـ عندما أجرى الأب جاسندي (Gassendi) وهو عالم وفيلسوف فرنسي كان معاصرا لـ ديكـارت وخصـما له، أجرى تجربة على سفينة متحركة فأسقط حجرا من قمة الصاري ورأى انه وصل إلى أسفل الصاري تماما. ولو كانت ميكانيكا بطليموس صحيحة لوجب ان يتخلف الحجر عن حركة السـفينة وان يصـل إلى سطح السفينة عندما يقع في إتجاه مؤخرتها.

وهكذا أيد جاسندي قانون جاليلو الذي اكتشف قبل ذلك بوقت قصير، والـذي يقـول: ان الحجـر الهـابط يحمل في ذاته حركة السفينة ويحتفظ بها وهو يسقط. فلماذا لم يقتنـع بطليمـوس بتجربـة جاسـندي؟؟ ذلـك لأن فكرة التجربة العلمية متميزة من ناحية القياس والملاحظة المجردة، وهي لم تكن مألوفة لليونانيين.وهكذا عرفنا أن هذه التجربة البسيطة لو أجراها العلماء اليونانيون لكان علم الفلك الحديث قد تقدم أربعـة آلاف سـنة. ان ذات التجربة التي قام بها جاليلو كان بالإمكان أن يقوم بها بطليموس لو أنه لم يكتف بمجرد ملاحظة الظـواهر الكونيـة وصياغة النظريات العامة. إلا أن الذي حدث فعلاً كان مختلفاً

عما يتمناه الإنسان اليوم وهو أن البشرية بلغت مرحلتها المتقدمة من العلم منذ القرن الخامس عشر حيث دخل في الأوساط العلمية وليد جديد ألا وهو العلم التجريبي العملي.

حيث كان جاليلو (1564-1641) م أول من وجه التلسكوب الذي اخترعه صانع عدسات هولندي إلى السماء، في إيطاليا. واخترع إيطالي آخر كان صديقا لـ جاليلو، هو العالم توريشيلي (Torricelli) حيث اخترع البارومتر، وأثبت أن للهواء ضغطاً يقل بإزدياد الارتفاع. وفي ألمانيا اخترع جوريكة (Guericke) مضخة الهواء، وأوضح أمام الجمهور الذي عقدت الدهشة لسانه، قوة الضغط الجوي، بأن جمع بين نصفي كرة فارغةً من الهواء لم تستطع مجموعة من الخيول أن تفصل أحدهما عن الآخر.

واكتشف هارفي (Hervey) الدورة الدموية، ووضع بويل القانون الذي يعرف بإسمه والخاص بالعلاقة بين ضغط الغاز وحجمه. وهكذا توالت الاكتشافات، لتفتح نافذة جديدة على عالم المجهول، هي نافذة التجربة العملية.

إن المنهج التجريبي بصفة عامة، لا يمكنه الاستغناء عن مراحل حددها "كلود برنار" في عبارته: { الحادث يوحي بالفكرة،والفكرة تقود إلى التجربة، وتوجهها، والتجربة،تحكم بدورها على الفكرة.} و من الجدير بالذكر، الإشارة، إلى أن جاليلي، فسر ظاهرة سقوط الأجسام، والتي أصبحت تعرف فيما بعد، بقانون سقوط الأجسام، باتباع مراحل المنهج التجريبي الأربعة وهي:

1. الملاحظة　　2. صياغة الفرضية

3.التجربة　　4. وضع القانون.

إن **المنهج التجريبي** إذا، ما هو إلا عبارة عن إرجاع الفكرة إلى الواقع.أي أن العالم يصنع واقعا مصغرا شبيها بالواقع الطبيعي، يسمح بتكرار الحادث، يعرض عليه الفكرة [أي الفرضية] ليتأكد من صحتها، أو عدم صحتها.

لماذا الاهتمام بهذا المنهج؟

نظرا للمزايا العديدة التي يتميز بها المنهج التجريبي، والنتائج الباهرة التي توصل إليها العلماء عن طريقه، في ميدان المادة.ارتأى علماء الاجتماع والأنتروبولوجيا، وعلماء النفس والتربية، وعلماء الإحصاء...تبني هذا المنهج،واستخدامه،عندما يريدون اختبارالفرضيات،ومعرفة مدى صحتها، ومدى تأثير العامل المستقل،في تشكيل وتكوين، موقف اجتماعي معين، أو اتجاه فكري،أو سياسي في مرحة معينة، أو قياس واختبار

الذكاء،والتحصيل، والميول المعرفية، والمهنية عند الطلبة،واختبار الشخصية، والقيم،والجوانب الانفعالية. أو معرفة علاقة العامل المستقل، بالعامل المعتمد، ومدى التداخل بين مختلف العوامل المسببة للظاهرة موضوع الدراسة. يعمد الباحث إلى تعريض عينة من أفراد الجماعة، إلى تأثير معين لمعرفة مدى تأثيرها، على الجماعة،وهذا ما يسمى بالعامل المستقل، أو المؤثر.ثم بعد ذلك يختار الباحث جماعة أخرى، تحمل نفس المواصفات، والصفات، التي تحملها جماعة الاختبار، أو التجريب، وتسمى بالجماعة الضابطة،ويناظر بينهما. على شرط أن يتم اختيار المجموعتين، على أسس الطريقة العشوائية، التي سبقت الإشارة إليها في مجال العينة.مع تسجل صفات الجماعة التجريبية، والجماعة المناضرة، قبل تعرضها للعامل المستقل، وبعده، في نفس الفترة الزمنية. لأن تغير الزمان، وتباعد فترات القياس، قد يؤدي إلى تفاعل الزمن، مع العامل المؤثر الشيء الذي يؤدي بدوره إلى تغيير مواصفات الجماعة التجريبية،فتفقد التجربة أهميتها، وموضوعيتها وبالتالي مصداقيتها.كما أن تغير الباحث، أو طريقة البحث ألاختباري يكون له أثر سلبي على المبحوثين، وعلى التجربة نفسها.

خطوات المنهج التجريبي:

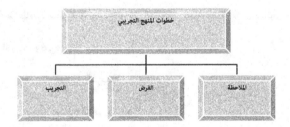

اولاً:الملاحظة والتجربة:

الملاحظة هي عبارة عن الجهد الحسي والعقلي المنظم والمنتظم الذي يقوم به الباحث بغية التعرف على بعض المظاهر الخارجية المختارة الصريحة والخفية للظواهر والأحداث والسلوك الحاضر في موقف معين ووقت محدد.

اول مراحل المنهج التجريبي هى الملاحظة لواقعة معينة، هذه الواقعة متكررة بنفس الاسلواب وبنفس الشكل بحيث تمثل ظاهرة وهذه الظاهرة ام ان تكون ايجابية اوسلبية.

- **واذا كانت الظاهرة ايجابية:** فنقوم بدراسة هذه الظاهرة وملاحظتها ونقوم باجراء التجارب حتى نعرف الاسباب التى تقف وراءها ومن ثم ندعم هذه الاسباب التى تقف وراءها حتى تستمر الظاهرة في الاتجاة الصحيح وتزدهر وتتطور وتنمو.

- **اما اذا كانت الظاهرة سلبية:** فإننا ندرسها و نقيم التجارب عليها حتى يتسنى لنا معرفة اماكن القصور والضعف ومن ثم نعالج هذا القصور والضعف في هذه الظاهرة حتى نتمكن من تلفي الاضرار الناتجة عنها.

سمات الملاحظة

لابد ان تكون الملاحظة خالية من الهوى اي من الضرورى إلتزام النزاهة والحيادية وعدم اقحام الميول الشخصية فيها فلابد ان نلاحظ ونجرب بغرض الدراسة في مكتبة معينة لغرض ما يقصده الباحث. كما يجب ان تكون الملاحظة متكاملة اي لابد ان يقوم الباحث بملاحظة كل العوامل التى قد يكون لها اثر في احداث الظاهرة. كذلك من الضرورى ان تكون الملاحظة دقيقة اى لابد ان يحدد الباحث الظاهرة التى يدرسها ويطبقها و يعين زمانها ومكانها ويستعمل في قياسها ادوات دقيقة ومحكمة. وكذلك لابد للباحث ان يستوثق من سلامة اي اداة او وسيلة قبل استخدامها.

وسوف نتحدث بالتفصيل عن الملاحظة،عندما نتعرف على خطوات البحث العلمي.

التجربة

يعرف قطب و سرحان التجربة بأنها:" سؤال موجه نحو الطبيعة، يحاول الإنسان فيه أن يتدخل في الظروف التي تتم تحتها ظاهرة من الظواهر لكي يرى أثر التعديل في ظروف الظاهرة التي يدرسها وتختلف التجربة عن الملاحظة بعدد من المزايا أهمها ما يلي:

1ـ إن التجربة تدور في نطاق المطلوب فقط بسبب الظروف التي يهيئها الباحث لذلك، بعكس الملاحظة فأنها قد لا يتأتى فيها ذلك.

2ـ بالتجربة يستطيع العلماء أن يوجدوا ظواهر طبيعية ومركبات مادية قد لا توجد في الطبيعة أو لا يمكن مشاهدتها عن طريق الملاحظة، كالمركبات الكيميائية المستخدمة في الطب والصباغة وأدوات الحرب.

3ـ إن التجربة أسرع في الوصول إلى النتيجة من الملاحظة.

4ـ في التجربة يستطيع العلماء تقدير العوامل التي تساعد على وجود الظواهر الطبيعة تقديرا كميا دقيقا فيزيدون فيها أو ينقصون حسبما تتطلبه الوضعية.

العلاقة بين الملاحظة والتجربة

التجربة: هى ملاحظة الظاهرة بعد تعديلها كثيرا او قليلا عن طريق بعض الظروف المصطنعة فان الباحث في حالة الملاحظة يرقب الظاهرة التى يدرسها دون ان يحدث فيها تغييرا او ان يعدل الظروف التى تجرى فيها اما في حالة التجربة فانه يوجد ظروف مصطنعة وتهيئ له دراسة الظاهرة على النحو الذى يريده.

ويقوم الإنسان بالملاحظة لظاهرة من الظواهر سواءً أتمت هذه الظاهرة تحت ظروف طبيعية بعيدة عن تدخل الإنسان أم تحت ظروف صناعية يتدخل الإنسان فيها عن قصد ليرى اثر هذا التدخل وهو ما نسميه بالتجربة، وعلى ذلك فإن:

"الملاحظة أعم من التجربة و ليست التجربة إلا أحد الظروف العديدة التي تتيح لنا فرصة الملاحظة" .

(قطب و سرحان، مصدر سابق)

الملاحظة: هي مشاهدة المطلوب في الطبيعة على ما هو عليه.

التجربة: فهي مشاهدة المطلوب في ظروف يهيئها الباحث حسبما يريد.

فالصلة بين الملاحظة والتجربة انهما تعبران عن مرحلتين في البحث التجريبي ولكنهما متداخلتان من الواجهة العملية فالباحث يلاحظ تم يجرب ثم يلاحظ نتائج تجربته.

ويقسم الدكتور محمود قاسم التجارب إلى ثلاثة انواع:

1-التجربة المرتجلة:

ويطلق هذا المصطلح على تدخل في ظروف الظواهر لا للتأكد من صدق فكرة علمية بل لمجرد رؤية ما يترتب على هذا التدخل من آثار ويلجأ الباحث إلى هذا النوع في المرحلة الاولى من مراحل المنهج التجريبى والتجربة هنا ملاحظة يثيرها الباحث لكي يعثر على أحد الفروض وهى نافعة للعلوم التى مازلت في مراحلها الاولى.

2-التجربة الحقيقية او العلمية:

ويطلق هذا الاسم على كل تدخل يلجأ اليه الباحث في المرحلة الاخيرة من المنهج الاستقرائي اي عندما يريد التحقق من صدق الفروض التى يضعها بناءً على ما توحي إليه الملاحظة او التجربة.

3-التجربة غير المباشرة:

وهى التجربة التى تمد بها الطبيعة دون تحكم من جانب الباحث وهى لاتقل اهمية عن التجارب التى يتحكم فيها الباحث نفسه

دور التجربة في المنشط العلمي:

تساعد التجربة الباحث على جمع المعلومات لتكوين فرض أو نظرية تفسر الظاهرة التي يقوم بدراستها، كما أنها تساعد على فهم الظاهرة ومعرفة الظروف المرتبطة بحدوث التجربة، وكذلك عن طريق التجربة يمكن اختبار صحة أو عدم صحة الفروض أو اقتراح لحل مشكلة علمية ما، و تساعد على الاستدلال الاستنتاجي المترتب عليه التجربة.

ثانياً: مرحلة الفرض:

بعد أن ينتهي الباحث من مرحلة الملاحظة والتجربة، وذلك عندما تتوفر لديه الأمثلة الكافية حول المطلوب، ينتقل إلى مرحلة أخرى من البحث وهي مرحلة الفرض.

و (الفرض) هو الرأي الذي يضعه الباحث لتفسير أسباب الظاهرة المشاهدة أو آثارها على سبيل التخمين والظن.

الفـــروض

الفروض هى التوقعات والتخمينات للأسباب التي تكمن خلف الظاهرة و العوامل التى ادت إلى بروزها وظهورها بهذا الشكل، ويعتبر الفرض نظرية لم تثبت صحتها بعد او هي نظرية رهن التحقيق او هو التفسير المؤقت الذى يضعه الباحث للتكهن بالقانون او القوانين التى تحكم سير الظاهرة. ولذلك تكون المرحلة التالية بعد ملاحظة الظاهرة التى تنزع إلى التكرار هي تخمين الاسباب التى تؤدى إلى ظهور الظاهرة، وللفروض اهمية كبيرة للوصول إلى حقائق الامور ومعرفة الاسباب الحقيقة لها ويحب التاكيد على ان كل تجربة لاتساعد على وضع أحد الفروض تعتبرا تجربة عقيمة، اذ انه لايمكن ان يكون اي علم لو أن العالم اقتصر على ملاحظة الظواهر وجمع المعلومات عنها دون ان يحاول التوصل إلى اسبابها التى توضح الظاهرة. وبالرغم من الاهمية القصوى للفروض فإن بعض العلماء يحاربون مبدأ فرض الفروض لانها تبعد الباحث عن الحقائق الخارجية فهي تعتمد على تخيل العلاقات بين الظواهر كما انها تدعو إلى تحيز الباحث ناحية الفروض التى يضعها مع اهمال بقية الفروض المحتملة، ولكن لاشك ان للفروض اهمية قصوى في البحث فهى توجه الباحث إلى نوع الحقائق التى يبحث عنها بدلاً من تشتت جهده دون غرض محدد، كما انها تساعد على

الكشف عن العلاقات الثنائية بين الظواهر ويقول كلود برنار الذى يبين اهمية الفرض ((ان الحدس عبارة عن الشعور الغامض الذى يعقب ملاحظة الظواهر ويدعو إلى نشأة فكرة عامة يحاول الباحث بها تأويل الظواهر قبل ان يستخدم التجارب وهذه الفكرة العامة (الفرض) هي لب المنهج التجريبي لانها تثير التجارب والملاحظات وتحدد شروط القيام بها))

فالفرض ـ في واقعه ـ تفسير موقت يفترضه الباحث بغية التوصل عن طريق التأكد من صحته إلى القانون أو القاعدة العامة المطلوبة.

ولا يعتبر الفرض فرضا علميا إلا إذا توفر على الشروط التالية:

1ـ أن لا يتعارض الفرض مع القوانين العلمية الثابتة.

2ـ أن يكون الفرض قضية قابلة للبرهنة على صحتها أو فسادها.

3ـ أن يكون الفرض قضية قابلة للتطبيق على جميع الجزئيات المشاهدة

سمات الفروض العلمية

- ينبغي ان تكون الفروض مستوحاه من الوقائع نفسها اي يحب ان تعتمد الفروض العلمية على الملاحظة والتجربة
- ينبغى ألا يتعارض الفرض مع الحقائق التى قررها العلم بطريقة لاتقبل الشك
- يجب ان يكون الفرض العلمى قابل للتحقيق التجريبي
- يجب ان يكون الفرض كافياً لتفسير الظاهرة من جميع جوانبها
- يجب ان يكون الفرض واضحاً في صياغته وان يصاغ بإيجاز
- عدم التشبث بالفروض التى لاتثبت صلاحيتها
- عدم التسرع في وضع الفروض لان العامل المؤثر هنا هو قيمة الفرض
- يحب اختيار الفروض التى يمكن تفسيرها واقربها إلى التحقيق تجريبيا واقلها كلفة

ثالثاً: التجريب او تحقيق الفروض

تعتبر هذه المرحلة من أهم مراحل البحث فالفرض ليس له قيمة علمية مالم تثبت صحتة موضوعا ويؤدي الفرض إلى اجراء التجارب والقيام بملاحظات جديدة للتأكد من صدقه و التأكد من صحته ولايصح الفرض علمياً إلا بشرط ان يختبر بالرجوع إلى التجربة لإثبات صحته ويجب ملاحظة ان الفرض الذي لم يثبت صحته هو نتيجة مهمة جدا.

كيفية تحقيق الفروض:

- لابد ان تكون هناك قواعد عامة يسترشد بها الباحث للتأكيد على صحة الفروض التى يختبرها
- ألا يختبر الباحث أكثر من فرض واحد (يفسر الظاهرة) في الوقت نفسه و ألا ينتقل من فرض إلى اخر إلا اذا تأكد من خطأالفرض الاول
- الا يقنع الباحث باختيار الادلة الموجبة التى تويد الفرض لان دليلاً واحداً يتنافى مع الفرض كفيل بنقضه ولو أيدته مئات الشواهد
- الا يتحيز الباحث لفروضه بل يكون على استعداد تام لان يستبعد جميع الفروض التى لا تؤيدها نتائج التجارب و الملاحظات العلمية

كيف يمكن التحقق من صحة الفرض

اهتم العلماء بوضع مناهج دقيقة للتثبت والتأكيد على صحة الفرض وكان أهم هذه المناهج ماوضعه (جون ستيورات مل) للتأكد من صحة الفروض والذى اعتمد في وضعها على الفيلسوف بيكون.

ويقسم ستيورات طرق التحقق من صحة الفروض إلى ثلاث طرق وهى:

1- طريقة الاتفاق

تقوم هذه الطريقة على اساس انه اذا وجدت حالات كثيرة متصفة بظاهرة معينة وكان هناك عنصر واحد ثابت في جميع الحالات في الوقت الذى تتغير قيه بقية العناصر، فإننا نستتنج ان هذا العنصر الثابت هو السبب في حدوث الظاهرة ومن الممكن ان نعبر عن هذه العلاقة بالصورة الرمزية التالية

- الحالة الاولى أ ب ج ص
- الحالة الثانية د ب ج ص

فنظراً لوجود العنصر (ج) في كل حالة تحدث فيها الظاهرة (ص) فاننا عندئذ نقول بأن العامل (ج) هو السبب في حدوث الظاهرة (ص)

سلبيات هذه الطريقة:

مما يؤخذ على هذه الطريقة في الاثبات انه ليس من الضرورى في كل حالة يوجد فيها العامل (ج) وتحدث الظاهرة (ص) ان يكون العامل (ج) سبباً حقيقاً فقد يكون وجوده من قبيل الصدفة دائما ومن المحتمل ان تكون النتيجة (ص)مسببة عن عامل اخر لم يتعرفه

الباحث ومن المحتمل ان يكون العامل (ج) قد احدث النتيجة (ص) بالاشتراك مع عامل لم يتعرف عليه الباحث، اذاً لانستطيع ان نعزل في الواقع سبباً واحداً ونقول انه السبب المحدد بالفعل، وعلى هذا فإنه يبنغي ألا نثق كثيراً قى هذه الطريقه فلا نتخذ من مجرد الاتفاق دليلاً على وجود علامة سببية.

2- طريقة الاختلاف

تقوم هذه الطريقة على انه اذا اتفقت مجموعتان من الاحداث من كل الوجوه إلا احدها فتغيرت النتيجة من مجرد اختلاف هذا الوجه الواحد، فإن ثمة صلة علية بين هذا الوجه والظاهرة الناتجة فإذا كانت لدينا مجموعة مكونة من عناصر مثل (ك ل م ن) تنتج ظاهرة ما، ومجموعة اخرى (ك ل م ه) ونتج عن ذلك اختلاف في النتيجة في حالة عن الاخرى فانه توجد بين (ن، ه) صلة العلية وهذه الطريقة شائعة الاستعمال في البحوث العلمية لانها أكثر دقة من سابقتها فإذا جمع الباحث مجموعتين من الاشخاص وعرض المجموعة الاولى لعدد من العوامل فظهرت نتيجة معينة ثم حرم المجموعة الثانية من تأثير أحد العوامل فلم تظهر النتيجة في هذه الحالة، يمكن استنتاج ان العامل الذى اسقطه الباحث هو السبب في حدوث النتيجة الاولى وهذه الطريقة في الإثبات هي التى تقوم عليها فكرة المجموعة التجريبية والمجموعة الضابطة

سلبيات هذه الطريقة:-

من سلبيات هذه الطريقة انه كثيراً ما يصعب على الباحث تحديد جميع المتغيرات المؤثرة في الموقف الكلي قبل البدء في الدراسة وكذلك من الصعب وخاصة في البحوث المكتبية ايجاد مجموعتين متكافئتين في جميع العوامل وتختلفان عن بعضهما في عامل واحد لكثرة المتغيرات التى تؤثر في الموقف المكتبي.

3- طريقة التلازم في التغير

تقوم هذه الطريقة على اساس انه اذا وجدت سلسلتان من الظواهر فيها مقدمات ونتائج وكان التغير في المقدمات في كلتا السلسلتين ينتج عنه تغير في النتائج في كلتا السلسلتين كذلك وبنسبة معينة فلابد ان تكون هناك علاقة سببية بين المقدمات والنتائج ويمكن ان نعبر عن هذه العلاقة بالصورة الرمزية التالية:

- الحالة الاولى أ ب ج1 ص1
- الحالة الثانية أ ب ج2 ص2

اذاً يمكن القول بأن (ج)، (ص) مرتبطان بعلاقة سببيةولقياس علاقة الترابط يلجأ الباحث إلى حساب معامل الارتباط

ومن مميزات هذه الطريقة يمكن استخدامها في مجال اوسع من مجال طريقة الاختلاف كما انها الطريقة الكمية الوحيدة بين الطرق التي حددها (ستيورات مل) وهى تمكن الباحث ان يحدد بطريقة كمية النسبة الموجودة بين السبب والنتيجة.

سلبيات هذه الطريقة:

- من الممكن ان تكون العلاقة بين المتغيرات غير سببية
- يجب تثبيت جميع العوامل في جميع الحالات التى يجمعها الباحث ماعدا متغير واحد.

التصميم التجريبى

يعتبر تطبيق المنهج التجريبى تطبيقاً كاملاً من الامور الصعبة جدا في العلوم الاجتماعية ومنها بالطبع علم المكتبات و المعلومات، ولتسهيل هذه الامور وتذليل هذه الصعوبات حاول بعض الباحثين تصميم بعض التجارب والطرق التى تساعد على تحسين استخدام هذه المناهج ومن أهم هذه الطرق هى:-

1-التجارب الصناعية والتجارب الطبيعية لابد لنا اولا من معرفة المقصود بالتجربة الصناعية والطبيعية

التجربة الصناعية: هى التجارب التى تتم في ظروف صناعية يتم وضعها من جانب الباحث.

التجربة الطبيعية: هى التجارب إلى تتم في ظروف طبيعية دون ان يحاول الباحث ان يتدخل فيها او ان يصنع لها ظروف خاصة.

2- تجارب تستخدم فيها مجموعة من الافراد، والتجارب تستخدم فيها أكثر من مجموعة

- **فى النوع الاول** من هذا التجارب يلجأ الباحث إلى مجموعة واحدة من الافراد يقيس اتجاهاتهم بالنسبة لموضوع معين ثم يدخل المتغير التجريبى الذى يرغب في معرفة اثره وبعد ذلك يقيس اتجاه افراد المجموعة للمرة الثانية، فإذا وجد ان هناك فروقاً جوهرية في نتائج القياس في المرتين يفترض انها ترجع إلى المتغير التجريبى.
- **اما النوع الثانى** فيلجأ الباحث إلى استخدام مجموعتين من الافراد يطلق على احدهما (المجموعة التجريبية) ويطلق على الاخرى (المجموعة الضابطة)

ويفترض فيهما التكافؤ من حيث المتغيرات المهمة في الدراسة، ثم يدخل المتغير التجريبى الذى يرغب في معرفة اثره على المجموعة الضابطة وبعد انتهاء التجربة تقاس المجموعتان ويعتبر الفرق في النتائج بين المجموعتين راجعاً إلى المتغير التجريبى.

3- تجارب التوزيع العشوائى تعتمد الطريقتان السابقتين على الافتراض بأننا نعرف كل المتغيرات المهمة في الدراسة وهذا افتراض يصعب التحقق منه ولذلك يلجأ الباحث إلى توزيع الافراد عشوائياً على كل من الجماعتين التجريبة والضابطة اى يتم توزيع الافراد بطريقة تتيح لكل منهم فرصا متكافئة للالتحاق باحدى الجماعتين ثم نقوم بإجراءالتجربة.

متطلبات التصميم الجيد للتجربة:

1- الاعتماد على أكثر من تجربة

2- استخدام ادوات جمع بيانات صحيحة وقوية التصميم

3- لابد من التحقق من كافة المتغيرات التى قد تؤثر على النتائج

4- اختيار الموضوعات التى تمثل المجتمع بطريقة جيدة

5- عدم تحيز القائم بالتجريب

مميزات المنهج التجريبي:

1- يعتبر المنهج التجريبي بصفة عامة هو أكثر البحوث صلابة وصرامة

2- القدرة على دعم العلاقات السببية

3- التحكم في التأثيرات المتبادلة على المتغير التابع

عيوب المنهج التجريبي

- التجارب اغلبها مصطنعة ولاتعكس مواقف الحياة الحقيقية

أفضل طريقة لبحث المشكلات التربويّة؟

يعدّ البحث التجريبيُّ أفضل طريقة لبحث المشكلات التربويَّة، وفي هذا النوع من البحوث يجري تغيير عامل أو أكثر من العوامل ذات العلاقة بموضوع الدراسة بشكلٍ منتظم من أجل تحديد الأثر الناتج عن هذا التغيير، فالباحثُ يحاول إعادة بناء الواقع في موقف تجريبيٍّ يدخل عليه تغيراً أساسيّاً بشكل متعمَّد، ويتضمَّن التغيير في هذا الواقع عادة ضبط

جميع المتغيِّرات التي تؤثِّر في موضوع الدراسة باستثناء متغيِّر واحد محدَّد تجري دراسة أثره في هذه الظروف الجديدة.

ففي البحوث التجريبيَّة يقوم الباحثُ بدور فاعل في الموقف البحثيِّ يتمثَّل في إجراء تغيير مقصود في هذا الموقف وفق شروط محدَّدة، ومن ثَمَّ ملاحظة التغيير الذي ينتج عن هذه الشروط، فإذا رغب باحثٌ ما في تحديد أثر ظرف تعليميٍّ جديد مثل استخدام طريقة تعليميَّة جديدة في تعليم الطلاَّب المهارات الجغرافيَّة التطبيقيَّة، فإنَّ الطريقة التعليميَّة الجديدة التي يجري تقويمها تسمَّى بالمتغيِّر المستقل والمحكُّ الذي يستخدم لتقويم هذا المتغيِّر هو نتائج الطلبة على اختبار أو مقياس لمهارات معيَّنة ويسمَّى بالمتغيِّر التابع، ففي أي تصميم تجريبيٍّ توجد علاقةٌ مباشرة بين المتغيِّرات المستقلَّة والمتغيِّرات التابعة بحيث يسمح التصميم للباحث الافتراض بأنَّ أيَّ تغيير يحصل في المتغيِّر التابع أثناء التجربة يعزى إلى المتغيِّر المستقل.

وحيث أنَّه من المستحيل الوصول إلى التصميم التجريبيِّ المثاليِّ في البحث التربويِّ؛ إذْ يوجد باستمرار العديد من المتغيِّرات العرضيَّة المتدخِّلة التي تمارس دورها في التجربة بحيث تؤثِّر في نتائجها، فالقدرة العقليَّة والدافعيَّة عند الطلاَّب يمكن أن تنتج أثراً ملموساً وغير مرغوب فيه في المتغيِّر التابع فإنَّه بدون ضبط كافٍ لأثر المتغيِّرات المتدخِّلة لا يستطيع الباحث أن يؤكِّد ما إذا كان المتغيِّر المستقل أم المتغيِّرات المتدخِّلة هي المسؤولة عن التغيُّر في المتغيِّر التابع، والطريقة الوحيدة لإبقاء جميع العوامل ثابتة ما عدا المتغيِّر التابع الذي يسمح له بالتغيُّر استجابة لتأثير المتغيِّر المستقلِّ هي إيجاد مجموعتين متماثلتين في التجربة تخضع إحداهما لتأثير المتغيِّر المستقلِّ أو العامل التجريبيِّ موضوع الدراسة، بينما لا تخضع المجموعة الثانية لمثل هذا التأثير، وتكون المجموعتان متماثلتين في بداية التجربة وتخضعان لنفس الظروف تماماً ما عدا تأثير المتغيِّر المستقلِّ.

المجموعة الضابطة والمجموعة التجريبيَّة:

يعدُّ ضبط المتغيِّرات من الإجراءات المهمَّة في البحث التجريبيِّ؛ وذلك لتوفير درجة مقبولة من الصدق الداخليِّ للتصميم التجريبيِّ؛ بمعنى أن يتمكَّن الباحث من عزو معظم التباين في المتغيِّر التابع إلى المتغيِّر المستقلِّ وليس إلى متغيِّراتٍ أخرى وبالتالي تقليل تباين الخطأ، ولذلك تتميَّز البحوث التجريبيَّة على غيرها من البحوث في الثقة التي يمكن توافرها في تفسير العلاقة بين المتغيِّرات وخاصَّة العلاقات السببيَّة التي تصعبُ دراستها بغير التجربة الحقيقيَّة.

ولضبط أثر المتغيِّرات الغريبة أو الدخيلة جاءت فكرةُ اختيار مجموعة مكافئة للمجموعة التجريبيَّة (مجموعة الدراسة) تسمَّى تلك المجموعة المكافئة بالمجموعة الضابطة أو بمجموعة المقارنة؛ حيث يسعى الباحث جاهداً إلى عمل كلِّ ما بوسعه أن يعملَه من أجل أن يهيئ ظروفاً متكافئة لكلٍّ من المجموعتين، سواء أكان ذلك عند اختيارهما أم كان عند تنفيذ التجربة حتى يكون الفرقُ الأساسيُّ بين المجموعتين مصدره المتغيِّر المستقل في الدراسة. وعموماً هناك عوامل مؤثِّرة في الصدق الداخليِّ للتجربة تتصل بتاريخها وبنضجها وبموقف اختبارها وبنوعيَّة الأداة، وبالانحدار الإحصائيِّ، وبالاختبار، وبالإهدار، وبتفاعل النضج مع الاختبار، وهناك عوامل مؤثِّرة في الصدق الخارجيِّ للتجربة كتفاعل الاختبار مع المعاملة، وتفاعل الاختيار مع المعاملة، وتفاعل الظروف التجريبيَّة مع المعاملة، وتداخل المواقف التجريبيَّة، وهناك أنواع للتصاميم التجريبيَّة منها تصميم المحاولة الواحدة، وتصميم قبلي - بعدي لمجموعة واحدة، وتصميم المقارنة المثبَّت، وتلك العوامل وهذه التصاميم هي ممَّا يجب على الباحث في البحث التجريبِّي الإلمام بها إلماماً جيِّداً ومصادر أساسيَّات البحث العلميِّ تشرح ذلك بتوسُّعات مناسبة، انظر: (عودة؛ ملكاوي، 1992م، ص ص123-139)؛ (بدر، 1989م، ص ص219-226).

وعموماً ففي الدراسات التي تتَّخذ الطريقة التجريبيَّة منهجاً لا بدَّ أن يسأل الباحثُ نفسه دائماً الأسئلةَ الثلاثة (فودة؛ عبد الله، 1991م، ص39) الآتية:

1) هل التصميم الذي وضعه يساعد على اختبار فرضيَّاته؟.

2) هل استطاع ضبط جميع العوامل الأخرى المؤثِّرة في تجربته؟.

3) هل يمكن إعادة التجربة من قبل باحث آخر؟.

المنهج الوصفيُّ:

يعدُّ المنهج الوصفيُّ من أكثر مناهج البحث العلميِّ استخداماً من قبل التربويِّين؛ لذلك فإنَّه وبالإضافة إلى ما ورد عنه في فقراتٍ سابقة يحسن إبراز أهم خصائصه بالآتي:

1. أنَّه يبحث العلاقة بين أشياء مختلفة في طبيعتها لم تسبق دراستها، فيتخيَّر الباحث منها ما له صلة بدراسته لتحليل العلاقة بينها.
2. أنَّه يتضمَّن مقترحاتٍ وحلولاً مع اختبار صحَّتها.
3. أنَّه كثيراً ما يتمُّ في هذا المنهج استخدام الطريقة المنطقيَّة (الاستقرائيَّة، الاستنتاجيَّة) للتوصُّل إلى قاعدة عامَّة.

4. أنَّه يطرح ما ليس صحيحاً من الفرضيَّات والحلول.
5. أنَّه يصف النماذج المختلفة والإجراءات بصورة دقيقة كاملة بقدر المستطاع بحيث تكون مفيدةً للباحثين فيما بعد.

وهنا يجب التفريق بين البحث الوصفيِّ ودراسات أخرى تلتبس به هي التقدير والتقويم، فالتقدير: يصف ظاهرة حالة من الحالات في وقت معيَّن دون الحكم عليها أو تعليلها وذكر أسبابها أو إعطاء توصية بخصوصها، كما لا يتحدَّث عن فاعليَّتها إلاَّ أنَّه ربَّما تَطَلَّب بعض الأحكام والآراء لبعض الحالات بقصد عرضها لما يمكن توقُّعه، في حين أنَّ التقويم: يضيف إلى الأوصاف السابقة الحكم على الوسائل الاجتماعيَّة، وما هو المرغوب فيه ومدى تأثير الإجراءات والإنتاجيَّة والبرامج، كما يتضمَّن أحياناً توصياتٍ لبعض ما ينبغي اتِّخاذه.

مهارات البحث العلمي:

وهي المهارات التي يجب ان يتصف بها الباحث ليستطيع القيام بما هو مطلوب منه في سبيل الوصول إلى نتائج يمكن الاعتماد عليها.وعلى الباحث إكتساب العديد من المهارات التي تجعله قادراً على إجراء أو تنفيذ البحث الذي يقوم به بكفاءة وفاعلية عالية و من هذه المهارات:

1. مهارة الملاحظة والقدرة على التجريب.
2. مهارة القراءة الهادفة سواء السريعة أو المتعمقة والقراءة الرأسية أو الأفقية.
3. مهارة الكتابة العلمية التي تتصف بالموضوعية والدقة والأمانة والأصالة والوضوح والبساطة.
4. مهارات التفكير، ومنها:
   - التنبؤForecasting :ماذا لو..؟ ماذا يحدث لو؟ ماذا يمكن أن يكون؟
   - الاتصالrelation : عمل زوجي، جماعي، التعاون، المناقشة.
   - المرونةFlexibility : التنوع، الاختلاف، سهولة الانتقال، البدائل
   - التفاصيلDetails : أجزاء الكل، تفاصيل دقيقة للبعد الواحد.
   - التسلسل Gradation: التنظيم المتسلسل، التتابع، الترتيب المنظم.
   - الأصالةOriginality :الندرة، التفرد، الجدة، الحداثة، والخصوصية والفائدة.
   - الطلاقة Fluency: كم الأفكار، الكثرة، الغزارة، العدد الهائل

- المقارنة Comparison: المقارنة بين شيئين من حيث مجال أو أكثر من مجال محدد،أوجه الشبه، أوجه الاختلاف
- التصنيف :Classificationالانتماء للمجموعة في خاصية أو أكثر، في مجال أو أكثر.
- الربط Attachment: رؤية العلاقات، علاقة أو أكثر، ربط بين شيئين، بعدين أو أكثر،علاقات ترابطية.
- مهارة الوصف الكمي والكيفي والتحليل والنقد والتفسير وإستخلاص النتائج بشكل منطقي و علمي سليم.

5. مهارات الإتصال الفعال مع المشرف ومع المبحوثين والمسؤولين عن المكتبات ومراكز البحوث والدراسات والمعلومات.
6. مهارة الإتصال للآخرين بما يعطي لهم حق الحديث والكلام بحرية وهذا يسهم بدوره في تحقيق الفهم الجيد لهم وجمع البيانات المطلوبة.
7. مهارة الإقناع عند التعامل مع الآخرين وخاصة إقناع المبحوثين بأهمية بحثه وحثهم على التعاون معه من خلال عقده المقابلات وملئ الإستمارات.
8. مهارة إستخدام علم الإحصاء حيث لا بد للباحث ان يكون قادراً على إستخدام مبادئ وأسس الإحصاء والتحليل الإحصائي للبيانات وعمل الجداول وعرض البيانات بالطرق المناسبة.

مواصفات الباحث ذو الاتجاهات العلمية

ما هي الصفات التي يجب أن يتحلى بها الباحث العلمي؟

يتصف الباحث ذو الاتجاهات العلمية بالخصائص التالية:

(1) **اتساع الأفق العقلي وتفتح العقلية:** تحرر العقل والتفكير من التحيز والجمود، والخرافات والقيود التي تفرض على الشخص أفكاراً خاطئة وأنماطاً غير سليمة من التفكير. والإصغاء إلى آراء الآخرين وتفهُّم هذه الآراء واحترامها حتى لو تعارضت مع آرائه الشخصية أو خالفها تماماً. ورحابة صدر الباحث وتقبُّل النقد الموجه إلى آرائه من الآخرين، والاستعداد لتغيير أو تعديل الفكرة أو الرأي إذا ثبُت خطأها في ضوء ما يستجد من حقائق وأدلة مقنعة وصحيحة، والاعتقاد في نسبية

الحقيقة العلمية، وأن الحقائق التي نتوصل إليها في البحث العلمي ليست مطلقة ونهائية.

(2) **حب الاستطلاع والرغبة المستمرة في التعلم:** الرغبة في البحث عن إجابات وتفسيرات مقبولة لتساؤلاته عما يحدث أو يوجد حوله من أحداث وأشياء وظواهر مختلفة، والمثابرة والرغبة المستمرة في زيادة معلوماته وخبراته، واستخدام مصادر متعددة لهذا الغرض ومنها الاستفادة من خبرات الآخرين. وحب المعرفة والقراءة فالباحث الجيد هو الذي يحب المعرفة ولذلك فهو كثير الأسئلة وكثير القراءة وإستعارة الكتب وزيارة المكتبات وكثير الحضور للندوات والمؤتمرات والدورات التدريبية.

(3) **البحث وراء المسببات الحقيقية للأحداث والظواهر:** الاعتقاد بأن لأي حدث أو ظاهرة مسببات ووجوب دراسة الأحداث والظواهر التي يدركها الباحث من حوله ويبحث عن مسبباتها الحقيقية، وعدم الاعتقاد في الخرافات، وعدم المبالغة في دور الصدفة، وعدم الاعتقاد في ضرورة وجود علاقة سببية بين حدثين معينين لمجرد حدوثهما في نفس الوقت أو حدوث أحدهما بعد الآخر. يجب على الباحث العلمي عدم قبول شيئ إلا بعد التساؤل عن مدى صحة ومعرفة الأدلة المدعمة له لتقدير مدى كفاية تلك الأدلة فالباحث العلمي مشارك في بناء صرح المعرفة العلمية وهو يستشعر المسؤولية المهنية ليس فقط نوعية مساهمته هو بل عن نوعية مساهمة غيره ممن سبقوه.

(4) الموضوعية فالباحث لا بد ان يتصف بالحياد العلمي والنزاهة وعدم التمييز وعدم الذاتية أو التأثر بفكر معين عند عرض موضوعه أو إخباره للمصادر العلمية أو عند إستخلاص نتائج بحثية بمعنى أن الإلتزام بالموضوعية يعني القراءة والتحليل والمحايدة والبعد عن الأهواء الشخصية عند إجراء البحث، وتوخي الدقة وكفاية الأدلة للوصول إلى القرارات والأحكام من خلال الدقة في جمع الأدلة والملاحظات من مصادر متعددة موثوق بها وعدم التسرع في الوصول إلى القرارات والقفز إلى النتائج ما لم تدعمها الأدلة والملاحظات الكافية. واستخدام معايير الدقة والموضوعية والكفاية في تقدير ما يجمعه من أدلة وملاحظات.

(5) **الاعتقاد بأهمية الدور الاجتماعي للعلم والبحث العلمي:** الإيمان بدور العلم والبحث العلمي في إيجاد حلول علمية لما تواجه المجتمعات من مشكلات وتحديات في مختلف المجالات التربوية والاقتصادية والصحية.. الخ، والإيمان بأن العلم لا يتعارض مع الأخلاق والقيم الدينية، وتوجيه العلم والبحث العلمي إلى ما يحقق سعادة ورفاهية البشرية في كل مكان. (واثق المطوري/ 2006)

(6) **الأمانة:** على الباحث أن يلتزم الأمانة في بحثه من خلال:

- الإشارة الصريحة والواضحة إلى المصادر العلمية التي يستخدمها في بحثه.
- استعراض كل الآراء العلمية المرتبطة بفكرة البحث وعدم اقتصار الباحث على استعراض نوعية من هذه الآراء التي تدعم وجهة نظره فقط.
- إستخدام المعاملات الإحصائية المناسبة لطبيعة البيانات في البحث واستخدام برامج الحاسب الآلي المناسبة لطبيعة البيانات في البحث واستخدام برامج الحاسب الآلي بطريقة تؤدي الى استخراج نتائج صادقة أما قيام الباحث بعكس ذلك حتى يحصل على النتائج التي يرغب فيها أو التي تتفق مع تحليله النظري فهذه عدم امانة علمية.

(7) الصبر هو التروي والجلد والتأني أما التسرع والإندفاع والجزع فهي العكس تماماً.

(8) **التواضع:** على الباحث ان يكون متواضعاً بصفة عامة مع الآخرين مثل مشرف البحث،أخصائي المكتبة،المبعوثين،المسؤوليات كدعامة أساسية لإظهار إحترامهم وتقديرهم وهذا بدوره يؤدي الى رغبتهم وحرصهم على مساعدة الباحث أن يراعي التواضع في الكتابة وتحاشي الغرور والتعالي.

أخلاقيات الباحث العلمي

1. الأخلاق: أخلاق وقيم الإنسان والفضائل الإنسانية التي يجب أن يتحلى بها.
2. القيم: المبادئ والمقاييس التي نعتبرها هامة لنا ولغيرنا ومن أمثلة هذه القيم الصدق، الأمانة،العدالة،العفة،العطاء.

ونحن نبني قيمنا من خبراتنا وتجاربنا ومن إنتمائنا للمجتمع الذي نعيش فيه ومن الثقافة التي تسود حياتنا كما نستخدم هذه القيم من الأسرة والأبوين والأقارب والأصدقاء والمعلمين والمربين ووسائل الإعلام.

وتعكس القيم أهدافنا وإهتماماتنا وحاجاتنا والنظام الإجتماعي والثقافة التي تنشأ بما تتضمنه من نواحي دينية وإقتصادية وعلمية.

أخلاقيات وقيم البحث العلمي:

1. إحترام قيمة وكرامة المبحوثين.
2. إحترام ثقافة وديانة المبحوثين وعدم جرح شعورهم.
3. ضرورة الحصول على الموافقات من الجهات الرسمية ومن الجهات المسؤولة وذلك قبل جمع البيانات من المبحوثين.
4. الحفاظ على خصوصية حياة المبحوثين.
5. الحق في ان يبقى المبحوث مجهول.
6. الحفاظ على سرية المعلومات والبيانات التي تم الحصول عليها.
7. إستخدام المعلومات والبيانات التي تم الحصول عليها في اغراض البحث العلمي.
8. تجنب حدوث أي ضرر للمبحوثين نتيجة إشتراكهم في البحث أو إدلائهم بآرائهم في إستمارات البحث.
9. ضرورة الحصول على موافقة المبحوثين للإشتراك في البحث.
10. إحترام رغبة أي مبحوث بعدم الإستمرار في الدراسة في أي وقت.
11. ضرورة إحترام حق المبحوثين في الإطلاع على نتائج البحث بعد إنتهائه.
12. يفضل ان يحقق البحث بعد إكتماله فائدة مباشرة او غير مباشرة للمبحوثين فالبحث العلمي يكون وسيلة لخدمة المجتمع والمساهمة في حل مشكلاته.

المعايير الأخلاقية في البحث

وضعت هذه المعايير رابطة علماء النفس الأمريكية، ونشرت تحت عنوان " المبادئ الأخلاقية في البحث الإنساني" في واشنطن عام 1973، وأهم هذه المعايير التي يجب أن يراعيها الباحث هي:

1- احترام الخصوصية:

تتعرض بعض الدراسات إلى خصوصيات الإنسان التي لا يرغب أحد في معرفتها مما يجعلهم لا يقبلون المشاركة في البحث أو التجربة، زمن حق هؤلاء الناس عدم الإفضاء بخصوصياتهم، وبمعنى آخر يتطلب هذا وضعاً للحفاظ على بعض المعلومات وعدم نشرها أمام

الآخرين، مثل عناصر الشعور الشخصي أو المعتقدات الدينية أو السياسية، في الوقت الـذي يفضـل الكثيرون مـن الناس الإبقاء على تلك العناصر ضـمن خصوصياتهم ورفضـهم الإدلاء بـأي رأي حولهـا.ولتجنب عنصر ـ خصوصية الإنسان يجب على الباحث مراعاة ما يلي:

أ- تجنب الأسئلة غير الضرورية والمحرجة.

ب- تجنب تسجيل رد الفعل الشخصي تجاه عنصر معين في الدراسة ما أمكن ذلك.

ج- الحصول على موافقة الآخرين أولاً للمشاركة في بحثه أو تجربتـه، وكـذلك الموافقـة مـن أوليـاء أمـور الأطفال، أو المعلمين أو من يعنيهم الأمر حول موضوع البحث.

2- السرية:

من الحق أن تبقى الموضوعات التي يتم بحثها مجهولة الاسم، ويتبع الباحث في هذا المجال منهجين هما:

الأول: يمكن تعرف الموضوعات المطلوبة من خلال رمز سري بحيث لا يطلب من المشاركين كتابة أسمائهم.

الثاني: تجميع البيانات أو الإجابات الفردية بعضها مع بعض بحيث يقـوم الباحـث بعـدها بأخـذ متوسـط الإجابات وليس الإجابة الفردية، أي يجب على الباحث المحافظة على سرية المعلومات في الدراسة.

ولغرض الحفاظ على سرية المعلومات على الباحث اتباع ما يلي:

أ- جدولة جميع البيانات بإعطائها رموزاً كأرقام أو أحرف أبجدية وليس أسمائها الصحيحة.

ب- التخلص من البيانات الأساسية المسجلة وغيرها حال الانتهاء من الدراسة.

ج- الاتجاه نحو جمع المعلومات بواسطته مباشرة، وعدم اللجوء إلى أشخاص آخرين لتنفيذ المهمة.

3- تحمل المسئولية:

أ-على الباحث أن يتحمل نتائج بحثه، وأن يكون مـدركاً أو حساسـاً لشـعور الآخرين، وأن يحـافظ عـلى كرامتهم حتى يتقبل الآخرون المشـاركة في بحثه أو دراسـته، ومـن هنـا عـلى الباحـث أن يعـرف أهداف بحثه بالتفصيل منذ البداية، بل من حق المشاركين على الباحث أن يعرفوا أهداف بحثه.

ب-كما تقع على عاتق الباحث مسئولية أخلاقية تجاه بحوثه ودراساته، وتجاه زملائه في المهنة، وتجاه الجمهور.

ج- على الباحث أن يكون موضوعيا في عرض النتائج ومعالجة البيانات، والباحث الشريف عادة لا يقوم بالتخلي عن بعض المعلومات التي لا تناسبه، والإبقاء على المعلومات التي تناسب أهداف بحثه أو فرضياته.

د- على الباحث ألا يقوم بتحوير أو تعديل البيانات الأصلية بهدف جعلها ملائمة لموضوع بحثه.

هـ على الباحث ألا يخفي الجوانب الضعيفة في بحثه، أو في النتائج التي توصل إليها وألا يبالغ في النتائج.

و- أن يضع بياناته ونتائجه تحت تصرف الباحثين الآخرين لإجراء المزيد من التحليل عليها والتحقق من نتائجه.

ى- كما أنه على الباحث أن يشكر كل من قدم له مساعدة أثناء قيامه بالبحث.

ط- ألا يكون لبحثه منفعة شخصية فقط وإنما يسخر لخدمة المعرفة والتطور العلمي.

حدود البحث العلمي:

1. الإصرار - الإلحاح.
2. الإكتشاف - والتقصي.
3. التفسير أو التأويل.
4. القوانين - النظريات.

عوامل تحكم البحث العلمي:

هي عوامل تخدم البحث العلمي سلباً أو إيجاباً.وهي:

1. السلطة: الأهل – الحكومة.
2. الديانة: الإخلاص – الصدق – الأخلاق – مبادئ الدين.
3. التقاليد.
4. الحدس أو البديهة.
5. الإبداع.
6. العلم.

لماذا نقوم البحث العلمي؟

1. نحن نبحث كي نفهم.

2. نحن نبحث كي نأتي بالقوانين والنظريات والمبادئ العامة التي تساعد في الفهم والتعامل مع مشاكلنا.

3. نحن نبحث كي نكون دقيقين وجديرين بالثقة.

إن الحاجة الى الدراسات و البحوث و التعلم اليوم أشدّ منها في أي وقت مضى ـ فالعالم في سباق للوصول الى اكبر قدر ممكن من المعرفة الدقيقة المستمدة من العلوم التي تكفل الرفاهية للانسان، وتضمن له التفوق على غيره. واذا كانت الدول المتقدمة تولي اهتماما كبيرا للبحث العلمي فذلك يرجع الى انها أدركت أن عظمة الأمم تكمن في قدرات أبنائها العلمية و الفكرية و السلوكية. والبحث العلمي ميدان خصب ودعامة أساسية لاقتصاد الدول وتطورها وبالتالي تحقيق رفاهية شعوبها و المحافظة على مكانتها الدولية.

إن البحث العلمي يقوم أساساً على طلب المعرفة وتقصّيها والوصول إليها، فهو في الوقت نفسه يتناول العلـــوم في مجموعها ويستند الى أساليب و مناهج في تقصيه لحقائق العلوم والباحث عندما يتقصّى ـ الحقائق و المعلومات إنـما يهدف الى إحداث إضافات أو تعديلات في ميادين العلوم مـما سيسفر بالتالي عـن تطويرها وتقدمها.

خصائص البحث العلمي:

1- البحث العلمي عملية منظمه وهادفة:

يتم البحث العلمي في شكل عملية منظمه تبدأ بسؤال في عقل الباحث تـتم صياغته في مشكلة الدراسـة بشكل يوضح له حدوده و متطلباته.

2- الاصالة:

يتميز البحث العلمي بان الباحث يسعى إلى الوصول إلى أفكار علمية جديدة ذات أهمية عامة من خلال الموضوع الذي يقوم بدراسته.

3- الإبداع:

ويكون من خلال القدرات والمهارات التي يمتلكها الباحث.

4- الامانه العلمية

وذلك من خلال الحيادية وعدم التعدي على أفكار الاخرين ونسبتها إلى نفسه.

5- الموضوعية

وتتجلى هذه الخاصية عند استخلاص النتائج أو إصدار القرارات.

6- الدقة

من خلال السعي إلى التحقق من دقة المعلومات.

7- الاعتماد على الدليل بلاد من مصدر الثقة

ان النتائج لا تكون صحيحة إلا إذا دعمت بالدليل القاطع.

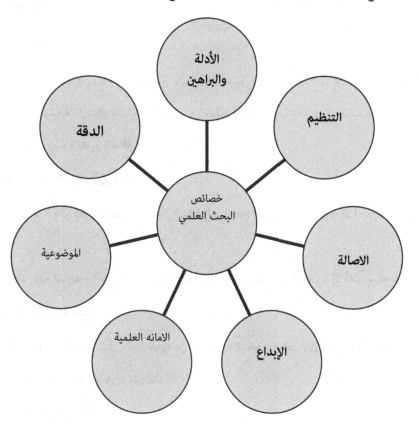

مساهمات البحث العلمي:

1. **الوصف**: يصف الأحداث والتصرفات.

2. **التنبؤ**: القدرة على التنبؤ بالأحداث والتصرفات المستقبلية المرتكزة على الحوادث السابقة.

3. **التقدم والإصلاح**: تحسين العلم الطلابي.

4. **التفسير**: فهم وتفسير القوانين والنظريات والمبادئ العامة التي تحكم العالم الحقيقي.

أسس البحث العلمي:

أولا: الأصالة والابتكار:

إذا أخذ الباحث فكرة باحث آخر وسار عليها وقام بتقليد الخطوات والمراحل فإن ذلك يفقد البحث صفة الاصالة،والأصالة مرتبطة بالإبتكار،فالابتكار قد يكون في الفكرة أو في أسلوب تحليل البيانات والربط بينها أو في الوصول إلى نتائج جديدة تتميز بإضافة جديدة.

ثانياً: الأمانة العلمية والتوثيق العلمي:

يجب عدم ذكر فكرة لشخص آخر دون الإشارة إليه في متن البحث أو الهامش و إلا أعتبر من سبيل السرقة العلمية.

يجب عدم استخدام أساليب الغير في متن البحث وإسنادها لصاحب البحث و إلا أعتبر سرقة علمية.

ثالثاً: سلامة عنوان البحث:

يشترط في عنوان البحث أن يكون معبرا عن الأهداف والنتائج المتوقعة وأن يكون قويا ومؤثرا ومختصرا فالعنوان الطويل تفقد جاذبيتها وربما يثير الملل.

رابعا: سلامة عرض المشكلة:

إن عرض المشكلة بشكل سليم يعرض وضوحها عند الباحث، إن عرض المشكلة بشكل سليم معيار حاكم لأنها ستكون بمثابة إطار قوي للرقابة على على جميع مراحل البحث.

خامسا: سلامة صياغة الفرضيات:

إن صياغة الفرضيات بشكل محكم مسألة جوهرية باعتبارها أساس البحث العلمي فكلما قلت الفرضيات كلما أمكن السيطرة عليه وسوء صياغة الفرضيات يعتبر كافيا لرفض البحث.

سادساً: شمول ودقة عرض الدراسات السابقة:

من الأهمية بمكان أن يظهر الباحث سيطرته على الدراسات السابقة المرتبطة ارتباطا وثيقا بالبحث الذي يقوم به فعلى الباحث أن يعرض باختصار هدف كل دراسة من الدراسات السابقة والفرضيات التي تبنتها والأساليب الإحصائية التي استخدمتها والنتائج التي توصلت إليها ويكون تقييم كل ذلك من منظور البحث الذي يقوم به.وغالبا ما يتم عرض الدراسات السابقة من منظور تاريخي على أن يظهر في كل دراسة إسم كاتبها بالكامل ومكان نشرها وتاريخ نشرها بحيث يمكن بسهولة الرجوع إليها.

سابعاً: سلامة حجم العينة والبيانات وعمق التحليل:

يلعب حجم العينة دورا محوريا في سلامة البحث وله أصول وأسس معروفه والإخلال بحجم العينة وكيفية اختيارها ووحدة العينة هو إخلال بالبحث العلمي ونتيجته وغالبا ما يتشكك الناس في نتيجة بحث علمي لم يتم فيه اختيار حجم العينة بشكل سليم.

البيانات هي المادة الخام التي يتم تحليلها ولابد من الاهتمام بمصادر البيانات وبنماذج جمعها.

إن سلامة أساليب التحليل وملاءمتها لاختبار الفرضيات مسألة حاكمة للوثوق في نتيجة البحث.

إن العمق في التحليل أحد المعايير الرئيسية في تقييم البحوث.

ثامنا: سلامة النتائج والتوصيات:

إن وضع نتائج غير مستخلصة من البحث أو مزروعة في البحث زرعا قد تؤدي إلى رفضه. لذلك فإنه لابد أن تكون النتائج التي ترد في نهاية البحث مستمدة منه ومرتبطه ارتباطا مباشرا بفرضيات البحث وأهدافه ومعالجاته. ومن الضروري أن تكون التوصيات مرتبطة بالنتائج ارتباطا مباشرا وان لا تكون عامة ويجب التفكير في متطلبات تطبيقها.

تاسعا: دقة اللغة وإستيفاء الجوانب الشكلية:

من المعايير الحاكمة للبحث العلمي دقة اللغة الجيد دقة اللغة العربية والتراكيب اللغوية وكذلك دقة اللغة الأجنبية فأي خلل في الغة يؤثر تأثيرا سيئا على المحكمين.الجوانب الشكلية كثيرة ومتعددة منها على سبيل المثال لا الحصر:

لابد من الترتيب المنطقي للفصول والترتيب المنطقي لمكونات كل فصل فليس من المنطقي أن تذكر أهداف البحث قبل الفرضيات.

لابد من التوازن في حجم الفصول والتوازن في حجم الفقرات بحيث لا تكون هناك فقرة كبيرة جدا وفقرة صغيرة جدا.

لابد من استخدام العنوانين الرئيسية والعناوين الفرعية لتوضيح تدفق الأفكار لابد من وضع ترقيم متتابع للأشكال وآخر للجداول وذكر مصادرها تحت كل منها.

عاشراً: حداثة المراجع وارتباطها بالبحث:

تعتبر حداثة المراجع من المعايير القوية في الحكم على البحث. إن استخدام المراجع القديمة يعتبر من الاشياء المعيبة في البحث العلمي إلا إذا كانت مراجع كلاسيكية أفكارها مازالت صامدة حتى الآن ولابد أن تكون المراجع مرتبطة ارتباطاً مباشراً مع البحث.

مستلزمات البحث العلمي:

نظرا لأهمية البحث العلمي والحاجة الملحة له في المجتمع فلا بد من تامين مستلزماته كافة:

1- إنشاء مركز قومي للبحوث.

2- توفير المال اللازم.

3- تحديد النصاب والتفرغ للمشتغلين بالبحث العلمي.

4- توفير المختبرات والأجهزة.

5- توفير المكتبات والاشتراك بشبكات الاتصال (الإنترنت).

6- نشر البحوث.

7- توفير الأمكنة اللازمة.

8- الاهتمام بالدراسات العليا في الجامعات.

9- تحضير الباحث المناسب.

الفصل الثاني
أهمية البحث العلمي

الفصل الثاني

أهمية البحث العلمي

أهمية البحث العلمي

وأيضاً فإن الإلمام بمناهج البحث العلمي وإجراءاته أصبح من الأمور الضرورية لأي حقل من حقول المعرفة، بدءاً من تحديد مشكلة البحث ووصفها بشكل إجرائي واختيار منهج وأسلوب جمع المعلومات وتحليلها واستخلاص النتائج.. وتزداد أهمية البحث العلمي بازدياد اعتماد الدول عليه، ولا سيما المتقدمة منها لمدى إدراكها لأهميته في استمرار تقدمها وتطورها، وبالتالي تحقيق رفاهية شعوبها والمحافظة على مكانتها. فالبحث العلمي يساعد على إضافة المعلومات الجديدة ويساعد على إجراء التعديلات الجديدة للمعلومات السابقة بهدف استمرار تطورها (محمد ياقوت، 2005).

ويفيد البحث العلمي في تصحيح بعض المعلومات عن الكون الذي نعيش فيه وعن الظواهر التي نحياها وعن الأماكن الهامة والشخصيات وغيرها، ويفيد أيضاً في التغلب على الصعوبات التي قد نواجهها سواء كانت سياسية أو بيئية أو اقتصادية أو اجتماعية وغير ذلك.

كما يفيد البحث العلمي الإنسان في تقصي الحقائق التي يستفيد منها في التغلب على بعض مشاكله، كالأمراض والأوبئة، أو في معرفة الأماكن الأثرية، أوالشخصيات التاريخية، أو في التفسير النقدي للآراء والمذاهب والأفكار، وفي حل المشاكل الاقتصادية والصحية والتعليمية والتربوية والسياسية وغيرها، ويفيد في تفسير الظواهر الطبيعية والتنبؤ بها عن طريق الوصول إلى تعميمات وقوانين عامة كلية .

ويمكن القول: إنه في وقتنا الحاضر أصبح البحث العلمي واحداً من المجالات الهامة التي تجعل الدول تتطور بسرعة هائلة وتتغلب على كل المشكلات التي تواجهها بطرق علمية ومرجع ذلك أن تأثير البحث العلمي في حياة الإنسان ينبع من مصدرين هما :

الأول: يتمثل في الانتفاع بفوائد تطبيقية.. حيث تقوم الجهات المسؤولة بتطبيق هذه الفوائد التي نجمت عن الأبحاث التي تم حفظها باستخدام المدونات وتسهيل

نشرها بالطبع والتوزيع وطرق المخاطبات السريعة التي قضت على الحدود الجغرافية والحدود السياسية .

الثاني: يتمثَّل في الأسلوب العلمي في البحث الذي يبنى عليه جميع المكتشفات والمخترعات.. هذا الأسلوب

الذي يتوخى الحقيقة في ميدان التجربة والمشاهدة ولا يكتفي باستنباطها من التأمل في النفس أو باستنباطها من أقوال الفلاسفة.

وتتجلى أهمية البحث العلمي أكثر وأكثر في هذا العصر المتسارع.. الذي يُرفع فيه شعار البقاء للأقوى.. والبقاء للأصلح! إذ أصبح محرك النظام العالمي الجديد هو البحث العلمي والتطوير !..

ولم يعد البحث العلمي رفاهية أكاديمية تمارسه مجموعة من الباحثين القابعين في أبراج عاجية! حيث يؤكد (بكر،1417هـ) (على أهمية البحث العلمي والدور الفعّال الذي يلعبه في تطوير المجتمعات الإنسانية المعاصرة على اختلاف مواقعها في سلم التقدم الحضاري، ولا يختلف اثنان في أهميته لفتح مجالات الإبداع والتميز لدى أفراد وشعوب هذه المجتمعات، وتزويدها بإمكانية امتلاك أسباب النماء على أسس قويمة.(عبد الرحمن المقبول.2005)

والحق أن البحث العلمي يسهم في العملية التجديدية التي تمارسها الأمم والحضارات لتحقيق واقع عملي يحقق سعادتها ورفاهيتها، فهو أي البحث العلمي يعمل على) إحياء المواضيع (والأفكار) القديمة وتحقيقها تحقيقاً علمياً دقيقاً، وبالتالي تطويرها للوصول إلى اكتشافات جديدة.. واجتماعياً، يسمح البحث العلمي بفهم جديد للماضي في سبيل انطلاقة جديدة للحاضر ورؤية استشرافية للمستقبل(جيروم شاهين،2005).. وهكذا البحث العلمي يناطح الماء والهواء في أهميته للحياة الإنسانية !

أهمية البحث العلمي:

1. تأويل نتائج البحث.
2. التطبيق العملي لنتائج البحث.
3. الخدمة المثبتة في المكتبة.
4. البحث الشخصي.

أهمية البحث العلمي للطالب:

إنّ البحوث القصيرة التي يكتبها الطالب في المدرسة إنما الغايـــة منها تعويد الطالـب عـلى التنقيـب عـن الحـقائق واكتشاف آفاقاً جديـدة مـن المعرفـــة و التعبير عـــن آراءه بحريـــة وصراحـــة. ويمكـن تلخيص الأهداف الرئيسـية لكتابة الابحاث الى جانب ما ذكر في:

1. إثراء معلومات الطالب في مواضيع معينة.
2. الاعتماد على النفس في دراسة المشكلات وإصدار أحكام بشأنها.
3. اتباع الأساليب و القواعد العلمية المعتمدة في كتابة البحوث.
4. التعود على استخدام الوثائق و الكتب ومصادر المعلومات والربط بينهما للوصول إلى نتائج جديدة.
5. التعود على معالجة المواضيع بموضوعية ونزاهة ونظام في العمل.
6. التعود على القراءة وتحصين النفس ضد الجهل.

ونظراً لأن البحث العلمي يعد من أهم وأعقد أوجه النشاط الفكري، فإن الجامعات تبذل جهوداً جبارة في تدريب الطلاب على إتقانه أثناء دراستهم الجامعية لتمكنهم من اكتساب مهارات بحثية تجعلهـم قـادرين علـــى إضافة معرفة جديدة إلى رصيد الفكر الإنساني،كما تعمل الجامعات على إظـــهار.

إن البحث العلمي يثير الوعي ويوجه الأنظار إلى المشكلة المراد دراستها أو معالجتها بحثياً.

دور البحث في المجتمع:

التقدم مطمح كل حي،يسعى إلى الأحسن، ويعمل من أجل بلوغ الأفضل،ويكد بغيـة تحقيـق الأمثـل،ولن يتأتى ذلك إلا بإعادة الإعتبارالى الإنسان، باعتباره قاعدة كل بناء وأساس كل عمران،لاسيما في هذه المرحلة العصيبة من تاريخنا،فتفكيرنا الإستراتيجي يجدر به التوجه صـوب الاسـتثمار في بنـاء الإنسـان،لأن الـثروة الحقيقـة والدائمـة تكمن في"تنمية مواردنا البشرية التي يتحمل التعليم الجامعي مسؤولية كبرى فيهـا، وأن رأسـمالنا الأسـاسي هـو في بناء الإنسان"[(4)].وقدارتبطت الجامعة عبر التاريخ بالتوق إلى التقدم، والخلاص من التخلف، والتحريض على البحـث والإبداع، ونبذ التسلط والتقليد، الانفتـاح عـلى المـاضي بوصـفه نقطـة البدايـة ولـيس نقطـة النهايـة، والتطلـع إلى المستقبل، النقد محل التسليم، الشك محل التصديق،

نجح العلم ولو جزئيا في إزاحة الخرافة، تشجيع الخلق وروح المبادرة، الاستنارة والتنوير والانفتاح على المستقبل، وتوق الحرية والانعتاق الفكري.فهي سلاح لتحقيق الازدهار العلمي، والتفوق المعرفي،وما كان ذلك ليحصل،وتتحرر البشرية من أسر العقل وحجر الفكر،لولا التضحيات الجسام التي قدمها العلماء على مر التاريخ قربانا،كي ننعم نحن بنور العلم وإشراقة الفهم الصافية الاهتمام فالبحث العلمي وقود لاغنى عنه كي يستمر عطاء العلم،فهو يمثل عصب التطور، ورأس التقدم في المجال الفكري أو الثقافي أو السياسي.

لماذا الاهتمام بالبحث العلمي؟

يلعب البحث العلمي دوراً أساسياً في قيام الحضارات،إن الدول المتقدمة التي حققت تقدماً ملموساً في مجال العلم والتكنولوجيا وتلك التي قطعت شوطاً طويلاً في مجال التقدم والتنمية إنما هي دول آمنت أساساً بالبحث العلمي أسلوباً ووسيلة ومنهاجاً وتمكنت من خلال البحث العلمي من أن تطوع امكاناتها من أجل تحقيق التنمية والتقدم لمجتمعاتها.

إن الإهتمام بالبحث والذي يتجسد في صورة رعاية الطلبة والباحثين والميزانيات المخصصة تعتبر أحد المؤشرات على تقدم المجتمع.

وقد لاقى البحث العلمي عناية متزايدة في الآونة الأخيرة بإعتباره الأداه التي لا غنى عنها في تحسين الأداء في كل مجالات الحياة والعمل وفي تخطيط وإدارة وتنفيذ وتقويم أي عمل يراد له النجاح ومطلوب له زيادة درجة كفاءة وفاعلية.(د. عائدة أبو السعود القيسي)

إن البحث العلمي هو الدراسة العلمية المنظمة لظاهرة معينة بإستخدام المنهج العلمي للحصول على حقائق يمكن توصيلها والتحقق من صدقها.

والبحث العلمي نشاط أو جهد إنساني مبذول يبدأ بالنظرية العلمية وينتهي إليها ماراً بالمنهج العلمي إما قد يدعم النظرية أو يعدلها.

فالبحث العلمي هو إستخدام الأسلوب العلمي في دراسة المجتمع وما ينتج عنه من ظواهر وما يحدث من مشكلات بما يفيد في علاجها والوقاية منها وفي رسم الخطط وسن التشريعات.

إن أبسط تطبيق للتفكير العلمي أو البحث العلمي هو إعتماد التخطيط كمبدأ في مواجهة مشكلاتنا الفردية والإجتماعية. (المصدر السابق)

مما سبق يمكن القول أن البحث العلمي:

1- يتيح للباحث الاعتماد على نفسه في اكتساب المعلومة.

2- يسمح للباحث الإطلاع على مختلف المناهج واختيار الأفضل منها.

3- يجعل من الباحث شخصيةً مختلفة من حيث التفكير، والسلوك، والانضباط، والحركة.

وفي المجتمع تزايد الإهتمام بالبحث العلمي وتزايد إستخدام الأسلوب العلمي في تحديد مشكلاتنا الإقتصادية والإجتماعية والتربوية.

إن كل طالب في مؤسساتنا التربوية مطالباً بإستخدام كفايات البحث العلمي وأصبحت مادة البحث العلمي متطلباً أساسياً لطلاب الجامعات.

ان الحاجة الى الدراسات و البحوث و التعلم لهي اليوم اشد منها في أي وقت مضى. فالعلم و العالم في سباق للوصول الى اكبر قدر ممكن من المعرفة الدقيقة المستمدة من العلوم التي تكفل الرفاهية للانسان، وتضمن له التفوق على غيره.

واذا كانت الدول المتقدمة تولي اهتماما كبيرا للبحث العلمي فذلك يرجع الى انها ادركت ان عظمة الامم تكمن في قدرات ابنائها العلمية و الفكرية و السلوكية. والبحث العلمي ميدان خصب ودعامة اساسية لاقتصاد الدول وتطورها وبالتالي تحقيق رفاهية شعوبها

و المحافظة على مكانتها الدولية. وقد اصبحت منهجية البحث العلمي واساليب القيام بها من الامور المسلم بها في المؤسسات الاكاديمية و مراكز البحوث، بالاضافة الى انتشار استخدامها في معالجة المشكلات التي تواجه المجتمع بصفة عامة، حيث لم يعد البحث العلمي قاصرا على ميادين العلوم الطبيعية وحدها.

طبيعة البحث العلمي:

موضوع البحث العلمي يقوم اساسا على طلب المعرفة وتقصيها و الوصول اليها، فهو في الوقت نفسه يتناول العلوم في مجموعها ويستند الى اساليب و مناهج في تقصيه لحقائق العلوم. والباحث عندما يتقصى ـ الحقائق و المعلومات انما يهدف الى احداث اضافات او تعديلات في ميادين العلوم مما سيسفر بالتالي عن تطويرها وتقدمها.

اهمية البحث العلمي للطالب:

ان البحوث القصيرة التي يكتبها الطالب في المدرسة انما الغاية منها تعويد الطالب على التنقيب عن الحقائق واكتشاف آفاقا جديدة من المعرفة و التعبير عن آراءه بحرية وصراحة. ويمكن تلخيص الاهداف الرئيسية لكتابة الابحاث الى جانب ما ذكر في:

1- اثراء معلومات الطالب في مواضيع معينة.

2- الاعتماد على النفس في دراسة المشكلات واصدار احكام بشأنها.

3- اتباع الاساليب و القواعد العلمية المعتمدة في كتابة البحوث.

4- التعود على استخدام الوثائق و الكتب ومصادر المعلومات والربط بينهم للوصول الى نتائج جديدة.

5- التعود على معالجة المواضيع بموضوعية ونزاهة ونظام في العمل.

6- التعود على القراءة وتحصين النفس ضد الجهل.

البحث العلمي حول العالم :

أُنشئت المؤسسات البحثية في العصر الحديث لأهداف ومهام مميزة.. فعند إنشائها عام 1913 حددت مؤسسة (روكفلر) الأمريكية رسالتها بأنها (مؤسسة عالمية قاعدتها المعرفة تلتزم بالعمل على إثراء حياة الفقراء والمهمشين في العالم بأسره ودعم معيشتهم) ولتحقيق ذلك تعتمد المؤسسة في برامجها اعتماداً كلياً على المعرفة، فبرامج المؤسسة قاعدتها العلم والتكنولوجيا والبحث والتحليل.

وفي عام 1970 أنشأ الكنديون مركز بحوث التنمية الدولية (IDRC)بهدف (التمكين من خلال المعرفة ((Empoverment through knowledge)..حيث يؤدي البحث إلى تزويد المجتمع بوسائل اكتساب المعرفة المناسبة واللازمة للتنمية .

أما المؤسسة الوطنية للعلوم في أمريكا National Science Foundation فقد حددت أهدافها بثلاثة :

1. النهوض بالاكتشافات والنشر المتكامل وتوظيف المعلومات الجديدة في خدمة المجتمع .
2. تحقيق التمايز في العلوم والرياضيات والهندسة وتدريس التكنولوجيا في جميع المستويات التعليمية .
3. تمكين الولايات المتحدة من التمسك بقيادة العالم في جميع مجالات العلوم والرياضيات والهندسة.

وتؤكد هذه الأهداف المتقاربة، الاعتقاد بأن من شأن البحث العلمي إعطاء الدول مجالاً واسعاً من الاختيارات في تحديد مسار المستقبل الاقتصادي والاجتماعي والأمني، كما أنها تقر صراحة بأن تمايز البرامج التعليمية يبقى في أساس نجاحها .

إذاً لماذا تنجح المؤسسات البحثية الدولية حتى تلك القائمة في منطقتنا العربية، بينما تعجز عن ذلك مؤسسات وطنية عريقة؟

أهم العناصر التي تضمن تميُّز ونجاح المراكز البحثية الدولية هي :

1. موارد مالية مستقرة، مرتفعة، وتزاد بشكل دوري .
2. نصف الموازنة للمصاريف العامة ونصفها الآخر مكرس للمشاريع التعاقدية ومن مصادر أوروبية وعربية ودولية .
3. تجدد بنيتها التحتية بشكل كامل، مرة كل 7 سنوات .
4. جهاز علمي متكامل ومتوازن بين عدد الباحثين والفنيين والإداريين .
5. تعمل ضمن خطة علمية وإستراتيجية واضحة لأمد متوسط (35 سنوات) وضمن شروط صارمة للرقابة العلمية والإدارية .(auditing)
6. تديرها هيئات علمية مجلس أمناء مستقل دون أي تداخل مع الإدارة مما يؤمن توازناً دقيقاً بين .Management Policy maker
7. تعمل في مشاريع البحث والتطوير التقني وليس في الخدمات العلمية .
8. تتجدد مواردها البشرية بنسبة الثلث كل 5 أعوام (محمد ياقوت، 2005)

وهذه العناصر والسمات تعد من معالم المؤسسات البحثية العالمية الضخمة.. مما يبرر سر تقدم هذه المؤسسات البحثية، وتأثيرها الكبير في مجرى التطور العالمي كله !..

الإنفاق العالمي على البحث العلمي :

قُدّر إنفاق الولايات المتحدة الأمريكية واليابان، والاتحاد الأوروبي على البحث العلمي خلال عام 1996 بما يقارب 417 بليون دولار، وهو ما يتجاوز ثلاثة أرباع إجمالي الإنفاق العالمي بأسره على البحث العلمي.. في حين تولي دول جنوب وشرق آسيا أهمية متزايدة للبحوث والتطوير، فقد رفعت كوريا الجنوبية نسبة إنفاقها على البحث العلمي من الناتج المحلي الإجمالي من 0.6% في عام 1980 إلى 2.89% في عام 1997 ووجهت أولوياتها نحو مجالات الإلكترونيات، وعلوم البحار والمحيطات، وتقنيات البيئة، وتقنيات المعلومات، وأدوات التقييس، والمواد الجديدة، وعلوم الفضاء والطيران

أما الصين فقد خططت لرفع نسبة إنفاقها على البحث العلمي من 0.5% من إجمالي الناتج المحلي عام 1995 إلى 1.5 في عام 2000، ووجهت أيضاً أهداف خطتها الخمسية خلال

تلك الفترة نحو تحسين تطبيقات التقنية في قطاع الزراعة، وتطوير البنية الأساسية الوطنية للمعلومات، وزيادة التطوير في عمليات التصنيع .

وأما ماليزيا الإسلامية فقد أصبحت بفضل سياستها العلمية والتقنية الدولة الثالثة في العالم في إنتاج رقائق أشباه الموصلات.. وأكدت في خطتها المستقبلية لعام 2020 على الأهمية الخاصة للبحث العلمي والتقنية في الجهود الوطنية للتنمية الصناعية والمنافسة على المستوى العالمي، كما أولت قطاعات مثل الاتصالات والمعلومات أهمية قصوى حيث خصصت لها ما يقارب بليوني دولار سنوياً .

ومما لا شك فيه أن ما حققته تلك الدول من تطور تقني واقتصادي وسيطرة على الأسواق العالمية، يعزى بصفة رئيسة إلى نجاحها في تسخير البحث العلمي في خدمة التنمية الاقتصادية والاجتماعية، وذلك من خلال رسم سياسات علمية وتقنية فعَّالة وشاملة، تعززها استثمارات مالية ضخمة في المكونات المختلفة للمنظومة من بحث وتطوير، وتعليم وتدريب، وأنشطة مساندة، وغيرها.

ومن ناحية أخرى فإنّ الموازنة الحكومية للتعليم العالي في (إسرائيل) تصل إلى حوالي 5.474 مليارات شيكل، ويبلغ معدّل ما تصرفه حكومة (إسرائيل) على البحث والتطوير المدني في مؤسّسات التعليم العالي ما يوازي 30.6% من الموازنة الحكومية المخصصة للتعليم العالي بكامله، ويصرف الباقي على التمويل الخاص بالرواتب، والمنشآت، والصيانة، والتجهيزات... إلخ. علماً أنَّ المؤسسات التجارية والصناعية تنفق ضعفي ما تنفقه الحكومة على التعليم العالي.

وطبقاً للمعايير الدولية، فإنّ (إسرائيل (تحتل المرتبة الأولى في علوم الكومبيوتر، والمرتبة الثالثة في الكيمياء.. وتحتل) إسرائيل) أيضاً المركز الثالث في العالم في صناعة التكنولوجيا المتقدمة، والمركز الخامس عشر بين الدول الأولى في العالم المنتجة للأبحاث والاختراعات .

أمّا بالنسبة إلى عدد سكانها قياساً إلى مساحتها فهي الأولى في العالم على صعيد إنتاج البحوث العلمية .

وفي تحقيق أجراه المحرر الاقتصادي لمجلة (دير شبيغل)، الألمانيّة (إريش فولات)، حول أثر المهاجرين الروس في الاقتصاد (الإسرائيلي)، والتقدم التكنولوجي الكبير الذي بلغته بفضلهم. يتبيّن أنه يتم تداول أسهم أكثر من 100 شركة (إسرائيلية) في البورصة

التكنولوجية تجاريها كندا فقط في هذا المجال ..وأنّ (إسرائيل) تصدّر اليوم من بضائع التكنولوجيا العالية 40 % من إجمالي صادراتها .

البحث العلمي في الوطن العربي :

تُظهر الإحصاءات والمعلومات الخاصة في مجال البحث العلمي العربي، أن نتاج البحث العربي ازداد نسبياً خلال الفترة الممتدة من عام 1967 إلى 1995. وكان إجمالي الإنتاج العلمي قد بلغ حوالي ستة آلاف بحث في عام 1995من مختلف أرجاء الوطن العربي من أكثر من 175 جامعة وأكثر من ألف مركز للبحث والتطوير وقد حصل خلال الفترة (19671995)، عدد من التغييرات المثيرة للاهتمام ..فقد كان هناك توسّع سريع في عدد معاهد التعليم العالي، وهذا التوسّع رافقه في عدد قليل من البلدان توسّع في البحث العلمي والمنشورات العلمية، وفي عام 1967 كان نصيب مصر بسكّانها البالغين 25 % من سكان الوطن العربي، 63 % من الإنتاج، وبحلول 1995 انخفضت حصة مصر بانتظام إلى 32 % لكنها ما زالت تنتج بحوثاً أكثر من نسبتها السكّانية في الوطن العربي.

ويُعَدّ مؤشّر عدد العلماء والمهندسين المشتغلين في البحث العلمي، لكل مليون نسمة من أهم المؤشرات المعتمدة من قِبل منظمة (اليونسكو) في تقويم الواقع التكنولوجي والبحثي. وتشير بيانات (اليونسكو) إلى أنّ هذا المؤشر قد ارتفع في الوطن العربي من 124 عالماً ومهندساً لكل مليون نسمة عام1970 ، إلى 363 شخصاً عام 1990 .

ورغم هذا الارتفاع إلا أننا نجد أن هذا الرقم ما زال متخلّفاً مقارنة بالمناطق الدولية الأخرى، التي بلغت عام 1990 3359 في أمريكا الشمالية، و2206 في أوروبا، و3600 في الدول المتقدمة. أمّا بخصوص مساهمة الوطن العربي في إجمالي عدد العلماء والمهندسين المشتغلين في البحث العلمي على الصعيد العالمي، فقد ارتفعت من 0.58 % عام 1970 إلى 1.47 % عام 1990.. لكن تبقى هذه النسبة منخفضة جداً مقارنة بمساهمة المناطق العالمية الأخرى. ويُستنتج من تحليل عدد العاملين المشتغلين في البحوث العلمية والتطوير، بالنسبة لمؤشّر عدد الباحثين لكل مليون نسمة تفاوت الأقطار العربية فيما بينها، حيث تراوح المعدل ما بين (190 (باحثاً لكل مليون في الكويت كحد أقصى، و(22) في اليمن. وعموماً فإن هذا المعدل ما زال منخفضاً قياساً للأقطار المتقدمة، التي بلغ فيها المعدل (3600) باحث لكل مليون نسمة. وتحتل مصر المرتبة الأولى في أعداد حاملي شهادات البكالوريوس والماجستير

والدكتوراه العاملين في مجال البحث العلمي، حيث كان العدد نحو(27499)، ويأتي بعد ذلك العراق نحو(2011)، ثم السعودية (1878)، أما في قطر فقد بلغ (74) فرداً ..

ومن تحليل البيانات الخاصّة بمحاور الأبحاث يتضح أنّ الزراعة تستحوذ على حصة الأسد من الباحثين من حملة الشهادات العليا في الأقطار العربية، يليها في ذلك العلوم الهندسية والأساسية، ثم بعد ذلك العلوم الاجتماعية والإنسانية .

أما بالنسبة للحقل الصناعي المهم في بناء القاعدة الإنتاجية، فلا يزال عدد الباحثين فيه قليلاً جداً(نوزاد الهيتي، 1999، ص 140/ 142).

الإنفاق العربي على البحث العلمي

إن الباحث العربي ينظر إلى واقع البحث العلمي والمؤسسات البحثية من المحيط إلى الخليج، نظرة تحسر وألم، لما ألم بـ " البحث العلمي " من معوقات وأزمات، حالت دون رقي الأمة العربية إلى مستوى الحضارات والدول المتقدمة.

الإنفاق على البحث العلمي من المعوقات والتحديات التي واجهت وتواجه البحث العلمي في الوطن العربي.. في زمن تتقدم فيه الدول والمؤسسات بفضل البحث العلمي الذي يتمتع بالإنفاق والدعم والحرية الأكاديمية التي تكفل للباحثين حياة علمية حرة.. ومناخاً علمياً يحقق النهضة الحقيقة التي تنشدها الدول والمؤسسات

وإن المتأمل لواقع البحث العلمي العربي ومؤسساته في الدول العربية، يتبين له مدى الفجوة الواسعة بينه وبين المستوى البحثي والأكاديمي العالميين، فالدول العربية تفتقر إلى سياسة علمية محددة المعالم، والأهداف والوسائل.

وفي ما يتصل بالإنفاق على البحث العلمي ورفع مستوى التكنولوجيا الموجودة، والذي يستخدم في قياس فاعلية عمليات البحث العلمي والتطوير التكنولوجي لعملية التنمية، يتضح أنّ نسبة ما ينفق على البحث العلمي قياساً إلى الناتج المحلّي الإجمالي، شهد ارتفاعاً في الأقطار العربية من 0.31 % عام 1970 إلى 0.67% عام 1990.. وعلى الرغم من هذا الارتفاع لا تزال هناك فجوة كبيرة بين الأقطار العربية والمجموعات الدولية في هذا المجال. وتختلف الأقطار العربية فيما بينها من حيث حجم الإنفاق على البحث العلمي.. والملاحظ أنّ نسبة الإنفاق على البحث العلمي بالنسبة إلى الناتج المحلي الإجمالي لم تتعد 0.5% في الأقطار العربية كافة لعام 1992 وهي نسبة ضئيلة عند مقارنتها بمثيلاتها في السويد وفرنسا حيث بلغت 2.9 %، و2.7 % على التوالي(صحيفة (المجد) الأردنية، العدد (150))

وفي عام 1999 كانت نسبة الإنفاق على البحث العلمي في مصر ـ 0.4 %، وفي الأردن%0.33 ، وفي المغرب 0.2%، وفي كل من سوريا ولبنان وتونس والسعودية 0.1% من إجمالي الناتج القومي، وتؤكد ذلك إحصائيات اليونسكو لعام 1999 .

أما إحصائيات سنة 2004 لنفس المنظمة العالمية.. فتقول إن الدول العربية مجتمعة خصصت للبحث العلمي ما يعادل1.7 مليار دولار فقط، أي ما نسبته 0.3 % من الناتج القومي الإجمالي.. في حين نلاحظ أنّ الإنفاق على البحث العلمي في (إسرائيل) (ماعدا العسكري) حوالي 9.8 مليارات شيكل، أي ما يوازي 2.6 % من حجم إجمالي الناتج القومي في عام 1999 .

أما في عام 2004 فقد وصلت نسبة الإنفاق على البحث العلمي في إسرائيل إلى 4.7 % من ناتجها القومي الإجمالي (ياقوت 2005)

ويُعدّ القطاع الحكومي الممول الرئيس لنظم البحث العلمي في الدول العربية، حيث يبلغ حوالي 80 % من مجموع التمويل المخصص للبحوث والتطوير مقارنة بـ3 % للقطاع الخاص و8 % من مصادر مختلفة، وذلك على عكس الدول المتقدمة و(إسرائيل)، حيث تراوح حصة القطاع الخاص في تمويل البحث العلمي 70 % في اليابان و52 % في (إسرائيل) والولايات المتحدة والدول الأخرى. ومن جهة ثانية فلقد غلبت مهمات التدريس على حملة الشهادات العالية (ماجستير ودكتوراه) في الدول العربية، وانعكس المستوى المنخفض للدعم المالي للبحث العلمي في موازنات الجامعات العربية على إنتاج البحوث، التي لم تستنفد سوى 31 % من مجموع وقت عمل الباحثين كافة.. علماً أن الجامعات تستخدم ما يزيد عن 19 % من مجموع الاختصاصيين وحملة الشهادات العليا في الدول العربية.. يضاف إلى ذلك العلاقة الهزيلة أو المعدومة بين قطاع الصناعة وعالم الأعمال من جهة، ومؤسسات البحوث الجامعية وغير الجامعية من جهة أخرى مع تركيز اهتمام الأساتذة على القيام بأبحاث بهدف الحصول على الترقيات الأكاديمية، التي لا علاقة لها بأسواق العمل، والواقع أنّ البلدان العربية بصورة عامة تفتقر إلى سياسة علمية وتكنولوجية محددة المعالم والأهداف والوسائل! وليس لدينا ما يسمّى بصناعة المعلومات، ولا توجد شبكات للمعلومات وأجهزة للتنسيق بين المؤسسات والمراكز البحثية، وليس هناك صناديق متخصصة بتمويل الأبحاث والتطوير .

إضافة إلى البيروقراطية والمشكلات الإدارية والتنظيمية، وإهمال التدريب المستمر سواء على الأجهزة الجديدة، أو لاستعادة المعلومات العلمية ورفع الكفاءة البحثية .

ولا شكّ أنّ بلداناً عربية عديدة لديها كل الإمكانات البشرية والبنيوية والأكاديمية للتقدم في هـذا المـيدان، شرط أن تمتلك الإستراتيجية الواضحة للبحث العلمي، وأن تخصّص نسبة معقولة من دخلها الوطني على الإنفاق في مجالات البحث العلمي، وأن يكون الإنفاق موجهاً بشكل خـاص عـلى البحـوث القابلـة للتطبيق، وإيجاد آليـات تنسيق وتعاون بين رجال المال والأعمال والقطاع الخاص من جهة، ومراكز البحث العلمي والتطوير من جهة أخرى.

أمّا بالنسبة إلى الإنتاجية العلمية في الوطن العربي، فالملاحظ هو حجم التفاوت في المساهمة مـن قطـر إلى آخر.. ومن المعايير الهامة التي تساعد على إعطاء صورة عن مدى تقدم أو تخلّف البحـث العلمـي، نشـير إلى عـدد البحوث وإنتاجية الباحث ..علماً أنّ الإحصاءات المتاحة في هذا المجال ما زالت قليلة، فقد أظهرت إحدى الدراسات أن ما ينشر سنوياً من البحوث في الوطن العربي لا يتعدى (15) ألف بحث.. ولما كان عـدد أعضـاء هيئـة التـدريس نحو (55) ألفاً، فإنّ معـدّل الإنتاجيـة هـو في حـدود (0.3) وهووضـع يـرثى لـه مـن حيـث الإمكانـات العلميـة والتكنولوجية في مجال الإنتاجية العربية، إذ يبلغ % 10 مـن معـدلات الإنتاجيـة في الـدول المتقدمـة) (مـن وقـائع ندوة: (تطبيق نتائج البحوث لتنمية المجتمع العربي)، الرياض، 1990، ص 88.).. وقد أشار أنطـوان زحـلان (1997ص 365- 383.) إلى أنّ العلماء العرب أسهموا في الأقطار العربية بنحو ثمانية آلاف بحث علمـي في عـام 1996 للمجـلات الدولية المحكمة. وهو رقم يزيد عمّا أنتج في البرازيـل، ويبلـغ (60) % (مـما أنـتج في الصـين)، و(50) % مـما أنـتج في الهند، ويزيد بنسبة (30) % عمّا نشر في كوريا الجنوبية خلال العام نفسه ..

في حين كان إجمالي البحوث العلمية العربية في عام 1967م (465) بحثاً، أي أن زيادة حصلت قدرها تسعة عشر ضعفاً في عدد البحوث خلال الثلاثين سنة الماضية .

أمّا في الكويت والسعودية على سبيل المثال فقد بلغت الزيادة حوالي مائتي ضعف، وأنّ معـدّل البحـوث المنتجة بالنسبة إلى الفرد الواحد في كلا القطرين يضاهي الآن هذا المعدّل في دول (النمور الآسيوية).

كما أن أقطار مجلس التعاون الخليجي (التي يبلغ سكانها نحو 5 % من سكان الوطن العربي)، هي الآن في المقدمة في ميدان النشر في الوطن العربي، بل إنّ هذه الأقطار فاقت مصر في عـام 1989 والتـي يبلـغ سكانها 20 % من سكان الوطن العربي) وذلك للمرة الأولى .

وأن إنتاج السعودية وحده ازداد من نحو(5) % من إنتاج مصر في عام 1975 إلى (70) % منه في عام 1995. وعموماً يبلغ الإنتاج العلمي للوطن العربي الآن (72) % من إنتاج (إسرائيل)، وكان يبلغ (40) % منه في عام 1967.. ومع أنَّ هذا يمثّل تحسناً، إلا أنه جرى على مدى ثلاثين سنة تقريباً، ومثل هذا التقدّم العربي البطيء يشير إلى تعثّر واضح في هذا المجال حالياً، وربما كذلك بالنسبة إلى المستقبل .

والفارق الرئيس بين النشاط العلمي في الوطن العربي وفي أقطار متقدمة في (العالم الثالث) كالصين والهند وكوريا الجنوبية والبرازيل، يكمن في أنّ الأخيرة قد قامت بإنشاء منظومة قومية لنشر المعرفة في أرجاء القطر، ولم يتم بعد تطوير مثل هذه المنظومة في الوطن العربي ..بمعنى آخر أنّ الأقطار العربية لم تنتفع بعد من قوى العلم والتقانة المتقدمة إلا على نطاق ضيّق، بالرغم من الموارد المتنوعة والكثيرة التي يمكن استثمارها في هذا المجال، بل إنّ وجود اثنين وعشرين قطراً عربياً أصبح يعني أن هناك اثنين وعشرين حاجزاً أمام انتشار تقدم علمي يحقق في أحد هذه الأقطار إلى أقطار أخرى .

والمشكلة حتى أكثر خطورة من ذلك، فغالباً لا يجد الباحث طرقاً مناسبة لنشر نتيجة ما توصل إليه حتى في قطره، أو القطر الذي أجرى فيه بحثه .

البحث العلمي في خطر !!

نعم في خطر ..

فإلى جانب هذه الأرقام غير المشرّفة.. فإن الوطن العربي ليست فيه قاعدة بيانات عربية عن النشاط العلمي الجاري، وليست هناك قاعدة بيانات عن هذه المعاهد أو المراكز والهيئات التي تجري البحث العلمي، وليست هناك وسائل مناسبة أو متوفرة بيسر لنشر النتائج التي يتوصل إليها العلماء أونشر خبراتهم. وليست هناك وسائل مباشرة وفعّالة لنقل الخبرة إلى المؤسّسات الصناعية العربية، أو مكاتب الاستشارات، أو شركات المقاولات العربية.

وانظر إلى هجرة الأدمغة العربية وتأثيراتها الكبيرة على عملية التنمية العربية، ولا سيما ما تسببه من خسائر مادية وعلمية للأقطار العربية .

ونضيف هنا مثالاً واحداً وحسب على نوعية الكفاءات العربية المهاجرة إلى الغرب،(فهناك حوالي عشرة آلاف مهاجر مصري يعملون في مواقع حساسة بالولايات المتحدة الأمريكية من بينهم ثلاثون عالم ذرة يخدمون حالياً في مراكز الأبحاث النووية، ويشرف

بعضهم على تصنيع وتقنية الأسلحة الأمريكية الموضوعة تحت الاختبار، مثل الطائرة (ستيلث 117) والمقاتلة (ب2) و(تي 22).

كما يعمل 350 باحثاً مصرياً في الوكالة الأمريكية للفضاء (ناسا) بقيادة العالم الدكتور فاروق البـاز، الـذي يـرأس حالياً (مركز الاستشعار عـن بُعد) في (جامعة بوسطن).. إضافة إلى حـوالي ثلاثمائـة آخـرين، يعملـون في المستشفيات والهيئات الفيدرالية، وأكثر من ألف متخصص بشؤون الكومبيوتر والحاسبات الآلية، خصوصاً في ولايـة (نيوجرسي) التي تضم جالية عربية كبيرة) .

ويُشار هنا إلى مساهمة عدد من أساتذة الجامعات المصريين في تطوير العديـد مـن الدراسـات الفيزيائيـة والهندسيّة في الجامعات ومراكز الأبحاث الأمريكية، وخاصّة في جامعة كولومبيا في نيويورك وجـامعتي (بوسطن) و(نيوجرسي).. وعلى رأسهم العالم المصري (أحمد زويل)، الذي مُنح جائزة نوبل للكيمياء في عـام 1999، وهو الـذي يعمل في معهد كاليفورنيا للتكنولوجيا..

وعموماً فإنّ خسارة القدرات البشريّة المتخصّصة، تفقد العرب مـورداً حيويـاً وأساسيـاً في ميـدان تكوين القاعدة العلمية للبحث والتكنولوجيا، وتبدّد الموارد المالية العربية الضخمة التي أُنفقت في تعليم هـذه المهـارات البشريّة وتدريبها، والتي تحصل عليها البلدان الغربية بأدنى التكاليف .ففي وقت هاجر فيه أو أجبر على الهجـرة! مئات الآلاف من الكفاءات العربية إلى الولايات المتحدة وكندا وأوروبا الغربية، تدفع البلدان العربية أموالاً طائلـة للخبرات الدولية. الأمر الذي يحمّل المشروعات الصناعية العربية تكاليف إضافيّة (للخدمات الاستشاريّة والعمـولات والرشاوى والتلاعب بالأسعار)، بنسبة تتراوح بين 200300 % مقارنة بالتكاليف الأولية، وأنّ قيمة الارتفاع في هـذه التكاليف خلال خمس سنوات فقط (مـا بـين 1975 و1980)، بلغـت 25 مليـار دولار، أي أكثر مـن إجـمالي الإنفاق العربي في مجالات التعليم والبحوث والتقانة في المدّة من 1960 إلى 1984.

وفي بداية عام (2005) أنهى أساتذة وطلاب الجامعة اللبنانية إضراباً مفتوحاً كانوا قـد نفـذوه عـلى مـدى شهر ونصف الشهر. ومن جملة مطالبهم زيادة الحصـة المخصصـة في ميزانيـة الدولة للجامعـة اللبنانيـة، وتفعيـل البحث العلمي.. لقد صرّح البروفيسور الفرنسي (فرنسوا جاكوب) (جائزة نوبل في الطب عام 1965) أثنـاء أزمـة البحث العلمي في فرنسا، قائلاً: (من المؤسف أن العلم لا يهم عالم السياسة)! فماذا نستطيع نحن أبناء العالم الثالث أن نقول عن

اهتمام السياسيين بالقطاع البحثي، فلعل ناقوس الخطر حول أزمة البحث العلمي والذي تقرعه الدول المتقدمة! يلفت انتباهنا إلى ما نعانيه نحن في هذا الشأن، ونقدم على معالجة الأزمة قبل أن تستفحل ..

معوقات البحث العلمي العربي :

ويمكن تلخيص تلك المعوقات التي تقف في مسيرة البحث العلمي المصري والعربي على النحوالتالي: هناك معوقات علمية، ومعوقات عملية (الحكيم، حسن /2001)المعوقات العلمية :

وتتجلى في ضعف التعاون والتنسيق البحثي، فكلٌ يدخل البحث العلمي بمفرده، فرداً، أو جماعة، أو مركزاً.. أو جامعة، أو دولة.. ويمكن تلخيص أهم المعوقات للتعاون في إحدى مجالات البحث العلمي فيما يأتي :

1 عدم وجود إستراتيجيات أو سياسات لمعظم الدول العربية في مجال البحث العلمي .

2 ضعف المخصصات المرصودة في موازنات بعض الدول العربية .

3 هروب العنصر البشري من بعض الدول العربية واعتمادها على العناصر غير المدربة .

4 ضعف قاعدة المعلومات في المراكز والمختبرات والمؤسسات الإنتاجية لبعض الدول .

5 عدم معرفة أهمية المراكز البحثية في بعض الدول العربية .

المعوقات العملية :

وأهم ما فيها بالطبع ضعف الإنفاق على البحث العلمي، فمن الحقائق المؤلمة جداً أن ما ينفق على البحث العلمي في العالم العربي إنفاق ضعيف جداً، ولا يمكن مقارنته بما تنفقه الدول الكبرى بل ولا بما تنفقه إسرائيل في هذا المجال كما بيّنا ..

وقد نتج عن ذلك ظاهرتان في غاية الخطورة والتدمير :

أولاهما: ضعف مستوى البحث العلمي، وقلته، وعدم إسهامه في التنمية .

وثانيهما: هجرة العلماء من العالم الثالث إلى الدول المتقدمة، وهذه كارثة أطلق عليها العلماء (نزيف المخ البشري)، أو (هجرة العلماء)...

هجرة العقول الإسلامية... متى يتوقف النزيف؟

إن الشباب المسلم هم عصب هذه الأمة، ودرعها، وسواعدها، التي تَبني ولا تبدد، وهم أولى الناس بتحديد واقع هذه الأمة ومصيرها، فإذا فسدوا فسدت الأمة، وإذا صلحوا صلحت

الأمة، ومن ثم انتصرت وحُررت مقدساتها وطُهرّت أعراضها، وحُفظت دماؤها.. ولكن الواقع الذي تحياه الأمة في هذه الأيام.. يكشف عن مدى الأزمة الكبيرة التي يعيشها الشباب، من تدهور أخلاقي، إلى اضمحلال ثقافي، إلى ضيق في العيش، وتفش للبطالة وعدم الكفاية والعدالة في توزيع الوظائف العامة والخاصة في المجتمع.. ولما استفحلت الأزمة أخذ كل شاب يفكر في الهجرة إلى الدول الأجنبية، ويخطط للخروج وهو لا يزال يدرس في المرحلة الجامعية أو الثانوية..(ياقوت،2007)

لقد صارت ظاهرت الهجرة والاغتراب في الوقت الحاضر حديث الساعة، وحلم الشباب المتعلم وغير المتعلم وهاجسهم، وصارت فكرة الاغتراب سائدة عند كل من تأتيه فرصة الخروج من الوطن وخاصة بين الباحثين والموهوبين الذين تدهورت لديهم فرص المعيشة وفرص البحث العلمي على حد سواء.

وهذه الظاهرة تلقي بآثارها السلبية على قطاعات التعليم المختلفة وخصوصاً قطاع التعليم العالي و الجامعي و البحث العلمي.

وفي كل يوم تطلع فيه شمسه، يعاني العالم الإسلامي من هجرة لعقول وكفايات وخبرات شابة فضلاً عن تلك الخبرات والكفايات التي هاجرت منذ عقود واستقرت في دول الغرب، وراحت ثمراتها وجهودها ابتغاء حضارة الغرب ومدنيته..! (المصدر السابق)

استمرار النزيف:

هذا، ولا تزال ظاهرة هروب العقول الإسلامية، مستمرة من العالم النامي إلى العالم الصناعي، ومن القلب العربي إلى المركز الصناعي الغربي. فهناك أكثر من مليون طالب من البلدان العربية يتابعون دراستهم في الخارج، لاسيما الخريجين الذين حصلوا على درجة الدكتوراه.. لا يعودون إلي بلادهم، إذ يعتقدون أن الفرص هناك قليلة والأجر منخفض، كما أنهم يشعرون بعدم الأمن والعدالة في بلادهم، إذ يرون أن المؤسسات البحثية والجامعية يسودها الاستبداد والمحسوبية، إلى جانب ضعف الإنفاق على البحث العلمي..

إن من أهم المشكلات التي تعبر عن واقع الأمة في مختلف المجتمعات الإسلامية، وتُعيق بناء مستقبل أفضل لها ؛ مشكلة "هروب النخب العلمية"- التي تحمل العقول والخبرات والمهارات - إلى دول الغرب، مما يؤثر في قوة الأمة الإسلامية - عموماً - فكرياً وحضارياً وتربوياً وعلمياً، علماً بأن ظاهرة "هروب النخب العلمية " قد استفحلت في العقود الأخيرة، بسبب عدة أسباب سياسية واقتصادية واجتماعية وشخصية..

ثم إن أضرار " هروب النخب العلمية " تفوق بكثير المنافع والماديات القليلة التي تحصل عليها الأنظمة والحكومات - من عمولات وتحويل أموال - جراء هجرة العقول والنخب الشابة المسلمة..

وإن من الواجب الشرعي والوطني على الأنظمة الحاكمة العمل على استرداد هذه النخب وهؤلاء الباحثين المسلمين، من خلال إغرائهم بزيادة تمويل أبحاثهم، وتوفير الحرية الأكاديمية لهم، وتكريمهم وتقديرهم مادياً ومعنوياً.. هذا إلى جانب صنع قنوات اتصال بين هذه النخب المهاجرة ـ أو الهاربة ـ و المؤسسات البحثية والجامعية في البلدان الإسلامية..!

أرقام مفزعة:

تشير العديد من النتائج المبنية على الدراسات الميدانية والتقارير الرسمية أن نسبة "النخب الهاربة" أو "العقول المهاجرة" وخاصة من الشباب قد ازدادت بدرجات متباينة.. فقد أشارت بعض هذه الدراسات إلى أن 45 بالمئة من الطلاب العرب الذين يدرسون في الخارج لا يعودون إلى بلدانهم.. وأن 34 بالمئة من الأطباء الأكفياء في بريطانيا هم من العرب.. كما أشارت دراسة أخرى إلى أن مصر خسرت خلال السنوات الأخيرة 450 ألف شاب من حملة المؤهلات العليا من الماجستير والدكتوراه.. ودراسات أخرى تقول: إن هناك 4102 عالم مسلم في مختلف علوم المعرفة في مراكز بحوث غربية مهمة..! وأن العالم العربي خسر 200 مليار دولار، خلال عام (2001)، بسبب هجرة الكفايات العلمية والعقول العربية للدول الغربية..! وأن 54% من الطلاب العرب الذين يدرسون بالخارج لا يعودون إلى بلدانهم!!...الخ.. الخ.

إن المشكلة جد خطيرة.. وخطيرة جداً..

ولكن نقول.. لو أنفقت الحكومات والأنظمة العربية على البحث العلمي ربع ما تنفقه على الراقصات والفنانين وألوان الترف لدى الفئات الحاكمة؛ ما اضطر آلاف الشباب والنخب العلمية والفكرية إلى الهرب، من جحيم الأنظمة العربية إلى جنة الحرية الأكاديمية في بلاد الغرب!

على الأمراء والحكام العرب أن يحترموا العقول والنخب العلمية، على الأقل كما يحترمون الفنانات ومطربات (الفيديو كليب).

وتبقى الخسارة الحضارية:

إن ظاهرة "هجرة العقول الإسلامية".. تمثل كبرى الأزمات التي تشخص واقع المجتمعات الإسلامية القائمـة. كما تعبر هذه الظاهرة عن مدى الأزمة الحضارية التي تُعاني منها الشعوب الإسلامية في هذا العصر..

فهذه العقول المهاجرة، تؤثر سلباً في مدنية المجتمعات الإسلامية، وفي تقنياتها ومستوى تحضرها.. كما تؤثر سلباً على مستوى الثقافة العلمية لدى المسلمين في هذا العصر..

ومن ثم تتحول المجتمعات الإسلامية إلى مجتمعات مستوردة لأفكار الغرب وثقافاته، بشكل تلقائي، بحيث تسد الفجوة الفكرية والثقافية التي سببتها العقول المهاجرة..

ومع أن الحكومات والأنظمة العربية تستفيد ببعض الفتات من وراء هذه الهجرة. إلا أن "العقول الإسلامية " لا يمكن أن تقدَّر بمال، وإن جنت الحكومات والأنظمة العربية ملايين الدولارات ربحاً من وراء العقول والنخب الهاربة؛ من خلال عمليات تحويل الأموال وخلافه..

فهذه العقول الإسلامية التي هربت، لو وجهت جهودها إلى خدمة المجتمعات الإسلامية، لتغير وضعها من حال التخلف التقني إلى درجات التقدم العلمي الذي يحفظ ماء وجهها كخير أمة أخرجت للناس.

يجب أن تكون أمتنا أسوة وقدوة لغيرها من الأمم والحضارات الأخرى.. لا أمة تابعة في ذيل الأمم

واقع البحث العلمي في جامعات العالم العربي

مقدمة:

تُعد الجامعة في أي مجتمع واحدة من أهم المؤسسات التي تُسهم في عجلة التنمية بجميع أبعادها،من خلال توجيه ودفع وتفعيل حركة الخلق والإبداع وقيادة مشروع النهضة والسير بالمجتمع صوب أهدافه بثبات،فهي -الجامعة- بمثابة المخبر الذي تلد فيه الأفكار وتنبلج منه الاختراعات وتتخرج منه الإطارات والكفاءات التي تحمل على عاتقها مسؤولية خدمة المجتمع والتفاني في الارتقاء بحسه الوطني ووعيه الجمعي بما يحقق المصلحة العامة في كنف التعاون والتآزر والوئام.

يعتبر البحث العلمي في مؤسسات التعليم العالي من جامعات ومعاهد عليا متخصصة مطلباً أساسياً للتميز في أي حقل من حقول الدراسة المتخصصة في مجالات العلوم المختلفة ولاسيما العلوم الطبيعية والتطبيقية، ولقد تمكنت كثير من جامعات العالم من تحقيق درجات عالية من التميز والريادة في مجالات محددة من مجالات البحث العلمي، بل وتحرص على استمرار هذا التميز والريادة في تلك المجالات من خلال باحثين متميزين يكون معظمهم من أعضاء هيئة التدريس الباحثين حتى تتحقق الفائدة التبادلية بين التعليم الجامعي والبحث العلمي.

ونظراً لأهمية الدور الأساس الذي يمكن لعضو هيئة التدريس الجامعي الباحث القيام به في مجال البحوث المتخصصة ينبغي إيجاد صيغة فاعلة ومناسبة لتقنين عملية تقويم الجهود البحثية كافة وإيجاد الحوافز التي تدفع إلى التميز الحقيقي والريادة والحرص على الاستمرار في عملية البحث العلمي المتواصل والمترابط في مجالات محددة من خلال تخطيط بعيد المدى.

ومن أجل ضمان تنشيط عملية البحوث العلمية المتميزة واستمرارها لا بدّ من:

1- ضرورة الاستفادة القصوى من الباحثين المساعدين المتميزين بدءاً من تحسين عملية اختيارهم وتطوير قدراتهم البحثية إلى تحسين وتقنين عملية انخراطهم في مجالات بحثية معينة تدعم الجهود البحثية للأساتذة الباحثين من خلال خطة بحثية بعيدة المدى، وإيجاد الآليات التي تضمن استمرار الاستفادة من القدرات البحثية للمتميزين منهم في دعم عملية البحث العلمي.

2- ضرورة تنشيط حركة تأليف الكتب الدراسية وترجمتها من خلال خطة مرحلية تعد بناء على أولويات واحتياجات الأقسام الأكاديمية.

3- ضرورة إنشاء دور نشر علمية متخصصة يكون دورها المبادرة والمساهمة في دفع حركة التأليف والترجمة بحيث يستفاد فيها من الطاقات الإبداعية للأساتذة المتخصصين لتنفيذ مشاريع تأليف وترجمة تكون معتمدة في خطط بعيدة المدى تعدها مؤسسات التعليم العالي والبحث العلمي.

4- نتيجة للنمو المتسارع لحركة العلوم والمعارف الإنسانية في شتى المجالات يلاحظ الدارس لتطوير التعليم العالي في هذا القرن تعدد مسميات وأنشطة مؤسسات هذا التعليم. فمن هذه المؤسسات الجامعات والمعاهد العليا المتخصصة في العلوم والتقنية ومراكز البحوث العلمية المختلفة. ومع هذا التعدد يرجى دائماً أن تكون المحصلة النهائية من أنشطة هذه المؤسسات إثراء المعرفة الإنسانية في المجالات كافة ومنها مجالات العلوم الطبيعية والتطبيقية التي يمكن من خلالها تفعيل عملية الاستغلال الأمثل للبيئة المحيطة أو محاولة التغلب على بعض المشكلات التي تطرأ مثل المشكلات البيئية والصحية.

إلا أن تحقيق الأهداف المرجوة من هذه المؤسسات تستلزم عدة أمور منها:

1 - **وجود خطط مشاريع بحثية بعيدة المدى**:وذلك استجابة لمتطلّبات التنمية في الوطن العربيّ فإنّه يتحتّم على العاملين في مختلف الحقول والمجالات التخطيطَ الهادفَ الموضوعيَّ لجميع النشاطات قبل تنفيذها، فالتنمية مسار يربط بين الواقع بمشكلاته وقصوره وبين التطلّعات بإشراقها؛ وهذا المسارُ يفرض على المخطِّطين دراسةَ الواقع دراسةً تقويميَّة والانطلاق منه بخطواتٍ تصحيحيَّة، وفي ذلك لا بدَّ من اعتماد البحث كأسلوب لا بديلَ عنه قبل إقرار أيَّة خطَّة أو إرادة تغيير وإلاَّ وضعت الإمكاناتُ النادرة في استخداماتٍ أقلَّ جدوى.

2- وجود باحثين متميزين.

3- تقديم الدعم اللازم.

4- وجود آليات متابعة وتقويم دقيقة.

ونظراً لأهمية الدور الذي ينبغي أن يضطلع به عضو هيئة التدريس الجامعي من أجل تحقيق أهداف مؤسسات التعليم العالي لابد من وجود صيغة واضحة لتحديد القدرات البحثية

لكل عضو هيئة تدريس، ومن ثم العمل على الاستفادة المثلى من تلك القدرات وقد يكون ذلك من خلال عمل فردي مستمر ومترابط أو من خلال جماعات بحث متخصصة تعمل لتحقيق نتائج بحثية محددة في إطار زمني معين.

إن كل مؤسسة من مؤسسات التعليم العالي تطمح إلى التميز فيما تقدمه من معارف والريادة فيما تحققه من نتائج بحثية، ولكن يبقى تحقيق الريادة في مجالات البحوث المتخصصة أمراً عسير المنال في أغلب الأحيان، وذلك لأسباب كثيرة قد يكون في مقدمتها عدم وجود صيغة واضحة للأهداف التي ينبغي لأستاذ الجامعة الباحث تحقيقها بصورة متواصلة يرجى منها تحقيق التميز والريادة، ولذا وبالمقارنة مع بعض مؤسسات التعليم العالي المتميز في العالم، فإن غالبية مؤسسات التعليم العالي والبحث العلمي في العالم العربي - وبعد مضي ما يقارب قرناً من بدء النهضة التعليمية - لم تحقق درجات مرضية من التميز أو الريادة البحثية في أي مجال من مجالات العلوم والمعارف الإنسانية وكان دورها في أغلب الأحيان مقصوراً على تحقيق الحد الأدنى من أهداف التعليم العالي من خلال تزويد طلابها بأساسيات المعرفة المتخصصة فقط دون إيجاد الآليات التي يمكن من خلالها تطوير تلك الأساسيات المعرفية لارتياد مجالات بحثية جديدة. ومع التأكيد على أهمية الاستمرار في الجهود المبذولة في عملية تزويد طلاب مؤسسات التعليم العالي بأساسيات المعرفة التخصصية، إلا أن عدم تحديد الأهداف بعيدة المدى لهذا التعليم قد تكون سبباً فاعلاً في انعدام المنفعة المتبادلة بين التعليم الجامعي ونتائج البحوث وانعدام الحافز لارتياد مجالات بحثية جديدة، وبالتالي فإن إمكانية تحقيق التميز والريادة لمؤسسات التعليم والبحث العلمي في حقل من حقول المعرفة المتخصصة قد تكون ضئيلة جداً.

إن التميز والريادة الذي تحقق لكثير من مؤسسات التعليم العالي في العالم لم يتم من خلال التميز في عملية نقل العلوم الأساسية والمعارف فقط، بل من خلال التميز أيضاً في إجراء أبحاث محددة الأهداف ومتواصلة في فترات زمنية متعاقبة، ولذا ينبغي تفعيل آلية محددة لتنشيط البحث العلمي المتواصل والمتميز الذي يحقق أهدافاً بحثية يرجى منها تحقيق الريادة المتعارف عليها في مؤسسات التعليم العالي والبحث العلمي.

ونظراً لأن المحرك الأساس لعملية البحث العلمي هو الأستاذ الجامعي الباحث، ونظراً لتعدد العوامل التي تؤثر في نوعية وأهداف نتاجه البحثي فعلى إدارات البحوث في مؤسسات التعليم العالي التأكيد على أهمية تحقيق التميز والريادة في مجالات البحوث المختلفة وذلك

من خلال الاستغلال الأمثل لطاقات الباحثين في الأقسام المختلفة، بحيث يكون ذلك من خلال تحديد جماعات بحثية متخصصة حتى تنسجم طاقات الباحثين مع الأهداف المرسومة لسياسة البحث العلمي في حقول علمية محددة مع الحفاظ على تشكيل المجموعات البحثية لأطول فترة زمنية ممكنة لتحقيق الأهداف المرسومة، وتوفير قاعدة تبادل المعلومات التي تيسر للباحثين التعاون مع نظرائهم في مؤسسات التعليم الأخرى. وبعد تحديد الأهداف الأساسية للبحث العلمي يصبح وجود صيغة دقيقة لتقويم الأنشطة البحثية لأستاذ الجامعة الباحث أمراً ضرورياً ومحركاً فاعلاً لتنشيط البحوث العلمية المتميزة التي ينبغي أن تحقق التميز والريادة لمؤسسات التعليم العالي والبحث العلمي.

وفيما يلي بعض الملحوظات للبحث العلمي في مؤسسات التعليم العالي:

1- تركز مؤسسات التعليم العالي على تحفيز الباحثين على إجراء البحوث الأصيلة والمبتكرة، الساعية إلى إثراء المعرفة المتخصصة، وبالتالي العمل على الارتقاء بالمستوى النوعي للدراسات العليا وتنمية أجيال جديدة من الباحثين المتميزين. وهذه أمور بطبيعة الحال قد تكون كفيلة (على المدى البعيد) بتحقيق التميز والريادة التخصصية. إلا إن تطوير الحلول العلمية لحل بعض المشاكل التي تواجه المجتمع قد تدفع بأنشطة البحث العلمي إلى آفاق قد لا تتوافق مع الهدف الأساسي لمؤسسات التعليم العالي كمراكز عليا للبحث العلمي الدقيق المتخصص، حيث قد تصبح السمة الغالبة للبحوث والدراسات الجامعية هي خدمة المجتمع في أمور يمكن معالجتها من خلال مؤسسات أخرى متخصصة لا تضطلع بالمسؤوليات نفسها التي أنيطت بمؤسسات التعليم العالي . كما يلاحظ أيضاً عدم تحديد آلية دقيقة لجذب طلبة الدراسات العليا المتميزين الذين يمثلون العناصر الأساسية لبدء واستمرار البحوث العلمية وتحقيق الأهداف المرجوة من البحوث العلمية.

3- يلاحظ أن كثيراً من البحوث هي بحوث متكررة، وقد تكون أفضل السبل التي تدفع بمؤسسات التعليم العالي ومراكز البحوث إلى مراكز التميز والريادة بعدم أهمية بعض البحوث التي يقوم بها بعض الباحثين بصورة مستمرة ولا تقع ضمن خطة البحوث المعتمدة. كما يلاحظ أيضاً عدم وضوح صور تقديم الخدمات اللازمة لإنجاز هذه البحوث التي يفترض أن يكون من ضمنها تعيين

مساعد باحث أو أكثر للعمل مع كل أستاذ باحث نشط في تخصصه الدقيق من أجل ضمان الاستفادة من قدرات الباحثين ومساعديهم على حد سواء.

3- ويلاحظ أنها تحفز إلى الاهتمام بالبحوث الأساسية والمبتكرة، وبالتالي فإن العملية البحثية قد لا تحقق الأهداف المرجوة منها كما ينبغي.

4- عدم تحديد المجالات التي ينبغي أن تحظى بأولية الدعم في فترة زمنية محددة قد تؤدي إلى وأد كثير من الجهود النافعة في هذا المجال.

ما يهمنا هنا هو النشاط البحثي للأستاذ الجامعي، وهل تصب نتائجه النهائية على المدى البعيد في إطار خطة بحثية محددة الأهداف تنشد التميز والريادة في حقل معرفي متخصص، أم أن هذا النشاط يخدم أهدافاً محددة في المنظور القريب، وقد تقل أو تنعدم سمة التواصل بين نتائج هذا النشاط، حيث نرى أن ما نشر من أبحاث أساسية -في معظم الجامعات العربية- تغلب عليه سمة عدم التواصل الذي ينبغي أن تتميز به البحوث العلمية، وهذا بلا شك أمر يدعو إلى القلق، ويشكل عائقاً أساسياً كانت محصلته الطبيعية عدم تحقيق معظم هذه الجامعات درجات مرضية من التميز والريادة التي ينبغي تحقيقها في مجالات تخصصاتها. ومع أن سمة عدم التواصل هذه قد تعزى إلى عوامل مختلفة ومتعددة، لكن يمكن القول بأن وجود أهداف واضحة ومحددة للبحوث في فترة زمنية معينة، وكذلك وجود وسائل دقيقة لتقويم النشاط البحثي للأستاذ الجامعي الباحث» وهو المحرك الأساسي لكافة الجهود» كفيل بضمان ذلك التواصل المطلوب.

إن كل مؤسسة من مؤسسات التعليم العالي تطمح إلى التميز والريادة في كل علم من العلوم التي تختص فيها، إلا أن تحقيق تلك الطموحات قد يكون صعب المنال، حتى عند توفر الإمكانات المادية اللازمة، متى ما غاب تكامل الأمور الأربعة الأساسية التالية:

- سياسة بحثية هادفة ومحددة.
- أستاذ جامعي باحث متميز.
- تنظيم دقيق لعملية دعم عملية البحوث.
- وسائل تقويم عددية لتقويم أهداف البحوث الجارية والمقترحة ومدى تحقيق أهدافها في فترة زمنية محددة .ولذا ينبغي وجود التنظيم الإداري الذي يضمن وجود وتكامل هذه الأمور في كل الأوقات من أجل تحقيق الطموحات المرجوة من البحوث العلمية.

إن مؤسسات التعليم العالي في عمومها تضطلع بمهام عديدة ومتنوعة يمكن إجمالها في عمليات التعليم والبحث العلمي وخدمة المجتمع، لكن من المتعارف عليه جيداً في الأوساط العلمية أن تحقيق التميز والريادة لا يكون من خلال التعليم فقط أو من خدمة المجتمع فقط، بل يعتبر النشاط البحثي ونتائجه الموثقة في القنوات المعروفة هي الوسائل والمعايير العالمية الأساسية لهذا الغرض. ومع تعدد مجالات البحوث وتنوع صورها، إلا أنها لابد أن تكون إما بحوثاً أساسية أو تطبيقية، ونظراً لمحدودية أهداف البحوث التطبيقية فإن البحوث الأساسية ونتائجها الموثقة تبقى أفضل وسيلة لتحقيق التميز والريادة التي يطمح إليها كل باحث، بل وكل مؤسسة من مؤسسات التعليم العالي والبحث العلمي حتى ولو بعد فترة زمنية غير قصيرة.

أن الصيغ المستخدمة لتقويم الأستاذ الجامعي يمكن أن تسهم بصورة فاعلة في تنشيط جهود الباحثين في كافة المجالات «من بحوث أساسية، تطبيقية، تأليف، ترجمة...إلخ» متى ما وضعت في صورة محددة وموجهة لتحقيق أهداف معينة- بناء على ما يتوفر من إمكانات وخبرات بحثية من خلال أعضاء هيئة التدريس الباحثين- شريطة أن تخضع هذه الصيغ للتقويم والدراسة اعتماداً على النتائج التي تتحقق في فترة زمنية معينة وبدون إغفال المتغيرات أو العوائق التي قد تطرأ .ولكي تكون هذه الصيغ فاعلة فلابد أن تعتمد على معايير تقويمية عددية دقيقة تأخذ في الاعتبار جميع المتغيرات التي قد تؤثر على نشاط الباحث؛ لذا من الضروري فصل عملية تقويم النشاط البحثي للأساتذة الباحثين عن بقية الأنشطة الأخرى. ويرجى من هذا الفصل وضوح مجالات التميز والريادة في مجالات البحوث العلمية، وسهولة عملية تقويم درجة التميز من خلال دراسة تحقيق الأهداف التي يحددها الباحثون أنفسهم.

انطلاقاًَ من حرص جميع مؤسسات التعليم العالي، ومنها الجامعات والمعاهد العليا ومراكز البحوث، إلى تحقيق التميز والريادة في كافة مجالات تخصصاتها، ونظراً لتعدد الأنشطة التي يتوقع من الأستاذ الجامعي القيام بها، ولكونه هو المحرك الفعلي لحركة البحوث العلمية بجميع أنواعها فإن على الجهات المسؤولة عن تنظيم أنشطة البحوث العلمية ما يلي:

1- وضع لائحة موحدة ومنظمة لأنشطة الباحثين «كل في مجال تخصصه الدقيق» على أن تحتوي هذه اللائحة على أهداف واضحة يرجى تحقيقها من خلال أنشطة الباحثين في فترة زمنية محددة.

2- توفير الدعم اللازم لكل باحث وضرورة توليه رئاسة جماعة بحثية في حقل تخصصه الدقيق يكون معظم أعضائها من طلبة الدراسات العليا باحثين مساعدين متميزين.

3- العمل على إيجاد آليات جذب للطلبة المتميزين للالتحاق في برامج الدراسات العليا من أجل تحقيق الفائدة الحقيقية من برامج الدراسات العليا. وبالنظر إلى المسؤوليات الرئيسة التي أنيط بمؤسسات التعليم العالي تحقيقها (التدريس، البحوث، خدمة المجتمع) يجب الاعتراف بأن النشاط البحثي المترابط والمتواصل هو العامل الأساسي الذي ينبغي أن تعقد عليه الآمال لتحقيق التميز والريادة لأي جماعة بحثية في هذه المؤسسات.

من هذا المنطلق تتضح أهمية استخدام صيغة دقيقة لتقويم نشاط الأستاذ الجامعي بصورة عامة وتقويم النشاط البحثي على وجه الخصوص. ولضمان فعالية هذه الصيغة لخدمة الأهداف المتوخاة من البحث العلمي ينبغي احتواؤها على معايير دقيقة منها: نسبة النشاط في مجموع الأنشطة، مؤشر الأداء، وأولوية النشاط البحثي نسبة إلى بقية الأنشطة الأخرى. وينبغي أيضاً احتواء هذه الصيغة على مؤشر معياري لقياس أهمية النشاط البحثي ودرجة اكتماله وتواصله مع البحوث السابقة للباحث، بل واستمرار اتجاه البحث، حيث إن كل هذه الأمور متطلبات أساسية لتحقيق التميز والريادة البحثية في التخصصات الدقيقة في العلوم الطبيعية والتطبيقية. لكن ينبغي التأكيد هنا بأن الفائدة المرجوة من اعتماد هذه الصيغة يعتمد على درجة تبني عدة أمور تنظيمية لدعم جميع مقومات عملية البحوث العلمية ومنها:

1- إيجاد جماعات بحثية في كل مؤسسة من مؤسسات التعليم العالي اعتماداً على التخصص الدقيق لكل باحث وخبراته السابقة، بحيث يوكل إلى كل مجموعة تحقيق أهداف بحثية محددة.

2- تحديد أهداف بعيدة المدى لكل جماعة بحثية والعمل على تحقيق الأهداف في إطار زمني محدد.

3- دعم أنشطة الجماعات البحثية من خلال تسهيل إجراءات توفير المعدات اللازمة لإكمال أعمالها، وإيجاد آليات جذب للباحثين المساعدين المتميزين، بحيث تسهم كل جماعة بحثية في تطوير هذه الآليات من خلال التعاون مع إدارات (عمادات) البحث العلمي.

4- تأكيد أهمية استمرار البحوث التي يقوم بها الباحثون وضرورة الترابط بين هذه البحوث، ولهذا الغرض يمكن استخدام نتائج التقويم وصيغة التقويم المقترحة في هذه الورقة لقياس درجة تحقيق الترابط بين البحوث التي تقوم بها كل جماعة بحثية.

5- تقديم الدعم المعنوي والمادي للأساتذة الباحثين من أجل تكوين الجماعات البحثية (كل في حقل تخصصه الدقيق) ودعمه بعدد من الباحثين المساعدين المتميزين شريطة تطوير خطة بحثية مقترحة خلال فترة زمنية معينة، ووضع جدول زمني لتحقيق الخطة البحثية.

6- تفعيل دور إدارات البحث العلمي في متابعة مقترحات الجماعات البحثية وإعطائها الدور الإداري الفاعل في تقنين عملية تكوين الجماعات البحثية، وتأكيد أهمية الارتباط الوثيق والتوافق بين الاهتمامات البحثية لكل عضو في الجماعة البحثية مع الأهداف بعيدة المدى لكل جماعة بحثية.

7- تقويم الصيغ المستخدمة لتقويم أنشطة الأستاذ الجامعي من خلال تحليل النتائج المتحققة من أنشطة الأستاذ الجامعي الباحث، أو من أنشطة الجماعات البحثية في فترة زمنية كافية.

8- تنشيط حركة تأليف الكتب الدراسية وترجمتها من خلال خطة مرحلية تعد بناء على أولويات واحتياجات الأقسام الأكاديمية، وضرورة إنشاء دور نشر علمية متخصصة يكون دورها المبادرة والمساهمة في دفع حركة التأليف والترجمة من خلال تجنيد أكبر عدد من الأساتذة المتخصصين في تنفيذ مشاريع تأليف وترجمة علمية تكون من ضمن خطط بعيدة المدى تعدها مؤسسات التعليم العالي والبحث العلمي. ومع الاعتراف بأهمية النتائج التي قد تدلل عليها أي صيغة تستخدم لتقويم أنشطة البحوث بناء على ما يتحقق من نتائج، إلا أن المعايير المقترحة تبقى نسبية، ويمكن استبدالها بما يناسب الخطط البحثية ومجالات التخصص في كل مؤسسة من مؤسسات التعليم العالي والبحث العلمي التي تسعى إلى التميز والريادة في حقول تخصصها. (د. سعيد الغامدي - 1421هـ)

البحث العلمي - الشريان الدافق الذي يمد الجامعة بأسباب الحياة

وظائف الجامعة ودورها في المجتمع،ويمكن إجمالا حصر هذه الوظائف في النقط التالية:

أ- التدريس وإعداد الكوادر البشرية.

ب- إنتاج ونشر المعرفة من خلال البحث العلمي.

ج- دمج قسم من الشباب في الإطار العام للمجتمع.

فالجامعة على هذا النحو تمثل القلب الذي ينبض بالحياة في المجتمع ويجدد فيه الحيوية ويشيع الحركة في شتى جوانبه،مزودا إياه بالطاقة الحية التي تضمن له البقاء والاستمرار،من خلال توفير العقول الخبيرة المتشبعة بالمعرفة وبثها في شتى مجالات الحياة الاجتماعية كي تساهم بجهدها العلي وعطائها الفكري في معركة التنمية،مما يجعل من الجامعة تتبوأ مكانتها الرائدة كخزان معرفي يزود المجتمع بالزاد العلمي الذي ينير دربه ويدفعه نحو تحقيق غاياته المنشودة "والواقع أن الجامعات لا تقتصر مهمتها على تخريج الطلاب،وإنما ينبغي أن تكون مراكز للبحوث،وأن تسهم في عمليات التنمية المحلية في القطاعات الإنتاجية أو الخدمات من أجل خلق المجتمع العلمي وترسيخ التقاليد العلمية التي ينبغي أن تتميز بالانفتاح الكامل على قضايا المجتمع"(رشوان، 2002 /ص60).

وحينما تنصهر هذه الطاقات العلمية في وعاء المجتمع -الذي يمتص خبراتها ويتغذى بإبداعاتها- ليصنع منها نهضة علمية وحضارية،يكون التفاعل بين الجامعة ومحيطها قد حقق مراده ونقل المعرفة من طور النظرية إلى واقع الصناعة وجعلها في خدمة التطور الاجتماعي ويكون "الناتج عالم جامعي خاص إلا أنه وثيق الصلة بعالمي ما قبله و ما بعده،لا يشيخ فيه حتى التاريخ،نضر نضارة الأجيال التي تتعاقب فيه وتزدهر،متجدد في كل إضافة يضيفها بحث جديد،أو سؤال جديد أو معرفة مستفادة أو إبداع "(سمير سليمان - 2002).

فالجامعة يزداد ثقلها ويتعزز مركزها الاجتماعي لا بعزلتها عن المجتمع وتجاهلها لمشاكله وعزوفها عن آلامه وتسفيهها لآماله،بل بحضورها الدائم ومواكبتها المستمرة لما يشهده المجتمع من تغيرات وملاحقتها بالدرس والبحث لكل ما يحدث فيه من ظواهر وتحولات،بذلك فقط تظل الجامعة منارة تضيء ما حولها تفيده وتستفيد منه تغير وتتغير فتبقى متناغمة مع بيئتها ورائدة لواقعها صانعة لمعالمه لا متخلفة عنه منفعلة به.

والتغيير المنشود ينطلق من الإيمان بضرورة التغيير وإلحاحه، وبأن جامعة المستقبل لن تقنع إلا بدور قيادي رائد في تطوير المجتمع ذاته ومن ثم تعبئة الجسم الجامعي كله لهذه

الضرورات...وأن الرغبة في التغيير ينبغي أن تكون ذات نفس طويل لا يهدأ ولا يمل، وان ثمة خلخلة في الأوضاع الساكنة في حياة الجامعة...ولسوف تواصل مسيرتها بالإسهام في دور قيادي متقدم لإثراء مقومات التنمية بالعلم والمصنع والمزرعة والحرية والإبداع،وفي تفاعل إيجابي واثق الخطر من المتغيرات المجتمعية والعالمية، ومع إرادة التغيير وعزائمه والتطلع إلى جامعة أكمل وحياة أفضل"(حامد عمار، ص25- 2004) .

والواقع أن قضية الموازنة بين تكوين الفرد العالمي وتنمية المواطنة ودعم مقومات حيوية الهوية والثقة في إمكاناتها وإبداعاتها وتعبئة طاقاتها في التنمية الذاتية، مسألة غاية في الأهمية بالنسبة للنظر في شروط قيام جامعة المستقبل.

ففي ظل تحديات العولمة تتضاعف مسؤولية الجامعة في تكوين جيل شباني صلب،في مواجهة تحديات عصره،بصيرا بأساليب التكيف معها دون أن تسلبه اعتزازه بذاتيته وانتمائه لإرثه الحضاري العريق."ولن تكون جامعاتنا وفية لهويتها وثقافة مجتمعاتها إلا أخذت بأحسن ما في القديم، وأفضل ما في الجديد، وشقت طريقها العلمي في قوة واستقامة، متحررة من كل تبعية...وخرجت كلياتها الجديدة أجيالا قادرة على فهم العلوم المعاصرة من منطلق إسلامي، وفي إطار إسلامي، ولهدف إسلامي "(القوصي -2005، ص42)

1. واقع البحث العلمي في العالم العربي:

يتميّز العصر الحاضر بأنّه عصر التفجّر العلمي والتراكم المعرفي، حيث أنّه أمسك بناصية العلم والتكنولوجية وتوظيفها في مجالات الحياة المختلفة ...ولذلك يلعب البحث العلمي دورا مهما في الارتقاء بحياة بناء المجتمع،لأنه يساعد على حل المشكلات، ويسعى لفتح الأبواب الموصدة، ولا يكتفي بطرقها فقط،ولا يجعل جهده البحثي حبيس التنظير،بل يُفعّله ويثريه عن طريق ربطه بالواقع تطبيقا وممارسة.

أصبح البحث العلمي السمة الأساسية لتطوّر المجتمعات وتقدّمها، حيث ترسم الخطط البحثية وتقام المراكز والمؤسسات التي تعنى بالبحث العلمي واستثماره في إعداد الأطر والمعطيات اللازمة للتقدّم والتطوير.

ولاشكّ أنّ الجامعات هي المؤسّسات التي تعنى بالبحث العلمي- بالدرجة الأولى-بحكم وظيفتها الحديثة التي لم تعد تقتصر على التعليم والتدريس لنقل المعارف والعلوم، من جيل إلى جيل فحسب. فالبحث العلمي أصبح عنصراً أساسياً من عناصر النشاط التي يقوم بها الأستاذ الجامعي، لأنه يسهم في الارتقاء بمستوى تخصّصه وتحسين أدائه المهني. كما أنّ

البحث العلمي يشكّل حافزاً لدى الطلبة من أجل البحث والاكتشاف وبناء الاتجاهات الإيجابية في مجال المعرفة العلمية عامة، وفي مجال الدراسي خاصة. ولكن الجامعات لا يمكن أن تكون مؤسسات بحثية إلاَّ إذا توافرت لها العوامل الضرورية لذلك، ولاسيّما الموارد المادية والبشرية، إضافة إلى قلّة أعداد الطلبة والساعات التدريسية للباحث الأكاديمي، لتتاح له فرصة العمل البحثي المنتج.

وإذا ما نظرنا إلى وضع الجامعات العربية -ضمن هذه العوامل- نجد أنَّ معظمها يعاني من أزمات بحثية واضحة، ناجمة عن وطأة الأعداد المتزايدة من الطلبة الراغبين في متابعة التحصيل العلمي/ العالي من جهة، وهذا من حقهم، ورغبتها في اللحاق بركب التطوّر العلمي الذي يسير بحركة متسارعة. وهذاما جعل مؤسسات البحث العلمي الأكاديمي/الجامعي في الوطن العربي، في موقع متخلّف قياساً لما هو في البلدان المتقدّمة، وعرّضها بالتالي لحملة من الانتقادات الواسعة باعتبارها أداة التغيير الأساسية في البنى الاجتماعية والاقتصادية والسياسية، وإن كانت ثمّة مراكز بحثية أخرى تساعدها في مهام التغيير والتطوير...

وإذا كان العصر الحالي يوسم -بحقّ- بعصر العلم والتكنولوجيا، فإنَّ الثورة العلمية/التقنية مستمرّة في زخم قويّ، عمقاً واتساعاً شمل مناحي الحياة المختلفة، بحيث أصبح تحديث أي مجتمع وإنمائه لابدّ أن يأخذ بالبحث العلمي أسلوباً ومنهجاً، معتداً على استثمار معطيات العلم الحديث الهائلة وتقاناته المتعدّدة الأغراض. والجامعات والمراكز البحثية -داخلها وخارجها- هي التربة الخصبة التي يجب أن ينمو فيها البحث العلمي ويكبر، ويأخذ دوره الريادي في خدمة الأهداف المجتمعية، حيث تعدّ الموارد البشرية -في أي مجتمع-هي الثروة الكبرى التي يمتلكها، ولا بديل لها في عمليات التنمية النهضوية الشاملة.

إن الحاجة إلى البحوث العلمية-اليوم- هي أشدّ ماتكون من أي وقت مضى- بالنظر للتطوّرات العلمية المتسارعة، وانعكاساتها الفورية على الحياة البشرية بجوانبها كافة، حيث أصبح التسابق العلمي الوسيلة الأكثر فاعلية في تأمين تقدّم الإنسان ورفاهيته، مقابل إغناء الحضارة الإنسانية. وبذلك فإن البحث العلمي ضرورة ملحّة، لا يمكن تجاهلها، للبلدان العربية لكي تأخذ مكانها في العالم المتقدم، وإغناء تراثها العلمي والفكري بما يحفظ هويتها وكيانها، أمام سيل العولمة الجارف، إذ لا يمكن لأي مجتمع -مهما امتلك من

إمكانات وموارد وثروات، أن يلج أبواب الحضارة الحديثة مالم ينهض بالبحث العلمي ويوظّف تطبيقاته في عمليات التنمية والتطوير.

وإذا أخذنا بالمؤشرات الإحصائية التي تشكّل مادة مهمّة في رصد واقع البحث العلمي في البلدان العربية، ومقارنته بدول العالم الأخرى، فإنّنا نتبيّن القصور الذي تعاني منه مؤسّسات البحث العلمي في الوطن العربي، ولاسيّما مؤشّر الإنفاق المالي على البحث العلمي؛ فقد أشار تقرير التنمية الإنسانية العربية (عام 2003) إلى أنَّ 90 %من الإنفاق المالي على البحث العلمي في البلدان العربية تأتي من مصادر حكومية، بينما تموّل المصادر الحكومية مابين (20 -30%) فقط من الإنفاق على البحث العلمي في أميركا، والنسبة الباقية من التمويل تأتي من مصادر الصناعة.

كما أشار تقرير (عام 2004) بأن تمويل البحث العلمي في الوطن العربي، هو من أدنى المستويات في العالم، إذ لا يتجاوز 02% من الدخل القومي، مقابل 22%في اليابان، على سبيل المثال، كما أنَّ حصة المواطن العربي من الإنفاق على البحث العلمي لا تتجاوز ثلاثة دولار، مقابل 409 دولارات في ألمانيا و601 دولار في اليابان و681 دولاراً في أميركا.

وتشير الدراسات حول البحث العلمي في الوطن العربي، إلى أنَّ الواقع لا يعاني فقط من قلة الإنفاق المالي، وندرة دعم المؤسسات الصناعية المحلية، بل يعاني أيضاً من قلّة الباحثين وبالتالي قلّة البحوث المنجزة التي تخدم عمليات التنمية الشاملة. ففي عام- 1996 على سبيل المثال: كان عدد الباحثين العرب (19100) باحثاً، مقابل (31000) باحث في المركز القومي الفرنسي للبحث العلمي، بمفرده.. ومن جهة أخرى، أشار تقرير التنمية الإنسانية العربية قلّة البحوث العلمية قياساً بعدد السكان في الوطن العربي، استناداً إلى تدنّي عدد البحوث المنشورة، حيث بلغ(26) بحثاً لكل مليون شخص، عام1995 ، مقابل 840 بحثاً في فرنسا و1252 بحثاً في هولندا. كما تشير التقارير في مجال الكفاءات العلمية العربية، إلى أنَّ ثمّة 54% من الطلبة العرب الذين يدرسون في الدول الغربية لا يعودون إلى أوطانهم، وأنَّ 34% من الأطباء البارزين في بريطانيا- وحدها- هم من خيرة الأطباء العرب.

إن هذه الإحصاءات وغيرها، تشير بشكل واضح إلى تدنّي البحث العلمي في الوطن العربي، في مجالاته العلمية والتقنية، وهذا ما ينعكس بالتالي على مستوى التعليم من جهة، وعلى عملية ا لتنمية الشاملة من جهة أخرى. الأمر الذي يتطلّب دراسة معمّقة لهذا الواقع وتحديد عوامله المعوّقة وسبل تجاوزها في إطار العمل العربي المشترك، بين الجامعات العربية

ومراكز البحوث المختلفة، باعتبار ذلك واجباً وطنياً وقومياً وأيضاً إنسانياً، يجب أن تنهض بـه الحكومـات والمعنيـين في مؤسسـات التعلـيم والمراكـز البحثيـة وفـق خطـة منهجيـة مبرمجـة، تسـتفيد مـن التقانـات الحديثـة وتوظفهـا بفاعلية..!!؟..

فالتكنولوجيا المتقدمة تنبعث من الجامعة،وما ينظوي تحتها من مؤسسات ومخابر بحثية،هذه الفضاءات العلمية التي تُعد بمثابة مراكز توليد المعرفة الأساسية الضرورية لحل المشكلات الكبرى التـي يطرحهـا المجتمـع؛غير أن واقع الحال ينطق بغير ذلك،إذ نلمس لدى الكثيرين،بأن القيام بالبحث عمل كمالي،يـتم التوجـه إليـه في أوقـات الفراغ،وكأنه شكل من أشكال الترفيه عن النفس مـن أعبـاء الحيـاة المتراكمـة،ومن ثمـة ففـي المحـيط الجـامعي" لا يشغل البحث والدراسة النقدية شطرا كبيرا من وقت الأستاذ.ولا يكافأ الأستاذ ما يستحقه من المكافأة عـلى أبحاثـه وفكره الاستكشافي...ولا يجري ما يكفي من التنافس بين الأساتذة عـلى الترقيـة وتحقيـق المنزلـة العليـا عـن طريـق إجراء البحث.وقد يتعرض باحث للهزء من زملائه إذا شاهدوا منه قدرا أكبر من المألوف من التفاني للبحـث(تيسـير الناشف- 2001، ص20).

ونتيجة لطبيعة التفكير السائدة لدى أغلبية المنتمين للأسرة الجامعية،والمبنية على أساس لـيس في الإمكـان أبدع مما كان، ظلت جامعاتنا تجـتر مـا تنتجـه جامعـات الغـرب،دون محاكمتـه علميـا أو تعريضـه لمبضـع النقـد والتشريح العلمي،مما جعل الجامعة عاجزة عـن اسـتنبات العلم،مهيـأة عـلى الـدوام لاسـتهلاك مـا تنتجـه مخـابر الغرب،ومن عواقب هذا الأسلوب تعطيل جذوة الإبداع والخلق لدى أبناء جامعاتنا بفعل عقـم مناهجنـا وعجزهـا عن تأهيل الطلاب لإنتاج الجديد في حقول العلم المختلفة.

إن المتأمل في آلاف الرسائل الجامعية في مختلف الجامعات يلاحظ فيها التكرار والتشـابه واجـترار الـتراث، جمعا وتصنيفا وإعادة إنتاج، وهي تُقدم على أنها بحث علمي، ومعظمها لا يحتوي على إشكالية يعالجها أو سـؤال يجيب عليه، فضلا عن القطيعة بين موضوعها وبين العصر الذي تعالج قضاياه في الماضي. أما النتـائج التـي تتوصـل إليها فهي في معظمها وصفية أكثر منها تحليلية؛ مما يجعلها بحثا للماضي.. في الماضي.. ولأجلـه، وعنـاوين المواضـيع وآلية تسجيلها تنم عن حال الجامعات وما تعانيه،

إن صفة البحث العلمي في أي مجال، تعني اكتشاف الجديد في موضـوع هـو مظنـة لـه، والجديـد نسـبي دائما؛ إذ المعرفة تكاملية وتراكمية، وكلما كان موضوع البحث إشكاليا

كانت نتائجه جديدة إن تم تناوله بجدية، والجدة لا تعني الإضافة بقدر ما تعني العمق في فهم القضية وتحليلها ونقدها، وهذا العمق لا يتأتى إلا من صراحة السؤال الذي يستبعد أي خلفيات مهما كانت، وطرح السؤال يعني استواء مختلف الأجوبة مبدئيا في نظر السائل مما يعني أن عقيدة السائل ويقينه المتعلق بموضوع البحث ينبغي أن تكون حيادية في نقاش الموضوع، هذه الحيادية التي هي شرط أساسي في موقف الباحث من موضوعه تعتبر مثار إشكال كبير في تناول البحوث الإسلامية، ولا سيما في المواضيع ذات البعد العقدي؛ إذ كيف يكون الباحث حياديا في دراسة قضية يتعلق بها إيمانه؟.

أزمة البحث العلمي في الدراسات الإسلامية

ألا تخدش هذه الحيادية إيمان المؤمن عندما تستوي النتائج لديه عند طرح السؤال؟ أليست الحيادية هنا شكا يتنافى مع يقين الإيمان؟ وهل دراسة موضوع له صلة بالمقدس تخضع لأكثر من وجهة نظر وتحتمل التساؤل؟ ومن جهة أخرى: إن لم يخضع البحث الديني للتساؤل فكيف يوصف بالعلمية؟.

هذه الأسئلة تشخص جذر أزمة البحث العلمي في الدراسات الإسلامية عموما، وفي الإجابة عن هذه التساؤلات ينبغي تحديد المجال الدقيق الذي يعتبر فيه هذا الفرض مشكلا، لكن الدراسات الإسلامية تعاني من هذا الإشكال في قضايا أعم، فالمتأمل في معظم الإنتاج العلمي في مختلف العلوم الشرعية يجد أن أسئلة الباحث تقف عند عقبات عديدة، فدائرة الحظر تبدأ من التراث الإسلامي عموما، وتضيق شيئا فشيئا حسب توجهات الباحث وخلفياته، فتأتي الدائرة الطائفية، فكل ما يمس أسس الطائفة التي ينتمي إليها يخضع للتبرير والالتفاف والتلفيق والتوفيق بما يتناسب والمظهر العلمي الذي يُبتغى الظهور به، وكذلك الأمر في الدوائر المذهبية والفكرية الأضيق، حتى تنعدم شخصية الباحث تماما وتستوي في نظره المتناقضات ويسلم بها خشية أن تؤول إلى نقض متوالية من المسلمات بنى على أساسها رؤيته ومكانته.

إذا تناول الباحث الآراء على أنها وجهات نظر تحتمل الخطأ والصواب كما هو حالها، وخضعت للنقد والتقويم لأنقذت حيزا مهما من التراث الإسلامي من تهم الجمود والتناقض، ولأمكن فهمه بطريقة تزيده احتراما وإنصافا من قبل خصومه، ومما يزيد هذه الهالة للتراث اتساعا عُقد النقص التي تم تكوين الدارس في العلوم الشرعية عليها، فتحقير الذات وتعظيم شخصية الشيخ والأستاذ فمن فوقه يجعل من الباحث إمعة لا قِبَل له بما قاله من يعتقد أنه

أعلم وأفقه وأورع منه، بينما قد يتوفر الباحث على إمكانيات تفوق من يعتقد فيه ما اعتقده، وكذلك الأمر بالنسبة للنظرة للكتب والمصنفات التي تحظى بالقبول تتم دراستها بطريقة تنزهها عن الخطأ والتهم وتخضع للتأويل والتبرير أحيانا.

بين الحالة الذاتية والظرف الموضوعي يعيش الباحث مترددا بين الواجب الموهوم الذي يقتضي منه تأكيد ما لديه من معطيات ومسلمات وبين الصراحة في نقد ما يدرسه من أفكار، وستكون الغلبة للجانب التبريري وإنكار ما يتبادر للذهن من رؤى نقدية؛ إذ إنها تخدش اليقين والعقيدة المتبناة باتساعها وتفرعها في ذهنية الباحث، وهذه نتيجة طبيعية عندما يسود الاعتقاد بأن التساؤل يعني الشك والشك يخدش الإيمان، فكيف يكون البحث علميا من دون تساؤل، وهل افتراض صحة الرؤية المخالفة على سبيل الجدل يعني شكا حقيقيا؟ وهل يمكن طرح الأسئلة مع وجود قناعة ذاتية بعدم صحتها لكسب الصفة العلمية بذلك؟. هذه الأسئلة يصح طرحها في المساحة التي تتعلق بالقضايا العقدية الأساسية التي تتعلق باليقينيات، أما ما مجاله الظن فهو مجال الشك والمساءلة من غير اختلاف، أما القضايا العقدية فيمكن الإجابة عليها من زاوية طبيعة تبنيها لدى المسلم عموما والباحث فيها خصوصا.

التنسيق والعمل الجماعي بين الباحثين

وعليه يجب الاعتراف بأن الجامعات في عالمنا العربي للأسف الشديد ليست مراكز بحث، والقلة من الباحثين المبدعين تعمل في ظروف سيئة يطبعها فراغ اجتماعي مريع، تغلب عليه الرتابة،ويغيب فيه الفكر النقدي الخلاق ؛ فلا تكاد تجد أثرا للتنسيق والتفاعل بين الباحثين،وكذا غياب أو نقص العمل الفريقي، لأن التنسيق والعمل الجماعي بين الباحثين من شأنهما أن ينميا البحث، ويفتحا مزيدا من قنوات الاتصال بين التخصصات، ويذكيا التلاقي بين مختلف العلوم،ويسهما في رفع مردودية البحث العلمي. في الوسط الجامعي لا يوجد من المحفزات ما يدفع المشتغلين بالبحث إلى التفاني والبذل،فنتائج أبحاثهم تبقى حبيسة الرفوف، ولا يتم الالتفات إلى مجهوداتهم، وشحذ قدراتهم،وتشجيعهم على المزيد من التميز العلمي في تخصصاتهم، إضافة إلى عدم توافر الدعم الكافي للأبحاث العلمية، الذي يساهم في إرساء بنية تحتية للبحث العلمي،من خلال تأهيل الباحثين و توفير المواد والأجهزة المتطورة لاستغلالها في البحث حيث نجدان "الميزانيات التي تحددها الحكومات للبحث العلمي تقل عن نصف في

المائة من الدخل العام.أما في الدول المتقدمة فتصرف الحكومات أكثر من2 % من ميزانياتها على الأبحاث"(فاروق الباز، 2004، ص19).

فالبحث العلمي المثمر بحاجة إلى قاعدة متينة يتكئ عليها،حتى يستطيع تطبيق مقولاته النظرية،وجعلها في خدمة قضايا التنمية.غير أن معطيات الواقع تفيد أن البحث العلمي- على قلته- في جامعاتنا ينقصه التفعيل ويعوزه التطبيق،ولا يتم استثمار هذه نتائجه في معالجة مشكلات الواقع الاجتماعي،فضلا عن إعاقات المحيط الاجتماعي التي تقف حجر عثرة في وجه نضج البحث العلمي وجعله قادرا على الغوص في أعماق الواقع وقراءة مفرداته،والبحث عن حلول ناجعة لمشاكله، ناهيك عن غياب الحوار والتفاعل والتنسيق بين الجامعة ومحيطها،ذلك أن العلم في العالم العربي يُنظر إليه في الغالب كزينة لاضرورة؛ يُدرج ضمن الملفات الثانوية ولا يُوضع في قائمة الأولويات، ولاشك أن هذه البيئة مصادرة للمردود العلمي قاتلة للتفكير الابتكاري، مشجعة للجمود،مما أسقط الجامعة بين مخالب مرض اجتماعي خطير ينخر فعاليتها ويفت عضدها ألا وهو "التسيير البيروقراطي النمطي الذي يجعل الإدارة غاية في حد ذاتها،بحيث يقتصر العمل الجامعي على إتمام إجراءات ورقية ويستغرق جهد رجاله ويستنفذ طاقاتهم،ويكون معيارا لمدى نجاحهم في مهامهم.

وكثيرا ما كانت الإجراءات الإدارية البيروقراطية الرتيبة سببا في وأد البحث وإهدار إمكانيات ثمينة للكشف العلمي والتألق المعرفي.في حين "يتطلب التقدم التكنولوجي الإيمان بالتغيير والمبادرة بالتجديد وخلق المناخ الذي يحث على الإبداع ومكافأة المبدعين ".

أما الطالب الجامعي فهو يمضي من عمره أعواما في الجامعة، ليتخرج بعدها إلى عالم الفراغ القاتل والبطالة المصادق عليها،والمجتمع العليل الذي قصفت كيانه علل وأدواء يُراد من الطالب الجامعي أن يشارك في علاجها وهو عليل، ويُطلب منه أن ينقذ أمته وهو غريق.

يتخرج الطالب ممسوخ الفكر، مشوه التكوين، معوج السلوك، فارغ الجراب...يتخرج ليبدأ رحلة من معاناة البحث عن السراب- مكاسب العيش، مطالب المادة، لا يفكر في وضع قائم، ولا مجتمع قاعد، والنتيجة هي: خلق المثقف العاجز، وهو شخص وصل إلى قناعه أن آماله، وطموحاته، ومهاراته، ومعرفته لا جدوى منها، لأنه شخص حُوّل إلى حطام أخلاقي بسبب فرض البطالة الفكرية عليه..واصطدامه بالواقع الكريه لمجتمعه...إن هؤلاء لا يستطيعون تحرير أرواحهم من عفن التحلل الذي فُرض عليهم.

إن ضعف المناعة الفكرية عند الجامعيين، جعلهم يؤثرون السلامة والرضى بالحياة، وأي حياة،وعليهم هالة من الشخصية المزيفة، والعلم السراب، والشهادة التي هي عبارة عن صك دون رصيد.وما هذه الشخصية العلمية الهشة التي تقذف بها جامعاتنا إلى الواقع فلا تقوى على التعامل، مع مشكلاته،وتنخرط سريعا ودون مقاومة تذكر في واقع ظلت بالأمس القريب تستعرض معا يبه خطابيا،وتنحو باللائمة على تجاوزاته،فإذا بها وهي تنخرطفي صفوفه،تمارس مثالبه، وتعيد إنتاجه في طبعة أكثر قتامة. "وهكذا أسقط العقل العربي خارج دائرة الفهم الصحيح للأحداث العالمية لأنه يقوم بإحالة الأمور دوما لمجموعة من المسلمات المكرورة والمستعادة والتي بدورها تقتل بداخلنا القدرة على ابتكار الحلول غير التقليدية للمشكلات الحياتية والاجتماعية المتباينة، والأخطر من ذلك أنها تدمر داخل شباب الأمة ما نحن في أمس الحاجة إليه من عقلية نقدية وإبداعية.

فنحن نقدم المعارف لطلابنا في صورة جاهزة قطعية غير قابلة للمناقشة والتكذيب،تلفها هالة من التقديس والعصمة الواهية،ولا نتيح لهم الفرصة كي يناقشوا مضامينها ومراميها،أو طرح علامات الاستفهام حول طروحاتها،وإثارة الأسئلة حولها،وتكون نتيجة عدم إشراكهم في بنائها،وحشو عقولهم بهذه المعارف دون إقناعهم بها،الفهم الأعرج لها وعدم القدرة على تفعيل هذه الحمولة من الأفكار غير المترابطة في عقولهم في التصدي للمشكلات التي تعترضهم فما بالك التي تجابه مجتمعهم.ذلك أن الأفكار المبدعة لا تتفجر حيث يكون الفكر مساقا باتجاه القبول بالحل الواحد،مما يحرم البدائل من الظهور ويقمع طاقة الإبداع عن الظهور ويضطرها إلى الضمور.فالإبداع وليد النشاط البحثي المستميت والمتمرد على المألوف والمتأبي على التسليم بالقوالب الجاهزة لأنه "بقدر ما تنشط ديناميكية توليد الأسئلة التي تغرق واقع الممارسات والمعارف البحثية، بأطياف من الشك ومعاودة النظر، تنحصر دائرة الإشكالية السلبية ويخصب الفكر، لذلك لا يعجبن أحد من ندرة الفكر البحثي في ظل فرض خطر شامل على عملية طرح الأسئلة حول ما يعتبر من الثوابت، فالمشكلة ليست في غياب الفكر البحثي غيابا مرحليا أو مؤقتا،بل وبشكل أساسي في عقم البيئة التي يفترض أن تنتج مثل هذا الفكر، وبالتالي تشكل قناعة تراكمية عند المؤسسات الأكاديمية والأفراد الأكاديميين بعدم وجود فكر بحثي في الأساس "(**نخلة وهبة، 2001**، ص91) .

"الغريب أن أفق البحث الذي يفترض أن يكون مفتوحا ومناخه الذي يفترض أن يكون مفعما بالفضول ومشحونا بالأسئلة التي تتزاحم من أجل التشكل والتبلور لتنسج المعبر الطبيعي من الجهل إلى المعرفة ومن الشك إلى اليقين، يتحولان في معظم المؤسسات الأكاديمية إلى تنظيمات وقواعد مكبلة، وإلى أجواء ملبدة بمنظومات لا تنتهي من النواهي والأوامر والضوابط والحدود والقوالب والقنوات المقفلة، مما يقضي على كل شهية للسؤال.

ولعل نظامنا التعليمي الذي يحبذ الامتثالية والصمت- حتى على الأخطاء المميتة- وينبذ التمرد على الواقع المعطى سلفا والذي تلفه هالة من القداسة،ولا تقربه الظنية في طروحاته،يعد من أشد كوابح الإبداع الذي يقتضي هدم المعطى وإعادة بناءه من جديد وبعدة أساليب في جو من الحرية الأكاديمية والطلاقة الفكرية.والذي يشهد به واقعنا التعليمي بجميع أطواره هو" أن معظم تكويننا الأكاديمي (إن لم نقل مجمله) قائم على تمجيد الإجابة الصحيحة، وعلى قمع السؤال المحرج، المفجر للمجهول، أو لغير المتوقع "(المصدر السابق).

في حين أن الإبداع،هو عبارة عن تجربة نفسية ومعاناة فكرية،ومكابدة وجدانية تنبذ القيود،ولاتعرف وهجها إلا في ظل فضاءالإنطلاق والحرية الفكرية لأنها تتخطى السائد وتُحلق في عوالم غير مألوفة.بينما التخطيط الفكري الذي غالبا ما تعززه الثقافة السائدة عبر تثمين الاتزان الاجتماعي، بمعنى عدم الخروج عن المألوف، يدفع الفرد إلى تجنب التفكير إبداعيا خوفا من تهكم الآخرين ووصفه بالانحراف أو الاختلال. وهكذا تنحسر تدريجيا شعلة الإبداع لدى الأفراد،ويخبو ألق التميز فيهم،وتتراجع سرعة الجموح والانطلاق الفكري،بفعل كثرة المفرملات الفكرية والتنظيمية التي تؤدي إلى قتل بوادر الخلق والإبداع وحرمان المجتمع من الاستفادة من هذه الطاقات الخلاقة واستثمارها في تحقيق التنمية.

ولاشك أننا اليوم أكثر من أي وقت مضى بحاجة لثقافة منتجة تفهم واقعها وتحسن التكيف مع التحولات، ثقافة تبدع المعارف ولا تستعيرها وتصنع الأشياء ولا تستوردها "ثقافة تمنحنا آلية التكيف المستمر في مواجهة التحديات المتواترة، وذلك يتطلب منا الإتيان بمنهاج جديد للتفكير غير ذلك المنهج التلقيني الجامد، منهاج يستطيع تحويل حياتنا الراكدة لمشروع حضاري طموح ينجزه المجتمع بأكمله بجهد من الفكر والعمل، كي نتمكن من اختيار طريقنا للمستقبل بوعي وإرادة حرة.

4- حدود الإبداع العلمي:

لقد تطور العلم بشكل ثوري فاتحا المجال للعلماء والباحثين كي يوسعوا من طموحاتهم العلمية الرامية إلى مزيد من الاكتشاف بتكثيف وتيرة التفكير العلمي الخلاق والمبدع،ذلك أن التقدم لـن يتأتى إلا بجودة التفكير العلمي السليم،المبدع،لأن الحضارة الإنسانية هي وليدة الإبداع،والإبداع هو تعبير حقيقي عن إنسانية الإنسان،وأن الإبداع يتضمن التفكير المتشعب والمتعدد والمتباعد،وهو تفكير جديد وجيد(سلطان بلغيث- 2007).

فالإبداع نزوع إلى تجاوز المألوف،وتنسيق المعارف وفق نمط جديد غير مسبوق أو الإتيان بحلـول مبتكـرة للمشكلات المطروحة،فالقدرة الفائقة لدى الباحث على الربط والتحليل والتركيب والهدم وإعادة البناء لهرم العلـم هي التي تضفي على نتائج عمله صفة الإبداع،فالمبدع صاحب خيال خصب وتفكير خلاق يولد الحقائق مـن رحـم ركام معرفي يبدو عليه التناسق الخارجي ويعوزه التوليف المنهجي الـداخلي أحيانا،ذلـك أن الأفكار يتعثـر بعضها ببعض بطريقة تغلب عليها الفوضى.فوجود النظام الخفي لذلك هو شيء ينبغي تشييده وليس ملاحظته.

فالعمل الإبـداعي جهد علمـي يكسرـ الإطار المعهود ويخلق توليفـة علميـة جديـدة تعيـد النظـر في الاجتهادات السابقة وفق أسس قابلة للتحقيق، ومن ثمة يمكن وصف الإنتاج العلمي المبدع بأنه إنتاج يتميز بـأكبر قدر من الطلاقة الفكرية والمرونة التلقائية والأصالة وبالتداعيات البعيدة وذلك كاستجابة لمشكلة أو موقف مثير.

وعليه فالإبداع ينفرد بجملة من المواصفات تميزه عن غيره من الأعمال الفكرية الأخرى من بينها الطلاقـة أي السرعة في استجماع المعلومات والأفكار ثم صهرها عقليا واخراجها في حلة جديدة تتصف بالمرونة أي بالتنوع في الاستجابات المقدمة للموقف الواحد،وتعدد الأفكار بتغير المواقف مما يكشف عن أصالة الفكر وقدرته على ابتكار الحلول الجديدة والطريفة في المواقف الحرجة.

سُئل نيوتن ذات مرة عن سرَ توصله إلى استبصارا ته الصائبة فأجاب:إنني لا أترك المسألة تغيب عن عقلي أبدا. فالمبدع يعيش حالة وله فكري دائم يكتنفه استغراق طويل وتركيز دائم حول شريط المعلومات والأفكار الذي يرد على منضاره العقلي.

ويراهن بعض الباحثين على دور التنافس والصراع العلمي المحتدم بين الأطروحات المتباينة التي يـدلو بها العلماء في ساحة النزال الفكري والتي من شأنها أن تبعث النشاط في

كيان العلم وتساهم في تقدم مسيرته، وعلى حد تعبير 'لودان' فان المواجهة الحادة بين تقاليد البحث المتنافسة تعد عنصرا أساسيا لنمو وتحسين المعرفة العلمية، فالعلم مثله في ذلك مثل الطبيعة تماما، له أسنان ومخالب حامية. وبناء عليه فإن التقدم في مختلف مجالات الحياة مرهو ن بفتح المجال واسعا لكل الأفكار الخلاقة،كي تُثري حياة المجتمع بالحلول غير المألوفة لمشاكله،ذلك أن خصوبة أي أمة وفاعليتها،تُقاس بقدرتها على الإبداع.

4-1- الإبداع العلمي والحرية:

لايمكن الحديث عن الإبداع العلمي في مناخ متوتر غير مستقر تغيب فيه الحرية وينعدم فيه الأمن النفسي والاجتماعي،فحيثما كُممت الأفواه وخُنقت الأصوات الحرة تراجع الفعل المبدع وقد يذوي مع دوام الإكراه والقمع الفكري الذي يعد أشد أنواع العنف تأثيرا بالنسبة للمبدع،لأن الفكر ينشط بتوفر حالة لا ينكمش فيها الاستعداد الذهني والنفسي للإتيان بأفكار جديدة بل فيها يُشجع هذا الاستعداد(محمد الصيرفي - 2005).

إن الإبداع نبات شديد الحساسية لايقوىعلى البقاء والاستمرار إلا في البيئات التي يُغذيها هواء الحرية الفكرية النقي ولا تخنقها أسوار الاستبداد الفكري والسياسي وتفيدنا دروس التاريخ كيف استطاعت البيئة العربية في العصور الإسلامية الزاهية والمفعمة بالحرية الفكرية أن تُحدث العجب العُجاب في مجال الكشف والإبداع وتصبح مرجعا علميا عالميا مازال المنصفون من أبناء الحضارات الأخرى يدينون لها بجميل العرفان.ومن هنا نلمس هذا التداخل الشديد بين الحرية والإبداع،إذلايمكن أن ينمو أحدهما بمعزل عن وجود الآخر،فهما وجهان لعملة واحدة،لأن الإبداع في جوهره سياحة فكرية مفعمة بالمعاناة في عالم شديد الغموض والعتمة،ينتظر تبديدا لظلمته بوهج عقل حامل لشرارة الإبداع وهائم في غياهب غير مألوفة.وهذا الحوار المنطلق السارح في آفاق المجهول،يفترش بساطا من الحرية الواقعية" التي تحقق نوعا من التبادل بين الذات والعالم...بل تتحدد باندماجها في الأشياء والعالم،والحرية تلاق وانتقال وتبادل بين الداخل والخارج، وحوار متصل مع الأشياء والآخرين"(سلطان بلغيث- 2007).

لقد حث الدين الإسلامي في غير ما مناسبة على إطلاق العنان للملكات الإبداعية مشيدا بدور العقل في حصول الإبداع وإحداث فعل النهضة وخدمة العمران البشري، وقد ظهرت في هذا الجو المفعم بالحرية عبقريات علمية نبغت في مختلف صنوف المعرفة الإنسانية،وأصبحت منارات هادية ونماذج مضيئة امتد إشعاعها العلمي ليغمُر العالمين.

ورغم أن شرارة الإبداع حينما تنبجس في ذهن المبدع تجعله أكثر حرصا وتصميما على تحقيقها،فإن جذوة هذه الإشراقة العقلية قد تتعرض للمحاصرة في جو يسوده التوجس من تنامي روح البطش وعدم القبول بالتعددية الفكرية وغياب ثقافةالإختلاف،كل هذه المُثبطات قد تجعل وهج الإبداع يخفُت وتنطفئ شُعلته بالتدريج.فتاريخ العلوم خير شاهد على ذلك الصراع الدامي بين التقليد والتجديد، بين الإبداع والاتباع،حيث يتراجع مد الإبداع وينحسر عطاء المبدعين كلما أُلجمت حرية الرأي وساد الظلام الفكري وطغى الاستبداد السياسي.

ونترك الفرصة لهذا العالم كي يروي بنفسه طبيعة المأساة الناجمة عن كبح الفكر عن الإبداع أو فرض الوصاية عليه وإرغامه على التفكير في قفص محدد سلفا يقول غاليليو:من ذا الذي يستطيع أن يشك في أن أسوأ حالات الفوضى سوف تحدث عندما تضطر العقول التي خلقها الله حرة أن تخضع بعبودية إلى إرادة خارجية؟عندما يُطلب منا أن نُنكر حواسنا وأن نُخضعها لإرادة الآخرين؟عندما يُنصَب أناس مجردون من أية كفاية حكّاما على الخبراء المتفوقين،ويُمنحون السلطة ليعاملوهم كما يشاءون؟هذه هي المستحدثات الكفيلة بأن تُسبب خراب الشعوب وتقويض الدولة·

إن هؤلاء الذين يتحكمون في مصائر الناس ويجثمون فوق رقاب المتفوقين ويحرمونهم من الاحتفال بنجاحهم- ومثلهم كُثر في البيئة العربية اليوم -على الرغم من أنهم أوقفوا غاليليو عن العمل إلا أنهم لم يوقفوا الأرض عن الدوران وفق ما تقتضيه النواميس الكونية، ولم يُوقفوا عجلة التاريخ،ولم يُعطلوا مسار تقدم البشرية بمساعيهم الخائبة،بل أن هذه الكوابح كانت حافزا -في بعض الأحيان-على مضاعفة الجهد وتحقيق انتصارات علمية باهرة.

ولعل نظرة فاحصة لبيئة التعليم في العالم العربي عموما تقودنا إلى الاستنتاج بأنها بيئة كابحة للإبداع مكافئة للامتثال،ولذلك فلا غرابة أن نجني إلا ماز رعنا،فجيل الشباب في غالبيته ينشأ مجبولا على حب الطاعة والانقياد مُؤْثرا للهدوء والسلامة خاو من شعلة الإبداع خائر العزيمة يستجدي الحلول لمشكلاته ويستأنس بالسهل الذي يأتي دون عناء وتفكير يستقبل مايرداليه من أفكار وكأنها مُسلمات لا تستدعي إعمال الفكر فيها لسان حاله يردد أن ليس في الإمكان أبدع مما كان.

إن الجامعة كمؤسسة استراتيجية في المجتمع تحدد خياراته وتضبط مساره،لابد أن تكون خياراتها واضحة غير ملتبسة وأدواتها قادرة على معاينة أمراض المجتمع وتشخيصها

ووصف العلاج الملائم لها،لكن أن تصبح الجامعة نفسها مكبلة بجملة من العوائق،عرضة لشتى الأوصاف،جسدا منهمكا بالأمراض والأدواء ولا أحد يحرك ساكنا وربما تجد من يدعو إلى اجتثاث ما تبقى من مخايل الحياة فيها وإحالتها جثة هامدة لا روح فيها إن هؤلاء الذين يريدون قلب الحقائق وتزييف الوقائع والعبث برموز المجتمع يسيرون بالأمة نحو المجهول ويعاكسون عجلة التاريخ "بل يعرضون أمن - مجتمعاتهم- ووحدتها واستقرارها لأفدح الأخطار ويبددون رأسمالها البشري الذي لا يعوض مع ما يعنيه ذلك من معاطب استراتيجية تطال الناشئة والأجيال المقبلة،ولن يكونوا هم أنفسهم ولا أمن سلطانهم واستقراره، في منأى عن شظاياها "(المصدر السابق).

إن أولى الأمر في المجتمعات العربية مطالبون بالتكفير عن ذنوبهم التي اقترفوها في حق الأجيال الحاضرة بإعادة النظر في الأساليب التربوية الراهنة،والاستعاضة عنها بأخرى تُذكي خيال المتعلم وتنمي لديه حاسة النقد والمُساءلة وتزرع في نفسه الثقة في إمكاناته وتشجع ملكاته الإبداعية،وتربي فيه ثقافة النضال المستميت من أجل الانتصار للحقيقة العلمية.فلو أردنا حقا مشاركة العالم في إنتاج المعرفة لوجب علينا قبل كل شيء،أي قبل بناء المختبرات ومراكز البحوث خلق مناخ ذهني وثقافي،قادر على إفراز متطلبات الإنتاج المعرفي

إننا أحوج ما نكون إلى نظرة علمية راشدة للكائن البشري،نظرة تكاملية تبتغي العناية بكل قواه النفسية والعقلية والعضوية حتى ينشأ لدينا مجتمع متوازن القوى يستعين بكل قواه التي وهبه الله تعالى كي يُسعد ذاته والآخرين ويُسهم في نهضة أمته ويساهم بإبداعاته في تسلقها مدارج التقدم والحضارة بكل جدارة.وقد يكون تدريس الإبداع في العلم، مع التركيز على الشجاعة العقلية أكبر قيمة من تدريس العلم نفسه.ولاشك أن الأجواء العلمية المفعمة بالحرية، والمشبعة بالخيال الخصب، تكون أقدرمن غيرها على الخلق والمبادءة في الابتكار، وذلك على حد تعبير "بول فاليري" الذي يقول: إننا ندخل المستقبل من مؤخرته،فخيال اليوم هو تكنولوجيا الغد.

5- ما الذي يمكن عمله لتجاوز الوضع القائم وإنعاش البحث والإبداع في جامعاتنا؟

بالنظر الذي المكانة الرائدة التي يضطلع بها البحث العلمي،كدعامة أساسية من دعامات التنمية في المجتمع المعاصر،فإن الاهتمام بترسيخ تقاليد البحث،ورفع قدرات الباحثين،ينبغي أن تحتل الصدارة ضمن أولويات تثمين دور الجامعة وتفعيل وظيفتها في المجتمع.

- إصلاح الجامعات وتحويلها من مجرد مجمعات تتباهى بالكم من المتخرجين سنويا في مختلف التخصصات يحملون صكا دون رصيد، ليُحالوا على البطالة والتهميش إلى مؤسسات بحثية فاعلة تخرج المبدعين الذين يسهمون بمهاراتهم وأفكارهم الخلاقة في النهوض بمجتمعهم في مختلف الأصعدة. وتوفير الظروف الاجتماعية والفكرية والنفسية التي تتيح المجال للإبداع والعطاء الفكري، والمنافسة بين الباحثين من أجل تقديم أفضل الأفكار واستخدامها في معالجة المشاكل التي تعيق تقدم المجتمع وتعطل نهضته. (سلطان بلغيث- 2007)

- توجيه عناية اكبر لتكوين الباحثين المهرة القادرين على التعامل وبكفاءة مع التكنولوجيات الحديثة، ونقل العلم إلى تكنولوجيا، والتركيز على بناء البنية التحتية الأساسية العلمية والتكنولوجية في مختلف العلوم، التي تشكل الدعامة الأساسية للنهوض العلمي الشامل.

- لابد من إعادة النظر في مناهجنا التعليمية، مع إطلالة ثورة المعلومات وما تحمله من تحديات بحيث تصبح الغاية من العملية التعليمية "لا مجرد حفظ المعلومات واجترارها، إذ أن تكنولوجيا المعلومات كفيلة بتوفر ذلك، وإنما تدور أساسا حول مهارات المعرفة العلمية في طرائق الدراسة والفهم والتساؤل والتنظيم والتفسير، ويعني ذلك التوظيب للعمليات العقلية من التصنيف، والتبويب، والتحليل، والمقارنة، والتجريب، والتأمل والنقد... واكتساح روح المغامرة واحتمال التجربة والخطأ (من لا يخطئ لا يتعلم)، وحل المشكلات وتصميم البدائل، وانتهاء بإبداع أشكال وصور جديدة مغايرة للصور القائمة أو التنبؤ بنتائج متوقعة تحسبا للمجهول، واستخراج قوانين جديدة أو تقنيات علمية جديدة "(المصدر السابق).

- ضمان الانتقال المنهجي من الحفظ والتلقين إلى الحوار والتفكير وتنمية الوعي الناقد والخيال المبدع. الجامعة عليها مسؤولية في عصر النشر الإلكتروني، تتمثل في تنمية الوعي الناقد، والقدرة على الفرز والتمحيص المعلوماتي، حتى يكون الطالب محصنا ضد محاولات التوهين الفكري، والإبهار بهذا الزخم المتلاطم من المعارف دون التأكد من مدى صدقها. يقول "باولو فريري" إننا نتعلم قراءة الكلمة لكي نتمكن من تعلم قراءة العالم.

• ويتوقف التوظيف الفعال للتكنولوجيا في التعليم والتعلم واستخدام شبكة الإنترنت المحلية والعالمية على تأسيس هذه الذهنية العلمية في التفكير وتنوع مصادر المعرفة في محيط المدرسة والجامعة، وفي مؤسسات البحث العلمي، وفي التعلم الذاتي، ومن خلال هذا الجانب في عمق العملية التعليمية يتسع المجال للتميز والتفوق والإتقان مما يتطلب عالم التنافس في السوق العالمية المفتوحة.

• تربية الأجيال على المرونة الذهنية،والانفتاح على آراء الآخرين،والقدرة على النظر لأي ظاهرة مدروسة من زوايا متعددة وجوانب مختلفة"فالمبدعون يرون الإيجابيات والسلبيات الموجودة في العمل أو المشروع الواحد،كما يفرقون بين المقدمات والنتائج، وبين الأهداف الكبرى والنهائية وبين الأهداف الصغرى،التي هي بمثابة وسائل بالنسبة إلى ماهو أكبر منها؛إنه يملك رؤية مركبة ولينة.فالمرونة الفكرية تجعل الباحث المبدع،يتعامل مع المعطيات والأفكار بروح غير متصلبة،ويتراجع عم الأفكار القديمة أو حتى الجديدة إذا أوصله البحث إلى ضعف حجيتها،فالباحث المتجدد دائما هو الذي يعرض أفكاره ومعلوماته،كما يعرض معلومات غيره إلى النقد والمحاكمة الفكرية ووضعها في دائرة الضوء،والحقيقة أن الأستاذ الناجح هو الذي يُحيي جذوة الإبداع في طلابه، ولا يقتلها،بأن يكون قدوة لهم في التسامي الفكري نحو الجديد المفيد من الأفكار والمعلومات. (المصدر السابق).

••يجب ألا ننسى أبداً تراثنا العلمي

إنه نقطة الانطلاق التي يمكننا أن ننطلق منها إلى مستقبلنا. في استطاعتنا أن نفعل ذلك بثقة تامة في قدرتنا على تحقيق ما حققه أسلافنا بمواردهم المحدودة .

" يجب على الأجيال المعاصرة حين تسعى إلى طلب العلم والمعرفة باتِّخاذ البحث العلميّ طريقاً،أن تعود إلى ماضيها وتستردُّ بعض أساليبها ومنجزاتها، "فلا جَرَمَ والمسلمون في الوقت الحاضر يحاولون معاودة نشاطاتهم الفكريَّة واسترجاع مكانتهم العلميَّة والحضاريَّة أن تكونَ دراساتهم متمشِّيةً مع مناهج وأساليب البحث العلميِّ الحديث".

ضرورة مساهمة المؤسسات الحكومية،وغير الحكومية، والمجتمع المدني،ووسائل الإعلام،في نشر الوعي الاجتماعي بأهمية البحث العلمي والإبداع الفكري، ورفع مستوى التقدير للكفاءات العلمية،،حماية للوطن من نزيف هذه الكنوز العلمية،سعيا لتوظيف عطاءاتها الفكرية المتميزة في تحقيق التنمية والنهوض بالمجتمع. "فلو أردنا حقا مشاركة

العالم المتقدم في إنتاج المعرفة لوجب علينا قبل كل شيء، أي قبل بناء المختبرات ومراكز البحوث، خلق مناخ ذهني وثقافي قادر على إفراز متطلبات الإنتاج المعرفي... "(المصدر السابق). فالفيض الإبداعي لايلد إلا في بيئة خالية من القيود وإعاقات الكشف والابتكار.

التخلف ليس عقيدة ثابتة لاتقبل التغيير، بل إنه حالة عابرة. وقد استمر التخلف في إقامته المريحة في بلداننا؛ لأننا لم نغير حتى اليوم من تفكيرنا باعتبار البحث العلمي عصارة العلم، وثمرة التفكير، ودرب الإبداع والتميز، فما زالت بلداننا تعتبر البحث العلمي من المشاريع الكمالية، إن لم نقل الهامشية التي تخصص لها أقل نسب الميزانيات، ولا يُصرف في سبيلها إلا الجهد اليسير. وحتى يتسنى لجامعاتنا النهوض القيام بمهمتها الريادية في التنمية والنهوض العلمي والثقافي بالمجتمع، عليها أن تتحول من جامعة مستهلكة لمنتجات الآخرين، إلى مصنع يحقق الاكتفاء الذاتي من خلال الفعل الخلاق والنشاط المبدع والبحث العلمي الدءوب الذي يكشف تباعا عن الجديد، والمساهمة في نفض الركود والرتابة عن حياة مريديها ببعث الحيوية فيهم، وجعلهم أنوية لبث روح النضال العلمي في المجتمع، وجعله يعيش ديناميكية وحيوية دائمة تأنف السكون، وتحلق في فضاءات الخلق والإبداع، تلكم هي الجامعة التي تملك الحاضر وتقرأ المستقبل وتصنع النهضة بجهود أبنائها وطاقاتهم، ودون ذلك ستكون جزءا من مخططات الآخرين، ووقودا رخيصا لمشعل العولمة الذي يطوف جائلا بكل الآفاق.

السمات العامة للبحث العلمي في العالم العربي

يعاني البحث العلمي في العالم العربي من واقع سيِّئ، بل غاية في السوء، ومما يدل على هذه الحالة السمات العامة للأبحاث المنشورة، وهذه السمات تتلخص فيما يلي:

1- البحث العلمي في عالمنا تقليدي، بمعنى أن الباحث ينظر في الدوريات العلمية ويجد بحثا مناسباً يقلده تقليداً تامًّا في كل خصوصياته، مما يسهل عليه الدراسة العملية والاستنباطات وشرحها.

2- تكراري بمعنى أنه إذا كان لديَّ بحث ناجح نوعاً ما، فإني أكرره مرة تلو الأخرى على نظم غاية في التشابه والصفات، مما يؤدي إلى قلة قيمة النتائج الحاصل عليها، حيث إنها في حقيقة الأمر لا تضيف جديداً أو ترفع مستوى التقنية العلمية.

3- متنقل بمعنى أنه عديم الهدف والموضوعية، وينتقل من موضوع إلى آخر ومن فرع من فروع المعرفة إلى آخر بدون إيجاد الصلة بينها.

4- يهدف إلى إعطاء الدرجات العلمية مثل الماجستير والدكتوراة، وفي هذه الحالة تتسم البحوث بأنها أشبه إلى التمارين البحثية منها إلى البحوث العلمية الجادة، ولقد أدى ذلك إلى أن الجامعات في العديد من الدول تتبع نظم التقييم الداخلي، وحتى تلك التي تتبع نظم التقييم الخارجي بدأت الأقسام المختلفة فيها بالسعي إلى التعاقد مع أعضاء هيئة تدريس اتسموا بالتساهل والتهاون في فحص الرسائل العلمية. بالإضافة إلى أن من أهدافها كذلك سرعة الحصول على الدرجات العلمية مثل الأستاذ المساعد والمشارك والأستاذ، ولقد أدى هذا الهدف في معظم الجامعات العربية إلى استحداث مجلات ودوريات علمية داخلية لا ترقى إلى المستويات العالمية يكون التحكيم فيها شبه منعدم أو داخليًّا كلية، وتدخل فيه المحسوبيات والتساهل الشديد في اتباع النظم العلمية الدقيقة في التحكيم البحثي. وللأسف الشديد فإنه قد تَمَّ إنشاء العديد من أمثال هذه المجلات العلمية في دول العالم الثالث ومجموعة الدول المنبثقة من الاتحاد السوفيتي السابق تتسم بنفس الصفات السابقة، إلا أنها تضفي الصفة العالمية المزيفة لقبول أبحاث المترقي. وبالإضافة فلقد ظهرت بعض المجلات العلمية التي تعرض صفحاتها لنشر البحوث مقابل ثمن محدد للصفحة.

5- أكاديمية في طابعها بمعنى أنها تجري بدون النظر إلى سبل استفادة المجتمع منها بشكل مباشر أو غير مباشر، وفي غالب الأحوال لا تؤدي إلى اكتشاف حقول علمية جديدة، بل تخدم في اتساع المعرفة في حقول علمية أكاديمية تم اكتشافها مسبقًا.

6- يوجد بعض البحوث التطبيقية في بعض الجامعات والمؤسسات العلمية مثل المركز القومي للبحوث في مصر، ولكنها بدأت تأخذ الصور التقليدية القديمة دون استخدام أو استحداث وسائل تقنية جديدة، كما أنها تفتقر إلى عدم تأديتها إلى إنتاج مواد جديدة أو منتجات متطورة أو إدخال عمليات جديدة أو تحسينات على الآليات والأنظمة المستعملة والاعتماد بشكل واسع على الخبرات الأجنبية في

إدخال هذه التطورات في المصانع أو إنشاء خطوط إنتاج لشركات عالمية تهدف إلى استخدام اليد العاملة الرخيصة وليس لنقل التكنولوجيا الحديثة.

7- بحوث التطوير واستخدام التقنية الجديدة تكاد تكون منعدمة؛ وذلك لدخولها تحت أسباب سياسية واقتصادية يفرضها الواقع العالمي الحديث.

8- المشاريع العلمية المقدمة من قبل الباحثين للهيئات والمؤسسات الداخلية - وذلك لتدعيمها - تتسم بأنها غير مدروسة دراسة وافية - ارتجالية - وغير مترابطة، ويشترك فيها فريق بحث، أفراده غير متجانسين علميًا، أو تمثل كفاءات شديدة التشابه مع إضافة استشاريين علميين لهم نفس كفاءة فريق البحث، وفي أغلب الوقت توضع في ذيل البحث قائمة مراجع كبيرة لا علاقة لأغلبها بالبحث المنشود بهدف ملء فراغ وإيهام المحكم بالجدية في بناء المشروع.

هذا ولعل أكبر دليل على عدم اهتمامنا بالبحث العلمي وعجزنا عن النهوض به هو انشغال الجامعات العربية والإعلام العربي في أشهر الصيف من كل عام بنتائج الثانوية العامة، ومن قُبِل؟ وبأي نسبة؟ وفي أي كلية؟ وانشغال المجتمع بِرُمَّتِه بهذه الحادثة السنوية كأن الدنيا تقوم وتقع بنتائجه.

وما سبق لا ينفي وجود كفاءات فردية عديدة في مختلف المجالات العلمية في جميع الدول العربية تختلف في عددها وتنوعها بإمكانات وحاضر وماضي كل دولة كما توجد كفاءات مدفونة كبيرة العدد تَتُوق إلى اليوم الذي تجد فيه فرصة الانطلاق والإبداع.

عوامل إيجابية

إن الساحة العربية اليوم تزدهر بالعديد من الآراء بدرجات متباينة من التنظيم والتنسيق والاقتراب من النظرية. ومهما كانت قضية الخطأ والصواب والقصور والكمال والفائدة والضرر والنعوت الأخلاقية كافة، يبقى الاطلاع عليها كلها أمراً مفيداً. إن المناقشة القديمة حول أيهما يحقق المصلحة العامة، المقياس المسبق (أي الرقابة) أم المناعة الذاتية (أي حرية الفكر) في التعامل مع ما يعرض على الجمهور من أفكار حسمت بالتجارب العملية لصالح تكوين المناعة الذاتية والقدرة على تمييز الخطأ والصواب، وإن كان ذلك يتضمن بعض الخسائر والأضرار، إلا أن ذلك هو الثمن، وليس هناك تقدم من دون ثمن، حيث إن شعار حرية الفكر كان وسيبقى هو الأصح وبفضله حققت البشرية التقدم عندما اهتمت به وحصدت التخلف عندما أهملته.

في الوضع العربي الآن عوامل إيجابية، ولعل أهم ما فيه هـو أن الفـترة الماضية شهدت تحديات للعمـل والفكر والرأي الوطني لم تكن سهلة ولا قليلة الخطورة. وكانت هناك أيضاً تحديات سياسية متمثلة في الحـوادث السياسية السلبية كفشل السياسات القديمة التي لا تتماشى وقيم حرية الفكر، ولعل مـن أهـم تلـك التطورات السياسية السلبية ظهور الدولة أو (النظام الأبوي) كبديل عن الدولة أو النظام الـديمقراطي. إلا أن هـذه الحـوادث هي الأخرى لم تستطع القضاء على الاتجاه والعمل الوطني وإن كانت أضعفته إلى حد ما، فقد عاد العمل الـوطني إلى الظهور بشكل جاد، كما اتضحت نقاط الضعف في (الدولة الأبوية) خاصـة في مجـالي الأمـن الـوطني والتنميـة الاقتصادية. إننا نرى ملامح شعور واسع، بعضه صريح، وبعضـه خفـي، بـأن لا خـلاص إلا بـإطلاق العنان للحريـة الفكرية بأن تأخذ مداها لأنها هي أساس القوة والتقدم والحرية.

البحث العلمي والتطوير التكنولوجي ودورهما

في تقدم الدول في مجال الصناعة

لقد تزايدت اهمية أنشطة البحث العلمي والتطوير خلال القرن العشرين، وبخاصة في النصف الثاني منـه نتيجة لما احدثته هـذه الانشطة مـن تقدم اقتصادي وخدمي في الـدول المتقدمـة، حيـث كانـت مراكز البحـث والتطوير ملحقة بمواقع الانتاج. ومع تصاعد حدة المنافسة الدولية على الاسواق اصبحت الحاجة للبحث والتطوير كاحد اهم مرتكزات البنية التحتية في هذه الدول اكبر من قدرة المراكز الملحقة بمواقع الانتاج، مما استوجب انشـاء مراكز مستقلة متنوعة الحجم والاختصاص وتوفير الامكانات المادية والبشرية المناسبة. أمـا في الـدول الناميـة، فـإن البحث العلمي والتطوير لازال في خطواته الاولى، نتيجـة لـنقص البنية التحتيـة وعـدم كفايـة التمويـل والخـبرات البشرية المؤهلة، وضعف الارتباط بين مؤسسات البحث العلمي والتطوير مع القطاعات الانتاجية.

لا شك ان البحث العلمي مهم ولكن ما يفوقه في الاهمية هو عملية تطبيق نتائجـه في الميـدان وخاصـة بالنسبة للدول النامية محدودة المال والقوى البشرية المدربة، إذ يتحتم على هذه الدول ان تكون اكثر دقة وحكمة في صرف الاموال. كما و يلعب الربط الوثيق بين مؤسسات البحث العلمي والتطوير مع قطاعات الانتاج المختلفـة دوراً كبيراً في التنمية الشاملة وتطور كلا الجانبين، فبالنسبة للقطاعات الانتاجية يـؤدي الـربط الى تطويـر الانتـاج وتحسين نوعيته مما يدعم قدراتها التنافسية على المستوى المحلي والدولي، بالاضافة الى رفع القدرات

التقنية لكوادرها البشرية وتوفير قواعد معلومات للمنتجين. أما بالنسبة لمؤسسات البحث العلمي والتطوير، فإن هذا الربط يؤدي الى دعم البنى البحثية وزيادة الموارد التمويلية لهذه المؤسسات مما يمكنها من زيادة قدراتها التكنولوجية وتأهيل كوادرها لمواكبة التطورات التكنولوجية، بالإضافة لتوفير التغذية الراجعة من القطاعات الانتاجية التي تساعد في تحديد الاولويات البحثية التي تخدم تطور الانتاج.

ان اكثر من 50 %من ميزانيات البحث العلمي في اوروبا تذهب للصناعة وتصل الى 63% في الولايات المتحدة الامريكية والى 75% في اليابان .

وما هذا الا دليل هام على ضرورة الاستثمار في البحث العلمي الصناعي والذي بدوره سيؤد ي الى تطوير ونمو القطاعات التنموية الاخرى، وهنا لا يغيب عن اذهاننا اهمية ودور العامل البشري وايلاء الاهتمام الكافي واللازم لتأمين مستلزمات البحث العلمي المادية من مختبرات تخصصية ومراجع ودوريات وغيرها.

ان اي تطوير في مجال الصناعة على خطوط الانتاج في الشركات الصناعية الموجودة وتحسين التكنولوجيا المستخدمة سيؤدي حتماً الى تحسين جودة المنتج وتخفيض كلفة الانتاج وبالتالي زيادة القدرة التنافسية، لذلك ندعو الشركات الصناعية في القطاعين العام والخاص الى طرح مشكلاتهم الصناعية على مراكز البحوث المختصة والتابعة للوزارات مباشرة والجامعات لحلها،

ان التنمية الاقتصادية لاي بلد تتوقف على قاعدته العلمية والتكنولوجية وسبل استغلالها في القطاعات الرئيسية ومن ضمنها قطاع الصناعة، لذلك يعد البحث العلمي التطبيقي الركيزة الاساسية التي تقوم عليها عملية التطوير التكنولوجي وتحسين اساليب الانتاج والارتقاء بنوعية المنتجات الصناعية، وتؤكد الدراسات ان الدول العربية تواجه في الوقت الحالي جملة من التحديات الاقتصادية والاجتماعية وفي الوقت ذاته يعاني القطاع الصناعي العربي من جملة من المشاكل التي تحد من انطلاقته وتقلل من قدرته التنافسية في الاسواق المحلية والدولية ابرزها ضعف القاعدة المعرفية والتكنولوجية متمثلة في ندرة العلماء وضعف مخرجات قطاع البحث والتطوير من الانتاج العلمي والصادرات من التكنولوجيا المتقدمة وبراءات الاختراع، وذلك لعدم توافر الامكانات المادية والبشرية في اغلب الدول العربية وعدم الاهتمام بالدراسات العلمية ذات الطابع التطبيقي او التكنولوجي، وعدم وجود بيئة تحفز الباحث العربي على الابداع والابتكار والبحث عن الجديد والمفيدمما يغري

الباحثين العرب بالهجرة الى الخارج، ومن الغريب اننا نصدر العلماء ونستورد التكنولوجيا ونعاني من عـدم امكانيـة توظيفها .

إن معيار تقدم البلدان هو مقدار ما تنفقه على البحث العلمي

إذاً أجرينا تقويماً موضوعياً لحالة الانتاج العلمي في الوطن العربي عامة لما وجدنا اي صعوبة في الاستنتاج بان هذا الانتاج لا يزال دون المستوى المنشود بشكل عام فضلاً انه ذو تأثير محدود جداً على مسيرة التنمية وكذلك من حيث المشاركة في المسيرة العلمية العالمية.

ولذلك فاذا اردنا تغيير هذه الصورة فعلينا ان نسعى الى تعزيز مكانة العلماء الباحثين مـن الجامعـات ومعاهد التعليم العالي وتوفير المتطلبات للبحث العلمي الحديث من اجهزة ومختبرات ووسائل اتصالات ومراجـع علمية وبنية قانونية مناسبة للبحث العلمي.

إن الاقتصاد المعتمد على المعرفة يحتاج الى مؤسسات كبرى تدعمه وهذا الانتاج العلمي يعتمد على الذكاء والبصيرة العلمية المتواجدة في مراكز الابحاث والجامعـات والى حـد اقل في مؤسسـات الدولـة، ولا تـزال البلدان العربية بعيدة عن التطور العلمي العاصف وهذا لا يرجع فقط الى فقدان العلماء والباحثين العرب المؤهلين لافكار التكنولوجيا بل الى عدم وضع الحكومات العربية موازنات خاصة للبحث العلمي وعدم تـوفير البيئـة المناسبة لـه، لذلك فنحن عربياً بحاجة ماسة الى وضع استراتيجية تصنيع جديدة تحدد اهدافه بصورة واضحة.

يعد البحث العلمي من المعايير التي تقاس بها مكانة الدول بصفة عامة والجامعات بصفة خاصة كونـه يقدم الحلول لمشاكل المجتمع والصناعة والزراعـة ويسـاهم في تقـدم المعرفـة الإنسانية إضافة إلى أنـه يرفـع مـن قدرات أعضاء هيئة التدريس في الجامعات..

أصبح البحث العلمي من المعايير المهمة والرئيسة لقياس تطور البلدان ومعرفة درجة تقدمها ورفاهيتها، ولم تعد المقاييس التقليدية كمؤشرات الدخل كافية في عصر العولمة.. كما أن معيار تقدم البلدان يقاس بمقدار مـا تنفقه بما يقارب 3% من الدخل القومي على البحث العلمي.

المطلوب التعاون والتنسيق بين مؤسسات البحث العلمي والمؤسسات الاقتصادية و الصناعية في البلدان العربية؟

شهد العالم خلال العقدين الأخيرين مـن القرن العشرـين تطـورات ومتغيرات متسارعة مهمة في مسـار العلاقات الدولية بشكل عام والعلاقات الاقتصادية منها بشكل خاص. ولعل من أبرز هـذه المتغيرات في التحـولات الاقتصادية المعاصرة تلك المتعلقة بظهور التكتلات

الاقتصادية الإقليمية وما شهدته من تطور متلاحق في طبيعة نشأتها وهياكلها وأهدافها المتجددة، بالإضافة إلى قدرة تأثيرها في تكوين النظام الاقتصادي العالمي الجديد.

كان من بين أهم ما شهده القطاع الاقتصادي من تطورات يتمثل في تبني الشراكات الاقتصادية وفتح الأسواق، الأمر الذي ساهم في تنوع وزيادة عدد التكتلات الإقليمية، حيث أصبحت غالبية الدول تنتمي أو تسعى للانتماء إلى تكتل اقتصادي أو إلى عدة تكتلات في آن واحد، وبهذا أصبح أكثر مما يفوق نصف التجارة العالمية يتم عبر هذه التكتلات التي تزيد على 90 تكتلاً إقليمياً، ولا تمر سنة إلا ويظهر إلى العلن تكتل اقتصادي أو سياسي جديد.

لقد تمثل الهدف الأساسي من ظهور وتشكل هذه التكتلات في إيجاد كيانات تشبه إلى حد كبير الأحلاف السياسية لحماية مصالح الدول المنضوية في كل تكتل، والتي أضحت أمراً ضرورياً وحيوياً لا مفر منه لتحقيق التكامل الاقتصادي والمنافسة بقوة في النظام الاقتصادي العالمي.

إن السعي الدؤوب لسيطرة هذه التكتلات على الاقتصاد العالمي وإدارتها للعلاقات الاقتصادية الدولية كان سبباً مهماً في أن تتحول أسواق الدول النامية إلى أسواق استهلاكية لمنتجات الدول المستفيدة من الحماية والتفرد بالاقتصاد العالمي عبر هذه التكتلات سواء في شكل سلع وخدمات محددة أو في مختلف المجالات الاقتصادية مما حال دون استفادة الدول غير المنضوية في التكتلات الاقتصادية الإقليمية والدولية من الاقتصاد العالمي واستغلال مواردها الوطنية بالشكل الذي يتلاءم وتطورها الاقتصادي. ولهذا عجلت هذه السياسات بمساعي مختلف الدول لإنشاء كتل اقتصادية إقليمية أو الانضمام إلى تكتلات اقتصادية دولية بغرض حماية أسواقها والدفاع عن مصالحها الاقتصادية الحيوية.

وعلى ضوء التحديات الإقليمية والدولية المتزايدة التي تواجهها الدول العربية، في ظل التكتلات الاقتصادية العالمية الكبرى، وانطلاقاً من أن التكتل والاندماج هما الطريق الأمثل لتعزيز اقتصاداتها وقدراتها التنافسية، والتصدي للانعكاسات السلبية لتيارات العولمة، فإنها معنية أكثر من أي وقت مضى بتطوير التعاون المشترك فيما بينها في المجالات المختلفة وصولاً إلى تحقيق شكل من أشكال الوحدة أو الاتحاد.

كما يجب أن يكون هناك تعاون فعال بين الجامعات والمؤسسات الصناعية وتطوير البحث العلمي الجامعي لحل المشكلات القائمة لدى تلك المؤسسات يجعل الخبرات الفنية «الأكاديمية» الجامعية على احتكاك بالخبرات العلمية في هذه المؤسسات والشركات،

كما يحقق للمهندس العامل في الصناعة، الذي انغمس في واقع الاستثمار العلمي وسيلة للاتصال بالواقع الأكاديمي، والتطور العلمي، واكتساب أحدث المعلومات..

فتتكامل هذه الخبرات لتعطي النتائج المثلى، وتنعكس الفائدة المزدوجة على الطرفين لتنمية الخبرة الوطنية في الجامعة وفي الصناعة على أسس سليمة وصحيحة، وإن كان مثل هذا البحث العلمي والتعاون مهمًا بالنسبة للدول المتقدمة، فهو بالنسبة للدول النامية والمؤسسات فيها أكثر أهمية وإلحاحاً، إذ بواسطته يتم وضع الخطط على أسس سليمة ومتينة، ويتم تفادي الأخطاء ودفع الخسائر وتحسين الأداء ونمو العائد أو الفوائد.

الوعي بأهمية البحث

ومما لاشك فيه أن مساهمة المؤسسات الوسيطة ودعم القطاع الخاص في عملية البحث العلمي والتطوير تحقق مستويات متقدمة في النمو الاقتصادي مما ينعكس على تحسين الظروف المعيشية في المجتمع.

عوامل النجاح:

ما الذي ينبغي لكي نضمن نجاح البحث العلمي في البلدان النامية؟

لكي نضمن نجاح البحث العلمي لا بد من توفير المخصصات المالية الكافية، وذلك من خلال تخصيص ميزانية منفصلة للبحث العلمي والابتكار وعلى أساسها يتم تمويل المشاريع العلمية..

ويمكن عمل مسابقات وطنية لاختيار أفضل مشاريع البحث العلمي.. هذا إضافة إلى ايجاد مصادر أخرى لتمويل البحث العلمي والعمل على نشر ثقافة الإبداع لدى الباحثين وتذليل جميع الصعوبات والمعوقات التي يواجهها البحث العلمي في البلدان النامية.

ومن عوامل نجاح البحث العلمي اعتماده على توفر الباحثين المدربين، إضافة إلى توفر الموارد المالية الكافية لدعم حاجات البحث العلمي.

البحث العلمي يلعب دوراً كبيراً في عملية التنمية وتطور البلدان.

البحث العلمي يلعب دوراً مهمًا في تطوير الصناعة وحل المشكلات الفنية التي تواجهها، حيث إن البحث العلمي التطبيقي الذي يشارك في حل المشاكل التي تصادفها المؤسسات والصناعة، منطلق لكل تطور صناعي وتقدم اقتصادي في الدول المتقدمة، بل

وأضحى نشاطاً من الأنشطة الاقتصادية ويؤدي دوراً كبيراً مهمًا في تقدم الصناعة والاقتصاد ونموهما.

الانفاق العالمي

أن البلدان المتطورة والمتقدمة، تنفق الكثير والكثير من أجل البحث العلمي وتطويره.. على سبيل المثال، قُدّر إنفاق الولايات المتحدة الامريكية واليابان والإتحاد الأوروبي على البحث العلمي خلال عام 1996م بما يقارب 417 بليون دولار، في حين تولي دول جنوب وشرق آسيا أهمية متزايدة للبحوث والتطوير، فقد رفعت كوريا الجنوبية نسبة إنفاقها على البحث العلمي من الناتج المحلي الإجمالي من 6.0% في عام 1980م إلى 89.2% في عام 1997م، أما الصين فقد خططت لرفع نسبة إنفاقها على البحث العلمي من 5.0% من إجمالي الناتج المحلي عام 1995م إلى 5.1% في عام 2000م، وأما ماليزيا فقد أصبحت سياستها العلمية والتقنية الدولة الثالثة في العالم في إنتاج رقائق أشباه الموصلات.. وأكدت في خطتها المستقبلية الأهمية الخاصة للبحث العلمي والتقنية في الجهود الوطنية ومما لاشك فيه أن ما حققته تلك الدول من تطور تقني واقتصادي وسيطرة الأسواق العالمية، يعزى بصفة رئيسة إلى نجاحها في تسخير البحث العلمي في خدمة التنمية الاقتصادية والاجتماعية، وذلك من خلال رسم سياسات علمية وتقنية فعالة وشاملة وتعززها استثمارات مالية ضخمة في المكونات المختلفة للمنظومة من بحث وتطوير، وتعليم وتدريب، وأنشطة مساندة وغيرها.

تمويل شحيح

وهنا نستطيع القول إن تمويل الحكومات في الوطن العربي أو ما تنفقه على البحث العلمي لا يفي بالغرض، يجب أن يربط تمويل البحث العلمي إلى جانب الحكومات بالمؤسسات الخاصة، فمثلاً اليابان لا تساهم حكومتها في البحث العلمي سوى بـ 18% من الإنفاق فيما تتكفل الشركات والمؤسسات بنسبة 82% من الإنفاق على البحث العلمي فيما تنفق الحكومة الكندية 30% مقابل 70% مساهمة الشركات، أما الحكومة الأمريكية تنفق 35% والباقي على الشركات

المعرفة الدقيقة والمثمرة

الدول المتقدمة أدركت أهمية البحث العلمي وقفزت أيضاً إلى مرحلة البحث عن المعرفة الدقيقة والمثمرة؟

طبعاً الحاجة إلى البحث العلمي أصبحت في وقتنا الحاضر أشد من أي وقت مضى، حيث أصبح العالم في سباق محموم للوصول إلى أكبر قدر ممكن من المعرفة الدقيقة والمثمرة، كما ذكرت، والتي تكفل الراحة والرفاهية للإنسان وتضمن له التفوق على غيره وبعد أن أدركت الدول المتقدمة أهمية البحث العلمي وعظم الدور الذي يؤديه في التقدم والتنمية.. أولته الكثير من الاهتمام وقدمت له كل ما يحتاجه من متطلبات سواء كانت مادية أو معنوية، حيث إن البحث العلمي يعد الدعامة الأساسية للاقتصاد والتطور، كما يعد ركناً أساسياً من أركان المعرفة الإنسانية في ميادينها كافة، كما يُعد أيضاً السمة البارزة للعصر ـ الحديث، فأهمية البحث العلمي ترجع إلى أن الأمم أدركت أن عظمتها وتفوقها يرجعان إلى قدرات أبنائها العلمية والفكرية والسلوكية.

تأثيره في حياة الأمم

كما يفيد البحث العلمي الإنسان في تقصي الحقائق التي يستفيد منها في التغلب على بعض مشاكله، كالأمراض والأوبئة أو معرفة الأماكن الأثرية أو الشخصيات التاريخية أو في التفسير النقدي للآراء والمذاهب والأفكار، وفي حل المشاكل الاقتصادية والصحية والتعليمية والتربوية والسياسية وغيرها، ويفيد في تفسير الظواهر الطبيعية والتنبؤ بها عن طريق الوصول إلى تعميمات وقوانين عامة كلية.

ويمكن القول إنه في وقتنا الحاضر أصبح البحث العلمي واحداً من المجالات المهمة التي تجعل الدول تتطور بسرعة هائلة وتتغلب على كل المشكلات التي تواجهها بطرق علمية ومرجع ذلك أن تأثير البحث العلمي في حياة الإنسان ينبع من مصدرين هما: الأول يتمثل في الانتفاع بفوائد تطبيقية.. حيث تقوم الجهات المسؤولة بتطبيق هذه الفوائد التي نجمت عن الأبحاث التي تم حفظها باستخدام المدونات وتسهيل نشرها بالطبع والتوزيع وطرق المخاطبات السريعة التي قضت على الحدود الجغرافية والسياسية، والثاني: يتمثل في الأسلوب العلمي من البحث الذي تبنى عليه جميع الاكتشافات والاختراعات.. هذا الأسلوب الذي يتوخى الحقيقة في ميدان التجربة والمشاهدة ولا يكتفي باستنباطها من التأمل في النفس أو باستنباطها من أقوال الفلاسفة.

وتتجلى أهمية البحث أكثر وأكثر في هذا العصر المتسارع.. الذي يرفع فيه شعار البقاء للأقوى.. والبقاء للأصلح!

إذاً أصبح البحث العلمي والتطوير هو محرك النظام العالمي الجديد.

التطور التكنولوجي

ومن الحلول التي يقدمها البحث العلمي لمشاكل عديدة منها، حل مشاكل الإنتاج وتحسين نوعية المنتجات وترشيد تكاليف الإنتاج وتقليص الفاقد من عمليات الإنتاج، وإبتكار تقنيات ونظم إنتاجية تساعد على استخدام مواد أكثر وفرة وأرخص سعراً.. كما يمكن للبحث العلمي أن يلعب دوراً مهماً في عملية نقل وابتكار وتطوير التكنولوجيا بما يتواءم مع ظروف البلد حتى يحقق الهدف المطلوب منها.

لذلك أصبح التطور التكنولوجي المعيار الفارق بين التقدم والتخلف في عصرنا الحالي، لذلك يجب أن نوليه كل الاهتمام بالبحث العلمي لأنه يلعب دوراً كبيراً ورئيسًا في تعزيز التطوير التقني وبناء قاعدة وطنية للعلوم تكون قادرة على الإبداع والابتكار بمشاركة المؤسسات الوسيطة والداعمة في عملية التنمية الاقتصادية والاجتماعية من هنا يجب علينا أن نضع خطة وسياسة تؤدي إلى تطوير وتعزيز أنشطة البحث العلمي بدعم من الدولة والقطاع الخاص واتخاذ السياسات اللازمة لتحقيق أهداف النمو للاقتصاد الوطني.

- **بعض التجارب العالمية**

يختلف تنظيم البحث العلمي واساليب عمله في الدول الاوروبية من بلد الى آخر، فمن الدول ما ابتعد كثيرا عن المركزية ومنها وسط بين المركزية واللامركزية، والاخيرة حبذت الابقاء على مستوى معين من المركزية (فرنسا)، كما وشكلت بعض الدول الأوروبية وزارة للبحث العلمي والتكنولوجيا تتحمل مسؤولية انشطة البحث والتطوير في القطاعات المختلفة ما عدا البحث الجامعي الذي يتمتع ببعض اللامركزية ومثال هذا النمط المانيا. أما النمط اللامركزي (بريطانيا)، فيقوم على التوزيع القطاعي للبحث والتطوير بين الوزارات ذات العلاقة بينما يبقى البحث العلمي الاكاديمي من نصيب وزارة التربية. ولكل نمط من هذه الانماط محاسنه ومساوئه، فالنمط المركزي قد يؤدي الى صعوبة المام الوزارة بجميع المسائل القطاعية وبالتالي الابتعاد التدريجي عن ربط الاهداف التنموية مع أهداف العلم والتكنولوجيا(يعزى سبب نجاح التجربة الالمانية لعدم وجود وزارة للصناعة). أما النمط اللامركزي، فقد يؤدي الى عزل البحوث القطاعية الواحد عن الاخر ومن ثم ابتعاده عن البحوث الاساسية وتعذر النقل ما بين القطاعات من جهة وعدم توسع ميزانيات البحوث في الوزارات التنفيذية، لان الاخيرة ستصبح حَكَماً على التوزيع بين ميزانيات البحوث وبين النشاطات الاخرى (إتحاد مجالس البحث العلمي العربية، 1998).

اما في الولايات المتحدة الامريكية، فان القطاع الصناعي يضطلع بدور كبير في البحث والتطوير، حيث ينفذ بنفسه (73.5%) من النشاط في هذا الميدان مقابل (11.5%) للحكومة الاتحادية و (12.2%) للجامعات والكليات والمعاهد وتنفذ المؤسسات غير الهادفة للربح البقية الباقية. وفي تطور لاحق لربط الجامعات بالصناعة، لجأت بعض الجامعات الامريكية الى تعيين مستشارين من مهندسي الصناعة للعمل ضمن هيئات التدريس، إذ دعم هؤلاء جانب البحث والتطوير في الجامعات نتيجة لخبرتهم في الجانب العملي، كما برزوا كأعضاء في الهيئة التدريسية ولم يتخلوا عن انشطتهم الاستشارية، مما كان له الأثر الفاعل في ربط الجامعة بالصناعة (الرشيد، 2000).

أما كندا واستراليا وتايوان، فقد انتهجت اسلوب التمويل الحكومي لأنشطة البحث والتطوير في بداياتها لبناء الثقة وتحقيق الترابط الوثيق بين مؤسسات البحث العلمي والتطوير والقطاع الصناعي، ومن ثم بدأ الانسحاب التدريجي لصالح القطاع الصناعي الذي تزايد تمويله ليشكل أكثر من 50% من حجم التمويل لأنشطة البحث العلمي والتطوير في هذه الدول.

اما في اليابان فيبرز دور الدولة بصورة جلية كمنظم ومنسق لجهود الافراد والمؤسسات المعنية بالتنمية وبمنظومة العلوم والتكنولوجيا المحلية، إذ إرتكزت التجربة اليابانية على تكييف وتطوير التكنولوجيا الأجنبية من قبل انشطة البحث العلمي والتطوير المحلية منطلقة في منهجها هذا من فلسفتها في اعادة التجربة وتكرار البحث فيما اصبح شائعا ومتداولاً، بالاضافة الى فرض القيود على الاستثمار المباشر للشركات المتعددة الجنسيات وتشجيعها بدلاً من ذلك على عقد اتفاقيات لنقل وتطويع التقانة مع الشركات اليابانية. وقد تميزت التجربة اليابانية في مجال البحث العلمي والتطوير بخصائص متعددة منها الاتي:

الاعتماد الواسع على آلية السوق في توجيه انشطة البحث العلمي والتطوير.

بروز دور السياسة الحكومية واجراءاتها التنظيمية في اعادة توجيه قوى السوق بما يحقق الفائدة القصوى للاقتصاد الياباني.

الاستثمار الواسع في تدريب القوى العاملة انطلاقا من نظام الاستخدام مدى الحياة.

الاستمرار في استيراد التكنولوجيا من الخارج على أن يتم تطويرها بجهد وطني من خلال البحث والتطوير.

لماذا التغير والتسلح بالتقنية الحديثة؟

إن الظروف المتسارعة التي تمر بمجتمعنا العربي وكثرة التحديات والأطماع التي تجابهه، فرضت عليه كثيراً من المتغيرات التي لا بد أن يتفهمها بدقة وسرعة لكي لا يكون ضحية ولقمةً سائغة للآخرين ولكي لا يستغلوا بعض نقاط الضعف لتأجيجها وتفعيلها ولإيجاد الأسباب والمبررات للتدخل عن عمد وبأسلوب غير نزيه في تغيير خارطة بنائه الثقافي والتربوي، إننا بحاجة ماسة لتقبل رياح التغيير وأن نستوعبها ونمتص زخم الموجات الشرسة التي تتلاطم على سواحلنا حماية لثقافتنا وحضارتنا، ولكي نفوت الفرصة على كل تلك الأطماع لا بد أن نتسلح بالتقنية الحديثة وأن ندخل ميدانها، وان نتفهم أسس وأوليات **البحث العلمي** بشكل مباشر وان يكون طموحنا واسعاً لاستخدامها وتطبيقها بشكل فعال في كل الأنظمة والبرامج التعليمية التي نقرها كأساس ومرتكز لأنظمة وبرامج التعليم في الوطن العربي حيث إنها الطريق الجديد والوحيد لتطوير وترسيخ البنية الأساسية لحقول التربية والتعليم لكافة المراحل الدراسية بدءاً من تطوير مهارات المعلمين ومروراً باستخدام آخر مستجدات أنظمة وبرامج التعليم عن بعد وانتهاءً بتطوير المناهج والمفاهيم بما يتناسب مع حالات التطور مع الحفاظ على شخصيتنا وبنائها التركيبي. والجميع مدعوون لإنجاح هذه التجربة التي لا بد منها، المؤسسات ذات العلاقة، مراكز البحوث والتطوير، المربون والتربويون...... وبقية الأطياف..... هذا ان أردنا ان يكون لنا كيان قوي راسخ لا تجرفه الأمواج ولا تعصف به الرياح، نريد كياناً قوياً لا يكسر وصلباً لا يعصر .....لكنه في الوقت نفسه يمارس الكر والفرَّ فهي الوسيلة الوحيدة التي تضمن لنا البقاء ...والحفاظ على كينونتنا.

ان أهم ما يميز هذه المرحلة عملية التفجر المعرفي وثورة الاتصالات والمعلوماتية، وهذه سمات مترابطة ومتشابكة فعملية التطور في إحداها يؤثر في الأخرى.

إن ترسيخ ثقافة البحث العلمي في المجتمع ليس عملاً هيناً، بل يحتاج إلى خطط واستراتيجيات على المستوى الوطني، ويحتاج إلى دعم مالي ومعنوي ومؤسساتي للباحثين، بهدف زيادة عددهم، وربطهم بالنشاط البحثي، وتحقيق الجودة النوعية في البحث العلمي.

مما سبق يتضح أن عماد التقدم فى بلادنا هم الشباب القادرون على استيعاب تكنولوجيا العصر الحديث ولذا فإن جميع أجهزة الدولة تركز كافة اهتمامها بهؤلاء الشباب. إن الجامعات تستقبل وتخرج فى كل عام أفواجا من الشباب يملكون العمود الفقرى لحركة التنمية فى المجتمع.

إن أهم ما يميز هؤلاء الشباب أنهم يتلقون تعليما وتدريبا متخصصا فى مجال معين، يؤهلهم بعد

وليست المهمة الملقاة على الجامعات سهلة أو ميسره بل أنها على العكس صعبة ومركبة لأنها أولا تتعامل مع مرحلة عمريه من أخطر وأدق المراحل التى يمر بها الإنسان، وهى المرحلة التى يتعرض فيها الشباب لتغيرات جذرية فى جسده وعقله ومشاعره، ويكون فى أشد الحاجة إلى المزيد من الرعاية والإرشاد والتوجيه حتى ينجح فى التأقلم على التواصل الجيد مع زملائه وأساتذته من ناحية والتعامل الصحيح مع مختلف قطاعات المجتمع من ناحية أخرى.

كيف ندعم البحث العلمي في العالم العربي

نعيش الآن في عصر التكنولوجيا والانفجار التقني والمعرفي والثقافي ومن الضروري جدا أن نواكب هذا التطور ونسايره ونتعايش معه ونحاكيه ونترجم للآخرين إبداعنا ونبرز لهم قدرتنا على الابتكار، من خلال مجموعة من الإجراءات والسياسات اللازمة لتوفير البيئة الملائمة لتطوير قطاع التعليم العالي والبحث العلمي ورفع سويتهما في العالم العربي، ومن هذه الإجراءات:

- توفير موازنة مناسبة للبحث العلمي لتمكين الباحثين من التقدم بطلبات لدعم مشاريعهم بموازنات كافية للقيام ببحوثهم العلمية التطبيقية والأساسية.
- البحث عن مصادر دعم خارجية على المستوى المحلي والعالمي للمشاريع التي يتقدم بها الباحثون، وتستلزم موازنات كبيرة يصعب تهيئتها لهم من موازنة الجامعة.
- تشجيع فرق البحث التي يشترك فيها باحثون من الجامعة، وباحثون من الجامعات ومراكز البحث الأخرى العربية والإقليمية والعالمية.
- العمل على تهيئة حاضنات بحثية في الجامعة على هيئة مختبرات مجهزة لتطوير الصناعات العربية، وحل المشاكل التي تواجهها بعض الشركات الصناعية.
- توجيه البحث العلمي الى خدمة التنمية ومعالجة قضايا المجتمع، وذلك عن طريق دعم المشاريع التطبيقية التي تبحث في مشكلات تهم المجتمع.

- مساعدة الباحثين على نشر بحوثهم الأصيلة، ومؤلفاتهم المتميزة التي تستحق النشر.

- تقديم المساعدات والمنح والقروض والجرايات للمتفوقين المحتاجين مـن طلبـة الدراسـات العليـا تعميماً للفائدة وتشجيعاً على العلم، وذلك وفق تعليمات تتيح وصولها إلى مستحقيها.

- إدامة جسور التعاون والتنسيق مع مؤسسـات البحـث والتـدريب والاستشارات داخل الـوطن وخارجـــــه، من خلال عقد الندوات المتخصصة والمؤتمرات الهادفة إلى توفير المعارف والمهارات الجديدة وتبادل المعارف والرؤى بما يسهم في زيادة فاعلية وكفاءة المؤسسـات في الأردن والـوطن العربي.

والتعاون Cooperation من القيم والممارسات الأساسية في هذا العصر إذ إنه عصر التكتلات. وهذه التكتلات هى نتاج تعاون بين مؤسسات فى مجال معين.وقد يكون التعاون داخلياً ومحلياً وإقليمياً وعالمياً فى كافة المجالات مدخلاً مطلوباً فى عصر المنافسة.والتعاون قيمة هامة ينبغى أن تؤكد عليها كافة المؤسسـات التعليميـة في الوطن العربي.

- تطوير قطاع التعليم العالي وتحديثه ليغدو أكثر قدرة على تخريج طلبة مؤهلين قادرين على تلبية الاحتياجـات المختلفـة مـن الأنشطة الاقتصادية والاجتماعية والسياسية والثقافيـة، مـزودين بالمؤهلات الأكاديمية والتطبيقية التي تنسجم مع الاحتياجات الحالية والمستقبلية للمجتمع. ويتم ذلك من خلال عملية تطوير المنهج الذي يسهم في التقدم العلمي والتقني وحـدوث تطورات في المعرفة الإنسانية من حيث الكم والكيف، وبالتالي تقويم المناهج مما يكشف عن الأخطاء، وأوجه القصور ويستدعي معالجـة هـذه الأخطـاء وتـلافي أوجـه القصور فيهـا. بشرط أن تكون أسـس تطويرمصادره وغاياته ثابتة مستمدة من الكتاب والسنة.(دعمس- استراتيجيات تطوير المنـاهج - 2008).

- إيجاد ارتباط مؤسسي وثيق بين القطاعين الحكومي والخاص من جهة ومؤسسات التعليم العالي من جهة أخرى للاستفادة من الطاقات المؤهلة في هذه المؤسسات في تطوير هذين القطاعين عـن طريق الاستشارات والبحث العلمي التطبيقي.

- استخدام تكنولوجيا المعلومات والاتصالات في البحث العلميمن خلال استخدام برامج التعلم عـن بُعد وتشجيع الجامعات على التعاون لتحقيق ذلك.

- توفير التجهيزات والبنى الأساسية اللازمة لتمكين الباحثين مـن اسـتخدام التكنولوجيـا في التعليم والتعلم.

- التسلح بالتقنية الحديثة وأن ندخل ميدانها، وان نـتفهم أسـس وأوليـات البحـث العلمـي بشـكل مباشر وان يكون طموحنا واسعاً لاستخدامها وتطبيقها بشكل فعال في كل الأنظمـة والبـرامج التعليمية التي نقرها كأساس ومرتكز لأنظمة وبرامج التعليم في الوطن العربي.

- إدخال مفاهيم ضبط الجودة والنوعية في مختلـف مكونـات نظـام التعلـيم العـالي ومراحلـه، مـن خلال إنشاء مؤسسة مسـتقلة تطبق المعايير العالميـة. وتمثـل الجـودة الشـاملة Comprehensive quality مدخلاً للتنافسية، واستثمار معطيات المعرفة والتكنولوجيا. والجـودة الشـاملة تعتبـر سـمة من سمات هذا القرن في كافة المجالات الإنتاجية والخدمية. وقد أعطت الدول المتقدمة، والعديـد من الدول النامية لإدارة الجودة الشاملة والرقابة عليها اهتماماً كبيراً وجعلتها أساس العمل أياً كان نوعه، وأساس تحقيق التقدم والاحتفاظ بمكان متقدم في الترتيب العالمي.

- إيجاد سبل وقنوات لتشجيع الأفراد والمؤسسات على دعم وتمويل المشاريع البحثية بما يعـزز دور الجامعة.

- تنشأ في كل جامعة عمادة باسم " عمادة البحث العلمي " وفق أسس معينة.

- تنظيم عملية الاتصال بمراكز البحوث خارج الجامعـة، المحليـة وا لأجنبيـة، وتنميـة التعـاون معهـا للاستفادة من كل ما هوحديث.

- إنشاء قاعدة معلومات للأبحاث الجاريـة والمنتهيـة في الجامعـة، وتبـادل المعلومـات البحثيـة مـع الجامعات ومراكز البحوث ا لأخرى.

- صرف مكافآت مالية مجزية للباحث، يتناسب مع مؤهلاته وطبيعة البحث العلمي، ومنح جـوائز ومكافآت تشجيعية سنوياً للباحثين المتميزين من نفس الجامعة، وفق اسس ومعايير.

- توحيد المصطلح في الوطن العربي لأن هذه المشكلة ما تزال قائمة بحد ذاتها، رغم جهود مكتب تنسيق التعريب.

ورغم قرار الجامعة العربية ورغم جهود اتحاد المجامع العربية في توحيده؛ فاختلاف مصدر المصطلح يؤدي إلى اختلاف في ترجمته إضافة إلى قلة المعاجم الاصطلاحية المتخصصة.

كل هذا يشكل مشكلة في طريق البحث العلمي، ولكن مشكلة التوحيد ليست مشكلة صعبة في حالة استعمال المصطلح المترجم في حقل التأليف العلمي لأن حياة المصطلح بالكتب والاستعمال، لا في طيات المعاجم على الرفوف، وفي حال إيجاد لجنة عربية موحدة متخصصة تتولى أمر تعريب المصطلح، وفي حال التعاون بين المؤسسات العلمية العربية فإن هذا كله سيساهم في الحد من مشكلة المصطلح وتوحيده وترجمته.

الفصل الثالث

خطوات البحث العلمي

Steps of scientific research

الفصل الثالث

خطوات البحث العلمي

بناءً على التعريفات السابقة لمفهوم البحث العلمي، يتبيَّن بشكل بـديهي أن البحـث العلمـي يتـألف مـن مجموعة خطوات تتمثل في الشعور بالمشكلة أو بسؤال يحير الباحث، فيضع لها حلولاً محتملة، هـي الفـروض، ثـم تأتي بعد ذلك الخطوة التالية: وهي اختبار صحة الفروض، والوصول إلى نتيجة محـددة، ومـن الطبيعـي أن يتخلـل هذه الخطوات الرئيسية عدة خطـوات إجرائيـة، مثـل تحديـد المشـكلة، وجمـع البيانـات التـي تسـاعد في اختيـار الفروض المناسبة، وكذلك البيانـات التـي تسـتخدم في اختيـار الفـروض، والوصـول إلى تعمـيمات، واسـتخدام هـذه التعميمات تطبيقياً..

وهكذا يسير البحث العلمـي عـلى شـكل خطـوات أو مراحـل؛ لـكي تـزداد عملياتـه وضـوحاً، إلا أن هـذه الخطوات لا تسير باستمرار، بنفس التتابع، ولا تؤخذ بطريقـة جامـدة، كـما أنهـا ليسـت بالضرـورة مراحـل فكريـة منفصلة، فقد يحدث كثيراً من التداخل بينها، وقد يتردد الباحث بين هذه الخطوات عدة مرات، كذلك قـد تطلـب بعض المراحل جهداً ضئيلاً، بينما يستغرق البعض الآخر وقتاً أطول..

وهكذا يقوم استخدام هذه الخطوات على أساس من المرونة والوظيفية..

مراحل البحث العلمي

تحتاج عملية كتابة البحث العلمي إلى عدد من الخطوات التي يجب اتباعها حتى يكون البحـث العلمـي بحثاً ناضجاً ومكتملاً، هذه المراحل هي:

(1) مرحلة إعداد خطة لكتابة البحث العلمي.

(2) إجراءات البحث/ الدراسات (إنجاز الأعمال الميدانية والمختبرية والمكتبية).

(3) المرحلة النهائية

مراحل البحث العلمي
مرحلة إعداد الخطة
إجراءات البحث/ الدراسات
المرحلة النهائية
كتابة تقرير البحث وتقديمه

مرحلة إعداد الخطة
الشعور بالمشكلة
تحديد المشكلة وتحديد أهميتها وأهدافها
استطلاع الإطار النظري والدراسات السابقة
صياغة الفروض أو التساؤلات
المنهج المتبع فى البحث

مرحلة الدراسة الميدانية
جمع البيانات
عرض وتحليل البيانات
تفسير البيانات
الوصول للتوصيات

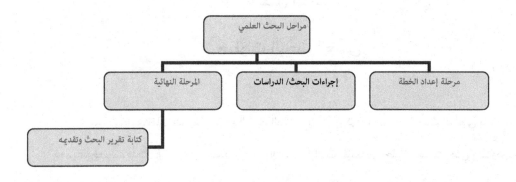

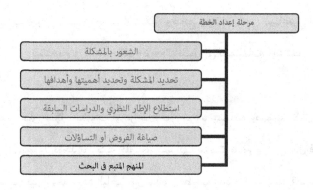

أولاً: إعداد خطة لكتابة البحث العلمي:

- مفهوم خطة البحث:

خطة البحث:Research Plan هي الخطوط العامة التي يهتدي بها الباحث عند تنفيذه لبحثه.

- الشروط التي يجب ان تتوافر في خطة البحث:

- ان تكون الخطة مختصرة وواضحة ومحددة
- ان تعتمد على خلفية واسعة من الدراسات والبحوث
- ان تكون مترابطة الأجزاء وتمثل وحدة متكاملة
- ان تكون لجراءتها مرتبطة ارتباطا مباشرا بتساؤلاتها وفروضها

- مكونات خطة البحث:

عنوان البحث - المقدمة -مشكلة البحث - أسئلة البحث - فروض البحث - حدود البحث - أهداف البحث واهميتة - مجتمع البحث وعينته - المنهج المتبع في البحث (منهج البحث) - إجراءات البحث - مصطلحات البحث - المراجع.

إن على الباحث عدم الإسراع في وضع خطة بحثه بل عليه أولاً الانصراف التام والكلي إلى قراءة المصادر والمراجع المتعلقة بمشكلة بحثه وسيتضح له بعد مرور فترة قد لا تطول أن مشاريع خطط تتراءى أمامه ولكن النصيحة الجوهرية التي يمكن أن تقدم للباحث هي أن لا يكون مقلداً لخطط بحوث ودراسات أخرى وتقسيماتها، بل على الباحث أن يجد بدأب ليبتكر ويبتدع خطة بحث خاصة به، صحيح أن وضع خطة بحث مبتكرة من الصعوبة بمكان بحيث يبقى الباحث أياماً وليالي يفكر ويفكر في سبيل إعداد خطة بحثه وكلما اتعب واجهد نفسه وعصر فكره أتقن وأجاد في وضع خطة البحث، ولا شك أن وضع الخطة في ذاته عمل أصيل وخلاق ويدل على مدى قابلية وقدرة الباحث وتمكنه من معالجة الموضوع الذي يبحثه وكلما كانت الخطة واضحة ومنطقية ومرتبة كان عمل الباحث مفيداً وناجحاً وموفقاً، وقد صدق من قال: (العمل بلا نظام كالسير في الظلام)، وعلى الباحث أن يوطد نفسه بأن الخطة التي يضعها في بداية عمله إنما هي مشروع خطة وهي قابلة للتحوير والتبديل والتطوير كلما تقدم في دراساته ومطالعاته في مختلف المراجع والمصادر.

ومن ابرز شروط الخطة الناجحة ما يلي:

1ـ إن تشتمل على جميع القضايا والمسائل التي تثيرها مشكلة البحث العلمي، فالخطة الموفقة تغطي جميع تلك القضايا والمسائل ولا تترك كل ما يتعلق بها إلا وأدخلتها ضمن أجزاء وتفاصيل الخطة.

2ـ ينبغي أن تكون الخطة مبتكرة وحديثة وغير مقلدة لخطط المؤلفين الآخرين.

3ـ ينبغي أن تكون الخطة متوازنة، إذ على الباحث عند إعداد خطة البحث محاولة إيجاد نوع من التوازن والتناسق بين أجزاء الخطة.

هذا التوازن يكون على نوعين هما:

التوازن الكمي والتوازن الكيفي.

والمقصود بالتوازن الكمي هو أن ما يخصص من الصفحات للباب الأول يفضل أن يكون مقارباً للصفحات المخصصة للباب الثاني وهكذا الحال مع بقية أقسام البحث أو الأطروحة.

أما التوازن الكيفي فالمقصود به أن يكون هناك توازن في محتويات أجزاء ومكونات البحث أي توازن في الأبواب والفصول والمباحث من الناحية العلمية، فان ما يحتويه الباب الأول مثلاً، من المعلومات يكون موازياً للمعلومات التي يحتوي عليها الباب الثاني وهكذا الحال بالنسبة للفصول والمباحث والمطالب إذ ليس من المقبول تخصيص الباب الأول لموضوع خطير وتخصيص الباب الثاني لموضوع غير مهم وجانبي.

يتضمن البحث العلمي عادة ثلاث أقسام رئيسة هي المقدمة والمتن والخاتمة، أي أن كل خطة يضعها الباحث يفضل أن تحتوي على هذه الأقسام الثلاث.

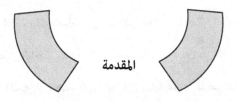

وفيما يلي إيضاح بسيط لكل منها:

(1) **المقدمة:**

يبدأ البحث بمقدمة أو تمهيد يقوم الباحث فيها بتحديد المشكلة العلمية التي سيعالجها في البحث وإعطاء بعض الأفكار العامة حولها ثم يعلن الباحث عن خطته في البحث موضحاً أسباب اتباع هذه الخطة والدوافع التي دفعته للتركيز على بعض المسائل محدداً المواضيع التي تدخل بالذات داخل إطار موضوعه. وإذا ترك الباحث دراسة بعض المسائل التي قد تبدو أنها قريبة من موضوع بحثه، فعليه توضيح ذلك بشكل مقنع ومبرر للقارئ.

يبدأ الباحث في كتابة مقدمه البحث بعد كتابة عنوان البحث، وتشتمل على مجال المشكلة وأهميتها والجهود التي بذلت في مجالها والدراسات والأبحاث إلى تطرق لها. وتوضيح سبب اختيار الباحث لهذا البحث تحديدا.

تعتبر المقدمة من العناصر الهامة في الخطة حيث إنها تلقي الضوء على مجال المشكلة وأهمية معالجتها، والحاجة إلى دراستها وكيفية شعور الباحث بها، مع الإشارة إلى الفوائد التي يمكن الاستفادة بها من النتائج التي سنتوصل إليها.

وتشتمل المقدمة العناصر التالية:

- مشكلة البحث.
- أهمية مشكلة البحث وسبب اختياره والجهود التي بذلت في مجالها.
- الهدف من البحث وأهميته، وسبب الكتابة.
- أقسام الورقة البحثية ومكوناتها. [عرض فصول البحث أو أقسامه أو أجزائه].
- طريقة معالجة موضوع البحث(المنهج).[الطريقة والإجراءات].
- الإشارة إلى ما وجده الباحث من ملاحظات أثناء قيامه بالبحث.
- الدراسات والأبحاث إلى تطرق له الباحث ا.
- الإشارة إلى ما وجده الباحث من ملاحظات أثناء قيامه بالبحث.
- أهم نتيجة توصل إليها الباحث.
- توجيه الشكر لكل من قدم له مساعدة ومنهم المشرف.

ومن خلال ذلك يتبين لنا ان المقدمة الجيدة هي التي تبدأ بالعام وتنتهي إلى الخاص المحدد.

(2) **المتن:**

يقسم متن البحث إلى أقسام وفروع مختلفة اعتماداً على طبيعة البحث والغرض منه، فهو قد يقسم إلى أبواب أو فصول أو مباحث، ويتوجب اختيار عنوان مناسب لكل باب أو فصل أو مبحث معبر عما يحتويه وعدم نسيان هيمنة وسيطرة الفكرة الرئيسية للمشكلة العلمية على جميع أقسام الأطروحة أو البحث أو أجزائه.

(3) **الخاتمة:**

ينتهي البحث بخاتمة تخصص لإعطاء فكرة جوهرية بشكل مركز عن المشكلة العلمية التي عالجها الباحث، مع إبراز أهم الملاحظات التي أبداها ضمن البحث، والنتائج التي انتهى أليها ويفضل تثبيت الاقتراحات التي تقدم بها الباحث في ثنايا البحث وخاصة التي تحتوي على اقتراحات أو أفكار ومبادئ جديدة يطرحها الباحث.

وتتضمن الخاتمة النتائج التي توصل إليها الباحث بعد استعراض أشبه ما يكون بما تم تقديمه في المقدمة. وتتضمن العناصر التالية:

- عنوان البحث وعرض أو ذكر فصول البحث أو أقسامه أو أجزائه.
- تقديم النتائج التي انتهى إليها الباحث بشكل متسلسل حسب أسئلة الدراسة، أو حسب
- تسلسل فروضها أو حسب ورود القضايا والمحاور الرئيسة في البحث.
- تحليل وبيان أسباب تلك النتائج التي توصل إليها الباحث وبيان علاقتها بالمتغيرات المختلفة.
- مقارنة نتيجته بنتيجة غيره من الباحثين.
- وضع مقترحات وتوصيات لإكمال الموضوع أو فروعه أو متعلقاته على يد باحث آخر.

خطوات البحث العلمي Steps of scientific research

أولا: الشعورُ والإحساسُ بمشكلة البحث

Feeling and a sense of the problem research

يعدُّ الشعورُ والإحساسُ بمشكلة البحث نقطةَ البداية في البحث العلميِّ، والإحساس بالمشكلة مرتبط باستعمال الفكرة والتفكير لإيجاد الحلول المناسبة بصورة موضوعيَّة علميَّة، فهو إذن محكٌّ للفكر ولإثارة التفكير بصورةٍ مستمرَّة ومنتظمة ما دامت المشكلة

قائمة وبحاجة إلى حلٍّ، (القاضي، 1404هـ ص48)، وتنبع مشكلة البحث من شعور الباحث بحيرة وغموض تجاه موضوع معيَّن، ومن الضروريِّ التمييز بين مشكلة البحث ومشكلات الحياة العاديَّة، فمشكلةُ البحث هي موضوع الدراسة، أو هي كما عرَّفها القاضي (1404هـ) كلُّ ما يحتاج إلى حلٍّ وإظهار نتائج، (ص46)، أو هي تساؤل يدور في ذهن الباحث حول موضوع غامضٍ يحتاج إلى تفسير، فقد يدور في ذهن الباحث تساؤلٌ حول أبعاد العلاقة بين المعلِّم والطالب وتأثيرها في تحقيق أهداف العمليَّة التعليميَّة والتربويَّة، وبالتالي فإنَّه يقوم بإجراء دراسة حول هذا الموضوع؛ ومشكلة البحث في هذه الحالة هو التأثير الإيجابيُّ أو السلبيُّ لطبيعة العلاقة بين المعلِّم والطالب، وتزول مشكلةُ البحث بتفسيرها أو بإيجاد حلٍّ لها؛ فإذا ما توصَّل الباحث لطبيعة هذه العلاقة وتحديد تأثيرها فإنَّه يكون قد حلَّ المشكلة دون أن يكون مطلوباً منه أن يضعَ العلاج للأبعاد السلبيَّة فهذه مشكلةٌ بحثيَّةٌ أخرى، وعموماً فمشكلة الدراسة قد تكون نتيجةً (محمَّد الهادي، 1995م، ص48) لما يلي:

1- الشعور بعدم الرضا.

2- الإحساس بوجود خطأٍ ما.

3- الحاجة لأداء شيءٍ جديد.

4- تحسين الوضع الحالي في مجالٍ ما.

5- توفير أفكار جديدة في حلِّ مشكلة موجودة ومعروفة مسبقاً.

ثانيا: عنوان البحث أو موضوع الدراسة Title or subject of study

(تحديد مشكلة البحث Identify problem research)

بعد الشعور والإحساس بمشكلة البحث ينتقل الباحثُ خطوةً بتحديدها؛ وتحديد مشكلة البحث - أو ما يسمِّيها الباحثون أحيانا بموضوع الدراسة - بشكل واضح ودقيق يجب أن يتمَّ قبل الانتقال إلى مراحل البحث الأخرى، وهذا أمرٌ مهمٌّ لأنَّ تحديدَ مشكلة البحث هو البداية البحثيَّة الحقيقيَّة، وعليه تترتَّب جودة وأهميَّة واستيفاء البيانات التي سيجمعها الباحثُ ومنها سيتوصَّل إلى نتائج دراسته التي تتأثَّر أهميَّتُها بذلك، وهذا يتطلَّب منه دراسةً واعيةً وافيةً لجميع جوانبها ومن مصادر مختلفة، علماً أن تحديد مشكلة البحث بشكلٍ واضح ودقيق على الرغم من أهميَّة ذلك قد لا يكون ممكناً في بعض الأحيان، فقد يبدأ الباحثُ دراسته وليس في ذهنه سوى فكرة عامَّة أو شعورٍ غامضٍ بوجود مشكلةٍ ما تستحقُّ البحثَ والاستقصاء وبالتالي فإنَّه لا حرجَ من إعادة صياغة المشكلة بتقدُّم سير البحث

ومرور الزمن، ولكنَّ هذا غالباً ما يكلِّفُ وقتاً وجهداً، (غرايبة وزملاؤه، 1981م، ص21)، وإذا كانت مشكلة البحث مركَّبةً فعلى الباحث أن يقوم بتحليلها وردِّها إلى عدَّة مشكلات بسيطة تمثِّل كلٌّ منها مشكلة فرعيَّة يساهم حلُّها في حلِّ جزءٍ من المشكلة الرئيسة.

يؤدي عنوان البحث وظيفة إعلامية عن موضوع البحث ومجاله. لذلك يجب ان يكون واضحا. مثل " مناهج البحث العلمي وأصوله ".

يعتقد البعض أنه كلما كان عنوان البحث كبيرا وعاما كلما كان جيد، وهذا غير صحيح بل على العكس كلما كان الموضوع محددا ومختصرا كلما كان علميا جيدا. لذا على الباحث أن يسأل نفسه دوما ماذا يريد؟ أو ما هو المطلوب دراسته؟ فكل مجال وموضوع له مجالاته المتعددة وعلى الباحث أن يأخذ جزء بسيط من الجزئية الرئيسية. وعلى الباحث أن يحاول دوما أن يعكس في عنوان البحث علاقة بين متغيرين على الأقل .

فمن المفضل أن يعكس العنوان علاقة بين متغيرات أو متغيرين على الأقل

وعلى الباحث أن يفرق بين عنوان البحث وعنوان الكتاب حيث يميل عنوان الكتاب إلى الإثارة لأغراض تسويقية، أما البحث فيجب أن ينظر إلى أن يكون العنوان مختصرا وواضحا وبعيدا عن الإثارة غير المفيدة وان ينظر إلى أشياء تريد دراستها كالعلاقات أو اثر أو وصف... الخ

وهنا يمكن أن تبرز أسئلة أخرى لها علاقة بتحديد العنوان بشكل أدق...كأن تحدد المكان المراد إجراء الدراسة فيه؟ وهذا ليس من الضروري أن يكون جزء من العنوان حيث يمكن أن تجده في الفصل الثالث من الدراسة إلا انه لو شمله العنوان دون أن يجعل العنوان طويلا فهو أمر جيد(العنوان الجيد لا يتجاوز 15 كلمة)والعنوان هنا أما أن يصاغ على هيئة سؤال يمكن الإجابة عليه:

1- بشكل وصفي: مثلاً: ما الخصائص...... (يحتاج إلى إحصاء وصفي)

2- بشكل علاقة: العلاقة بين الخصائص...... (يحتاج إلى معاملات ارتباط)

3- بشكل أثر: أثر...... في..... (يحتاج إلى تحليل انحدار)

4- بشكل فروق: الفروق بين...... (يحتاج إلى اختبارات متعددة، والفروق يمكن أن تكون متوسطات أو معاملات ارتباط أو إحصاء وصفي.)

ملاحظات على العنوان:

يجب أن يصيغ الباحث عنوان بحثه بما يمكنه معه التعامل معه من الناحية الإحصائية وبشكل يكون الباحث على دراية بالطريقة الإحصائية الواجب اتباعها فلا يصاغ سؤال لا يعرف الباحث كيف يتعامل معه في التحليل، لذلك إذا لم يعرف الباحث استخدام تحليل الانحدار فعليه أن يتجنب عنوان به مصطلح " أثر " حيث يتطلب ذلك استخدام تحليل الانحدار.كما انه يجب أن يكون هناك تناسق بين العنوان وطريقة الإحصاء بل يجب أن يكون التناسق والانسجام بين كامل الرسالة من العنوان إلى المراجع.

ويلاحظ أن الأسلوب الإحصائي المستخدم هو أداة للإجابة على تساؤلات البحث، كما يجب ملاحظة أن تنحصر أسئلة الاستمارة فيما يجيب على أسئلة الدراسة وبحيث لا تضع أسئلة لا تتعلق بموضوع البحث كمن يبحث اثر العلاقة فيضع سؤال عن المعوقات مثلا وهو أمر لا يبحثه الباحث، كما يجب أن تكون التوصيات أيضا ذات علاقة بموضوع الرسالة دون إيراد توصيات متعددة ليس لها علاقة بالبحث حيث يجب أن ينظر إلى التوصيات على أنها حلول عملية والتي يجب أن يكون لدي الباحث النتيجة التي تدعمه والتي وصل إليها في دراسته أي أن على الباحث أن يدعم كل توصية يذكرها بنتيجة وصل إليها في بحثه .

كما يجب ملاحظة عدم استخدام الكلمات المترادفة في الرسالة كأن تستخدم كلمة "فعالية" مثلا فيجب أن تستقر على استخدام هذه الكلمة في الرسالة بالكامل وبحيث تتجنب استخدام مصطلح فاعلية مرة ومرة أخرى فعالية أو أهمية أو الكلمات آلتي قد تعنى معاني مختلفة فيبقى الباحث على مصطلح واحد وان وجدت مصطلحات أخرى صحيحة إلا أن البعد عنها يوضح أن الدارس غير مشوش أو انه يساهم في عدم تشويش القارئ.

وهناك ملاحظات أخرى حول البحث وهو البعد عن الزخرفة والزركشة والإطارات الملونة والخطوط المتنوعة وما هو على شاكلته فالبحث أمر علمي بعيدا عن الأمور التسويقية. وبشكل عام يجب أن يكون حجم ونوع الخطوط واحد في جميع الرسالة مع اختلاف حجم العناوين أو الهوامش، ونوع الخطوط يعود لرغبة الطالب في المقام الأول إلا أن الخطوط التالية تعتبر مقبولة في كتابة الرسائل(حجم 14 اسود).

1- الخط العربي simplified Arabic

2- الخط العربي Times New Roman

3- الخط العربيCourier New

4- الخط العربي traditional Arabic

5- الخط العربي Arial

إختيــار الموضوع

إن أي موضوع لا يمكن دراسته بشكل منطقي، ومعقول، في غياب تصور،أو رؤية معينة.وأنه كلما اختلفت هذه التصورات، بين الباحثين. كلما كانت النتائج مختلفة، حتـى وإن كانـت الفرضيات، والمنطلقـات، أو المعطيـات الأولية، واحدة وهذا لا يعود إلى سوء استخدام المنهج أو الجهل بتقنيات ووسائل البحث مـن قبـل بعـض البـاحثين وإنما إلى اختلاف الرؤية والتصور.

فالتصور إذن هو حجر الزاوية في أي بحث حتى وإن كان خفيا غير معلن عنه،وحتى إن لم يخضع للتجربة العلمية الدقيقة.أما تقنيات البحـث الأخـرى، ووسـائله،وأدواته،وطرقه فهـي عوامـل ضروريـة، مسـاعدة، يسـتغلها الباحث لإنجاز بحثه وتوجيهه الوجهة الموضوعية السليمة،فهي إذا بمثابة معالم يهتدي بها الباحـث حتـى لا يخـرج عن التصور الذي انطلق منه.

إن العملية الأولى لتحديـد الموضـوع، تتطلـب منـا تحديـد إشـكالية البحـث، و وصـفها بوضـوح، كخطـوة أساسية، باعتبارها القضية التي تشغلنا، والتي نريد معالجتها.لأنه لا يمكـن أن نتصـور بحـث بـدون إشـكالية .عـلى شرط أن تكـون صـالحة للبحـث، والدراسـة.وتضـيف إلى معارفنـا شـيئا جديـدا، ومفيـدا. دون أن ننسىـ تعريـف المصطلحات، والمفاهيم الواردة في صياغة الإشكالية. يقول بول باسكون عن الإشكالية: [يمكن تلخيصها في مـرحلتين متلاحقتين:

1. **التساؤل:** وهو العملية التي يتحول بها موضوع البحث إلى جملة من الأسئلة الدقيقة الواضحة. تبـدأ من السؤال العام الذي يطرحه البحث، ثم تتدرج بعد ذلك إلى الأسئلة الفرعية.
2. **اختيار المؤثرات:** وهي المؤشرات، أو الدلالات والوقـائع، التـي يمـك ملاحظتهـا، وتحديـدها،أو قياسـها بخصوص كـل المتغـيرات التـي بـرزت في تسـاؤلنا] (بـول باسـكون إرشـادات عمليـة لإعـداد الرسـائل والأطروحات الجامعية ترجمة أحمد عارف 1981)

يبدأ إختيار الموضوع بوجود مشكلة معينة أو طرح سؤال ما. و يضع الباحث العلمي أسلوب الحـل لهـذه المشكلة أو لهذا السؤال ضمن خطوات منظمة يجب إتباعها.

- ان يعبر العنوان تعبيرا دقيقا عن موضوع البحث.
- ان لا يكون العنوان قصيرا مخلا ولا طويلا مملاً.
- ان تختار ألفاظة بالغة العلمية البسيطة والسليمة والسهلة.
- ان تكون الصياغة علمية بسيطة ليست مجازية (خيالية).
- ان لا يحتوي العنوان على مصطلحات تحتمل أكثر من معنى.

وهناك اعتبارات تجب على الباحث مراعاتها عند اختيار مشكلة بحثه وعند تحديدها، وعند صياغتها الصياغة النهائيَّة، منها ما يأتـي:

- أن تكون مشكلة البحث قابلةً للدراسة والبحث، بمعنى أن تنبثقَ عنها فرضيَّاتٌ قابلة للاختبار علميّاً لمعرفة مدى صحتها.
- أن تكون مشكلة البحث أصيلةً وذات قيمة؛ أي أنَّها لا تدور حول موضوعٍ تافه لا يستحقُّ الدراسة، وألاَّ تكون تكراراً لموضوع أشبع بحثاً وتحليلاً في دراسات سابقة.
- أن تكون مشكلة البحث في حدود إمكانات الباحث من حيث الكفاءة والوقت والتكاليف، فبعض المشكلات أكبر من قدرات باحثيها فيضيعون في متاهاتها ويصابون بردَّة فعل سلبيَّة، ويعيقون باحثين آخرين عن دراستها.
- أن تنطوي مشكلةُ الدراسة بالطريقة التجريبيَّة على وجود علاقة بين متغيِّرين وإلاَّ أصبح من غير الممكن صياغة فرضيَّة لها.
- أن تكون مشكلة الدراسة قابلة أن تصاغَ على شكل سؤال، ذكرت في: (فودة؛ عبد الله، 1991م، ص37).
- أن يتأكَّد الباحث بأنَّ مشكلة دراسته لم يسبقه أحدٌ إلى دراستها، وذلك بالاطِّلاع على تقارير البحوث الجارية وعلى الدوريَّات، وبالاتِّصال بمراكز البحوث وبالجامعات، وربَّما بالإعلان عن موضوع الدراسة في إحدى الدوريَّات المتخصِّصة في مجال بحثه إذا كان بحثُه على مستوى الدكتوراه أو كان مشروعاً بنفس الأهميَّة.

ثالثا: اختيار مشكلة البحث العلمي Selection problem scientific research

تنبع مشكلة البحث من شعور الباحث بحيرة أو غموض تجاه موضوع معين، والمشكلة هي تساؤل يدور في ذهن الباحث حول موضوع غامض ويحتاج إلى تفسير.وتعد مشكلة البحث

الدراسة المبدئية للبحث وتأتي بعد إختيار الموضوع (تحديد المشكلة أو السؤال) حيث يقوم الباحث بعمل دراسة مبدئية حول الموضوع و التي قد تساعده في:

- وضع و تحديد ابعاد المشكلة
- إكتساب بعض الأفكار و المعلومات الأساسية حول هذه المشكلة.

مشكلة البحثResearch problem :-

- هي مركز البحث وبعبارة أخرى هي جوهر البحث، أو المحور الأساسي الذي يدور حوله البحث، وتحديد المشكلة أمر مهم، لان المشكلة هي التي توضح للآخرين أهمية البحث، ومجاله، ومحتواة التربوي، وإطاره، ومدى الاستفادة من نتائجه.
- وهناك أسلوبان لصياغة المشكلة:

فإما تصاغ في عبارة تقريريةHis words اوان تصاغ على شكل سؤالQuestion .

ويفضل الباحثون صياغتها في شكل أسئلة، حتي تكون النتائج التي يتم التوصل على هذه الأسئلة إليها هي إجابات مباشرة منابع مشكلات البحوث ومصادرها:

يعاني طلاَّب الدراسات العليا كباحثين مبتدئين من التوصُّل إلى مشكلات أبحاثهم ويلجأ بعضهم إلى الاستعانة بأساتذتهم أو مرشديهم وقد يطرح عليهم بعضُ أولئك مشكلاتٍ تستحقُّ الدراسة ولكنَّ ذلك يجعلهم أقلَّ حماسة وبالتالي أقل جهداً ومثابرة ممَّا يجعلهم يحقِّقون نجاحاتٍ أدنى من أولئك الذين توصَّلوا إلى تحديد مشكلاتِ دراساتهم بأنفسهم ويُنْصَحُ الباحثون المبتدئون ويُوَجَّهُون إلى أهمِّ مصادر ومنابع المشكلات البحثيَّة (غرايبة وزملاؤه، 1981م، ص20)، وهي المصادر أو المنابع الآتية:

- الخبرة الشخصيَّة: فالباحث تمرُّ في حياته تجاربُ عديدة ويكتسب كثيراً من الخبرات، وهذه وتلك تثير عنده تساؤلاتٍ حول بعض الأمور أو الأحداث التي لا يستطيع أن يجدَ لها تفسيراً؛ وبالتالي فإنَّه قد يقوم بإجراء دراسة أو بحثٍ لمحاولة الوصول إلى شرحٍ أو تفسيرٍ لتلك الظواهر الغامضة، والخبرة في الميدان التربويِّ مصدرٌ مهمٌّ لاختيار مشكلة بحثيَّة، فالنظرةُ الناقدة للوسط التربويِّ بعناصره المتعدِّدة وأشكال التفاعل بين هذه العناصر مصدرٌ غنيٌّ لكثير من الأسئلة التي تحتاج إلى إجابات مبنيَّة على أساسٍ قويٍّ وموثوق من المعرفة.
- القراءة الناقدة التحليليَّة: إنَّ القراءة الناقدة لما تحتويه الكتب والدوريَّات وغيرها من المراجع من أفكار ونظريَّات قد تثير في ذهن الباحث عدَّة تساؤلاتٍ حول صدق

هذه الأفكار، وتلك التساؤلات تدفعه إلى الرغبة في التحقُّق مـن تلـك الأفكـار أو النظريَّـات؛ وبالتـالي فإنَّه قد يقوم بإجراء دراسة أو بحث حول فكرةٍ أو نظريَّة يشكُّ في صحَّتها.

- الدراسات والبحوث السابقة: حيث أنَّ البحوثَ والدراساتِ العلميَّة متشابكةٌ ويكمل بعضُـها الـبعضَ الآخر؛ ومن هنا قد يبدأ أحد الباحثين دراسته من حيث انتهت دراسةٌ لغيره، وكثيراً ما نجد في خاتمات الدراسات إشارات إلى ميادين تستحقُّ الدراسة والبحث ولم يتمكَّن صـاحبُ الدراسـة مـن القيـام بهـا لضيق الوقت أو لعدم توفُّر الإمكانات أو أنَّها تخرج به عن موضوع دراسته الـذي حـدَّدَه في فصـولها الإجرائيَّة، فلَفَتَ النظر إلى ضرورة إجراء دراساتٍ متمِّمة، ومن هنا قـد يكـون ذلـك منبعـاً لمشـكلات بحثيَّة لباحثين آخرين.
- آراء الخبراء والمختصِّين: فالباحث يرجع إلى من هو أعلمُ منـه في مجالـه مستشـيراً ومسـتعيناً بخبرتـه، فالمشرف على دراسته الذي يكون في بادئ الأمر مرشداً، وأساتذة الجامعـات، وغـيرهم مـن الخـبراء في ميادينهم ومجالاتهم وبخاصَّة أولئك الذين جرَّبوا البحثَ ومارسـوه في إطـار المـنهج العلمـيِّ وبصرـوا بخطواتـه ومراحله ومناهجه وأدواتـه.

• وهناك بعض الأمور التي ينبغي للباحث ان يراعيهاعند اختياره لمشكلة بحثة وتحديدها.

ومن أهم هذة الأمور مايلي:-

1- ان يوجد دافع قوي وميل لدى الباحث نحو دراسة المشكلة

2- ان تكون مشكلة البحث واضحة ومحددة إمام الباحث.

3- يجب ان يختار الباحث المشكلة التي يؤدي حلها إلى إعطاء قيمة علمية وعملية في ميدان البحث،

4- ان ترتبط المشكلة بواقع المجتمع ومشكلاتة وان لا تكون من خيال الباحث.

5- ان تكون المشكلة جديدة لم تدرس من قبل،

6- ان تكون في مقدور الباحث واستطاعته، من حيث قدراته العلمية والبحثية.

7- ان يكون لدى الباحث تصور للتغلب على معوقات بحث المشكلة مثل:

(المعوقات السياسية – الاجتماعية – الاقتصادية...)

ومن الأمور التي تساعد الباحث على اختيار مشكلة البحث ما يلي:

1. الاطلاع على المجلات العلمية ذات العلاقة بموضوع الدراسة.

2. دراسة الاطروحات (الماجستير والدكتوراه) المقدمة إلى الجامعات.

ولا شك إن عملية تحديد مشكلة البحث العلمي بشكل واضح ودقيق قد لا تكون ممكنة في البداية، حيث لا توجد في ذهن الباحث إلا أفكار عامة وشعور غامض بوجود مشكلة تستحق البحث وبالتالي تتم إعادة صياغة المشكلة مرة بعد أخرى إلى أن يتم تحديدها وتثبيت جوانبها وفصلها عن المواضيع القريبة. ويجب أن تتضمن الصياغة الصحيحة للمشكلة عدة نقاط هي:

1. تحديد الموضوع الرئيس الذي وقع عليه اختيار الباحث.

2. تحديد النقاط الرئيسة والفرعية التي تشتمل عليها المشكلة.

3. تحديد الأهداف والغايات المرجو تحقيقها من البحث.

مصادر اشتقاق المشكلة:-

- المصدر الشخصي Source Personal
- المصدر العلمي Source Scientific
- المصدر المجتمعي Source Community
- المصدر الرسمي Official source

رابعا: أسئلة البحث Search queries :

في ضوء ما سبق يمكن للباحث أن يحدِّد أسئلة بحثه التي يسعى البحثُ مستقبلاً للتوصُّل إلى إجاباتها وذلك بصياغتها صياغة دقيقة. أما أسئلة البحث فهي اطروحات يطرحها الباحث،تنبثق من المشكلة والإجابات عنها يمكن ان تمثل حلولاً للمشكلة ضمن الزمان والمكان والأحداث والأشخاص والعلاقات. ويجب ان تكون الأسئلة التى يضعها الباحث لا يستطيع الإجابة عليها إلا بعد الانتهاء من بحثه.

خامسا: تحديد مصطلحات ومفاهيم ومحدِّدات البحث:

يستخدم الباحثون مفاهيم ومصطلحات وافتراضات معيَّنة (غير الفرضيَّات) في أبحاثهم، كما تعلق أبحاثهم بمحدِّدات معيَّنة، وتلك ممَّا تلزم إشاراتُ الباحث إليها في إجراءات بحثه.

مصطلحات ومفاهيم البحث: لا بدَّ لأيٍّ باحث من قيامه بتعريف المصطلحات Terms التي سوف يستخدمها في بحثه حتَّى لا يساء فهمها أو تفهم بدلالاتٍ غير دلالاتها المقصودة فيها بالبحث، فكثيراً ما تتعدَّد المفاهيمُ والمعاني الخاصَّة ببعض المصطلحات المستخدمة في الأبحاث التربويَّة، لذلك لا بدَّ أن يحدِّد الباحث المعاني Meanings والمفاهيم Conceptsالتي تتناسب أو تتَّفق مع أهداف بحثه وإجراءاته، وتعريفُ المصطلحات يساعد الباحث في وضع إطارٍ مرجعيٍّ يستخدمه في التعامل مع مشكلة بحثه، وتنبغي منه الإشارةُ إلى مصادر تعريفات مصطلحات بحثه إذا استعارها من باحثين آخرين، أو أن يحدِّدَ تعريفاتٍ خاصَّة به، فمثلاً يتألَّف عنوان دراسة: تقويم وظيفة المدرسة الثانويَّة في بيئتها الخارجيَّة والمجتمع المحيط بها من خمسة مصطلحاتٍ علميَّة هي: تقويم، وظيفة، المدرسة، البيئة، المجتمع، وهي مصطلحاتٌ تستخدمها عدَّةُ تخصُّصات علميَّة؛ تختلف فيما بينها في مفاهيمها فتضيق وتتَّسع الإطاراتُ العلميَّة لتلك المصطلحات من تخصُّصٍ علميٍّ إلى آخر، بل تختلف داخل التخصُّص الواحد من فرع إلى آخر، وليمتدَّ هذا الاختلافُ من باحثٍ إلى آخر في الفرع الواحد؛ لذا لا بدَّ من تحديدها بإيضاح مفاهيمها التي سيستخدمها الباحث في هذا البحث لدفع احتمال لبس أو سوء فهم أو تفسير متباين لبعضها، هذا إضافة إلى ما سيستخدمه البحث من مصطلحات أخرى على الباحث أن يوضِّحَ مفهومه لها في المبحث النظريِّ من بحثه، ويمكن أن تكونَ مؤقَّتاً في مواضع استخدامها لتساعده على تقدُّم بحثه لتنقل لاحقاً إلى مكانها الذي يعتاده الباحثون في صدر البحث.

يقول الفرَّا (1983م): لعلَّ من الواجب على الباحث الالتزام به هو تحديدُ معنى كلِّ مفهومConcept يستخدمه في بحثه إلى جانب قيامه بتعريف المصطلحات العلميَّة Technical terms التي يستعين بها في تحليلاته، لأنَّ مثل هذا وذاك خدمة له ولقرَّائه، إذْ يتمكَّن بذلك من التعبير عمَّا يريد قوله بطريقة واضحة وسليمة بحيث لا ينشأ بعدها جدلٌ حول ما يعنيه بهذه المفاهيم أو يقصده من تلك المصطلحات الفنيَّة والعلميَّة، وكثيراً ما يكون أساس الجدل والاختلاف في الرأي نتيجة لعدم وضوح الباحث فيما يرمي إليه من مفاهيم وتعابير ممَّا قد يترتَّب عليه فهمٌ خاطئ لهذا الباحث، والمفهوم هو الوسيلة الرمزيَّة Simbolic التي يستعين بها الإنسان للتعبير عن الأفكار والمعاني المختلفة بغية توصيلها للناس، والمصطلحات هي أدوات تحصر المفاهيم وتقلِّصها وتحدِّدها.

محدِّدات البحث: كلُّ باحث لا بدَّ أن يتوقَّعَ وجود عوامل تعيق إمكانيَّة تعميم نتائج بحثه، تلك العوامل هي ما يسمِّيها الباحثون محدِّدات البحث، فلا يخلو أيُّ بحثٍ من مثل تلك المحدِّدات؛ لأنَّ البحث الذي تتمثَّل فيه خصائصُ الصدق والثبات بصورة كاملة لا يُتَوَقَّعُ أن يتحقَّقَ علميّاً، وتصنَّف محدِّداتُ البحث في فئتين:

فئة تتعلَّق بمفاهيم ومصطلحات البحث، فكثير من المفاهيم التربويَّة مثل التعلُّم، التحصيل، التشويق، الشخصيَّة، الذكاء هي مفاهيم عامَّة يمكن استخدامها بطرق مختلفة، وتعريفاتها المحدَّدة المستخدمة بالبحث تمثِّل تحديداً لنتائج البحث بحيث لا تصلح لتعميمها خارج حدود تلك التعريفات.

فئة من المحدِّدات تتعلَّق بإجراءات البحث، فطريقة اختيار أفراد أو مفردات الدراسة وأدوات جمع بياناتها وأساليب تحليلها وإجراءات تطوير أدواتها وغيرها أمثلة على هذه الفئة من المحدِّدات، ولذلك حين يشعر الباحثُ أنَّ بعض إجراءات البحث غير ملائمة تماماً ولكنَّه لا يستطيع أن يجعلَها أكثر ملاءمةً فلا حرجَ عليه إذا ما أفصح عن ذلك وعدَّه أحد محدِّدات البحث التي استطاع أن يميِّزها.

سادسا: صياغة الفروض Formulate hypotheses

افتراضات البحثAssumptions Research :

ويقصد بها تلك العبارات التي تمثِّل أفكاراً تعدُّ صحيحةً ويبني الباحثُ على أساسها التصميمَ الخاصَّ ببحثه، وتسمَّى أحياناً بالمسلَّمات وهي حقائق أساسيَّة Basic Facts يؤمن الباحثُ بصحَّتها وينطلق منها في إجراءات بحثه، (فودة؛ عبد الله، 1991م، ص234)، فعلى الباحث أن يشيرَ إلى تلك الافتراضات التي يعدُّها صحيحةً وغير قابلة للتغيير، وعموماً لا تعدُّ الافتراضات مقبولةً إلاَّ إذا توافرت بياناتٌ موضوعيَّة خاصَّة تدعمها، وتوافرت معرفةٌ منطقيَّة أو تجريبيَّة أو مصادر موثوقة يمكن الاطمئنان إليها، ومن المؤكَّد أن قيمة أيِّ بحث سيكون عرضة للشكِّ إذا كانت افتراضاته الأساسيَّة موضع تساؤلات؛ ولذلك فإنَّ على الباحث أن يختار افتراضات بحثه بعناية، وأن يضمِّنَ جميع افتراضات بحثه مخطَّط بحثه، وأن يتذكَّر دائماً أنَّه من العبث أن يضمِّنَ مخطَّط بحثه افتراضات ليست ذات علاقةٍ مباشرة بموضوع بحثه.

يجب على الباحث في ضوء المنهج العلميِّ أن يقوم بوضع الفرضيَّة أو الفرضيَّات التي يعتقدُ بأنَّها تؤدِّي إلى تفسير مشكلة دراسته، ويمكن تعريف الفرضيَّة بأنَّها:

1- تفسير مؤقَّت أو محتمل يوضِّح العوامل أو الأحداث أو الظروف التي يحاول الباحث أن يفهمَـها.

2- تفسيرٌ مؤقَّت لوقائع معيَّنة لا يزال بمعزل عن اختبار الوقائع، حتى إذا ما اختبر بالوقائع أصبح من بعد إمَّا فرضاً زائفاً يجب أن يُعْدَلَ عنه إلى غيره، وإمَّا قانوناً يفسِّر مجرى الظواهر كما قال بـذلك بـاخ: هي ذكر في: (بدوي، 1977، ص145).

3- تفسيرٌ مقترح للمشكلة موضوع الدراسة، (غرايبة وزملاؤه، 1981م، ص22).

4- تخمينٌ واستنتاجٌ ذكيٌّ يصوغه ويتبنَّاه الباحث مؤقَّتاً لشرح بعض ما يلاحظـه مـن الحقـائق والظـواهر، ولتكونَ هذه الفرضيَّة كمرشد له في الدراسة التي يقوم بها، (بدر، 1989م، ص71).

5- إجابةٌ محتملةٌ لأحد أسئلة الدراسة يتمُّ وضعها موضع الاختبـار، وذلـك كـما عرَّفهـا عـودة وملكـاوي، (1992م، ص43).

وعموماً تتَّخذ صياغـةُ الفرضيَّة شكلين أساسيَّين:

1- صيغة الإثبات: ويعني ذلك صياغة الفرضيَّة بشكلٍ يثبتُ وجود علاقة سـواءٌ أكانـت علاقـة إيجابيَّـة أم كانت علاقة سلبيَّة، مثال: توجد علاقةٌ إيجابيَّة بين وظيفة المدرسة الثانويَّة في بيئتها الخارجيَّـة وفي مجتمعها المحيط بها وبين أعداد معلِّميها، أو توجد علاقةٌ سلبيَّة بـين وظيفـة المدرسـة الثانويَّـة في بيئتها الخارجيَّة وفي مجتمعها المحيط بها وبين نوعيَّة مبناها.

2- صيغة النفي: ويعني ذلك صياغة الفرضيَّة بشكلٍ ينفـي وجـود علاقـة سـواءٌ أكانـت علاقـة إيجابيَّـة أم كانت علاقة سلبيَّة، مثال: لا توجد علاقةٌ إيجابيَّة بين وظيفة المدرسة الثانويَّـة في بيئتهـا الخارجيَّـة وفي مجتمعها المحيط بها وبين أعداد معلِّميها، أو لا توجد علاقةٌ سلبيَّة بين وظيفة المدرسة الثانويَّة في بيئتها الخارجيَّة وفي مجتمعها المحيط بها وبين نوعيَّة مبناها.

ومن العسير أن يُرْسَم خطٌّ فاصلٌ بين كلٍّ من الفرضيَّة والنظريَّة، والفرق الأساسيُّ بينهما هـو في الدرجـة لا في النوع، فالنظريَّة في مراحلها الأولى تسمَّى بالفرضيَّـة، وعند اختبار الفرضيَّة بمزيـدٍ مـن الحقـائق بحيـث تـتلاءم الفرضيَّة معها فإنَّ هذه الفرضيَّة تصبح نظريَّة، أمَّا القانون فهو يمثِّل النظـام أو العلاقـة الثابتـة التـي لا تتغـيَّر بـين ظاهرتين أو أكثر، وهذه العلاقة

الثابتة الضروريَّة بين الظواهر تكون تحت ظروف معيَّنة، ومعنى ذلك أنَّ القوانين ليست مطلقة، وإنَّما هي محدودة بالظروف المكانيَّة أو الزمانيَّة أو غير ذلك، كما أنَّ هذه القوانين تقريبيَّة؛ بمعنى أنَّها تدلُّ على مقدار معرفة الباحثين بالظواهر التي يقومون بدراستها في وقتٍ معيَّن، وبالتالي فمن الممكن أن تستبدل القوانين القديمة بقوانين أخرى جديدة أكثر منها دقَّةً وإحكامًا.

أهميَّة الفرضيَّة:

تنبثق أهميَّة الفرضيَّة عن كونها النور الذي يضيء طريقَ الدراسة ويوجِّهها باتِّجاهٍ ثابت وصحيح، (غرايبة وزملاؤه، 1981م، ص23)، فهي تحقِّق الآتي:

1- تحديد مجال الدراسة بشكلٍ دقيق.

2- تنظيم عمليَّة جمع البيانات فتبتعد بالدراسة عن العشوائيَّة بتجميع بيانات غير ضروريَّة وغير مفيدة.

3- تشكيل الإطار المنظِّم لعمليَّة تحليل البيانات وتفسير النتائج.

مصادر الفرضيَّة:

تتعدَّد مصادر الفرضيَّة، فهي تنبعُ من نفس الخلفيَّة التي تتكشَّف عنها المشكلات، فقد تخطر على ذهن الباحث فجأة كما لو كانت إلهاماً، وقد تحدث بعد فترة من عدم النشاط تكون بمثابة تخلُّصٍ من تهيؤ عقليٍّ كان عائقاً دون التوصُّل إلى حلِّ المشكلة، ولكنَّ الحلَّ على وجه العموم يأتي بعد مراجعةٍ منظَّمة للأدلَّة في علاقاتها بالمشكلة وبعد نظرٍ مجدٍّ مثابر، ولعلَّ أهم مصادر الفرضيَّة كما قال بها غرايبة وزملاؤه (1989م، ص23) المصادر الآتية:

1- قد تكون الفرضيَّة حدساً أو تخميناً.

2- قد تكون الفرضيَّة نتيجة لتجارب أو ملاحظات شخصيَّة.

3- قد تكون الفرضيَّة استنباطاً من نظريَّاتٍ علميَّة.

4- قد تكون الفرضيَّة مبنيَّة على أساس المنطق.

5- قد تكون الفرضيَّة باستخدام الباحث نتائج دراسات سابقة.

وتتأثَّر مصادر الفرضيَّات ومنابعها لدى الباحث بمجال تخصُّصه الموضوعيِّ، وبإحاطته بجميع الجوانب النظريَّة لموضوع دراسته، وقد يتأثَّر بعلوم أخرى وبثقافة مجتمعه وبالممارسات

العمليَّة لأفراده وبثقافاتهم، وقد يكون خيال الباحث وخبرته مؤثِّراً مهمّاً لفرضيَّاته، ولعلَّ من أهم شروط الفرضيّات والإرشادات اللازمة لصياغتها، هي الشروط والإرشادات الآتية:

1- إيجازها ووضوحها: وذلك بتحديد المفاهيم والمصطلحات التي تتضمَّنها فرضيّاتُ الدراسة، والتعرُّف على المقاييس والوسائل التي سيستخدمها الباحث للتحقُّق من صحَّتها.

2- شمولها وربطها: أي اعتماد الفرضيّات على جميع الحقائق الجزئيَّة المتوفِّرة، وأن يكون هناك ارتباطٌ بينها وبين النظريّات التي سبق الوصول إليها، وأن تفسِّرَ الفرضيّات أكبر عدد من الظواهر.

3- قابليّتها للاختبار: فالفرضيّات الفلسفيَّة والقضايا الأخلاقيَّة والأحكام القِيَمِيَّة يصعب بل يستحيل اختبارُها في بعض الأحيان.

4- خلوها من التناقض: وهذا الأمر يصدق على ما استقرَّ عليه الباحثُ عند صياغته لفرضيَّاته التي سيختبرها بدراسته وليس على محاولاته الأولى للتفكير في حلِّ مشكلة دراسته.

5- تعدُّدها: فاعتماد الباحث على مبدأ الفرضيّات المتعدِّدة يجعله يصل عند اختبارها إلى الحلِّ الأنسب من بينها.

6- عدم تحيُّزها: ويكون ذلك بصياغتها قبل البدء بجمع البيانات لضمان عدم التحيُّز في إجراءات البحث.

7- اتِّساقها مع الحقائق والنظريّات: أي ألا تتعارض مع الحقائق أو النظريّات التي ثبتت صحَّتُها.

8- اتِّخاذها أساساً علميّاً: أي أن تكون مسبوقة بملاحظة أو تجربة إذْ لا يصحُّ أن تأتي الفرضيَّة من فراغ، وغالباً ما يضع الباحث عدَّة فرضيّات أثناء دراسته حتى يستقرَّ آخر الأمر على إحداها وهي التي يراها مناسبة لشرح جميع البيانات والمعلومات، وهذه الفرضيَّة النهائيَّة تصبح فيما بعد النتيجةَ الرئيسة التي تنتهي إليها الدراسة، علماً أنَّ نتيجة الدراسة شيءٌ يختلف عن توصياتها، فتوصيات الدراسة هي اقتراحات إجرائيَّة يقترحها الباحث مبنيَّة على نتائج الدراسة، وأنَّ الفرضيّات المرفوضة أو البدايات الفاشلة هي من جوانب الدراسة التي لا يستطيع القارئ أن يطَّلع عليها، فالباحث استبعدها من دراسته نهائيّاً.

ومن الضروري جدّاً أن يتمَّ تحديد فرضيَّات البحث بشكلٍ دقيق، وأن يتمَّ تعريف المصطلحات الواردة في الفرضيَّات تعريفاً إجرائيّاً، فذلك يسهِّل على الباحث صياغة أسئلة استبانة دراسته أو أسئلة استفتائه أو أسئلة مقابلته للمبحوثين صياغة تمنع اللبسَ أو الغموضَ الذي قد يحيط ببعض المصطلحات، فصياغة الفرضيَّة صياغة واضحة تساعد الباحث على تحديد أهداف دراسته تحديداً واضحاً، وإذا تعدَّدت الفرضيَّات التي اقترحت كحلولٍ لمشكلة البحث بحيث يكون أحدها أو عدد منها هو الحلُّ فلا بدَّ في هذه الحالة أن يكون اختيار الفرضيَّة التي ستكون هي الحلُّ والتفسير لمشكلة البحث اختياراً موضوعيّاً؛ أي أن يأتي هذا الاختيار عن دراسة وتفهُّم للفرضيَّات جميعها، ثم اختيار فرضيَّة منها على أنَّها هي الأكثر إلحاحاً من غيرها في إيجاد المشكلة، أو في حلِّ المشكلة بحلِّها، وتجب الإشارة إلى أن بعض الأبحاث قد لا تتضمَّن فرضيَّات كالبحث الذي يستخلص مبادئ تربويَّة معيَّنة من القرآن الكريم، أو البحث الذي يكتب تاريخ التعليم في منطقة ما، أو الذي يكتب سيرة مربٍّ وتأثيره في مسيرة التربية والتعليم.

تشكيل الفرضيات: (الفرض هو تخمين ذكي من صاحب المشكلة يتأثر بنوع الخبرة السابقة بموضوع المشكلة، ويكون على شكل جملة خبرية تتطلب البحث عن علاقة بين متغيرين،أو فكرتين، أو مقولتين ؛ نحو: يؤثر الدوام الطويل للمكتبة على سرعة إنجاز البحث الصفي).

هى توقعات للباحث تمثل حلولا للمشكلة، ولا يصوغها الباحث من محض خياله،أنما في ضوء خبراته وقراءته وإطلاعه على البحوث والتجارب السابقة.

ملاحظه: يجب أن يخضع كل فرض للاختبار وتثبت صحته من عدمه ويكون الباحث أمينا وصادقا فى تبين الاستنتاجات التي توصل إليها من نتائج بحثه ومدى توافقها مع الفروض التى وضعها فى بحثه ويصرح بصحة فرضه من عدمه فان ذلك يعطى بحثه الثقة والمصداقية ولا ينقص منه شيئا.

يمكن اعتبار هذه المرحلة،من أهم مراحل خطوات البحث العلمي.لأنها عبارة عن حل مبدئي يتخيله الباحث لكشف العلاقة الموجودة بين عناصر، ومتغيرات الظاهرة، موضوع الدراسة. كما أنها تقدم لنا كثيرا من المعطيات، والمعلومات التي قد تتحقق في نهاية الدراسة، أو لا تتحقق.إن وضع الفرضية هو من صنع الباحث، وهي عملية ذات قيمة إبداعية،

تدل على فطنة وخبرة الباحث، ومدى استيعابه وفهمه للإشكالية التي يدرسها، وللواقع الـذي تنتمـي إليـه. حتـى يتجنب إضاعة الوقت، في فرضيات عقلية، بعيدة عن الواقع.

وهناك ملاحظات لا بد من الإشارة إليها وهي:

1. يجب مراعاة العناصر، والمتغيرات والعلاقات الموجودة بينها في الظاهرة، عند صياغة الفرضية.

2. أن تكون الفرضية قابلة للتأكد من صحتها،أو عدم صحتها.[أي قابلة للدراسـة، والاختبـار، والتجريـب على خلاف الفرضيات الميتافيزيقية،والأخلاقية،الغير قابلة للتحقق.]

3. لابـد أن تكـون الفرضية مرتبطة،ومنسجمة مـع النظريـات العلميـة السـابقة،التي أكـدها العلـم، و أصبحت بمثابة بديهة.. حتى لا يضيع الوقت في أمر، قال فيه العلم كلمته الأخيرة، وحتى يستفيد من الحقائق المكتسبة.

4. من الخطأ الشائع أن توضع الفرضية في شكل سؤال. بينما الصحيح، أن تكون الفرضية مثبتة، ومنفية، في نفس الوقت. لأنها ستصبح قانونا، إذا تأكدت صحتها. فالدراسة هي التي ستؤكد صحة الفرضية أو نقيضها .

سابعا: حدود البحث Frontiers of research :-

1- الحدود المكانية للبحث Spatial border Research:-

ويقصد بها تحديد اسم المنطقة التي سيشملها البحث وحدودها.

- مثال: الخليج العربي: السعودية: الرياض

2 - الحدود الزمنية Time limits:-

وتعني ان يحدد الباحث الفترة الزمنية التي سيغطيها البحث.

مثال: يقتصر هذا البحث على دراسة محو الأمية في المجتمع السعودي منذ 1998 الى سنة 2008

3- الحدود الموضوعية Substantive border :-

ان يحدد الباحث العناصر الأساسية التي سيدرسها في بحثه

مثال: مشكلة الأمية لها أسباب كثيرة:

(عوامل تربوية تعليمية -عوامل اقتصادية -عوامل اجتماعية -عوامل نفسية...الخ،

وليس من المعقول ان يتصدى الباحث لدراسة لكل العوامل بل يذكرها في بحثه ويتعمق في جانب واحد من تلك العوامل المترابطة في تخصص بحثه حتى يعطيه حقه من البحث والدراسة.

ثامنا: الإطارُ النظريُّ للبحث - استطلاع الدراسات السابقة

تعدُّ هذه الخطوة بدايةَ مرحلةٍ جديدة من مراحل البحث يمكن أن يُطْلَقَ عليها وعلى لاحقتها الإطارُ النظريُّ للبحث أو للدراسة، فبعد الخطوات الإجرائيَّة السابقة اتِّضحت جوانبُ الدراسة أو البحث فتبيَّنت الطريق للباحث وعرف طبيعة البيانات والمعلومات والحقائق التي ستحتاجها دراسته أو بحثه، وبما أنَّ البحوث والدراسات العلميَّة متشابكة ويكمل بعضُها البعضَ الآخر ويفيد في دراساتٍ لاحقة، ويتضمَّن استطلاع الدراسات السابقة مناقشة وتلخيص الأفكار الهامَّة الواردة فيها، وأهميَّة ذلك تتَّضح من عدة نواحٍ، هي:

1- توضيح وشرح خلفيَّة موضوع الدراسة.

2- وضع الدراسة في الإطار الصحيح وفي الموقع المناسب بالنسبة للدراسات والبحوث الأخرى، وبيان ما ستضيفه إلى التراث الثقافيِّ.

3- تجنُّب الأخطاء والمشكلات التي وقع بها الباحثون السابقون واعترضت دراساتهم.

4- عدم التكرار غير المفيد وعدم إضاعة الجهود في دراسة موضوعات بحثت ودرست بشكلٍ جيِّد في دراسات سابقة.

فمن مستلزمات الخطَّة العمليَّة للدراسة دراسةُ الموضوعات التي لها علاقة بموضوع الباحث؛ لذلك فعليه القيام بمسحٍ لتلك الموضوعات؛ لأنَّ ذلك سيعطيه فكرة عن مدى إمكانيَّة القيام ببحثه، ويثري فكره ويوسِّع مداركه وأفقَه، ويكشف بصورة واضحة عمَّا كتب حول موضوعه، والباحث حين يقوم بمسحه للدراسات السابقة عليه أن يركِّز على جوانب تتطلَّبها الجوانبُ الإجرائيَّة في دراسته أو بحثه، ((Lounsbury, 1975, pp.19-22 & Haring، وهي:

1- أن يحصرَ عدد الأبحاث التي عملت من قبل حول موضوع دراسته.

2- أن يوضِّحَ جوانب القوَّة والضعف في الموضوعات ذات العلاقة بموضوع دراسته.

3- أن يبينَ الاتجاهات البحثيَّة المناسبة لمشكلة بحثه كما تظهر من عمليَّة المسح والتقويم.

ويمكن للباحث عن طريق استقصاء الحاسبات الآليَّة في مدينة الملك عبدالعزيز للعلوم والتقنية، وفي مركز الملك فيصل للبحوث والدراسات الإسلاميَّة، وفي مكتبة الملك فهد الوطنيَّة، وعن طريق الاطِّلاع على بيبليوغرافيا الرسائل العلميَّة في الدراسات العليا وبيبليوغرافيا الدوريَّات المحكَّمة التي تنشر الأبحاث في مجال موضوعِ دراسته أن يستكشفَ كلَّ ما كتب عن موضوع دراسته ويتعرَّف على مواقعها وربَّما عن ملخصاتٍ عنها.

كما تعدُّ النظريَّاتُ ذات العلاقة بموضوع الدراسة ممَّا يجب اطِّلاع الباحث عليها وفحصها بتطبيقها فيما يتَّصل بموضوعه، أو إثبات عدم صلاحيَّتها في ذلك في مدخلاتها ومخرجاتها، وأن يسلك في ذلك المنهج العلميَّ، ويجب ألاَّ ينسى الباحث أنَّ الدوريَّات العلميَّة تعدُّ من أهمِّ مصادر المعلومات والبيانات الجاهزة ولا سيما الدوريَّات المتخصِّصة منها والتي لها علاقة بموضوع بحثه، وتخصِّص المكتباتُ العامَّة عادة قسماً خاصّاً بالدوريَّات، وأهمُّ ميزة للدوريَّات أنَّها تقدِّم للباحث أحدث ما كتب حول موضوعه، وأنَّها تلقي الأضواء على الجوانب التي تعدُّ مثارَ جدلٍ بين الباحثين بمختلف حقول التخصُّص، وتلك الجوانب تعدُّ مشكلاتٍ جديرة بإجراء أبحاث بشأنها.

تاسعاً: أهداف البحث وأهميته Research objectives and importance :-

الأهداف: هي التي تجيب عن سؤال الباحث لنفسه: لماذا يجرى هذا البحث؟

أي توضح ما يسعى الباحث للوصول إلية بإجراء بحثه.

الهدف من البحث يفهم عادة على أنَّه السبب الذي من أجله قام الباحث ببحثه، ويمكن أن تشملَ أهداف البحث بيان بالاستخدامات الممكنة لنتائجه وشرح قيمة هذا البحث، وعموماً لا يمكن أن تدلَّ أهداف البحث على تحديد مشكلته (موضوعه)، فالباحثُ عادة وبعد أن يحدِّدَ أسئلة بحثه ينتقل خطوةً إلى ترجمتها بصياغتها على شكل أهدافٍ يوضِّحها تحت عنوان بارز، فالباحث حين يختار لبحثه موضوعاً معيَّناً (مشكلة بحثيَّة) يهدف في النهاية إلى إثبات قضيَّة معيَّنة أو نفيها أو استخلاص نتائج محدَّدة، وتحديد الأهداف هو مفتاحُ النجاح في البحوث، فقد يشعر الباحثُ أثناء البحث بالإحباط أو الارتباك، وقد لا يدري إن كانت الحقائق التي جمعها ملائمة أو كافية، ولا يسعفه في مثل هذه المواقف إلاَّ الأهداف المحدَّدة، فتحديد الأهداف ذو صلة قويَّة بتحديد مشكلة البحث، وهو لاحق لا سابق لتحديدها، والباحث الذي يجيد تحديد وحصر موضوعه أكثر قدرةً على صياغة

أهداف بحثه، وما تحديدُ أهداف البحث إلاَّ تحديدٌ لمحاوره التي سيتناولها الباحث من خلالها، ومن المبادئ التي يمكن الاسترشاد بها عند كتابة أهداف البحث المبادئُ الآتية:

1- أن تكونَ أهداف البحث ذات صلة بطبيعة مشكلة البحث.

2- أن يتذكَّرَ الباحث دائماً أنَّ الأهداف المحدَّدة خيرٌ من الأهداف العامَّة.

3- أن تكونَ الأهداف واضحة لا غامضة تربك الباحث.

4- أن يختبرَ وضوح الأهداف بصياغتها على شكل أسئلة.

الأهمية:

فتعتبر عما يضيفه البحث – بعد الانتهاء منه – من فوائد إلى الميدان العلمي ومجال التخصص.

عاشراً: المنهج المتبع في البحث (منهج البحث):-

يقصد بذلك أن يحدِّد الباحث الطريقة التي سوف يسلكها في معالجة موضوع بحثه لإيجاد حلولٍ لمشكلة بحثه، وتسمَّى تلك الطريقة بالمنهج(*)، ولا بدَّ من الإشارة في الجانب النظريّ والإجرائيّ من الدراسة إلى المنهج أو المناهج التي يرى الباحثُ أنَّها الأصلح لدراسته، فلا يكفي أن يختارها ويسير في دراسته وفقها دون أن يشير إليها، لذلك يجب عند كتابة منهج البحث أن يراعي الباحث ما يلي:

1) أن يكون منهج البحث منظَّماً بحيث يتيح لباحث آخر أن يقوم بنفس البحث أو يعيد التجارب ذاتها التي قام عليها منهج البحث.

2) أن يوضِّح الباحثُ للقارئ ما قام به من إجراءات وأعمال ونشاطات ليجيبَ عن التساؤلات التي أثارتها المشكلة موضوع البحث.

والمقصود هنا أن يحدِّد الباحث بدقَّة وموضوعيَّة المشكلة التي قام بدراستها وأن يحدِّد الأساليب والطرق والنشاطات التي اتَّبعها لإيجاد حلولٍ لها بحيث لا يترك لبساً أو غموضاً في أيٍّ من جوانبها؛ وهذا يتطلَّب معرفة الإجراءات التي عملها وقام بها قبل إنجازه بحثه أو دراسته، وهي:

1) تخطيط كامل لما سيقوم به وما يلزمه من أدوات ووقت وجهد.

2) تنفيذ المخطَّط بدقَّة بحسب تنظيمه مع ذكر ما يطرأ عليه من تعديلات بالزيادة أو بالحذف في حين حدوثها.

3) تقويم خطوات التنفيذ بصور مستمرّة وشاملة حتى يتعرّف الباحث على ما يتطلّب تعديلاً دونما أيِّ تأخير أو ضياع للوقت أو الجهد.

تشتق كلمة " منهج " من نهج أي سلك طريقا معينا،وبالتالي فإن كلمة" المنهج " تعني الطريق و السبيل، ولذلك كثيرا ما يقال أن طرق البحث مرادف لمناهج البحث. إن ترجمة كلمة " منهج " باللغة الإنجليزية ترجع إلى اصل يوناني وتعني البحث أو النظر أو المعرفة، والمعنى الاشتقاقي لها يدل على الطريقة أو المنهج الذي يؤدي إلى الغرض المطلوب. و يحدد المنهج حسب طبيعة الموضوع البحث أو الدراسة و أهدافا التي تم تحديدها سابقا، و يمكن القول أنها تخضع - كما أشرنا سابقا إلى ظروف خارجية أكثر منها إرادية ويعرف العلماء" المنهج " بأنه فن التنظيم الصحيح لسلسلة من الأفكار العديدة،إما من أجل الكشف عن حقيقة مجهولة لدينا،أو من أجل البرهنة على حقيقة لا يعرفها الآخرون.

وعلى هذا فعلى الباحث ألاّ يحذف أيّة تفصيلات مهما كانت غير مهمّة أو غير لازمة من وجهة نظره، لأنَّ حذفها ربّما أثّر على عدم إمكانيّة باحث آخر بإعادة عمل البحث؛ وهذا يعدُّ من المآخذ التي تؤخذ على البحث وعلى الباحث، فقد أشار إلى ذلك أندرسون(Anderson 1971) بقوله:" إنَّ ممّا يدلُّ على أن أفضل الاختبارات التي تستعمل لتقويم أيِّ بحثٍ بصورة عامّة والمنهج المستخدم فيه بصورة خاصّة هو الاختبار الذي يجيب على السؤال الذي يتساءل عن استطاعة باحث آخر أن يكرِّر عمل البحث الذي قام به الباحث الأوّل مستعيناً بالمخطّط الذي وضعه الباحث الأول وما وصفه من طرق اتّبعها في تطبيقه أم لا".

ومن هذا المنطلق، يكون هناك اتجاهان للمناهج من حيث اختلاف الهدف:

إحداهما يكشف عن الحقيقة ويسمى منهج التحليل أو الاختراع.

والثاني يسمى منهج التصنيف.

كما يقر البعض أن المنهج الأكثر استخداما هو المنهج الذي يقوم على تقرير خصائص ظاهرة معينة أو موقف يغلب عليه صفة التحديد، و يعتمد على جمع الحقائق و تحليلها و تفسيرها و استخلاص دلالتها، كما أنه يتجه على الوصف الكمي أو الكيفي للظواهر المختلفة بالصورة الحقيقة في المجتمع للتعرف على تركيبها و خصائصها.

والواقع أن تصنيف المناهج يعتمد عادة على معيار ما حتى يتفادى الخلط والتشويش، وتختلف التقسيمات بين المصنفين لأي موضوع،وتتنوع التصنيفات للموضوع الواحد، وينطبق ذلك على مناهج البحث.

وإذا نظرنا إلى مناهج البحث من حيث نوع العمليات العقلية التي توجهها أو تسير على أساسها نجد أن هناك ثلاثة أنواع من المناهج.

1- المنهج الاستدلالي أو القياسيُّ:

وفيه يربط العقل بين المقدمات والنتائج، وبين الأشياء وعللها على أساس المنطق والتأمل - الذهني،فهو يبدأ بالكليات ليصل منها إلى الجزئيات.

ويسمَّى أحياناً بالتفكير الاستنباطيِّ، استخدم الإنسان هذا المنهج ليتحقَّقَ من صدق معرفة جديدة بقياسها على معرفةٍ سابقة، وذلك من خلال افتراضِ صحَّة المعرفة السابقة، فإيجاد علاقة بين معرفةٍ قديمة ومعرفةٍ جديدة تُسْتَخْدَمُ قنطرةً في عمليَّة القياس، فالمعرفةُ السابقة تسمَّى مقدّمة والمعرفة اللاحقة تسمَّى نتيجة، وهكذا فإنَّ صحَّة النتائج تستلزم بالضرورة صحَّة المقدِّمات، فالتفكير القياسيُّ منهج قديم استخدمه الإنسان ولا يزال يستخدمه في حلِّ مشكلاته اليوميَّة.

2- المنهج الاستقرائي:

وهو يمثل عكس سابقه،حيث يبدأ بالجزئيات ليصل منها إلى قوانين عامة،وهو يعتمد على التحقق بالملاحظة المنظمة الخاضعة للتجريب والتحكم في المتغيرات المختلفة.

استخدم الإنسان أيضاً هذا المنهجَ ليتحقَّق من صدق المعرفة الجزئيَّة بالاعتماد على الملاحظة والتجربة الحسيَّة، فنتيجةً لتكرار حصول الإنسان على نفس النتائج فإنَّه يعمد إلى تكوين تعميمات ونتائج عامَّة، فإذا استطاع الإنسان أن يحصرَ كلَّ الحالات الفرديَّة في فئة معيَّنة ويتحقَّق من صحَّتها بالخبرة المباشرة عن طريق الحواس فإنَّه يكون قد قام باستقراءٍ تامٍّ وحصل على معرفة يقينيَّة يستطيع تعميمها دون شكٍّ إلاَّ أنَّه في العادة لا يستطيع ذلك بل يكتفي بملاحظة عددٍ من الحالات على شكل عيِّنة ممثِّلة ويستخلص منها نتيجةً عامَّة يفترض انطباقها على بقيَّة الحالات المشابهة وهذا هو الاستقراء الناقص الذي يؤدِّي إلى حصوله على معرفةٍ احتماليَّة، وهي ما يقبلها الباحثون على أنَّها تقريب للواقع.

3- المنهج الاستردادي:

يعتمد هذا المنهج على عملية استرداد ما كان في الماضي ليتحقق من مجرى الأحداث،ولتحليل القوى والمشكلات التي صاغت الحاضر.

وعموماً تتعدَّد أنواع المناهج تعدُّداً جعل المشتغلين بمناهج البحث يختلفون في تصنيفاتهم لها، فيتبنَّى بعضهم مناهج نموذجيَّة رئيسة ويعدُّ المناهج الأخرى جزئيَّة متفرِّعة منها، فيما يعدُّ هؤلاء أو غيرهم بعض المناهج مجرد أدوات أو أنواع للبحث وليست مناهج.

- ومن أبرز مناهج البحث العلميِّ كما أشار إليها بدر (1989م) بعد استعراضه لتصنيفات عدد من المؤلِّفين والباحثين المنهجُ الوثائقيُّ أو التاريخيُّ، المنهجُ التجريبيُّ، المسحُ، دراسةُ الحالة، والمنهجُ الإحصائيُّ.

- فيما صنَّف وتني Whitney، مناهج البحث إلى ثلاثة مناهج رئيسة، هي:

- المنهج الوصفيُّ: وينقسم إلى البحوث المسحيَّة والبحوث الوصفيَّة طويلة الأجل وبحوث دراسة الحالة، وبحوث تحليل العمل والنشاط والبحث المكتبيِّ والوثائقيِّ.
- المنهج التاريخيُّ: وهذا المنهج يعتمد على الوثائق ونقدها وتحديد الحقائق التاريخيَّة والآثار والمخلفات الحضارية المختلفة، ومن بعد مرحلة التحليل هذه تأتي مرحلة التركيب حيث يتمُّ التأليف بين الحقائق وتفسيرها؛ وذلك من أجل فهم الماضي ومحاولة فهم الحاضر على ضوء الأحداث والتطوُّرات الماضية. ويُعد أبسط المناهج استعمالاً كطريقة بحث إن لم يكن أساسها، وفي نفس الوقت أهمها من حيث التطبيق.
- المنهج التجريبيُّ: وينقسم إلى: المنهج الفلسفيُّ الهادف إلى نقد الخبرة البشريَّة من ناحية الإجراءات المتَّبعة في الوصول إليها وفي مضمون الخبرة أيضاً، والمنهج التنبؤيُّ الساعي إلى الكشف عن الطريقة التي تسلكها أو تتَّبعها متغيِّراتٌ معيَّنة في المستقبل، والمنهج الاجتماعيُّ الهادف إلى دراسة حالات من العلاقات البشريَّة المحدَّدة كما يرتبط بتطوُّر الجماعات البشريَّة.

والتربية تستفيد في دراساتها من تلك المناهج الرئيسة وتستخدم مناهجَ متفرِّعة منها وتصبغ بعضها بصبغة تربويَّة تكاد تجعلها قاصرةً على موضوعاتها، وسترد إشارةٌ إليها لاحقًا، ولا يقف الباحثون في التربية الإسلاميَّة عند تصنيفات الكتب المتخصِّصة في طرق البحث في ميدان التربية وعلم النفس عند الطرق السابقة بل يتعدَّونها ليضيفوا الطريقةَ الاستنباطيَّة، تلك الطريقة التي كانت أسلوب البحث في استنباط الأحكام الفقهيَّة لدى الفقهاء المسلمين.

وفي حال تصنيف مناهج البحث استنادا إلى أسلوب الإجراء،واهم الوسائل التي يستخدمها الباحث،نجد أن هناك:

- المنهج التجريبي: وهو الذي يعتمد على إجراء التجارب تحت شروط معينة.
- منهج المسح: الذي يعتمد على جمع البيانات " ميدانيا " بوسائل متعددة وهو يتضمن الدراسة الكشفية والوصفية والتحليلية.
- منهج دراسة الحالة:الذي ينصب على دراسة وحدة معينة، فردا كان أو وحدة اجتماعية،ويرتبط باختبارات ومقاييس خاصة.

هذا، وهناك من يصنف مناهج البحث العلمي اعتماداً على أربعة أسس:

الزمن، والحجم، والمتغيرات المستخدمة، والهدف، على النحو التالي:

(1) تصنيف مناهج البحث حسب البعد الزمني:

ويشمل ذلك:

- المنهج التاريخي (دراسة الماضي).
- المنهج الإمبريقي (دراسة الحاضر).
- المنهج التنبؤي (دراسة المستقبل).

(2) تصنيف مناهج البحث حسب حجم المبحوث، ويشمل ذلك:

- منهج دراسة الحالة.
- منهج الأصل الإحصائي العام.
- منهج العينة..

(3) تصنيف مناهج البحث حسب المتغيرات المستخدمة فيه ويشمل ذلك:

المنهج البعدي، والمنهج التجريبي..

(4) تصنيف مناهج البحث حسب الهدف منه، ويشمل ذلك:

- المنهج الوصفي.
- المنهج التفسيري.
- والمنهج الارتباطي..

تعدد مناهج البحث العلمي:

تختلف مناهج البحث من حيث طريقتها، في اختبار صحة الفروض، ويعتمد ذلك على طبيعة وميدان المشكلة موضع البحث ؛ فقد يصلح المنهج التجريبي في دراسة مشكلة لا يصلح فيها المنهج التاريخي أو دراسة الحالة.. وهكذا..

وكثيراً ما تفرض مشكلة البحث المنهج الذي يستخدمه الباحث..

واختلاف المنهج لا يرجع فقط إلى طبيعة وميدان المشكلة، بل أيضاً إلى إمكانات البحث المتاحة، فقد يصلح أكثر من منهج في دراسة بحثية معينة، ومع ذلك تحدد الظروف المتاحة أو القائمة المنهج الذي يختاره الباحث(محمد زيان عمر، 2002/ ص 48، 49.

المهم أن أي منهج من مناهج البحث يقوم على خطوات علمية متكاملة، ومتفقة مع الأسلوب العلمي العام الذي يحكم أي منهج من مناهج البحث ..

وهكذا تتعدد مناهج البحث العلمي بتعدد المشارب والمذاهب والإمكانيات أيضاً.

ويرى وتني Whitney أنَّ المنهج يرتبط بالعمليَّات العقليَّة نفسها اللازمة من أجل حلِّ مشكلة من المشكلات، وهذه العمليَّات تتضمَّن وصف الظاهرة أو الظواهر المتعلِّقة بحلِّ المشكلة بما يشمله هذا الوصف من المقارنة والتحليل والتفسير للبيانات والمعلومات المتوفِّرة، كما ينبغي التعرُّف على المراحل التاريخيَّة للظاهرة، والتنبؤ بما يمكن أن تكون عليه الظاهرة في المستقبل، وقد يستعين الباحث بالتجربة لضبط المتغيِّرات المتباينة، كما ينبغي أن تكون هناك تعميمات فلسفيَّة ذات طبيعة كليَّة ودراسات للخلق الإبداعيِّ للإنسان؛ وذلك حتى تكون دراسة المشكلة بشكل شامل وكامل، وتكون النتائج أقرب ما تكون إلى الصحَّة والثقة.

فإذا كان منهج البحث بوصفه السابق وبمعناه الاصطلاحيِّ المستعمل اليوم هو أنَّه الطريق المؤدِّي إلى الكشف عن الحقيقة في العلوم بواسطة طائفة من القواعد العامَّة التي تهيمن على سير العقل وتحدِّد عمليَّاته حتى يصلَ إلى نتيجة معلومة، فإنَّ المنهج بحسب هذا المفهوم قد يكون مرسوماً من قبل بطريق تأمُّليَّة مقصودة، وقد يكون نوعاً من السير الطبيعيِّ للعقل لم تحدَّد أصوله سابقاً، ذلك أنَّ الإنسان في تفكيره إذا نظَّم أفكاره ورتَّبها فيما بينها حتى تتأدَّى إلى المطلوب على أيسر وجه وأحسنه على نحوٍ طبيعيٍّ تلقائيٍّ ليس فيه تحديد ولا تأمُّل قواعد معلومة من قبل فإنَّه في هذا سار وفق المنهج التلقائيِّ، أما إذا سار الباحث على منهج قد حدِّدت قواعده وسنَّت قوانينُه لتتبيَّن منها أوجهُ الخطأ والانحراف من

أوجه الصواب والاستقامة، فإنَّ هذا المنهج بقواعده العامَّة الكليَّة يسمَّى بالمنهج العقليِّ التأمُّليّ.

يجب ان يحدد الباحث نوع المنهج الذي سيستخدمه في دراسة موضوعة، ويجب علية ان يذكر المنهج الذي اختاره، أحد المناهج السابقة، أو انه سيعتمد على أكثر من منهج من هذه المناهج.

ومن هنا تظهر أهميَّة الاهتمام بمنهج البحث المتبَّع من قبل الباحث إذْ لا بدَّ من شرحه الكيفيَّة التي يطبِّق بها منهج دراسته فيصف أموراً. منها الآتي:

1) تعميم نتائج بحثه.

2) المنطق الذي على أساسه يربط بين المادة التجريبيَّة والقضايا النظريَّة.

3) أفراد التجربة أو مفردات مجتمع البحث.

4) العيِّنة في نوعها ونسبتها وأساليب اختيارها وضبطها.

5) وسائل القياس المستخدمة في البحث.

6) أدوات البحث الأخرى.

7) الأجهزة المستخدمة في البحث.

وعموماً إنَّ وصف تلك الأمور يساعد الباحثين الآخرين على تتبُّع طريق الباحث الأول وتفهُّم ما يرمي إليه وما يتحقَّق لديه من نتائج وما صادفه من عقبات ومشكلات وكيفيَّة تذليلها من قبله.

اختبار الفرضيَّات واستخدام مناهج البحث:

إنَّ ما يهمُّ الباحثين في دراساتهم هو عمليَّات اختبار فرضيَّاتهم، وهي ما تركِّز عليها طرق ومناهج البحث، فالطرق والمناهج المستخدمة في حلِّ مشكلات البحوث ذات أهميَّة بالغة؛ لأنَّ استخدام المناهج الخاطئة لا توصِّل الباحث إلى حلٍّ صحيح إلاَّ بالمصادفة، وعلى ذلك فإنَّ الباحثَ يجب أن يتقن المناهج التي ثبت نجاحها في مجاله العلميِّ، وأن يكتسب مهارةَ استخدامها بالممارسة العمليَّة بالدرجة الأولى، واختيار المناهج الصحيحة يعتمد على طبيعة مشكلة الدراسة نفسها؛ ذلك أن المشكلات المختلفة لا يتمُّ حلُّها بنفس الطريقة، كما أنَّ البيانات المطلوبة للمعاونة في الحلِّ تختلف بالنسبة لهذه المشكلات أيضاً، ونتيجة لذلك فينبغي قبل اختيار المنهج البحثيِّ الصحيح أن يدرس الباحث مشكلة دراسته في ضوء خواصِّها المميِّزة والبيانات والمعلومات المتوفِّرة.

ومناهج البحث باعتبارها لازمة لاختبار الفرضيَّات تتضمَّن الخطوات الرئيسة التالية:

1) تحديد وتعيين مكان البيانات والمعلومات الضروريَّة وتجميعها فهي تشكِّل الأساس لأيِّ حلٍّ لمشكلة الدراسة.

2) تحليل وتصنيف البيانات والمعلومات المجموعة وذلك للوصول إلى فرضٍ مبدئيٍّ يمكن اختباره والتحقُّق من صحَّته أو من خطئه.

وتنبغي الإشارة إلى أنَّه من المرغوب فيه في أي دراسة استخدام منهجين أو أكثر من مناهج البحث لحلِّ مشكلة الدراسة، فليس هناك من سبب يحول بين الباحث ومحاولة الوصول إلى حلٍّ مشكلة دراسته بدراسة تاريخها عن طريق فحص الوثائق وهو ما يعرف بالمنهج الوثائقيِّ أو التاريخيِّ ثمَّ تحديد وضع المشكلة في الحاضر بنوع من المسح وهو ما يعرف بالمنهج الوصفيِّ.

وعموماً يجب التأكيد على مبدأ معيَّن وهو أنَّ الفرضيَّات لا يتمُّ اختبارُها والمشكلات البحثيَّة لا تتمُّ حلولُها بمجرد ومضات البداهة برغم أهميَّتها وقيمتها، ولا بمجرد الخبرة، وبمعاملتها بالمنطق والقياس وحدهما، فمشكلات البحث تتطلَّب اتِّباع مناهج للدراسة يتمُّ التخطيط لها بعناية لتحاشي أخطاء التقدير أو التحيُّز أو غير ذلك من الأخطاء، وحتى يبنى البحثُ على أساس متين من الدليل المقبول الذي يخدم النتائج التي ينتظر الوصول إليها.

لذلك يجب أن يكونَ المنهجُ الذي يختاره الباحثُ كامل الوضوح في ذهنه، وأن يكونَ ذلك المنهج محدَّداً في تفاصيله بحيث يكون الباحث مستعدّاً لشرح خطواته في سهولة ووضوح، فإذا لم يستطع الباحث ذلك فإنَّ ذلك يعني غموض خطَّته ومنهجه في ذهنه؛ وهذا يعني أنَّ وصوله إلى نتائج مُرْضِيَةٍ أمرٌ بعيد الاحتمال.

قواعد اختبار الفرضيَّات:

وعموماً هناك طرق علميَّة تسير فيها اختباراتُ الفرضيَّات، وهي ما تسمَّى أحياناً قواعد تصميم التجارب واختبارها، فقد درس ميل Mill مشكلة الأسباب التي يتناولها البحث التجريبيُّ وتوصَّل إلى قواعدَ خمسٍ يمكن أن تفيد كمرشد في تصميم التجارب واختبار الفرضيَّات والبحث عن تلك الأسباب، ولكن ميل Mill حذَّر من أنَّ هذه القواعد ليست جامدةً كما أنَّها لا تصلح للتطبيق في جميع الحالات، ذكر في: (بدر، 1989م، ص214)، وفيما يلي تلك الطرق والقواعد:

1- طريقة الاتِّفاق: وهي طريقة تعترف بمبدأ السببيَّة العام المتمثِّل في أنَّ وجود السبب يؤدِّي إلى وجود النتيجة، وتشير هذه الطريقة إلى أنَّه إذا كانت الظروف المؤدِّية إلى حدث معيَّن تتَّحدُ جميعاً في عامل واحد مشترك فإنَّ هذا العامل يحتمل أن يكون هو السبب، وبمعنى آخر يمكن التعبير عـن هذه الفكرة بالطريق السلبيَّة بالقول: بأنَّه لا يمكن أن يكون شيءٌ معيَّن هو سبب ظاهرة معيَّنة إذا كانت هذه الظاهرة تحدث بدونه، والصعوبة التي تواجه الباحث عند استخدامه طريقـة الاتِّفاق تقع في تمييزه بين العوامل ذات الدلالة وذات العلاقة بالمشكلة والعوامل التي ليس لها أي دلالة أو علاقة بالمشكلة، ومعنى ذلك أنَّه لا بدَّ له أن يتحرَّى عن السبب الحقيقيِّ وأن يفصله عن السبب الظاهر.

2- طريقة الاختلاف: وتسير طريقة التباين أو الاختلاف في المقارنة بين حالتين متشابهتين في جميع الظروف ما عدا ظرف واحد يتوفَّر في إحدى الحالتين فقط، بينما لا يوجد في الحالـة الأخـرى وتكون هـذه الظاهرة نتيجة أو سبباً لهذا الاختلاف، وهذا يعتمد أيضاً علـى مبـدأ السـببيَّة العـام المتمثِّـل في أنَّ وجود السبب يؤدِّي إلى وجود النتيجة، ويمكن التعبير عن ذلك بطريقة سلبيَّة بالقول: بأنَّه لا يمكن أن يكون شيءٌ معيَّن هو سبب ظاهرة معيَّنة إذا كانت هذه الظاهرة لا تحدث في وجوده، وعلـى كلِّ حال فيمكن القول: إنَّ الظروف المتشابهة بالنسبة لجميع العوامـل فيمـا عـدا عامـل واحـد أو متغيِّر واحد ظروف نادرة بالنسبة للعلوم السلوكيَّة، وهذا ما استدعى من القائمين بالبحوث كفالة الضمانات المطلوبة حتى تؤدِّي هذه الطريقة إلى نتائج موثوق بها وإلى تصميم التجارب بنجاح.

3- طريقة الاشتراك: تستخدم بتطبيق الطريقتين السابقتين لاختبار الفرضيَّات، فيحاول الباحث أولاً بتطبيق طريق الاتِّفاق العثور على العامل المشترك في جميع الحالات التي تحدث فيها الظاهرة، ثمَّ يطبِّق طريقة الاختلاف أي أن يتقرَّر لدى الباحث أنَّ الظاهرة لا تحدث أبداً عند عدم وجود هذا العامل المعيَّن، فإذا أدَّت كلا الطريقتين إلى نفس النتيجة فإنَّ الباحث يكون واثقاً إلى حدٍّ كبير أنَّه وجـد السبب.

4- طريقة البواقي: حيث تبيَّن أنَّ بعض مشكلات البحوث لا تحلُّ بأيٍّ من الطرق السـابقة، فإنَّ ميـل Mill قدَّم طريقة العوامل المتبقِّية للعثور على السبب عن طريق

الاستبعاد، وهذه الطريقة قد تسمَّى طريقة المرجع الأخير، وهي أنَّه في حالة أن تكون مجموعـة من المقدِّمات تؤدِّي إلى مجموعة من النتائج، فإذا أمكن إرجاع كلِّ النتائج ما عدا نتيجـة واحدة إلى جميع المقدِّمات فيما عدا مقدِّمة واحدة أمكن ربط تلك المقدِّمة الباقية بتلك النتيجة الباقية؛ ممَّا يكشف أو يرجِّح وجود علاقة بينهما أي بين المقدِّمة والنتيجة الباقيتين.

5- طريقة التلازم: إذا لم يكن بالإمكان استخدام الطرق السابقة فإنَّ ميل Mill قدَّم للباحثين هذه الطريقـة الخامسة التي تدعو في الواقع إلى أنَّه إذا كان هناك شيئان متغيِّران أو يتبدَّلان معاً بصفة منتظمة، فإنَّ هذه التغيُّرات التي تحدث في واحد منهما تنـتج عـن التغيُّرات التـي تحـدث في الآخر، أو أنَّ الشيئين يتأثَّران في ذات الوقت بسبب واحد مشترك، ويكون هـذا التـلازم في التغيير فـإذا تغيَّـرت ظاهرة ما تغيَّرت معها ظاهرة أخرى، وهذا يعني أنَّ السبب في كلا الظاهرتين واحد فتتغيَّر ظاهرة بتغيُّر الأخرى، وقد تكون الظاهرتان متلازمتين تلازماً شديداً ممَّا يتيح الفرصة ويفسح المجال بعـد ذلك للبحث عن العلاقة الحقيقيَّة بينهما، علماً أنَّه إذا كانت هناك علاقةٌ سببيَّة بـين متغيِّرين فـلا بدَّ أن يكون هناك ترابط أو تلازم بينهما، فالتلازم ليس شرطاً للعلاقة السببيَّة، ولكن السببيَّة شرطٌ للتلازم.

ولا شكَّ في أنَّ هناك ثلاثة جوانب مهمَّة في اسـتخدام مـنهج مـا لحـلِّ مشكلة البحـث تتحكَّم في نتائج الدراسة، هي:

1- كفاية البيانات: فعلى الباحث أن يسأل نفسه دائماً وقبل إنهاء دراسته عمَّا إذا كان الدليل الـذي قدَّمـه يعدُّ كافياً لتدعيم وتأييد النتائج التي يصل إليها، وما مقدار الثقة فيـه؛ ذلـك أنَّـه إذا كـان الـدليل ضعيفاً أو غير كافٍ فإنَّ النتائج لا يمكن اعتبارها مقنعة أو نهائيَّة.

2- معالجة البيانات: إذ يجب أن ينظر الباحث إلى الدليل بحرص ونظرة ثاقبة للتأكُّد مـن دقَّتـه وأصالته وصدقه، فالأخطاء قـد تحـدث إذا وجـد تضليل في الاسـتبيان كالأسـئلة الإيحائيَّة، أو عـدم قراءة الوثيقة والاطِّلاع عليها اطِّلاعاً سليماً، أو عدم أخذ جميع المتغيِّرات في الاعتبار، كـلُّ هـذه الأخطاء يمكن أن تقضي على العمل الدقيق في الدراسة.

3- استخراج النتائج: إنَّ فهماً يختلف عمَّا تحتويه البيانات والمعلومات المعالجة يؤدِّي إلى نتائج خاطئة، كما أنَّ على الباحث أن يقاوم رغبته في أن يحمِّل الدليل ما كان يتمنَّى أن يكون فيه.

متغيِّرات الدراسة:

يَسْتَكْمِلُ الباحث عادةً عرض مناهج دراسته بإيضاح متغيراتها مبيِّناً المستقلّ منها والتابع لها، باعتبار الأولى هي المؤثِّرة بالثانية، وأنَّ الثانية يقع عليها التأثير من الأولى فتتغيَّر مكانيّاً بتغيُّر الأولى، ففي التحليل الذي هو عماد المنهج العلميِّ في البحث تستخدم متغيِّراتٌ مستقلَّة وهي التي يكون لها دورٌ كبير في وجود وتحديد خصائص المتغيِّرات التابعة وتوزيعها، تلك التي هي متغيِّراتٌ تتبع للمتغيِّرات المستقلَّة ويقع عليها منها التأثير فتتغيَّر بتغيُّرها سلباً وإيجاباً، وعلى الباحث أن يكون قادراً في البحوث التربويَّة على التمييز بين المتغيِّر والثابت، وأن يصنِّف المتغيِّرات بحسب مستوى القياس، وأن يميِّز بين المتغيِّر المستقلِّ والمتغيِّر التابع، وأن يميِّز بين المتغيِّرات المعدَّلة والمضبوطة والدخيلة، ليس ذلك فحسب بل وأن يكون قادراً على التعرُّف على الصور المختلفة للتعريفات الإجرائيَّة.

المرحلة الثانية: تصميم البحث / الإجراءات والدراسات:

يعدُّ تصميمُ البحث المرحلة الثانية من مراحل البحث وتشتمل على الخطوات الآتية:

1- **أساليب البحث:**

2- تحديد مصادر بيانات ومعلومات البحث.

3- اختيار أداة أو أدوات جمع بيانات البحث.

أولاً:أساليب البحث

يتطلب إنجاز البحث العلمي، تبعاً لنوع البحث، القيام بالزيارات الميدانية لمواقع الظاهرة المراد دراستها سواء كانت ظاهر اجتماعية أو طبيعية، كما أن بعض البحوث تحتاج إلى إجراء عدد من التجارب المختبرية. وفي كلا الحالتين، حالة الزيارات الميادنية و التجارب المختبرية، فأننا بحاجة إلى القيام بالأعمال المكتبية التي قد تتمثل بإجراء بعض الحسابات الرياضية والإحصائية وكذلك وضع الرسوم التوضيحية وما شابه ذلك. وغالباً ما يتم الاستعانة بالكومبيوتر لإجراء الأعمال المكتبية هذه.

أساليب البحث هي

- **التجارب العملية**Practical experiences

- **الدراسة الميدانية**Field study

- **دراسة حالة**Case study

- **المسح**Survey

و يتم فيه فصل موضوع البحث عن الحياة المحيطة بالمعمل او المختبر و بتقليل العوامل الخارجية المؤثرة التي قد تؤثر على العوامل المختلفة المستقلة.

والحديث عن المختبر لا نقصد به المكان بقدر ما نقصد به التجارب والأدوات والأجهزة العلمية المستخدمة. فهناك مفهوم أوسع للعمل المخبري، هو استخدام الأجهزة والأدوات في أي مكان، وفي ضوء هذا المفهوم يكون المختبر أي مكان تستعمل فيه الأدوات لإجراء تجربة ما .

التجارب المخبرية

تختلف التجارب باختلاف طبيعة التجربة والهدف منها، ومن أنواع التجارب المخبرية كالتالي:

أولاً: التجارب البسيطة والتجارب المعقدة

تتوقف بساطة التجربة وتعقيدها على عوامل كثيرة منها مستوى نضج المتعلم وخبراته السابقة، لذلك نستطيع القول بان التجارب البسيطة تتميز بسهولة إجرائها،بينما التجارب المعقدة فتحتاج إلى تركيز و متابعة وخلفية علمية مسبقة عن الجانب المعرفي.

ثانياً: التجارب الوصفية والتجارب الكمية

التجارب الوصفية: هي التجارب يكتفي فيها بوصف ما يحدث كتجارب تلون اللهب في علم الكيمياء.

بينما التجارب الكمية: فتتطلب تقديراً كمياً ممن يقوم بها.

ثالثاً: التجارب الكشفية والتجارب التأكيدية

التجارب الكشفية: تهدف إلى التوصل إلى نتائج أولية أو مؤقتة، وعن طريقها يمكن التخطيط للقيام بتجارب أخرى للتحقق من صحة ما تم التوصل إليه. أما التجارب التأكيدية توفر لنا نتائج يقينية عن صحة النتائج الأولية

رابعاً: التجارب الضابطة

في أبسط صورها هي التي يدخل فيها ما يسمى بالمتغير التجريبي على الموقف، وتقارن النتائج بتلك التي نحصل عليها في نفس الموقف، من غير وجود المتغير ذاته وغالباً ما تستخدم هذا النوع من التجارب لطلبة المرحلة الثانوية

وقد ظهرت مصطلحات مثل المختبرات المحوسبة؛ التي تعتمد على إجراء التجارب باستخدام الحاسوب. كذلك في ضوء المفهوم السابق يمكن أن تكون هناك مختبرات متنقلة.

ويمكن القول بأن لكل شيء إيجابياته وسلبياته؛ فكما أن المختبرات التقليدية قادرة على حل بعض المشكلات التي لا يمكن مواجهتها باستخدام الحاسوب، نجد أن المختبرات المحوسبة تتميز بتوافرها 24 ساعة لدى الباحث، ويمكنه التدرب والدخول إليها في الزمن والمكان المناسب له.

إن هدف هذه التجارب هو وضع ظروف يمكن التحكم في متغيراتها أو إن أمكن تغييرها.

للتجارب العملية مصداقية داخلية عالية و لكنها تفتقر إلى المصداقية الخارجية.تستخدم بهدف دراسة العلاقات تحت ظروف محددة لإختبار التوقعات المستنبطة من النظرية أو لتحسين النظريات و الإفتراضات.

أهمية التجارب

يقترح تروبرج وبايبي خمس مجموعات مهارية وتقنية يكتسبها المتعلم في المختبر والعمل المخبري

ـ مهارات مكتسبة وتتضمن مهارات:

السماع كالانتباه، و الملاحظة، والبحث والمصادر كاستخدام المراجع، والاستفسار، والتحقق من المعلومات وجمعها كعمل الجداول، ومهارة البحث العلمي كالوصول إلى الاستنتاجات

ـ مهارات تنظيمية وتشمل مهارات:

التسجيل كالجدولة والتمثيل البياني، والمقارنة كالتشابه والاختلاف، والمغايرة كالبحث عن الاختلافات بين الأشياء، والتصنيف، والتنظيم والترتيب، والاختصار، والتقييم، والتحليل

ـ مهارات إبداعية تشمل مهارات:

التخطيط، والتصميم، والاختراع، والتركيب

ـ مهارات التحكم وتضم مهارات:

استخدام الأجهزة، والاعتناء بها وصيانتها، وتجميعها، ومعايرتها، وتجريبها

ـ مهارات الاتصال حيث تضم المهارات التالية:

طـرح الأسـئلة اختيارهـا، والناقشـة والتفسـير، والكتابـة، والتقارير، والنقـد، وترجمـة المعلومـات بيانياً، والتدريس (قدرة المتعلم على نقل المعلومات العلمية وتعليمها لزملائه)

إذن المختبر تفاعل نشط بين الأفكار والتجارب، إذ أنه نمط التفكير والأداء يتفاعل فيه التخطيط والتعليل والتفسير وحل المشكلات ... مع الأعمال اليدوية والمشاهدات وبعض النشاطات المخبرية النفسحركية

وتستخدم النشاطات المخبرية المرافقة لإنجاز وتحقيق أهداف تعليمية ـ تعلمية متنوعة وغالباً ما تكون:

معرفية، ووجدانية، ونفس حركية. لذلك يندرج سلوك المتعلم في المختبر تحت أربعة أوجه وهي:

- التخطيط والتصميم، ويتضمنان صياغة الأسـئلة، وتوقع النتائج، وصياغة الفرضيات، وتصـميم خطوات التجربة

- الأداء، ويشمل القيام بالتجربة، والتعامل مع المواد والأجهزة المخبرية، وتنفيـذ التجربـة، وتـدوين النتائج، وملاحظة البيانات وتمحيصها

- التحليل والتفسير، ويتمثلان في معالجة المعلومات وفحصها، وتفسير العلاقات، وعمل التصـميمات، ومحددات التجربة، وصياغة أسئلة جديدة بناءً على نتائج التجربة

- التطبيق، ويضم عمل تنبؤات بأوضاع جديدة، ووضع فرضيات في ضوء نتائج التجربـة، وتطبيـق الأساليب المخبرية في تقصي المشكلات العلمية الجديدة وحلها

الدراسة الميدانية

من الممكن تنفيذها بتداخل ضئيل من الأنشطة العادية و بعدة متغيرات تعالج في الحال

إن هدفها هو إنشاء وضع حقيقي أو واقعي يعالج فية واحدة أو أكثر من عوامل الإختلاف المستقلة في ظروف يمكن التحكم فيها بدقة و يسر كما يتطلب الوضع.

من خلال إستخدام التكرار و العشوائية و ظروف خاصة بالتحكم، يمكن إستخدام التجارب الميدانية لتجربة كلا من الإفتراضات المستنبطة من النظريات و الحلول المقترحة للمشكلات العملية

دراسة حالة

إنها غالبا ما تستخدم لتنفيذ إختبار مكثف لعامل واحد في تنظيم واحد، و ذلك لدراسة ماهية وجوده و كيف وجد.

تشتمل على أربع خطوات

1. تحديد الوضع الراهن.
2. تجميع المعلومات و الخلفيات السابقة وكذا مفاتيح التغير.
3. إختبار الإفتراضات.
4. التأكد من إمكانية تطبيق الإفتراضات على الواقع.

إنها تستخدم في وصف المجتمع الواقعي

المسح

تهدف لدراسة عينات مختارة من تجمعات كبيرة لبيان نسب الحدوث، التوزيع، التشابه و الإختلاف، العلاقات الإجتماعية و المتغيرات النفسية

العينات المختارة تجيب عن مجموعة من الأسئلة مصممة في نموذج يسمى الإستفتاء.

و يستخدم المسح في

- وصف حالة أو حدث راهن
- التحليل، و يستخدم كأداة تحليل. ويستخدم في الأحداث البسيطة.
- وصف الوضع الحالي

ثانياً:تحديد مصادر بيانات ومعلومات البحث

إنَّ عمليَّات الحصول على المعلومات والبيانات اللازمة لأيَّة دراسةٍ تتَّخذ المنهجَ العلميَّ مساراً تتطلَّب أن يكون الباحث ملمّاً بالكثير من مهارات جمع المعلومات والبيانات، تلك المهارات غالباً ما يطلق عليها تقنيَّات البحث أو أدواته، وحيث يكون الهدف النهائيُّ للبحث العلميِّ الجاد والذي يمثِّل عادة بدراسات الماجستير والدكتوراه هو بناء النماذج والنظريَّات التي يمكن على أساسها التفاهم والتعميم والتنبؤ فإنَّ تقنيَّات البحث وأدواته تكون أكثر ضرورة للباحث ولبحثه وتكون ذات مستوى أعلى.

جمع بيانات ومعلومات البحث

وهذه مرحلة قائمة بذاتها وفيها يتمُّ التجميع الفعليُّ للبيانات والمعلومات اللازمة للبحث بواسطة أداة جمع البيانات التي اختارها الباحث من بين الأدوات السابقة أو غيرها، فقد تتضمَّن تسجيل الملاحظات أو إجراء المقابلات أو جمعها بأداة الاستبيان أو الاستفتاء أو بالأساليب الإسقاطيَّة، إضافة إلى البيانات والمعلومات التي تجمع من الوثائق والتقارير والدراسات السابقة أو غير ذلك، والتي تمَّ جمعها سابقاً من أجل تحديد مشكلة الدراسة وبمسح الدراسات السابقة، وفي ذلك كلِّه يجب على الباحث الآتي:

1) أن يتوخَّى الموضوعيَّة والأمانة العلميَّة في جمع المادة العلميَّة لدراسته سواء اتَّفقت مع وجهة نظره أم لم تتَّفق.

2) أن يخطِّط الوقت ويديره إدارة ناجحة في مرحلة جمع البيانات ولا يبقى منتظراً مؤمّلاً مستجدياً المبحوثين أو المتعاونين معه، فإذا ما قسَّم هذه مرحلة جمع البيانات إلى مراحل أصغر وأعدَّ لكلِّ مرحلة عدَّتها وإجراءاتها أمكنه ذلك من إدارة الوقت في هذه المرحلة إدارة ناجحة لا تنعكس سلبيّاً على الوقت الكلي المخصَّص للبحث.

3) أن يبيِّن الباحث العوامل المحدِّدة لبحثه كالوقت والكلفة والصعوبات التي واجهته أثناء جمعه البيانات، فيشير إلى عدد الاستبيانات غير العائدة ونسبتها من عيِّنة الدراسة، وإلى عدد الأفراد الرافضين إجراء المقابلات معهم، وأن يوضِّح جهوده لاستعادة الاستبيانات أو لإقناع المبحوثين بإجراء المقابلات، وأن يبيِّن معالجاته لذلك بعيِّنة ضابطة ومكمِّلة.

* كيف يتم جمع المعلومات وتدوينها وتوثيقها؟

* جمع المعلومات:

تعد المكتبة مصدر الحصول على المعلومات التي يحتاجها الباحث في دراسته ومصدر إيداع لإنتاجه العلمي

محتويات المكتبة وطبيعة تنظيمها

أهم محتويات المكتبة الجامعية:

1. الكتب
2. الدوريات
3. المخطوطات
4. المطبوعات والوثائق الحكومية
5. ملفات المعلومات
6. الرسائل الجامعية
7. المواد السمعية والبصرية
8. المصغرات الفلمية
9. القواميس والموسوعات العلمية
10. الصحف اليومية والمجلات الأسبوعية

أما من الناحية التنظيمية فالمكتبة تضم العديد من الآليات للحصول على المعلومات كالبطاقة المفهرسة والملخصات والحاسب الآلي والببليوجرافيا والكتلوجات الشهرية والسنوية وتحوي المكتبة قسم المراجع الموسوعات، الملخصات، القواميس، المطبوعات الحكومية.

ونظراً لاختلاف شتى العلوم والمعارف داخل المكتبة فقد تم تصنيفها حسب التصنيف العشري العالمي او تصنيف الكولن أو التصنيف التوسعي أو التصنيف الببليوجرافي أو التصنيف الموضوعي أو تصنيف مكتبة الكونجرس.

ويعد تصنيف ديوي العشري الأهم والأكثر استخداما في العالم العربي.

ثالثاً:- البحث في المكتبة

الكتب

أ- كيفية الحصول على معلومات عن الكتب بواسطة البطاقات المفهرسة:

البطاقة المفهرسة (كرت 3.5 بوصة) يحوي البيانات التالية:

اسم المؤلف الأخير ثم الأول عنوان الكتاب اسم الناشر

سنة النشر عدد الصفحات رقم التصنيف

ويمكن البحث في البطاقات المفهرسة بثلاث طرق:

عن طريق اسم المؤلف في حالة توافر المعلومات الأولية عن المؤلف والكتاب.

عن طريق الموضوع في حالة معرفة عنوان الكتاب فقط.

وفي حالة عدم وجود خلفية لدى الباحث عن موضوع بحثه يمكن أن يتبع الطرق التالية:

في حالة توافر المعلومات الأولية عن المؤلف والكتاب:

يحصل على الكتاب من الرف الخاص بالذهاب للبطاقة المفهرسة والبحث تحت الاسم الأخير للمؤلف وتدوين رقم التصنيف المكتوب على البطاقة المفهرسة.في حالة معرفة عنوان الكتاب فقط:يحصل على الكتاب من الرف الخاص بالذهاب للبطاقة المفهرسة والبحث عن العناوين ثم يدون رقم التصنيف الخاص بالكتاب.

في حالة عدم معرفة الباحث أي معلومات عن موضوع البحث

يبحث في البطاقات المفهرسة عن الكتب التي توحي عنوانيها للموضوع المراد

بحثه بواسطة رقم التصنيف عن هذه الكتب.

ب. كيفية الحصول على معلومات عن الكتب بواسطة الحاسب الآلي:

تتميز طريقة الحاسب الآلي عن البطاقات المفهرسة بنقطتين مهمة:

1. يوفر الوقت والجهد ويساعد الباحث في معرفة عدد النسخ المتوفرة في المكتبة.

2. امكانبة استخدام الآلي عن بعد من المنزل أو المكتب.

الدوريات:

هي مجلات علمية متخصصة في مجال من مجالات العلوم تصدر على فترات بصفة منتظمة وهي أهم مصدر للباحث لاحتوائها على أحدث التطورات في مجال التخصص.

كيف نحصل على المعلومات من الدوريات؟

ا:- طريقة البطاقات المفهرسة

في حالة معرفة المعلومات الببليوجرافية للمقالة: يدون الباحث المعلومات الببليوجرافية لهذه المقالات من قائمة المراجع من احد الكتب أو المقالات التي قراءها.

في حالة عدم معرفة الباحث لأي معلومات عن الموضوعات الذي يبحثه:

يستفسر من أمين المكتبة عن الدوريات التي لها علاقة بمجال بحثه أو تخصصه.

ب:-طريقة استخدام الحاسب الآلي:

الحاسب الآلي يوفر الوقت والجهد للباحث في حالة توفر قاعدة معلومات عن الدوريات في المكتبة التي ذهب إليها.

الرسائل الجامعية:

تعد من أهم الأوعية المكتبية للمعلومات وتأتي في المرتبة الثانية بعد الدوريات من حيث حداثة المعلومات.

الندوات والمؤتمرات:

يخصص لها مكان في المكتبة ليسهل للباحث الحصول على المعلومات بسهولة.

- تقنية المعلومات والبحث:

ساعد ظهور قاعدة البيانات الإلية والتي تشمل معلومات كثيرة في شتى أصناف العلوم الباحث في الحصول على المعلومات التي تهمة بيسر وسهولة.

كما تحتوي المكتبة على أقراص مدمجة تستوعب ما يقارب 630 ميجابايت أي يمكن تخزين دائرة معارف تكاملها.

- المشكلات التي تواجه الباحث المبتدئ مع المكتبة وكيفية التغلب عليها:

من المشكلات التي تعيق على الباحث المبتدئ بحثه وتجعله يتذمر عدم وجود الكتاب على رف المكتبة رغم أن دلالات الحاسب الآلي تدل على نسخ عديدة ويرجع ذلك لعدة أسباب:

1) عدم فهم الباحث لعملية تصنيف الكتب والأوعية العلمية في الكتبة.
2) قلة صبر الباحث وعدم اجتهاده في البحث الدقيق والمرتب.
3) عدم الثقة في النفس لإنجاز المهمة البحثية.
4) عدم رؤية الكتب الصغيرة بين الكتب الكبيرة التي تتشابه ألوان أغلفتها.
5) أن يكون هناك من يقرأ الكتب أثناء عملية البحث أو أعاده إلى مكان غير مكانه الأول
6) أو لن الكتاب لم تتم أعادته بعد.

- قواعد ونظم استخدام المكتبة:

المحافظة على المكتبة واستخدام مقتنياتها الاستخدام الامثل والتقيـد بأنظمـة المكتبـة وقواعـد اسـتخدام محتوياتها يعد أمر في غاية الأهمية للاستفادة المثلي من محتوياتها.

بعد أن يتم الباحث جمع ما يتيسر له من بحوث ودراسات عليه أن يبدأ بقراءة القريب جداً إلى موضوع بحثه قراءة مستفيضة وعميقة وتفهم أفكار وآراء المؤلفين، والقراءة بروح نقدية وفاحصة ومدققة، وقراءة أفكـار وآراء المؤلفين في مؤلفاتهم وليس في مؤلفات الآخرين.

وأخيراً يتساءل الباحث، هل هذا وقت التوقف عن جمع المعلومات من المصادر؟ ليس هناك جواب سـهل أو تلقائي لمثل هذا التساؤل، فإذا شعر الباحث أنه يعود أو يرجع إلى المصادر ذاتها التي رجع أليها ولا يجد جديـد في الموضوع، أي أنه يشـعر كأنـه يـدور في حلقـة مفرغة، ففي هـذه المرحلـة عليـه أن يقـرر التوقف عـن جمـع المعلومات.

تدوين المعلومات:

إثناء قيام الباحث بقراءة المصادر المتعلقة بمشكلة البحث، يتوجب عليه نقل المعلومـات والآراء الـواردة في هـذه المصادر، فمن النصائح التي توجه للباحث إذا وجد فكرة أو موضوعاً يتعلق بمشكلة البحث أن يبادر فوراً إلى تدوينها خشية فقدها أو نسيانها، إذا ما أرجأ التدوين إلى ما بعد، فمن المستحيل على الباحث أن يتذكر جميع ما يقرأ.

وعملية النقل أو التدوين تتم على وفق إحدى الطرق الآتية:

- استخدام بطاقات البحث.
- الإضبارة (البوكس فايل).
- الدفاتر (الكراريس).
- استنساخ الموضوعات المهمة.
- طباعة الموضوعات المهمة وتخزينها في جهاز الكومبيوتر.

أساليب توثيق المعلومات:

التوثيق هو حفظ وتثمين مجهود الغير والمحافظة عليه والمقصود به إشارة الباحث إلى مصدر المعلومات وإذا ارجع ما يأخذ من بحوث سابقة إلى مصدرها فهو يساعد في تحقيق:-

1. تراكم العلوم والمعرفة
2. يزيد من ثقة النتائج التي توصل إليها الباحث.

3. ممارسة وتعزيز أخلاقيات البحث العلمي.

وهناك عدة طرق للتوثيق منها الاقتباس وهو على نوعين الاقتباس الحرفي والاقتباس الغير حرفي.والهوامش وهي ما يسمى أحيانا بالحواشي والمراجع وتتضمن جميع المصادر التي استعان بها الباحث في بحثه.ومن الضروري أن تكون المعلومات عن كل مصدر كاملة وصحيحة.

وممَّا لاشكَّ فيه أنَّ مصادر المكتبة تحتلُّ مكانة هامَّة في عمليَّات البحث العلميِّ، ولكن تلك الأهميَّة تقلُّ نسبيّاً كلَّما كان البحث متقدِّماً، وعلى أيَّة حال فإنَّه من المسلَّم به أنَّ أيَّ باحثٍ مهما كانت نوعيَّة بحثه ومستواه فإنَّ خطواته الأولى تبدأ بعمليَّة فحصٍ دقيق وتقصٍّ تام لمصادر المكتبة؛ وذلك بغرض حصر المصادر والمراجع حول موضوع دراسته؛ لتكونَ عنده فكرة عميقة حول موضوعه من جميع الوجوه التي سبق أن درسها باحثون قبله، وبهذا يتفتَّق ذهنُه ويعرف أين مكان دراسته من بين الدراسات السابقة التي تناولت موضوعه أو موضوعاتٍ قريبة منه، ولا بدَّ أن يكون لدى الباحث خبرة ومهارة في استخدام المكتبة ومعرفة محتوياتها، ومعرفة أساليب تصنيفها، وأساليب التوصُّل إلى محتويات المكتبة.

ومن المؤكَّد أن قيمة كلِّ بحث تعتمد بالإضافة إلى مستوى منهجه العلميِّ على نوعيَّة مصادر بياناته ومعلوماته، وعموماً تصنَّف تلك المصادر إلى مصادر أوليَّة ومصادر ثانويَّة، ومصادر جانبيَّة، ولكن من الملاحظ أنَّ مصدراً ثانويّاً في دراسة ما قد يكون مصدراً أوليّاً في دراسة أخرى، فالكتب الجامعيَّة الدراسيَّة وهي مصادر ثانويَّة تكون مصادر أوليَّة في دراسة تتناولها هادفة إلى الكشف وتعيين كيف تعامل الكتب الدراسيَّة موضوع النماذج والنظريَّات، ومن الجدير ذكره أنَّ على الباحث أن يفحص مستوى نوعيَّة مصادر دراسته بطرق مختلفة، ويجب أن يعرَّف أنَّ بناء رأي أو فكرة قائمة على رأي أو فكرة مأخوذة من مصدر ثانويٍّ أو جانبيٍّ يكون مستوى الثقة فيها منخفضاً وسيقوِّمها باحثون آخرون بذلك، ومن ثمَّ ينعكس ذلك على قيمة البحث ذاته، (الصنيع، 1404هـ ص31).

أنواع البيانات:Data Types

1- البيانات الأوليَّةPreliminary data :

هي البيانات التي يمكن اعتمادها كمصادر موثوق بصحَّتها وعدم الشكّ فيها مثل: المخطوطات ومذكرات القادة والسياسيِّين، والخطب والرسائل واليوميَّات، والمقابلات الشخصيَّة، والدراسات الميدانيَّة، والكتب التي تصف أحداثاً أو موضوعات شاهدها مؤلِّفوها

عن كثب، والقرارات الصادرة عن الندوات والمؤتمرات، ونتائج التجارب العلميَّة والإحصاءات التي تصدرها الدوائر المختصَّة والوزارات والمؤسَّسات، وكما أشار بارسونز (1996م) بأن البيانات الأوليَّة يدخل في إطارها الشعرُ والروايات والرسائل والتقارير وإحصاءات التعداد والشرائط المسجَّلة والأفلام واليوميَّات، (ص11)، و البيانات الأوليَّة أكثر دقَّة في معلوماتها ومصادرها حيث تعدُّ أصليَّة في منشئها وكتابتها بدون تغيير أو تحريفٍ لآرائها وأفكارها بالنقل من باحث إلى آخر، كما تتضمَّن البيانات الأوليَّة المعلومات الواردة في استبانات الدراسات وفي المقابلات الشخصيَّة التي يجريها الباحثون والاستفتاءات والدراسات الحقليَّة، والخطابات والسير الشخصيَّة والتقارير الإحصائيَّة والوثائق التاريخيَّة، وغيرها.

والبيانات الأوليَّة يتم تجميعها بغرض البحث العلمي، و تتم بواحدة من الطرق التالية:

-الإتصال Contact :

و هي تتضمن البيانات الناتجة عن إجابات الأسئلة المجمعة بإستخدام أدوات جمع البيانات كالإستفتاء. و هذه الطريقة تمكن الباحث من تجميع مجموعة كبيرة من البيانات بسرعة عالية و تكلفة قليلة. كما إنها تسمح بدرجة عالية من التحكم.

و بالرغم من ذلك إلا إنه من عيوبها أنها قليلة الكفاءة و ليس لها القدرة على جمع كل البيانات المطلوبة و لا تسجل تأثير عملية الإستفتاء على المستجيب

-الملاحظة

و هي أن يقوم الباحث بفحص الحالة ذات الإهتمام بدقة بالغة و عناية. و أن يقوم بتسجيل كل الحقائق و الأفعال و السلوك.

و بالرغم من أن الملاحظة تستغرق وقت أطول في تجميع البيانات، إلا أنه ينتج عنها مجموعة فعالة من البيانات أكثر من المجمعة عن طريق الإتصال.

فيما يتعلق بطريقة تجميع البيانات الأولية، يجب على الباحث إتخاذ مجموعة من القرارات المدعمة

- أسلوب إدارة البحث: بالبريد، بالتليفون أو باللقاء الشخصي
- هدف الدراسة: ما إذا كان مشار اليه أم لا
- الإجابات: ما إذا كانت محددة الخيارات أم إجابات مفتوحة
- درجة البناء: و البناء هو درجة القياس التي توضع على إستمارة البحث.

و مع الاخذ بالإعتبار درجة البناء و إستقامة الأسئلة، يمكن تقسيم طرق جمع البيانات إلى أربع طرق و هي

- مركب مباشر: و يكون عندما تسأل الأسئلة بنفس الكلمات و نفس الترتيب لكل الأفراد. كما يكون الغرض من الدراسة معروف
- غير مركب مباشر: و فيها يكون الغرض من الدراسة معروف للأفراد موضع الدراسة، و لكن تكون الإجابات مفتوحة (مقابلة العمق).
- غير مركب غير مباشر: عندما يكون الغرض من الدراسة مشار إليه و تكون الإجابات مفتوحة. و قد وجد أن هذا الأسلوب مفيد في حالات خطة البحث الإستكشافي
- مركب غير مباشر: عندما تسأل الأسئلة بنفس الكلمات و نفس الترتيب لكل الأفراد، و هم أيضا يسألون بالإدلاء بمعلومات واقعية عن الموضوع موضوع البحث بطريقة غير مباشرة و ذلك لمعرفة اتجاهاتهم و قوة قيمهم و معتقداتهم.

2-البيانات الثانويَّةSecondary data :

هي الإحصاءات التي لم يتم جمعها بهدف الدراسة و لكن تم جمعها لأغراض أخرى (كالنشر المحلي أو العالمي.

وتعني أيضا البيانات التي تم جمعها بواسطة اخرون و تم نشرها بعض الصور المقبولة نوعا ما

وتعدّ البيانات الثانويَّة المصادر التي يتمُّ تقويمها وتتمثَّل بجميع وسائل نقل المعرفة عدا تلك التي تندرج تحت البيانات الأوليَّة، وعموماً ليست البيانات الثانويَّة قليلة الفائدة فهي أوفر عدداً وتشتمل في كثيرٍ من الأحيان على تحليلات وتعليقات لا توجد في البيانات الأوليَّة، (فودة؛ عبد الله، 1991م، ص ص199-201)؛ (أبو سليمان، 1400هـ ص42)، وتضمُّ البيانات الثانويَّة الملخصات والشروح والتعليقات النقديَّة على المصادر الأوليَّة، (بارسونز، 1996م، ص11)، فالبيانات الثانويَّة هي كتب وموضوعات أعدَّت عن طريق تجميع المعلومات والبيانات التي تأثَّرت بآراء كتَّاب تلك الكتب والموضوعات.

ومن المهارات التي يجب على الباحث إتقانها هي مهارة تدوين الملاحظات والمعلومات والبيانات أثناء استطلاعه للدراسات السابقة وفحصه وتقصِّيه لمحتويات المكتبات وبالأخصِّ مكتبات مراكز البحوث ومكتبات الجامعات، وأن يكون ملمّاً بأسلوب بطاقات جمع

المعلومات وطرق تصنيفها والتسجيل والكتابة عليها وتخزينها، ومن زاوية أخرى ينظر إلى مصادر بيانات ومعلومات البحث العلميّ من حيث تحديد مفردات الدراسة ومجتمعها الذي منه تستقى البيانات والمعلومات فيتّخذ تصنيفُها من هذه الزاوية الشكلين التاليين:

1- المجتمع الأصلي:

المجتمع: هي جميع مفردات الظاهرة المراد دراستها، سواء أكانت هذه المفردات بشرا، أم كتبا، أم أنشطة تربوية، ام غير ذلك.

2- العيِّنة:

العينة: هي المجموعة التي يختارها الباحث من أفراد المجتمع، ويجب ان يحدد حجم العينة وسبب اختيارها بصورة مقنعة، وقد يستعين الباحث بالبحوث والدراسات والخبرات السابقة في تبرير اختياره لعينة بحثه.

العينة هي عدد محدد مأخوذ من مجموعة أكبر بغرض الدراسة و التحليل على إفتراض أنه يمكن الأخذ بها كمؤشر للمجموعة ككل أو للمجتمع.

أنواع العيِّنات:

للعيِّنات أنواعٌ تختلف من حيث تمثيلها للمجتمع الأصليّ من بحثٍ إلى آخر، وبالتالي تختلف ميزاتها فصلاحيَّتها لتمثيل المجتمع الأصليّ بحسب موضوع الدراسة وباختلاف جانبها التطبيقيّ، وتنقسم إلى مجموعتين: عيِّنات الاحتمالات، وهي العيِّنة العشوائيَّة، والعيِّنة الطبقيَّة، والعيِّنة المنتظمة، والعيِّنة المساحيَّة، وتلك يمكن تطبيق النظريَّة الإحصائيَّة عليها لتمدَّ الباحث بتقديراتٍ صحيحةٍ عن المجتمع الأصليّ، وهناك العيِّنات التي يتدخَّل فيها حكمُ الباحث كالعيِّنة الحصصيَّة والعيِّنة العمديَّة فالنتائج التي يتوصَّل إليها الباحثُ باستخدامهما تعتمد على حكمه الشخصيّ الذي لا يمكن عزله أو قياسه إحصائيّاً إلاّ إذا وضع فرضيَّاتٍ لتحديدها. وفيما يلي عرض لأنواع العيِّنات بالآتي:

1- العيِّنة العشوائيَّة:

وهي التي يتّم اختيار مفرداتها من المجتمع الأصلي عشوائيّاً بحيث تعطى مفرداتُ المجتمع نفس الفرصة في الاختيار، ومن الطرق المستخدمة لتحقيق عشوائيَّة الاختيار كتابة أسماء مفردات المجتمع الأصليّ على أوراق منفصلة وخلطها جيِّداً واختيار العدد المطلوب منها عشوائيّاً، أو بإعطاء كلّ مفردة رقماً واختيار العدد المطلوب من الأرقام باستخدام جداول الأعداد العشوائيَّة (الموجود غالبا في كتب الإحصاء)، وهي جداول معدَّة سلفاً يستخدمها

الباحثون الذين يختارون العيِّنة العشوائيَّة لتمثيل المجتمع الأصليّ لدراساتهم، وتعدُّ العيِّنة العشوائيَّة من أكثر أنواع العيِّنات تمثيلاً للمجتمع الأصليّ وبشكلٍ خاص إذا كان عدد مفرداتها كبيراً نسبيّاً أكثر من 30 مفردة مشكِّلة 10% فأكثر من مفردات المجتمع الأصليّ.

ويقوم الباحث بجمع البيانات والمعلومات عن كلِّ مفردة داخلة في نطاق بحثه دون ترك أيٍّ منها، إنَّ هذا الأمر لا بدَّ أن يكون مقنعاً بعرض الصعوبات التي سيلقاها الباحث لو درس المجتمع الأصلي بكلِّ مفرداته، وبالتالي لا بدَّ أن يكون هذا العرض بمبرِّراته مقنعاً علميّاً لغيره من الباحثين وقارئي دراسته، فقيمتُها العلميَّة تتوقَّف على مدى القناعة العلميَّة بصعوبة دراسة المجتمع الأصليّ.

وهذه الطريقة أكثر شيوعاً في البحوث العلميَّة؛ لأنَّها أيسر تطبيقاً وأقلُّ تكلفة من دراسة المجتمع الأصليّ؛ إذْ أنَّه ليس هناك من حاجة لدراسة المجتمع الأصليّ إذا أمكن الحصول على عيِّنة كبيرة نسبيّاً ومختارة بشكلٍ يمثِّل المجتمع الأصليّ المأخوذة منه؛ فالنتائج المستنبطة من دراسةِ العيِّنة ستنطبق إلى حدٍّ كبير مع النتائج المستخلصة من دراسة المجتمع الأصليّ، فالعيِّنة جزء من المجتمع الأصليّ وبها يمكن دراسة الكلِّ بدراسة الجزء بشرط أن تكونَ العيِّنة ممثِّلةً للمجتمع المأخوذة منه.

وحيث أنَّ الدراسة بواسطة عيِّنة مأخوذة من المجتمع الأصليّ هي التوجُّه الشائع بين الباحثين لصعوبة دراساتهم للمجتمعات الأصليَّة فإنَّ على الباحثين أن يلمُّوا بأنواع العيِّنات وطرق تطبيقها ومزايا وعيوب كلِّ نوع منها، وطبيعة الدراسات المناسبة لتلك الأنواع.

2- العينة غير الإحتمالية

في هذه الطريقة من العينة؛ إحتمالية وجود كل عناصر التعداد، متضمنة في هذه العينة، غير محسوب. و تتضمن العينة غير الإحتمالية

- **عينة الصدفة:** وهي تتكون بأخذ الحالات المتاحة حتى يتم التوصل الى الحجم المطلوب من العينة
- **عينة غرضية:** تتكون بالإختيار المتعمد لمجموعات معينة و التي سوف تجيب على الأسئلة المحددة الموضوعة
- **عينة كرة الثلج أو العينة المتسارعة:** تتكون بتحديد عدد مبدئي من الأفراد ذوي الصفات المختارة (المطلوبة للبحث) ثم يطالب هؤلاء الأفراد بترشيح أسماء اخرين

من المهتمين الذين يمكن التعاون معهم و هؤلاء بدورهم يقومون بترشيح أسماء اخرى و هكذا حتى يكتمل العدد المطلوب

3- العينة الإحتمالية

في العينة الإحتمالية؛ إحتمالية وجود كل عناصر التعداد متضمنة في هذه العينة يكون محسوبا

العينة الإحتمالية تتكون من

- **العيِّنة العشوائية البسيطة:** هذه الطريقة في اختيار العينة لا تكلفنا إلا قائمة بكل أفراد مجتمع الدراسة، وتحديد ما يسمى (بالبعد الثابت) و (الرقم المبتدئ المختار بصورة عشوائية). وهي طريقة أكثر إيجابية،لأنها تختصر وقت وجهد الباحث.وتحقق الدقة، والموضوعية في اختيار العينة. وتتَّصف بانتظام الفترة بين وحدات الاختيار، أي أنَّ الفرق بين كلِّ اختيار واختيار يليه يكون متساوياً في كلِّ الحالات..
- **العيِّنة الطبقيَّة:** وهي التي يتمُّ الحصول عليها بتقسيم المجتمع الأصليِّ إلى طبقات أو فئات وفقاً لخصائص معيَّنة كالسنِّ أو الجنس أو مستوى التعليم، وكتقسيم المدارس لدراسة وظيفتها في البيئة الخارجيَّة وفي المجتمع المحيط إلى مدارس حكوميَّة وأخرى مستأجرة، وبتقسيمها بحسب مراحل التعليم، أو بحسب مجتمعها إلى مدارس في مجتمع حضريٍّ، ومجتمع قرويٍّ، ومجتمع بدويٍّ، ثمَّ يتمُّ تحديد عدد المفردات التي سيتمُّ اختيارها من كلِّ طبقة بقسمة عدد مفردات العيِّنة على عدد الطبقات ثمَّ يتمُّ اختيار مفردات كلِّ طبقة بشكلٍ عشوائيّ.
- **العيِّنة الطبقيَّة التناسبيَّة:** وهي أكثر تمثيلاً للمجتمع الأصليِّ من سابقتها؛ لأنَّه يراعى فيها نسبة كلِّ طبقة من المجتمع الأصليِّ فتؤخذ مفردات عيِّنة الدراسة بحسب الحجم الحقيقيِّ لكلِّ طبقة أو فئة في مجتمع الدراسة، فإذا كانت المدارس الحكوميَّة تشكِّل 70% من عدد المدارس في القطاع التعليميِّ الذي ستدرس فيه وظيفة المدرسة، فإنَّ العيِّنة الطبقيَّة التناسبيَّة تشكِّل مفرداتها من المدارس الحكوميَّة بنسبة 70% ومن المدارس المستأجرة بنسبة 30%، وبذلك أعطيت كلُّ طبقة أو فئة وزناً يتناسب مع حجمها الحقيقيِّ في المجتمع.

4- العينة المساحيَّة:

وهذه العيِّنة ذات أهميَّة كبيرة عند الحصول على عيِّنات تمثل المناطق الجغرافيَّة، وهذا النوع من العيِّنات لا يتطلَّب قوائم كاملة بجميع مفردات البحث في المناطق الجغرافيَّة، هذا وتختار المناطق الجغرافيَّة نفسها عشوائيّاً ولكن يجب أن تمثِّل في كلِّ منطقة مختارة كلِّ الفئات المتمايزة لمفردات البحث في حالة أن يتطلَّب ذلك، والباحث يبدأ بتقسيم مجتمع البحث إلى وحدات أوليَّة يختار من بينها عيِّنة بطريقة عشوائيَّة أو منتظمة، ثمَّ تقسَّم الوحدات الأوليَّة المختارة إلى وحدات ثانويَّة يختار من بينها عيِّنة جديدة، ثمَّ تقسَّم الوحدات الثانويَّة المختارة إلى وحدات أصغر يختار منها عيَّنة عشوائيَّة، ويستمر الباحث هكذا إلى أن يقف عند مرحلة معيِّنة، فيختار من المناطق الإداريَّة عيَّنة منها ومن المناطق المختارة عيِّنة من المحافظات، ومن المحافظات المختارة عيِّنة من المراكز وهكذا، ولهذا قد تسمَّى بالعيِّنة متعدِّدة المراحل.

5- العيِّنة الحصصيَّة:

يعدُّ هذا النوع من العيِّنات ذا أهميَّة في بحوث الرأي العام (الاستفتاء) إذْ أنَّها تتمُّ بسرعة أكبر وبتكاليف أقلّ، وتعتمد العينة الحصصيَّة على اختيار أفراد العيِّنة من الفئات أو المجموعات ذات الخصائص المعيِّنة وذلك بنسبة الحجم العدديِّ لهذه الفئات أو المجموعات، وقد تبدو العيِّنة الحصصيَّة مماثلة للعيِّنة الطبقيَّة، ولكن الفرق بينهما أنَّه في العيِّنة الطبقيَّة تحدَّد مفردات كلِّ طبقة أو فئة تحديداً دقيقاً لا يتجاوزه الباحث أو المتعاون معه، بينما في العيِّنة الحصصيَّة يتحدَّد عدد المفردات من كلِّ فئة أو مجموعة ويترك للباحث أو المتعاون له الاختيار ميدانيّاً بحسب ما تهيِّؤه الظروف حتى يكتمل عدد أو حصَّة كل فئة، وهكذا ربَّما يظهر في العيِّنة الحصصيَّة بعضُ التحيُّز.

6- العيِّنة العمديَّة:

إنَّ معرفة المعالم الإحصائيَّة لمجتمع البحث ومعرفة خصائصه من شأنها أن تغري بعض الباحثين باتِّباع طريقة العيِّنة العمديَّة التي تتكوَّن من مفردات معيَّنة تمثِّل المجتمع الأصليَّ تمثيلاً سليماً، فالباحث في هذا النوع من العيِّنات قد يختار مناطق محدَّدة تتميَّز بخصائص ومزايا إحصائيَّة تمثِّل المجتمع، وهذه تعطي نتائج أقرب ما تكون إلى النتائج التي يمكن أن يصل إليها الباحث بمسح مجتمع البحث كلِّه، وتقترب هذه العيِّنة من العيِّنة الطبقيَّة حيث يكون حجم المفردات المختارة متناسباً مع العدد الكليِّ الذي له نفس الصفات في المجتمع الكليِّ، ومع ذلك فينبغي التأكيد بأنَّ هذه الطريقة لها عيوبها، إذْ أنَّها تفترض بقاء

الخصائص والمعالم الإحصائيَّة للوحدات موضع الدراسة دون تغيير؛ وهذا أمر قد لا يتَّفق مع الواقع المتغيِّر.

7- العيِّنة الضابطة:

هي عيِّنة يتَّخذها الباحث لتلافي عيوب العيِّنة التي اختارها لتجميع بيانات دراسته، وهنا يشترط أن تكون العيِّنة الضابطة من نفس نوع عيِّنة البحث، وأن تصمَّمَ بنفس الطريقة التي تمَّت بها اختيار عيِّنة الدراسة؛ بحيث تمثِّل كلَّ الفئات المختلفة في المجتمع الأصليِّ للدراسة وبنفس النسب، حتى يمكن قياس أثر المتغيِّر موضوع الدراسة في الموضوعات التي تتطلَّب ذلك.

8. تقويم عيِّنة الدراسة:

على الباحث أن يتنبَّه إلى مواقع الخطأ في اختيار عيِّنة دراسته. والتي من أبرزها الآتي:

1- أخطاء التحيُّز: وهي أخطاءٌ تحدث نتيجة للطريقة التي يختار بها الباحثُ عيِّنة دراسته من مجتمعها الأصليِّ.

2- أخطاء الصدفة: وهي أخطاءٌ تنتج عن حجم العيِّنة فلا تمثِّل المجتمع الأصليَّ نتيجةً لعدم إعادة استبانات الدراسة أو عدم إكمال الملاحظة أو المقابلة لمفردات مجتمع الدراسة.

3- أخطاء الأداة: وهي أخطاء تنتج من ردود فعل المبحوثين نحو أداة أو وسيلة القياس.

ويمكن تلافي هذه العيوب بالتدرُّب الذاتي المكثَّف للباحث ليتقنَ أسلوب الدراسة بالعيِّنة وكيفيَّة اختيارها وتطبيقها بما تحقِّق تمثيلاً مناسباً لمجتمع دراسته، وأن يقوم بتدريب المتعاونين معه تدريباً يحقِّق له ذلك، وأن يطبِّق العيِّنة الضابطة لتلافي عيوب عيِّنة دراسته.

جـ- اختيار أداة أو أدوات جمع بيانات البحث:

وهذه هي الخطوة الثالثة من خطوات تصميم البحث، وفيها يقوم الباحث بتحديد الأداة أو الأدوات التي سوف يستخدمها في جمع البيانات حول موضوع الدراسة، وأدوات جمع بيانات الدراسة متعدِّدة، منها الملاحظة، والمقابلة، والاستفتاء، والاستبيان، والأساليب الإسقاطيَّة، والوثائق وغيرها، تلك الأدوات تسمَّى أحياناً بوسائل البحث، (*) ومهما كانت أداة جمع البيانات فإنَّه يجب أن تتوافر فيها خصائصُ الصدق والثبات والموضوعيَّة التي توفِّر الثقة اللازمة بقدرتها على جمع بيانات لاختبار فرضيَّات الدراسة.

:من يقرأ كتب البحث يلاحظ ان هناك عدم اتفاق بين المشتغلين في البحوث العلمية في البعض يسميها أداة (tool) و البعض طريقة (method)، وأخر يسميها أسلوب (technique) وثاني يطلق عليها وسيلة (Mean) وسوف نستخدمها على أساس طبيعة ونوع أداة البحث نفسها وهي: الاستبانة والمقابلة الشخصية والملاحظة التي تعتبر أهم أدوات جمع البيانات وأكثرها استخداما في البحوث المسحية. وقد أشار بدر (1989م) بأنّه يفضِّل أن تكون كلمة أداة هي الترجمة للكلمة الإنجليزيّة Tool وقال: وقد يرى البعض أنّ كلمة أداة مرادفة لكلمة Technique هذا صحيح أيضاً إلاّ أن كلمة Technique تستخدم بمعنى وسيلة فنيّة وبالتالي يستخدمها بعض الباحثين مع مناهج البحث والتي يدخلونها تحت اسم Observatigation Technique أو Questionnaire Technique،

ثالثاً: أدوات (طرق) جمع بيانات البحث:

1- الملاحظةobservation :

تعتبر الملاحظة من الوسائل التي عرفها الإنسان واستخدمها في جميع بياناته ومعلوماته عن بيئته ومجتمعه منذ أقدم العصور، وهو لا يزال حتى الآن يستخدمها في حياته اليومية العادية وفي إدراك وفهم كثير من الظواهر الطبيعية والاجتماعية والنفسية التي توجد في بيئته ومجتمعه .

وهو كما يستخدمها في حياته اليومية العادية فإنه يستخدمها أيضاً في دراساته المقصودة وفي أبحاثه العلمية. فهو كباحث يمكن أن يستخدمها في جمع البيانات والحقائق التي تمكنه من تحديد مشكلة بحثه ومعرفة عناصرها، وتكوين فروضه، وتحقيق هذه الفروض والتأكد من صحتها. فالباحث يستطيع عن طريق الملاحظة - كما يقول: " ديوبولد ب. فان دالين" أن "يجمع الحقائق التي تساعده على تبين المشكلة عن طريق استخدامه لحواس السمع، والبصر والشم، والشعور والتذوق، وكذلك يكتشف - عن طريق الملاحظة اليقظة الماهرة - الدلائل أو العلامات التي تمكنه من بناء حل نظري لمشكلة البحث التي يتصدى لها. وعندما يجري الباحث تجربة ينشد منها تحديد ما إذا كان ثمة دليل يؤيد هذا الحل، فإنه يقوم بملاحظات دقيقة وفطنة مرة ثانية .

فالباحث إذن يستند إلى الملاحظة من بداية البحث حتى يصل إلى التأييد أو الرفض النهائي للحل المقترح للمشكلة التي يدور حولها البحث، محاولة منه للوصول إلى الحقيقة.

وإذا نظرنا إلى الملاحظة في ضوء مناهج البحث العلمي المختلفة نجدها وسيلة فعالة لجمع البيانات في جميع هذه المناهج وخطوة أساسية من خطواتها أو على الأقل أنها مرتبطة بخطوة أساسية من خطواتها، وهي خطوة جمع البيانات التي لا غنى عنها في أي منهج من مناهج البحث العلمي في المجالات الطبيعية والمجالات الاجتماعية على السواء.

تعريف الملاحظة:

- **الملاحظة:** هي حصر الانتباه نحو شي معين (سلوك أو ظاهرة أو مشكلة ما) للتعرف عليها وفهمها وهي وسيلة هامة من وسائل جمع البيانات في البحوث المختلفة.

إن الملاحظة هي عبارة عن الجهد الحسي والعقلي المنظم والمنتظم الذي يقوم به الباحث بغية التعرف على بعض المظاهر الخارجية المختارة الصريحة والخفية للظواهر والأحداث والسلوك الحاضر في موقف معين ووقت محدد. يعرف د.محمود قاسم الملاحظة بأنها ((المشاهدة الدقيقة لظاهرة مع الاستعانة باساليب البحث والدراسة، التى تتلاءم مع طبيعة هذه الظاهرة))، وهو يرى ان الملاحظة تهدف إلى الكشف عن بعض الحقائق التى يمكن استخدامها لإستنباط معرفة جديدة.

كما يمكن أن تعرف الملاحظة على أنها إحدى أدوات جمع البيانات. وتستخدم في البحوث الميدانية لجمع البيانات التي لا يمكن الحصول عليها عن طريق الدراسة النظرية أو المكتبية، كما تستخدم في البيانات التي لا يمكن جمعها عن طريق الاستمارة أو المقابلة أو الوثائق والسجلات الإدارية أو الإحصاءات الرسمية والتقارير أو التجريب. ويمكن للباحث تبويب الملاحظة، وتسجيل ما يلاحظه الباحث من المبحوث سواء كان كلاماً أم سلوكاً.

وتتضمن الملاحظة سجلاً كتابياً يفترض أن يكون موضوعياً وواضحاً، من الممكن كذلك تدوين الملاحظة في قائمة رصد، أو سلالم التقدير اللفظية أو سلالم التقدير العددية، أو في الدفاتر الجانبية (اليومية).

ويمكن أن نميز بين ملاحظتين:

- **عامة**: وهي ملاحظة عادية، تلقائية، لا تهتم بعزل الظواهر.
- **علمية**: وهي بمثابة تجربة مصطنعة يتحكم فيها الباحث. ويمكن له أن يعدل من شروطها، بما يراه مناسبا لدراسته، حتى يتسنى له الرصد الدقيق للوقائع الجزئية المكونة للظاهرة المدروسة، ودراستها عن طريق الحواس المجردة،أو المسلحة.

ومن الأمور التي يجب أن يراعيها الباحث في هذه المرحلة،مايلي:

- أن يكون حذرا من أخطاء حواسه.
- أن لا يتأثر باهتماماته الخاصة، واتجاهاته الفكرية.
- أن يتحرر كليا من رواسب العادات، والتقاليد، والأهواء الشخصية.
- أن لا يسقط حالاته النفسية الشعورية على الملاحظة، فيقع في شر الأخطاء، والأوهام،وتضيع منه جوانب أخرى من الظاهرة، موضوع الدراسة، فتنفلت منه الموضوعية.

بواسطة الملاحظة، يتم التحقق من الفرضية. والملاحظة بصفة عامة، لا يمكن أن يستغني عنها منهج من المناهج،سواء كان المنهج الوصفي التحليلي، أو الكشفي، أو التجريبي وتستخدم في علم الاجتماع، والأنتربلوجيا، وعلم النفس، وعلم الاقتصاد، وعلم الإدارة، والعلوم الحقة...

ولذلك يجب أن يكون للملاحظة معايير محددة ومجال واضح.

أنواع الملاحظة:

تقسم الملاحظة إلى عدة أنواع منها:

1. الملاحظة الفرضية(البسيطة المباشرة):

وهي ملاحظة لا تخضع لأي قاعدة ولا تهدف إلى الكشف عن حقيقة علمية موحدة. وهي تدخل في نطاق المعرفة الحسية، والتي تنحصر في بعض المواقف العلمية المحدودة.، وهي بمثابة مشاهدة يومية عادية، أو إدراك منفعي لا يتجاوز الحس. إلا إذا تحولت عن طريق الصدفة، إلى ملاحظة مقصودة. يستغلها الباحث للوصل إلى تأكيد حقيقة علمية.مثال ذلك ملاحظة بافلوف العرضية التي قادتة إلى فعل الانعكاس الشرطي، وملاحظة نيوطن التي قادته إلى قانون الجاذبية،وقانون العطالة.وتسمى الملاحظة الفرضية بالملاحظة العرضيةالغير مقصودة.

تعتمد الملاحظة البسيطة المباشرة على نزول الباحث ومعاونوه إلى المجتمع لمشاهدة أفراده، وهم يسلكون ويعملون، وجمع البيانات الكافية لوصف الجماعة وأوجه نشاطها المختلفة ووصف الظواهر الاجتماعية، اعتماداً على ما يرى الباحث ويسمع، دون تدخل من القائم بالملاحظة، ودون مشاركة منه في أي نشاط للجماعة ودون استخدام آلات. وهذه هي

الملاحظة البسيطة التي لا تخضع للضبط العلمي، والتي لا تمكن الباحث من الإلمام بجوانب الموضوع إلماماً تماماً.

ويتجه فيها الباحث إلى ملاحظة عدد كبير من المتغيرات في وقت واحد كأن يلاحظ أسلوب الحياة في مجتمع ما، أو أنماط تفاعل أشخاص في جماعة، أو ما إلى ذلك. ويحدث هذا في الدراسات الأنثروبولوجية بصفة خاصة. وفي هذه الحالة تتعلق الملاحظة بأشياء وأمور تعرض لنا دون أن نستثيرها نحن بأنفسنا وبقصد. وعادة ما تستخدم الملاحظة البسيطة كوسيلة استطلاعية، ولذلك فإن نظرة الباحث ودرجة تفهمه لموضوع بحثه تتغير تبعاً لتقدمه في مراحل البحث. وهذا بالتالي يتطلب من الباحث أن يغير مجال ملاحظته. وقد يستدعي الموقف أن يجري تغييراً شاملاً في مجال ملاحظته، وهذا لا يعيب إجراءات البحث إطلاقاً على العكس من ذلك، فمرونة الباحث هي أقل ما يتطلبه استخدام الملاحظة البسيطة استخداماً سليماً.لذلك يطلق عليها (الملاحظة التلقائية observation automatic).

وتعرف الملاحظة التلقائية بشكل عام: ملاحظة المرء لظواهره النفسية الخاصة أي الملاحظة المرئية، لمعارضة الآراء الجدلية التلقائية...وتشمل صورمبسطة من المشاهدة والمراقبة بحيث يقوم الملاحظ فيها بملاحظة المتغيرات من خلال التجربة المباشرة. (دعمس-2008/ استراتيجات التقويم / ص90)

2. الملاحظة المنظمة observation Organization:

وهي الملاحظة المخطط لها مسبقاً والمضبوطة ضبطاً دقيقاً، ويحدد فيها ظروف الملاحظة كالزمان والمكان والمعايير الخاصة للملاحظة. وفيها يتم الإطلاع ودراسة الحالة النفسية والأفكار الفطرية للمتعلم ؛ للتنبؤ بتقدم المتعلم ونجاحه في مهنته في المستقبل.

تتميز الملاحظة المنظمة بأنها ملاحظة دقيقة وعميقة ومتأنية وموجهة وهادفة، تربط بين الوقائع، وتخضع للضبط العلمي، وتنحصر في موضوعات محددة، لها صلة مباشرة بالموضوع المدروس، تعتمد على إعداد خطة مسبقة لإجراء الملاحظة، وتسجيل المشاهدات وجمع البيانات، وتمتاز بقدر من الصحة والثقة، وقد يلجأ الملاحظ، حتى يسهل عليه تحليل البيانات عن بعد، إلى استخدام الأجهزة العلمية، وأدوات التصوير والرصد والقياس، والوسائل السمعية والبصرية، بالإضافة إلى كتابة المذكرات. وقد يستعين بعمل خرائط واستمارات البحث، التي تساعد في تحويل المعلومات الكيفية إلى معلومات رقمية وبالتصنيف في فئات، وبمقاييس التقدير لتحديد درجة ما يلاحظ من سلوك ونشاط للتعبير عن المواقف

الاجتماعية والسياسية بطريقة رقمية وكمية، واستخدام المقاييس السوسيومترية لقياس العلاقات الاجتماعية.

وتزداد درجة الصدق أو الصحة والثقة والدقة، كلما قام الملاحظ بملاحظاته على فترات، أو عندما يقوم عدد من الملاحظين بتسجيل ملاحظاتهم، وكل مستقل عن الآخر. وكلما كانت الظروف طبيعية دون تأثير من الشخص القائم بالملاحظة وأدواته وأجهزته على الخاضعين للملاحظة.

ويستخدمها الملاحظ في مجال بحث محدد، أو مشروع معين، دون اللجوء إلى أدوات القياس الدقيقة، ودون المشاركة الفعلية للباحث، وهي تفتقد إلى الضبط العلمي الصارم، لأن الباحث قد يقحم مشاعره، وأفكاره الخاصة على المبحوثين. الشيء الذي قد يؤدي إلى إضعاف درجة الموضوعية في البحث.فتكون النتيجة كما يريدها الباحث،لا كما يجب أن تكون.على خلاف الملاحظة بالمشاركة، أي مشاركة الباحث الفعلية للمبحوثين.على شرط أن يكون مقبولا داخل مجتمع الدراسة،اجتماعيا، ونفسيا. فإنها تمكن الباحث من الحصول على معلومات كافية، ودقيقة،وسليمة لموضوع دراسته.وتمكنه من خدمة أهداف بحثه،وتكسير الحاجز الذي يوجد بينه، وبين المبحوثين، وبذلك يكسب ثقتهم، ويضمن تعاونهم معه.

هذه الملاحظة تدخل في نطاق مشروع محدد للعالم الذي يحصرها في مجال الدراسة، ويمكن أن تكون بسيطة أو طبيعية، إذا ارتكزت على مراقبة سلوك الفرد في حياته اليومية، وهي كالتالي:

ـ ملاحِظ دون أن يكون ملاحَظ.

ـ الملاحظة بالمشاركة، حيث يشارك الباحث في حياة الفرد.

ـ الملاحظة الإكلينيكية، حيث تكون ظروف البيئة محدودة من طرف الباحث. ويفضل في الملاحظة أن يكون التسجيل فورياً، حتى لا يعتمد على الذاكرة، وحتى لا تتعرض المعلومات للنسيان، بشرط ألا يؤثر التسجيل على سلوك الأفراد، وألا يصرف الباحث عن متابعة الملاحظة، وألا يكون حائلاً بين الملاحظ وموضوع ملاحظته. أما إذا اضطر الباحث إلى تأجيل ملاحظاته، فيجب أن يكون التسجيل بأسرع وقت ممكن، حتى لا تفلت التفاصيل من الباحث. ويجب على الباحث ألا يقوم بتفسير السلوك وقت التسجيل، حتى لا يؤثر ذلك على الموضوعية.

ويجب على الملاحظ أن يكون لديه معلومات مسبقة عن موضوع ملاحظته، سواء أكان الأفراد، أو أوجه نشاطهم وسلوكهم، أو الظواهر الاجتماعية، وأن تكون أهدافه من الملاحظة واضحة، وأن يضع وسيلة ملائمة لتسجيل ملاحظاته، وتحديد الوحدات الاحصائية اللازمة في التسجيل، وتحديد الفئات التي سيقوم بملاحظتها، كما يجب عليه أن يتأنى في الملاحظة، وأن يقوم بها بدقة وبطريقة منظمة، وأن يصنف بياناته، وأن يكون على دراية تامة باستخدام الآلات والأجهزة العلمية التي يستخدمها.

3. الملاحظة المسلحة:

وهي ملاحظة مجهزة، علمية، تعتمد على أدوات القياس، والتجريب العلمي،(كالميكرو سكوب،وتيلي سكوب والمجهر الإلكتروني وآلات التصوير عن بعد،وآلات التسجيل والمراقبة من وراء الزجاج الشفاف...)ويستخدمها الباحث عند دراسته لظاهرة علمية يحددها مسبقا، ويعزلها، عن غيرها من الظواهر المرتبطة بها، حتى يكون في وضع يسمح له بمراقبتها.وهذه الملاحظة قد يصعب تطبيقها في مجال العلوم الإنسانية، ولاجتماعية، على خلاف تطبقها في علم الفيزياء، وعلم الفلك، وعلم التشريح وعلم البيولوجيا، وعلم الجيولوجيا، فغالبا ما يؤتي أكله.فمثلا استطاع جاليليوأن يتوصل إلى كروية الأرض،ودورانها حول الشمس،وحول نفسها،عن طريق الملاحظة،والمراقة المسلحة بالمنظار، الذي صنعه لهذا الغرض. كما استطاع أن يتوصل إلى قانون تساقط الأجسام.قد تعترض الملاحظة العلمية عوائق،وصعوبات،ترجع كما أتصور، في الغالب إلى الباحث نفسه،أو إلى الأدوات التي يعتمد عليها، فمثلا قد يعتقد الباحث، أن الظل ساكنا، بينما هو في الواقع غير ذلك، وقد يعتقد أن السراب ماء، وأن العصا المغموسة في الماء منكسرة... ومن ثم لا بد للباحث أن يكون مسلحا بمنهج الشك، حتى لا يعرض نفسه للأخطاء التي تفسد دراسته.

4. الملاحظة الذاتية:

وهي تتعدد وتتشعب، وكثيرا ما يلجأ الباحث في العلوم الإنسانية في دراسته للشخصية مثلا، إلى فهم وملاحظة الوثائق التي وضعها المفحوص بنفسه، مثل الرسائل، والسيرة الذاتية أو الإنشائية... إن الملاحظة الذاتية، تعني في الغالب ـ خاصة في البحوث المنهجية المنظمة ـ اللجوء إلى ملء الاستمارات المعدة من طرف الباحث.

5. الملاحظة بالمشاركة:

ويكون الملاحظ فيها حاضراً حضوراً فعلياً مباشراً في الموقف الذي يجري ما يلاحظه مـن أحـداث فيـه، أو يكون جزءاً مما يجري فيه من أحداث (كأن يلتحق الباحث بالعمل في مصنع ينـوي دراسـة العلاقـات بـين العمال بعضهم والبعض الآخر). وفي مثل تلك الحال، إما أن يكون الباحث غير معروف لمن يلاحظهم – وتثير هذه النقطـة إشكالات أخلاقية عديدة:

هل يحق لنا أن نجمع معلومات خاصة عن أشخاص بدون علمهم – أو أن يكون حضور الباحث أمراً يعلم به من يلاحظهم ويوافقون عليه.

ومن أهم مميزات الملاحظة بالمشاركة

- يستطيع الباحث، وهو غير مقيد بقيود جامـدة، أن يكيـف نشـاطه وجهـده ويعـدل في تصـوراته، ويعيد صياغة فروضه بحسب ما يقتضي الموقف.

- تسمح للباحث تفادي الاستفسارات أو الملاحظات غير الملائمة التي قد تتسـبب في احـراج الباحـث أو المجيب أو جرح شعور الآخر أو إثارة ذكريات تؤلمه، أو ما إلى ذلك.

- تساعد الباحث في أن يصل إلى فهم أعمق للظروف المحيطة بالسلوك، وأن يرصد ألواناً عديدة مـن السلوك الخفي غير الظاهر عادة.

- تعين الباحث على أن يصل إلى مصادر للمعلومات واخباريين أكفاء أكثر مما يستطيع باحث عابر.

التحفظات تثار ضد الملاحظة بالمشاركة

- اقتراب الباحث الشديد من بعض الأحداث قد يستغرقه تفاصيلها ويصرفه عن ملاحظة الموقف الأشمل.

- قد تدفع سمات شخصية معينة أو تحيـزات بعـض البـاحثين إلى التركيـز عـلى أحـداث، أو وقـائع بالذات والاهتمام بها أكثر مما تستحق، أو الميل إلى نوع معين من الاخباريين دون سواهم.

- حين لا يستمر وجود الباحث في الموقع مدة كافية، قد يتورط في أخطاء التسرع في الاستنتاج.

- قد يتوحد الملاحظ مع موضوعات الملاحظة فيفقد القدرة على الرؤية الموضوعية.

- أن مشاركة الباحث في الموقف تؤثر فيه إلى حد بعيد أحياناً - وبشكل غير معروف.

أما الملاحظة العلميَّة: هي بصفة عامة، مشاهدة الظواهر قصد عزلها وتفكيك مكوناتها الأساسية، للوقوف على طبيعتها وعلاقاتها، والكشف عن التفاعلات بين عناصرها وعواملها. أي أنها الاعتبار المنتبه للظواهر أو الحوادث بقصد تفسيرِها واكتشاف أسبابها وعواملها والوصولِ إلى القوانين التي تحكمُها.

وحيث يحتاج الباحثون في بعض أبحاثهم إلى مشاهدة الظاهرة التي يدرسونها أو قد يستخدمون مشاهداتِ الآخرين فإنَّ ملاحظاتِ الباحثين تأخذ عدَّة أشكال ويكون لها وظائفُ متعدِّدة تبعاً لأغراض البحث وأهدافه، فقد يقوم باحثٌ بملاحظة بعض الظواهر التي يستطيع السيطرةَ على عناصرها كما يحدث في تجارب المختبرات في العلوم الطبيعيَّة، وقد يقوم بملاحظة الظواهر التي لا يستطيع التأثيرَ على عناصرها كما يحدث في علم الفلك.

يمكن أن نميز الملاحظة العلمية من الملاحظة العابرة بأنها

- هي ملاحظة موجهة يهدف الباحث منها إلى متابعة أحداث معينة أو التركيز على أبعاد محددة دون غيرها.
- ملاحظة مقننة، لا تسير بالصدفة وإنما يتبع الباحث فيها إجراءات معينة معتمدة.
- ملاحظة هادفة، ترمي إلى تسجيل معلومات بالذات بطريقة منظمة.
- لا يكتفي الإنسان فيها بالاعتماد على حواسه، وإنما يستعين بأدوات تزيد عن فاعليتها ودقتها.

أهــداف الملاحظــة

1. إن الهدف الرئيسي للملاحظة هو رصد السلوك الاجتماعي كما يحدث في الموقف الطبيعي، حتى يمكن فهمه وتحليله وتفسيره في ضوء نظرية اجتماعية معينة.
2. تعطي صورة واضحة للحياة الاجتماعية فمثلا من خلال ملاحظتنا لأنماط سلوك أطفال روضة في ساحة اللعب، يمكن معرفة أنماط اللعب الشائعة، أو أنواع السلوك العدواني ومظاهره.

3. الاكتشاف: مازالت هناك الكثير من الموضوعات البحثية في علم الاجتماع بحاجة إلى مزيد من البحث والدراسة. وأخرى بالرغم من تناولها بالدراسة إلا أنها مازالت في حاجة إلى مزيد من الدراسات المتعمقة التي لا يمكن القيام بها إلا باستخدام الملاحظة كأسلوب لجمع البيانات.

4. تمكن الباحث من معرفة طبيعة أنماط السلوك. إذ توضح له أي أنواع السلوك تحدث تحت ظروف اجتماعية معينة.

5. تزود الباحث ببيانات وصفية عن السلوك الملاحظ وطبيعة الموقف الذي أدى إلى حدوثه، مما يساعده على تحديد مشكلته البحثية واستنباط مجموعة من الفروض المبدئية لتفسيرها.

خطــوات الملاحظــة

1. تحديد مشكلة البحث وتحديد الأهداف التي يراد من البحث أن يحققها لأنه في ضوء طبيعة مشكلة البحث ونوع الأهداف المراد الوصول إليها يستطيع الباحث تحديد طبيعة ملاحظته وتحديد نوعها وتحديد أهدافها وتحديد جوانبها

2. تحديد وحدة الملاحظة وزمانها ومكانها وتحديد الجوانب التي يراد ملاحظتها والبيانات التي يراد جمعها. فعلى الباحث أن يحدد وحدة ملاحظته هل هي فرد، أو جماعة أو قائد جماعة أو بعض أفراد مميزين فيها؟ كما عليه أن يحدد حجم العينة التي سيجري عليها ملاحظته أن كانت ملاحظته وعدد فتراتها والمدة التي تفصل بين كل فترة وأخرى

3. تحديد ما إذا كانت الملاحظة التي يراد القيام بها ستكون من نوع الملاحظة البسيطة أو من نوع الملاحظة المضبوطة المنظمة

4. وفي حال اختيار الملاحظة غير المشاركة على الباحث أن يحاول – قدر الإمكان – ألا يظهر في الموقف وأن يلجأ إلى الاستقرار في المجتمع موضوع الدراسة، ويبدأ ملاحظته دون أن يعرف الأفراد الملاحظين أنهم تحت الملاحظة.

5. وفي حال اللجوء إلى الملاحظة بالمشاركة فإن على الباحث أن يحاول بكل الوسائل أن يكسب من يلاحظهم وأن يكون لبقاً في تقديم نفسه إليهم وأن يبني علاقات طيبة معهم وأن يتجنب أي خطأ معهم وخاصة مع الشخصيات البارزة فيهم.

6. حتى إذا ما بدأ الباحث في ملاحظته فإن أول شيء يجب أن يفكر فيه هو تسجيل ملاحظاتـه وأول ما يتبادر إلى ذهنه هو: متى يسجل ملاحظاته؟ وكيف يسجلها؟ وقد يكون الإجراء المثـالي بالنسـبة للزمن المناسب لتسجيل الملاحظات هو تسجيل الباحـث لملاحظاتـه عـن الإحـداث وقـت وقوعهـا وذلك حتى تقل احتمالات التحيز في انتقاء ما يسجل وحتى يقل تأثير عامل التذكر

7. وعلى الملاحظ أن يكتب وصفه في عبارات محددة دقيقة ويضع بياناته في إطار كمـي كلـما أمكنـه ذلك ليسهل تحليلها إحصائياً فيما بعد.

مميزات الملاحظة

باستخدام الملاحظة دراسة موضوعاتٍ تربويَّة بشكلٍ علميٍّ وموضوعيٍّ من باحث قديرٍ عـلى التمييـز بـين الأحداث والمشاهدات والربط بينها، ودقيقٍ في تدوين الملاحظات فإنَّها تحظى بالمزايا الآتية:

1. أنَّها أفضل طريقة مباشرة لدراسة عدَّة أنواع من الظواهر؛ إذْ أنَّ هناك جوانب للتصرُّفات الإنسانيَّة لا يمكن دراستها إلاَّ بهذه الوسيلـة.

2. أنَّها لا تتطلَّب جهوداً كبيرة تبذل من قبـل المجموعـة التـي تجـري ملاحظتهـا بالمقارنـة مـع طـرق بديلة.أي لا تتطلب عددا كبيرا من الأفراد ليقوموا بملاحظة الظاهرة

3. أنَّها تمكِّن الباحث من جمع بياناته تحت ظروف سلوكيَّة مألوفة.

4. أنَّها تمكِّن الباحث من جمع حقائق عن السلوك في وقت حدوثها.

5. أنَّها لا تعتمد كثيراً على الاستنتاجات.

6. أنَّها تسمح بالحصول على بيانات ومعلومات من الجـائز ألاَّ يكـون قـد فكَّـر بهـا الأفـرادُ موضـوعُ البحث حين إجراء مقابلات معهم أو حين مراسـلتهم لتعبئـة اسـتبانة الدراسـة. (غرايبـة وزمـلاؤه، 1981م، ص41).

7. أنها تمكن الباحث من تسجيل السلوك الملاحظ وقت حدوثه مبـاشرة، وبـذلك يقـل فيهـا الاعـتماد على الذاكرة وتسلم من تحريف الذاكرة.

8. أن كثيرا من الموضوعات، مثل العادات الاجتماعية، وطرق التعامل بين الناس وطرق تربية الأطفال، يكون من الأفضل ملاحظتها إذا أريد الكشف عن خصائصها."

9. أنها " تعكس مختلف التأثيرات التي تصاحب وقوع السلوك بصورة حية."

10. أنها لا تتطلب من الأشخاص موضع الملاحظة أن يقرروا شيئاً، وهم في الكثير من الأحيان قد لا يعلمون أنهم موضع الملاحظة. وبذلك تتخلص الملاحظة من عيوب المقابلات أو الاختبارات أو التجارب التي قد يتردد الناس في الإسهام فيها أو في الإجابة عن أسئلتها، أو قد يضيقون بها ولا يجدون لها متسعاً من الوقت."

11. أنها تمكننا من الحصول على معلومات وبيانات حول سلوك من لا يستطيعون التعبير عن أنفسهم قولا أو كتابة، وذلك كالأطفال والبكم، وكالحيوانات التي قد يهم الباحث أن يعرف شيئاً عن سلوكها.

12. أنها أداة صالحة لتقويم فعالية العملية التربوية في تحقيق الأهداف والغايات المرسومة لها، ولتقويم فعالية كثير من وسائل التربية وطرقها.

عيوب الملاحظة:

ومع وجود المزايا السابقة فهناك عيوب للملاحظة تتَّصل بجانبها التطبيقيِّ وبمقدرة الباحث أبرزها ما يأتي: (غرايبة وزملاؤه، 1981م، ص41).

1. قد يعمد الأفرادُ موضوع الملاحظة إلى إعطاء الباحث انطباعاتٍ جيِّدة أو غير جيِّدة؛ وذلك عندما يدركون أنَّهم واقعون تحت ملاحظته.

2. قد يصعب توقُّع حدوث حادثة عفويَّة بشكلٍ مسبق لكي يكون الباحث حاضراً في ذلك الوقت، وفي كثير من الأحيان قد تكون فترة الانتظار مرهقة وتستغرق وقتاً طويلا.

3. قد تعيق عوامل غير منظورة عمليَّة القيام بالملاحظة أو استكمالها.

4. قد تكون الملاحظة محكومةً بعوامل محدَّدة زمنياً وجغرافيّاً فتستغرق بعض الأحداث عدَّة سنوات أو قد تقع في أماكن متباعدة ممَّا يزيد صعوبة في مهمَّة الباحث،**وقد** يضطر إلى الانتظار فترة طويلة لملاحظه وقوع ظاهرة معينة.

5. قد تكون بعض الأحداث الخاصَّة في حياة الأفراد ممَّا لا يمكن ملاحظتها مباشرة. هناك "بعض الموضوعات يصعب أو يتعذر ملاحظتها، كما هي الحال في الخلافات العائلية (التي لا تكون عادة مفتوحة لملاحظ خارجي). وقد يكون من الأيسر في هذه الحالات الالتجاء إلى الأدوات الأخرى مثل المقابلة."

6. قد تميل الملاحظة إلى إظهار التحيُّز والميل لاختيار ما يناسب الباحث أو أنَّ ما يراه غالباً يختلف عمَّا يعتقده، (بارسونز، 1996م، ص44).

7. "يصعب في حالات كثيرة أن يتنبأ الباحث مقدما بوقوع حادث معين، وحتى في حالة وقوعه قد تتطلب ملاحظته عناء وجهدا، فالباحث الذي يريد أن يدرس عادات القرويين في حالات الزواج أو الوفاة أو سلوكهم في أوقات الكوارث (الفيضانات والسيول والحرائق وظهور الأمراض المعدية وما إلى ذلك) قد يضطر إلى الانتظار فترة غير محددة، أو قد تقع الحادثة في فترة قصيرة جدا يصعب عليه ملاحظتها."

8. لا يمكن ملاحظة أشياء حدثت في الماضي.

9. أن النتائج التي نصل إليها عن طريق الملاحظة نتائج يغلب عليها الطابع الشخصي ـ إلى حد كبير."

10. نظراً لشدة تركيب الظواهر وتداخلها ـ وخاصة الاجتماعية منها، فإنه من الصعب على الملاحظ الوقوف على جميع الظروف المحيطة بها وعلى جميع عناصرها والتفاصيل الجوهرية لفهمها. وكثيراً ما "يغفل الملاحظ عن بعض التفاصيل الجوهرية ويوجه عنايته إلى بعض التفاصيل الأخرى التي لا تدل على الصفات الذاتية للأشياء."

11. أن إدراك الملاحظ للأشياء والظواهر التي يلاحظها عرضة للتحريفات والتشويه، وذلك بسبب تحكيمه لخبراته السابقة واهتماماته الشخصية، وبسبب انفعالاته ودوافعه وتعصباته وحالته العقلية، وقيمة وحالته الجسمية، وما قد يقع فيه من أخطاء الاستنتاج أو الاستدلال.

صعوبات الملاحظة:

– صعوبة الإدراك الحسي: تعتبر الملاحظة عملية إدراك حسي لسلوك أو حدث أو إتصالية... ومعلوم أن الإدراك مخطئ... وحتى الفكر كثيرا ما يكون هو نفسه مصدر الخط في عملية الملاحظة. يقول جوته، " إننا لا نرى إلا ما نعرفه ". فقد لا يلاحظ الفرد من الظواهر سوى ما يتصل باهتماماته، وما قد يتفق مع اتجاهاته وأغراضه، إن المعاني توجد في عقول الناس أكثر منها في الموضوعات نفسها.

- يجب على الباحث أن يتدرب على القيام بالملاحظة، ليتجنب احتمال الوقوع في الخطأ الإدراكي. لذا عليه، منذ البداية، تحديد ما يلي:

1. الوقائع التي ينبغي ملاحظتها.
2. كيفية تسجيل الملاحظة.
3. استعمال الإجراءات الضرورية للتأكد من دقة الملاحظة.
4. تحديد نوع العلاقة التي يجب أن تقوم به الملاحظة والملاحِظ وكيفية تكوين هذه العلاقة.

وليس من شك في أن التحديد الدقيق لهذه النقاط، يختلف باختلاف أغراض الملاحظة وأنواع البحوث. ولتغطية النقص التكويني المتمثل في كون الحواس لا تجعلنا ندرك إلا عددا محددا من المثيرات، ونغفل ما يمر منها بإيقاع سريع، يلجأ العلماء إلى أدوات وأجهزة تكمل عمل أعضاء الحس وتؤيده في قدرتها نسبيا، مثل الصور، الأفلام، آلات التسجيل الفيديو، وغير ذلك، والتي تقدم اليوم الأداة الفعالة لتثبيت المدركات، وبالتالي لتركيز الملاحظة. فبإمكان تلك الوسائل، إعادة السلوك موضوع الملاحظة، وبإمكانها تثبيته أو إبطاؤه، الأمر الذي يمكّن الملاحِظ من إدراك دقيق للحظاته في تعاقبها.

وهناك عوامل رئيسةٌ ومهمَّة تساعد على الحصول على بيانات ومعلومات دقيقة بالملاحظة على الباحث أخذها باعتباره عند استخدامه هذه الأداة أو الوسيلة، من أبرزها:

1- تحديد الجوانب التي ستخضع للملاحظة، وهذا يكون بمعرفة مسبقة وواسعة عن الظاهرة موضوع الملاحظة.

2- اختبار الأهداف العامَّة والمحدَّدة مسبقاً بملاحظاتٍ عامة للظاهرة.

3- تحديد طريقة تسجيل نتائج الملاحظة بتحديد الوحدة الإحصائيَّة والبيانيَّة التي ستستخدم في تسجيل نتائج المشاهدات.

4- تحديد وتصنيف ما يراد تسجيلُه من بيانات ومعلوماتٍ عن الظاهرة موضوع الملاحظةتصنيفاً رقمياً أو وصفياً، وتدوين بعض تفسيراتها في نفس وقت مشاهدتها وحدوثها.

5- ترتيب الظواهر بشكلٍ مستقلٍّ.

6- تدرُّب جيد على آلات ووسائل تسجيل نتائج الملاحظة.

7- الملاحظة بعناية وبشكلٍ متفحِّص.

8- تحسُّن مستويات الصدق والثقة والدقَّة إلى حدٍّ كبير بقيام نفس الملاحظ بملاحظاته على فترات متعدِّدة، أو عندما يقوم عدد من الملاحظين بتسجيل ملاحظاتهم وكلٌّ منهم مستقلٌّ في ملاحظته عن الآخر.

2- المقابلة (Interview):

تعرَّف المقابلة بأنها تفاعل لفظيٌّ بين شخصين في موقف مواجهة؛ حيث يحاول أحدهما وهو الباحث القائم بالمقابلة أن يستثيرَ بعض المعلومات أو التعبيرات لدى الآخر وهو المبحوث والتي تدور حول آرائه ومعتقداته.

هي منهج، يعتمد على مواجهة الآخر، قصد معرفته، وسبر أغواره،وضمان أخذ أكبر حجم من المعلومات التي تهم البحث منه لتحقيق هدف الدراسة.

فهناك بيانات ومعلومات لا يمكن الحصول عليها إلاَّ بمقابلة الباحث للمبحوث وجهاً لوجه، ففي مناسبات متعدِّدة يدرك الباحث ضرورة رؤية وسماع صوت وكلمات الأشخاص موضوع البحث.وهذا لا يتأتى إلا إذا أخضعنا المقابلة للشروط التالية:

(1) تقديم البحث مع تعريفه وإعطاء معلومات عنه، وذكر أهميته.

(2) ذكر منفعة البحث بالنسبة للمبحوث

(3)الالتزام بقاعدة عدم إفشاء السر.

(4) أن لا يتقمص الباحث شخصية المخبر، أو رجل الشرطة.

(5) أن لا يكترث برفض المبحوث للإجابة عن الأسئلة، فهو أمر طبيعي،وعادي.

(6) أن يكون متأدبا في لهجته مع المسئول ومخاطبته له.

(7) أن يلتزم بموضوع البحث،فلا ينتقل من موضوع لآخر، وأن لا يستسلم للاستطراد.

(8) أن يكون يقضا،منتبها،دون أن يكثر من الكلام، أو الثرثرة وحيث يجب أن يكون للمقابلة هدفٌ محدَّد

فلهذا تقع على الباحث الذي يجري المقابلة ثلاثة واجبات رئيسة:

1) أن يخبرَ المستجيبَ عن طبيعة البحث.

2) أن يحفزَ المستجيبَ على التعاون معه.

3) أن يحدِّدَ طبيعة البيانات والمعلومات المطلوبة.

4) أن يحصلَ على البيانات والمعلومات التي يرغب فيها.

وتمكِّن المقابلة الشخصيَّة الباحثَ من ملاحظة سلوك الأفراد والمجموعات والتعرُّف على آرائهم ومعتقداتهم، وفيما إذا كانت تتغيَّر بتغيُّر الأشخاص وظروفهم، وقد تساعد كذلك على تثبيت صحَّة معلومات حصل عليها الباحث من مصادر مستقلَّة أو بواسطة وسائل وأدوات بديلة أو للكشف عن تناقضات ظهرت بين تلك المصادر.

ويمكن تقسيم المقابلة وفقاً لنوع الأسئلة التي يطرحها الباحث إلى:

-   **المقابلة المقفلة** Interview closed : وهي التي تتطلَّب أسئلتها إجاباتٍ دقيقة ومحدَّدة، فتتطلَّب الإجابة بنعم أو بلا، أو الإجابة بموافق أو غير موافق أو متردِّد، ويمتاز هذا النوع من المقابلة بسهولة تصنيف بياناتها وتحليلها إحصائياً.

-   **المقابلة المفتوحة** Interview open : وهي التي تتطلَّب أسئلتها إجاباتٍ غير محدَّدة مثل: ما رأيك ببرامج تدريب المعلِّمين في مركز التدريب التربويِّ؟، والمقابلةُ المفتوحة تمتاز بغزارة بياناتها، ولكن يؤخذ عليها صعوبة تصنيف إجاباتها.

-   **المقابلة المقفلة – المفتوحة** Interview closed - open :

وهي التي تكون أسئلتها مزيجاً بين أسئلة النوعين السابقين أي أسئلة مقفلة وأخرى مفتوحة فتجمع ميزاتِهما، وهي أكثر أنواع المقابلات شيوعاً، ومن أمثلة ذلك أن يبدأ الباحث بتوجيه أسئلة مقفلة للشخص موضوع البحث على النحو التالي: هل توافق على تنفيذ برامج تدريب المعلِّمين مساءً؟، ثمَّ يليه سؤال آخر كأن يكون: هل لك أن توضِّح أسباب موقفك بشيءٍ من التفصيل؟.

وتصنَّف المقابلة بحسب أغراضها إلى أنواعٍ من أكثرها شيوعاً (غرايبة وزملاؤه، الأنواع التالية:

1- **المقابلة الاستطلاعيَّة (المسحيَّة)** Exploratory interview : وتستخدم للحصول على معلوماتٍ وبيانات من أشخاصٍ يعدُّون حجَّةً في حقولهم أو ممثِّلين لمجموعاتهم والتي يرغب الباحث الحصول على بيانات بشأنهم، ويستخدم هذا النوع لاستطلاع الرأي العام بشأن سياسات معيَّنة، أو لاستطلاع رغبات المستهلكين وأذواقهم، أو لجمع الآراء من المؤسَّسات أو الجمهور عن أمورٍ تدخل كمتغيِّرات في قرارات تتَّخذها جهةٌ معيَّنة منوط بها أمر اتِّخاذ القرارات، وهذا النوع هو الأنسب للأبحاث المتعلِّقة بالعلوم الاجتماعيَّة ومنها التربية والتعليم.

2- **المقابلة التشخيصيَّة**Diagnostic interview : وتستخدم لتفهُّم مشكلةٍ ما وأسبابِ نشوئها، وأبعادها الحاليَّة، ومدى خطورتها، وهذا النوع مفيد لدراسة أسباب تذمُّر المستخدمين.

3- **المقابلة العلاجيَّة**Therapeutic interview : وتستخدم لتمكين المستجيب من فهم نفسه بشكلٍ أفضل وللتخطيط لعلاج مناسب لمشكلاته، وهذا النوع يهدف بشكلٍ رئيس إلى القضاء على أسباب المشكلة والعمل على جعل الشخص الذي تجرى معه المقابلة يشعر بالاستقرار النفسيّ.

4- **المقابلة الاستشاريَّة**Advisory interview : وتستخدم لتمكين الشخص الذي تجرى معه المقابلة وبمشاركة الباحث على تفهُّم مشكلاته المتعلِّقة بالعمل بشكل أفضل والعمل على حلِّها.

وهناك أنواع مختلفة من المقابلة منها:

1. **المقابلة القياسية**Regularity interview : وهي التي يتقيد فيها الباحث بأسئلة محددة مسبقا، يطرحها على المسئول، ولا يسمح لنفسه الخروج عنها،أو عن نطاق موضوع بحثه.

2. **المقابلة الغير قياسية**Interview non- regularity : وهي خلاف المقابلة القياسية، يكون الباحث حرا في صياغة الأسئلة، وطرحاها، واستبدالها عند الحاجة، شريطة تقيده، وعدم خروجه عن الموضوع.

3. **المقابلة شبه القياسية**Interview semi regularity : وفيها يمزج الباحث بين المقابلة القياسية،والغير قياسية فهو يتقيد بمجموعة من الأسئلة المحددة، وفي نفس الوقت يسمح لنفسه بطرح أسئلة أخرى، لم تكن مبرمجة مسبقا. إذا رأى أن لها صلة بالموضوع ومفيدة له.

4. **المقابلة المركزة** Focused interview (الاتصال المباشر): في هذه المقابلة يعطي الباحث لنفسه الحرية المطلقة في طرح الأسئلة المهيأة مسبقا، أو المستخرجة من أجوبة المبحوث، دون أن يتقيد بأسلوب طرح الأسئلة المتعلقة بالظاهرة المدروسة طبعا.

وهناك عوامل رئيسة ومهمَّة تساعد على الحصول على بيانات ومعلومات دقيقة بالمقابلة على الباحث أخذها باعتباره عند استخدامها، من أبرزها:

1) تحديد الأشخاص الذين يجب أن تُجْرَى المقابلةُ معهم بحيث يكونون قادرين على إعطائه المعلومات الدقيقة، وأن يكون عددهم مناسباً للحصول على بيانات ومعلومات كافية.

2) وضع الترتيبات اللازمة لإجراء المقابلة بتحديد الزمان والمكان المناسبين، ويستحسن أن تُسْبَق المقابلة برسالة شخصيَّة أو رسميَّة أو بواسطة شخص ثالث تمهيداً للمقابلة.

3) إعداد أسئلة المقابلة ووضع خطَّة لمجرياتها ليضمن حصوله على المعلومات والبيانات المطلوبة، مع ضرورة الأخذ بالاعتبار مرونة بالأسئلة إذْ قد تفاجئه معلومات لم يتوقَّعها.

4) إجراء مقابلات تجريبيَّة تمهيداً للمقابلات الفعليَّة اللازمة للدراسة.

5) التدرُّب على أساليب المقابلة وفنونها لكي يكسب المستجيبين ولا يثير مخاوفهم ولا يحرجهم ويحصل على إجابات دقيقة وناجحة

6) التأكُّد من صحَّة المعلومات التي توفِّرها المقابلات بتلافي أخطاء السمع أو المشاهدة، وأخطاء المستجيب للزمن والمسافات، وأخطاء ذاكرة المستجيب، وأخطاء مبالغات المستجيب، وخلط المستجيب بين الحقائق واستنتاجاته الشخصيَّة.

7) إعداد سجلٍّ مكتوبٍ عن المقابلة بأسرع وقت ممكن، فلا يؤخِّر الباحثُ ذلك إذا لم يتمكَّن من تسجيل المقابلة في حينها، فهو عرضة للنسيان والخلط بين إجابات المستجيبين، وعليه أن يستأذن المستجيب بتدوين إجاباته ويخبره بأهميَّتها في دراسته، فقد يرتكب الباحث أخطاءً بعدم الإثبات أو بالحذف أو بالإضافة أو بالاستبدال بسبب تأخير التسجيل، ولا شكَّ في أنَّ التسجيلَ بجهاز تسجيل يعطي دقَّة أكبر، ولكنَّ استخدام ذلك قد يؤثِّر على المقابلة.

مزايا المقابلة: تظهر للمقابلة كأداة لجمع البيانات والمعلومات لدى الباحث القدير على استخدامها بشكلٍ علميٍّ وموضوعيٍّ في إجرائها وتدوينها وتحليل بياناتها مزايا أبرزها ما يأتي:، ذكر في: (غرايبة وزملاؤه، 1981م، ص52).

1) أنَّها أفضل أداة لاختبار وتقويم الصفات الشخصيَّة.

2) أنَّها ذات فائدة كبيرة في تشخيص ومعالجة المشكلات الإنسانيَّة.

3) أنَّها ذات فائدة كبرى في الاستشارات.

4) أنَّها تزوِّد الباحث بمعلومات إضافيَّة كتدعيمٍ للمعلومات المجموعة بأدوات أخرى.

5) أنَّها قد تستخدم مع الملاحظة للتأكُّد من صحَّة بيانات ومعلومات حصل عليها الباحث بواسطة استبانات مرسلة بالبريد.

6) أنَّها الأداة الوحيدة لجمع البيانات والمعلومات في المجتمعات الأميَّة.

7) أنَّها تتميز بالمرونة، حيث يستطيع الباحث ملاحظة سلوك المبحوث ومن ثم توضيح أو تغيير الأسئلة.

8) أنَّ نسبة المردود منها عالية إذا قورنت بالاستبيان.

عيوب المقابلة:

وللمقابلة عيوب تؤثِّر عليها كأداة لجمع البيانات والمعلومات أبرزها ما يأتي: ذكر في:

1) إنَّ نجاحها يعتمد على حدٍّ كبير على رغبة المستجيب في التعاون وإعطاء معلومات موثوقة دقيقة.

2) إنَّها تتأثَّر بالحالة النفسيَّة وبعوامل أخرى تؤثِّر على الشخص الذي يجري المقابلة أو على المستجيب أو عليهما معاً، وبالتالي فإنَّ احتمال التحيُّز الشخصيِّ مرتفع جدّاً في البيانات.

3) إنَّها تتأثَّر بحرص المستجيب على نفسه وبرغبته بأن يظهرَ بمظهر إيجابيٍّ، وبدوافعه أن يستعدي أو يرضي الشخصَ الذي يجري المقابلة، فقد يلوِّن بعضُ المستجيبين الحقائق التي يفصحون عنها بالشكل الذي يظنُّونه سليماً.

4) قد يمتنع المبحوث عن الإجابة على بعض الأسئلة الخاصة نظرا لان شخصيته تكون واضحة أمام الباحث

3- الاستبيان(Questionnaire):

يُعَرَّف الاستبيانُ بأنَّه أداة لجمع البيانات المتعلِّقة بموضوع بحث محدَّد عن طريق استمارة يجري تعبئتها من قبل المستجيب، ويستخدم لجمع المعلومات بشأن معتقدات ورغبات المستجيبين، ولجمع حقائق هم على علمٍ بها؛ ولهذا يستخدم بشكلٍ رئيس في مجال الدراسات التي تهدف إلى استكشاف حقائق عن الممارسات الحاليَّة واستطلاعات الرأي العام وميول الأفراد، وإذا كان الأفرادُ الذين يرغب الباحث في الحصول على بيانات بشأنهم في أماكن متباعدة فإنَّ أداة الاستبيان تمكِّنه من الوصول إليهم جميعاً بوقت محدود وبتكاليف معقولة.

إذن الاستبيانُ هو طريقة علمية لجمع المعلومات إما عن طريق تقديم الأسئلة المكتوبة بواسطة الباحث نفسه، أو عن طريف مساعديه،أو عن طريق البريد العادي،أو الإلكتروني.فهو لا يحتاج إلى مهارة في **توزيع** الاستبيانات، وغير مكلف من الناحية المادية،ويشجع المبحوث الخجول، على الإجابة بصراحة، ودون حرج، وبحرية كاملة، لعدم حضور الباحث معه.

كما أن هذا المنهج يمكن الباحث من توزيع البيانات على العدد الذي يريد من المبحوثين، وبالتالي يحصل منهم على معلومات كثيرة.

ومن الملاحظ أنَّ أداة الاستبيان منتشرة في الدراسات الابتكاريَّة والتطبيقيَّة، (الصنيع، 1404هـ ص36)، وذلك لأسباب منها:

1) أنَّها أفضل طريقة للحصول على معلومات وحقائق جديدة لا توفِّرها مصادر أخرى.

2) أنَّها تتميَّز بالسهولة والسرعة في توزيعها بالبريد على مساحة جغرافيَّة واسعة.

3) أنَّها توفِّر الوقت والتكاليف.

4) أنَّها تعطي للمستجيب حريَّة الإدلاء بأيَّة معلومات يريدها.

أنواع الاستبيان:

يعتمد الاستبيان في جمع البيانات على الأسئلة المكتوبة، التي تستهدف إجابات عن الحالات التي يقصدها لباحث في موضوع بحثه، ومن ثم ينوع الباحث أسئلته، والتي تقسم إلى ثلاثة أنواع، هي:

1. أسئلة مفتوحةOpen-ended questions :

وهي التي لا يقيدها الباحث بإجابات معينة، و غير ملزمة للمبحوث.و تترك له الحرية في الإجابة، والتعبير عن رأيه، واتجاهه، وباللغة التي يريدها،ويتقنها.وبهذا يضمن صدقه، وتعاونه، مع تنوع الإجابات،وواقعيتها.وإن كان هذا النوع يطرح صعوبات للباحث، عند تفريغ البيانات، وحصرها، وتبويبها في خانات معينة، من أجل دراستها.مثال ذلك:{كيف تعالج قضايا الأمن لو كلفت بوزارة الداخلية؟} أو{ لو حصلت على مليار دولار ماذا تفعل به؟}...وفي هذه الحالة غالبا ما تكون الإجابات عبارة عن إنشاءات مفصلة،ومتنوعة على حسب المبحوثين. ومن ثم على الباحث أن يختار الإجابات المهمة، والتي تعبر عن الفرضيات التي وضعها مسبقا، والتي يعتقد أنها تجيب عن تساؤلاته، حتى يتمكن من تسهيل عملية تفريغ البيانات في الجدول الإحصائي وتحليلها.

الأسئلة المفتوحة فيها فراغاتٌ يتركها الباحثُ ليدوِّن فيها المستجيبون إجاباتهم، وهذا النوع يتميَّز بأنَّه أداة لجمع حقائق وبيانات ومعلومات كثيرة غير متوفِّرة في مصادر أخرى، ولكنَّ الباحث يجد صعوبة في تلخيص وتنميط وتصنيف النتائج ؛ لتنوُّع الإجابات، ويجد إرهاقاً في تحليلها ويبذل وقتاً طويلاً لذلك، كما أنَّ كثيراً من المستجيبين قد يغفلون عن ذكر بعض الحقائق في إجاباتهم بسبب أنَّ أحداً لم يذكِّرهم بها وليس لعدم رغبتهم بإعطائها.

2. أسئلة مغلقةClosed questions :

هذا النوع من الأسئلة سهل، وواضح ومطلوب، في المواضيع المعقدة،ويجبر المبحوث على الالتزام بجواب معين،عندما لا يجد له بديلا. كما أنه يعمل على ربط المبحوث، بمادة الموضوع، والتركيز عليه. وغالبا ما تكون الإجابة عنه ب (نعم) أو (لا)، أو بوضع علامة صحٍّ أو خطأ، أو تكون باختيار إجابة واحدة من إجابات متعدِّدة، وفي مثل هذا النوع ينصح الباحثون أن تكونَ هناك إجابةٌ أخرى مثل: غير ذلك، أو لا أعرف، وليحافظ الباحثُ على الموضوعيَّة يجب عليه أن يصوغ عبارات هذا النوع من الاستبيان بكلِّ دقَّة وعناية بحيث لا تتطلَّب الإجاباتُ تحفُّظات أو تحتمل استثناءات، ويتميَّز هذا النوع من الاستبيانات بسهولة تصنيف الإجابات ووضعها في قوائم أو جداول إحصائيَّة يسهل على الباحث تلخيصها وتصنيفها وتحليلها، ومن ميزاته أنَّه يحفز المستجيبَ على تعبئة الاستبانة لسهولة الإجابة عليها وعدم احتياجها إلى وقتٍ طويل أو جهدٍ شاق أو تفكيرٍ عميق بالمقارنة مع النوع السابق، ولهذا تكون نسبة إعادة الاستبانات في هذا النوع أكثر من نسبة إعادتها في النوع المفتوح

مثال ذلك:{ ما هو سبب الانقطاع المبكر عن الدراسة؟} {طول المقرر؟} [نعم - لا] {ضغط تاريخ الامتحان؟} [نعم - لا] {سبب آخر؟} [أذكره]

3. أسئلة ذات البدائل:Questions of alternatives

في هذا النوع من الأسئلة يتكفل الباحث بوضع إجابات محددة، كبدائل لكل سؤال، وما على المبحوث إلا أن يختار الجواب أو الأجوبة التي تناسب حالته. مثال ذالك:{على أي أساس تختار أصدقاءك؟ (على أساس الأخلاق) (السن) (المستوى التعليمي) (الجوار) (اختيار الوالدين) (الفصل الدراسي) (منفعة معينة).......ومن مزايا هذه الأسئلة الاستبيانية، أن الإجابة عنها تكون محددة، وسهلة،كما أنها سريعة التحليل، وذات كلفة قليلة،ويمكن

تحليلها إحصائيا، عن طريق الحاسوب، وإن كانت غالبا ما تعكس رأي الباحث الأمر الذي قد يجعل الذاتية، تطغى على الموضوعية.

في كل أنواع الأسئلة الثلاثة التي ذكرناها، لا بد للباحث أن يلتزم ببعض الشروط في وضع أسئلته منها:

(1)ضرورة ارتباط الأسئلة بموضوع الدراسة،وإشكالياته.

(2) لا بد أن يختار نوع الأسئلة التي تناسب البحث،من حيث كونها مفتوحة، أو مغلقة، أو ذات بدائل.

(3) ضرورة وضوح الأسئلة، وسهولتها

(4) الابتعاد عن الأسئلة البوليسية، أو التي تلح على المعلومات الشخصية،والمحرجة

(5) لابد من مراعاة التسلسل، الزمني،والمنطقي،عند طرح الأسئلة

(6) تجنب الأسئلة التي قد تحيل إلى الحقائق، والمعارف، أو المعلومات،التي يمكن الحصول عليها من مصادر أخرى.

لجمع بيانات الدراسة بواسطة الاستبيان:

بعد تحديد مشكلة الدراسة وتحديد أهدافها وصياغة فروضها وأسئلتها عقب استطلاع الدراسات السابقة وما كُتب من موضوعات تتَّصل بها فيتبيَّن للباحث أنَّ الاستبيان هو الأداة الأنسب لجمع البيانات والمعلومات اللازمة فإنَّ عليه لاستخدام هذه الأداة اتِّباع الآتي:

1) تقسيم موضوع البحث إلى عناصره الأوليَّة وترتيبها في ضوء علاقاتها وارتباطاتها.

2) تحديد نوع البيانات والمعلومات المطلوبة لدراسة مشكلة البحث في ضوء أهداف البحث وفروضه وأسئلته، وهذه هي جوانبُ العلاقة بين مشكلة البحث واستبانة البحث.

3) تحديد عيِّنة الدراسة بنوعها ونسبتها وأفرادها أو مفرداتها بحيث تمثِّل مجتمعَ البحث.

4) تحديد الأفراد المبحوثين لملء استبانة الدراسة وذلك في الدراسات التي تتناول الأفراد كدراسة دور معلِّمي الاجتماعيَّات في قيام المدرسة بوظيفتها في بيئتها الخارجيَّة، أو تحديد المتعاونين مع الباحث لملء استبانة دراسته وذلك في الدراسات التي تتناول مفردات مجتمع البحث كالمدارس في دراسة وظيفة المدرسة الثانويَّة في بيئتها الخارجيَّة وفي مجتمعها المحيط بها.

5) تصميم الاستبيان وصياغته بعد وضوح رؤية الباحث في ضوء الخطوات السابقة.

6) تحكيم استبانة الدراسة من قبل ذوي الخبرة في ذلك والمختصِّين بموضوع دراسته.

7) تجريب الاستبانة تجريباً تطبيقياً في مجتمع البحث لاستكشاف عيوبها أو قصورها.

8) صياغة استبانة الدراسة صياغة نهائيَّة وفق ملاحظات واقتراحات محكِّميها وفي ضوء تجربتها التطبيقيّةِ.

9) الالتقاء بالمتعاونين مع الباحث لشرح أسئلة استبانة الدراسة وإيضاح أهدافها ومناقشة ما يتوقَّع من عقباتٍ قد تعترض مهمَّة المتعاونين مع الباحث.

10) توزيع استبانة الدراسة وإدارة التوزيع، وذلك بتحديد أعداد النسخ اللازمة لتمثيل مجتمع البحث وبإضافة نسبة احتياطيَّة كعلاج للمفقود أو لغير المستردِّ منها، وبتحديد وسيلة توزيعها، وأساليب استعادتها والظروف المناسبة لتوزيعها، فيبتعد الباحث عن الأسابيع المزدحمة بالعمل للمبحوثين، وعن الفترات المزدحمة بالعمل في مفردات البحث كالمدارس.

11) اتِّخاذ السبل المناسبة لحثِّ المبحوثين أو المتعاونين مع الباحث المتقاعسين عن ردِّ الاستبانة إلى الباحث، ويكون ذلك برسالةٍ رسميَّة أو شخصيَّة أو باتِّصال هاتفيٍّ، ويستحسن تزويد أولئك بنسخٍ جديدة خشية أن يكون تأخُّر ردِّ النسخ التي لديهم لضياعها أو للرغبة في استبدالها لمن تعجَّل في الإجابة عليها واتَّضحت له أمورٌ مغايرة لإجابته قبل إرسالها.

12) مراجعة نسخ الاستبانة العائدة والتخطيط لتصنيف بياناتها وجدولتها وإعداد البرنامج الحاسوبيِّ الخاص بتفريغها.

13) المراجعة الميدانيَّة لعدد من نسخ الاستبانة بموجب عيِّنة مناسبة للتعرُّف على مدى صحَّة البيانات الواردة فيها.

14) تفريغ بيانات ومعلومات استبانة الدراسة وتبويبها وتصنيفها واستخراج جداولها ورسوماتها البيانيَّة وفق خطَّة الدراسة.

تصميم الاستبيان وصياغته: ممَّا يجب على الباحث مراعاته عند ذلك الآتي:

1) الإيجاز بقدر الإمكان.

2) حسن الصياغة ووضوح الأسلوب والترتيب وتخطيط الوقت.

3) استخدام المصطلحات الواضحة البسيطة، وشرح المصطلحات غير الواضحة.

4) إعطاء المبحوثُ مساحةً حرَّة في نهاية الاستبانة لكتابة ما يراه من إضافة أو تعليق.

5) حفز المبحوث أو المتعاون مع الباحث على الإجابة بأن تؤدِّي أسئلة الاستبانة إلى ذلك؛ بوجود أسئلة مقفلة وأخرى مفتوحة تتيح الفرصة لتحقيق الفقرة السابقة.

6) الابتعاد عن الأسئلة الإيحائيَّة الهادفة إلى إثبات صحَّة فرضيَّات دراسته.

7) صياغة بدائل الإجابات المقترحة صياغة واضحة لا تتطلَّب إلاَّ اختياراً واحداً.

8) تجنُّب الخلط بين إبداء الرأي وإعطاء الحقائق.

9) تجنُّب الأسئلة التي تستدعي تفكيراً عميقاً من المبحوثين أو المتعاونين مع الباحث.

10) البعد عن الأسئلة التي تتطلَّب معلومات وحقائق موجودة في مصادر أخرى؛ ممَّا يولِّد ضيقاً لدى المبحوث أو المتعاون مع الباحث.

11) تزويد الاستبانة بما يشرح أهداف الدراسة وقيمتها التطبيقيَّة بما يعود على الأفراد المبحوثين أو المجتمع المبحوث بالخير.

12) تزويد الاستبانة بتعليمات وبإرشادات عن كيفيَّة الإجابة، وحفز المبحوثين ليستجيبوا بكلِّ دقَّة وموضوعيَّة.

13) وعد المبحوثين بسريَّة إجاباتهم وأنَّها لن تستخدمَ إلاَّ لغرض البحث المشار إليه.

14) إشارة الباحث إلى رقم هاتفه لتسهيل استفسار المبحوثين أو المتعاونين إن لزم ذلك.

15) إيضاح أساليب إعادة نسخ الاستبانة وتسهيل ذلك ما أمكن.

16) احتواء الاستبيان على أسئلة مراجعة للتأكُّد من صدق البيانات وانتظامها.

17) احتواء الاستبيان في صفحته الأولى على ما يساعد في استخدامات الحاسوب.

مزايا وعيوب الاستبيان:

تعرَّضت أداة الاستبيان إلى نقد شديد من المهتمِّين بأساليب البحث العلميِّ، ومعظم انتقاداتهم تركَّزت على مدى دقَّة وصحَّة البيانات والمعلومات التي يجمعها الباحث بهذه الأداة، وبرغم ذلك فإلى جانب عيوب أداة الاستبيان فلها مزايا تجعلها من أهمِّ أدوات جمع البيانات وأكثرها شيوعاً.

مزايا الاستبيان:

1) تمكّن أداة الاستبيان من حصول الباحثين على بيانات ومعلومات من وعن أفراد ومفردات يتباعدون وتتباعد جغرافياً بأقصر وقتٍ مقارنة مع الأدوات الأخرى.

2) لا يحتاج الاستبيان إلى عدد كبير من الباحثين لتنفيذها وجمعها ؛ لأنه يعدُّ من أقل أدوات جمع البيانات والمعلومات تكلفة سواءٌ أكان ذلك بالجهد المبذول من قبل الباحث أم كان ذلك بالمال المبذول لذلك.

3) تعدُّ البيانات والمعلومات التي تتوفَّر عن طريق أداة الاستبيان أكثر موضوعيَّة ممَّا يتوفَّر بالمقابلة أو بغيرها، بسبب أنَّ الاستبيان لا يشترط فيه أن يحملَ اسم المستجيب ممَّا يحفزه على إعطاء معلومات وبيانات موثوقة.

4) توفِّر طبيعة الاستبيان للباحث ظروف التقنين أكثر ممَّا توفِّره له أدواتٌ أخرى، وذلك بالتقنين اللفظيِّ وترتيب الأسئلة وتسجيل الإجابات.

5) يوفِّر الاستبيان وقتاً كافياً للمستجيب أو المتعاون مع الباحث للتفكير في إجاباته ممَّا يقلِّلُ من الضغط عليه ويدفعه إلى التدقيق فيما يدوِّنه من بيانات ومعلومات.

عيوب الاستبيان:

1. قد لا تعود إلى الباحث جميعُ نسخ استبيانه؛ ممَّا يقلِّل من تمثيل العيِّنة لمجتمع البحث.
2. قد يعطي المستجيبون أو يدوِّن المتعاونون مع الباحث إجابات غير صحيحة، وليس هناك من إمكانيَّة لتصحيح الفهم الخاطئ بسبب الصياغة أو غموض المصطلحات وتخصُّصها.
3. قد تكون الانفعالات من المعلومات المهمَّة في موضوع الدراسة، وبالاستبيان لا يتمكَّن الباحث من ملاحظة وتسجيل ردود فعل المستجيبين لفقدان الاتِّصال الشخصيِّ معهم.
4. لا يمكن استخدام الاستبيان في مجتمع لا يجيد معظمُ أفراده القراءة والكتابة.
5. لا يمكن التوسُّع في أسئلة الاستبيان خوفاً من ملل المبحوث أو المتعاون مع الباحث حتى ولو احتاجت الدراسة إلى ذلك.

4- الاستفتاء:

لا يختلف الاستفتاء عن الاستبيان إلاَّ أن الأول يكون لجمع الآراء والمعتقدات حول موضوعٍ معيَّن، فيما الثاني يكون لجمع بيانات ومعلومات وآراء حول ذلك الموضوع، وهذا يعني أنَّ الاستفتاء يكون استبياناً ولا يكون الاستبيان استفتاءً، وهناك من يفرق بين "الاستبيان Quwstionnaire وهو الذي يتم عند الرغبة في تجميع المعلومات الحقيقيَّة، وبين التعرُّف على الآراء أو قياس الاتِّجاه المدرج وهو الذي يتمُّ للتعرُّف على الآراء المتعلِّقة بالنسبة لمشكلة يعالجها الباحث، ومع ذلك لا يرى فرقاً عملياً كبيراً بين كلٍّ من النوعين معلِّلاً ذلك بصعوبة التمييز في كثيرٍ من الأحيان بين الحقائق والآراء.

ونظراً للتقدم العلمي اصبح الاستفتاء يحتل مكان الصدارة؛ لجمع الآراء والمعتقدات حول موضوعٍ معيَّن من خلال شبكة الانترنت وغيرها من الوسائل الحديثة.

5- الأساليب الإسقاطيَّة:

تستخدم الأساليب الإسقاطيَّة بشكلٍ رئيس في دراسة جوانب الشخصيَّة والتعرُّف على اتِّجاهات الأفراد ومواقفهم وانفعالاتهم ومشاعرهم، وهي من المصادر المهمَّة في جمع البيانات في علم النفس وعلم الاجتماع وفي التربية، وتنبع أهميَّتها من الصعوبات الجمَّة التي يتعرَّض لها الباحثُ باستخدام الأدوات الأخرى، وذلك لكون الاتِّجاهات والمشاعر من الجوانب الخفيَّة للشخصيَّة، ولتردُّد الكثير من المبحوثين في الكشف عن حقيقة اتِّجاهاتهم ومواقفهم، أو لعدم إدراكهم لها شعوريّاً، أو لعدم قدرتهم على التعبير عنها لفظيّاً. وتقوم الأساليب الإسقاطيَّة على أساس الافتراض بأنَّ تنظيم الفرد لموقف غامض غير محدَّد البناء يدلُّ على إدراكه للعالم المحيط به واستجابته له؛ ولذلك فإنَّ هذه الأساليب تتضمَّن تقديم مثير غامض دون أن يتبيَّن الفرد المبحوث حقيقة المقصودِ من تقديم المثير أو الموقف وبذلك فإنَّه يُسقِط أو يعكس انفعالاته ومشاعره فيقوم الباحث بتحليل استجاباته للتعرُّف على بعض جوانب شخصيَّته كاتِّجاهاته أو مشاعره أو مواقفه من موضوع معيَّن؛ وذلك على أساس الافتراض بأنَّ طريقة استجابته للموقف الغامض تعكس بعض جوانب شخصيَّته.

أنواع الأساليب الإسقاطيَّة:

يمكن تقسيم الأساليب الإسقاطيَّة بحسب طبيعة المثير الذي يقدَّم للفرد ويطلبُ منه الاستجابة له (غرايبة وزملاؤه إلى الآتي:

أ- الأساليب الإسقاطيَّة المصوَّرة: وهي الأساليب التي تستخدِم صورة أو مجموعة من الصور الغامضة ويطلب من المبحوث أن يذكر ما يرى في الصورة، ومنها اختبار رور شاخ بعرض عدَّة صور لبقع من الحبر ليس لها شكلٌ معيَّن أو معنى محدَّد ويطلب من الفرد أن يصفَ ما يراه من أشكال في هذه الصور وما توحي له من معانٍ ومشاعر، ومنها اختبار تفهُّم الموضوع ويطلق عليه أحياناً اختبار TAT اختصاراً ويحتوي هذا الاختبار على عدَّة صور تتضمَّن مواقف مختلفة تعرض على الفرد المبحوث ويطلب منه ذكر ما توحي به كلُّ صورة له من مشاعر أو انفعالات وما يرى فيها من معانٍ أو أن يتخيَّلَ قصَّةً تدور حوادثها حول صورة ما كصورة معلِّم أو صورة شرطي، فمثلاً قد توحي صورة فَلَّاحَين ممسِكَين بدلو لمبحوثٍ ما بصورة من الشجار، فيما توحي لمبحوثٍ آخر بصورة من التعاون، ولمبحوثٍ ثالث بشيءٍ آخر، ويسجل الباحث انفعالات المبحوث وتعابيره الجسديَّة وطول فترة عرض الصورة.

ب- الأساليب الإسقاطيَّة اللفظيَّة: وفيها تُسْتَخْدَم الألفاظُ بدلاً من الصور، ومنها اختبار تداعي الكلمات ويكون ذلك بخلط كلمات ذات علاقة بالبحث بأخرى عاديَّة مألوفة على أن يستجيب الفرد بأقصى سرعةٍ ممكنة وتكون استجابته تلقائيَّة قدر الإمكان، فعن رهبة الاختبارات يمكن أن تكون الكلمات التالية اختباراً إسقاطيّاً: مدرسة، طالب، معلِّم، تقويم، علامة، اختبار، نجاح،... ومن الأساليب الإسقاطيَّة اللفظيَّة اختبار تكملة الجمل وذلك بإعداد مجموعة من الجمل الناقصة التي لها علاقة بموضوع البحث وعرضها على المبحوث وطلب تكملتها بسرعة حتى تكونَ الإجابة تلقائيَّة، ومنها أيضاً اختبار تكملة القصص وذلك بعرض قصَّة ناقصة تدور حوادثها حول موضوع البحث ويطلب من المبحوث تكملة القصَّة.

جـ- الأساليب السكيودراميَّة: وهي التي يطلب فيها من الفرد أن يمثِّل دوراً معيَّناً بوقت محدود، كأن يطلب منه تقليد شخصيَّة معيَّنة كالمعلِّم أو الشرطي، أو تمثيل موقف معيَّن كالاختبار أو تحرير مخالفة سير دون أن يعطى تفصيلات عن طبيعة الدور الذي سيلعبه، فسوف يعكس هذا الدور التمثيلي ما يضيفه المبحوث من حركات وانفعالات وسلوك.

مزايا وعيوب الأساليب الإسقاطيَّة:

للأساليب الإسقاطيَّة مزايا وعيوبٌ تختلف باختلاف الموضوعات المدروسة وباختلاف الأفراد المبحوثين، وباختلاف الباحثين.

مزايا الأساليب الإسقاطيَّة:

1) تفيد في دراسة بعض جوانب الشخصيَّة التي يصعب إدراكها حسيّاً والتعبير عنها لفظيّاً، تلك التي تعجز الأساليب الأخرى في الكشف عنها.

2) تمتاز بمرونتها وبإمكانيَّة استخدامها في مواقف متعدِّدة فالباحث يستطيع أن يجمعَ المعلومات عن الطلبة أو المعلِّمين أو المزارعين باستخدام مختلف المثيرات السابقة.

3) تفيد في الدراسات المقارنة بحيث يستطيع الباحث إجراء نفس الاختبارات على أفراد من مجتمعات أخرى ومقارنة النتائج واستخلاص الدلالات.

4) تخلو من الصعوبات اللغويَّة التي تواجه الباحث في صياغة الأسئلة وتحديد المصطلحات في أدوات جمع البيانات الأخرى.

عيوب الأساليب الإسقاطيَّة:

1) صعوبة تفسير البيانات واحتمال التحيُّز في استخلاص الدلالات من الاستجابات.

2) صعوبة تقنين البيانات وتصنيفها وتحليلها؛ لعدم وجود قيود لتحديد استجابة الفرد، وبالتالي فقد تكون استجابات بضعة أفراد لنفس المثير مختلفة تماماً من حيث المحتوى والشكل.

3) صعوبات عمليَّة يواجهها الباحثون في التطبيق، كصعوبة وجود أفراد متعاونين يعبِّرون عن آرائهم ومشاعرهم بصدقٍ وأمانة، وصعوبة وجود مختصِّين مدرَّبين يستطيعون إجراء الاختبارات المختلفة، وملاحظة انفعالات المبحوثين وتسجيل استجاباتهم بشكل دقيق.

تصميم إستمارة البحـث

نقاط يجب أخذها في الإعتبار عند تصميم إستمارة البحث

- تحديد المعلومات المطلوبة: أسئلة البحث أو افتراضاته ماهي إلا دليل جيد عن كيفية البحث عن المعلومة و ممن تؤخذ.

- كيفية جمع المعلومات

- تجنب الأسئلة غير المطلوبة
- إختبار إستمارة البحث المكونة و التأكد من أن الأفراد يمتلكون المعلومات الازمة و سوف يدلون بها
- الرغبة في الإدلاء بالمعلومات المطلوبة: و هي وظيفة يمكن تحديدها بالاتي
  - كمية العمل التي تحتاجها إجابة إستمارة البحث.
  - القدرة على توصيل (تفصيل) الإجابة.
  - حساسية النتائج (الإصدارات)
- التعريفات: ويجب أن تكون دقيقة، بسيطة، و تعكس مجرد ما يعنيه محتوى السؤال
- كلمات التحيز في الاسئلة يمكن أن تؤدي إلى كلمات متحيزة.

جمع البيانات يجب ألا يبدأ بدون إختبار مسبق كافي للأداة

تحــليـل البـيــانــات

تحليل نوعي

البيانات النوعية غالبا ما تجمع من خلال المقابلات المباشرة و المناقشات الجماعية (سواء كانت مكتوبة او مسجلة)، و يتم فيها.

1- قراءة الملاحظات بدقة و سماع الشرائط مرارا.

2- يتم تقسيم الإجابات تحت عناوين منفصلة

3- ثم يتم كتابة تقارير حول مجموعة الاراء المقترحة في المواضيع المبحوثة

تحليل كمي.

عندما يكتمل المسح الإستجوابي يتم إتباع الخطوات التالية:

1- إعداد البيانات

التنقيح: تحديد و حذف الأخطاء المكتشفة في إستمارات البحث

التصنيف: و فية يتم تقسيم الإجابات تحت مجموعات محددة.

التعداد: يتم فيها حصر الحالات الواقعة تحت كل مجموعة

2-معالجة البيانات:

وصف البيانات: الوصف الإحصائي يعطي الباحث إنطباع عن مكان البيانات و إنتشارها

المقياس المعنوي: و به نحدد ما إذا كان الإختلاف بين نسبتين مئويتين أو وسيطين من عينتين مختلفتين ذو قيمة أم لا

تأكيد العلاقات بين العوامل المختلفة

المرحلة الأخيرة: مرحلة القانون:

وهي المرحلة الأخيرة التي ينتهي إليها الباحث وذلك بعد أن تثبت لديه صحة الفرض الذي افترضه، وينتقل إلى وضع القاعدة العامة الثابتة والتي تسمى بـ (القانون).

تنبيه: قد تطلق كلمة (نظرية) في العلوم على (الفرض) كما يقال (نظرية التطور) و (نظرية الجاذبية). وقد تطلق على (القانون) كما يقال (نظرية العرض والطلب) و (نظرية ارخميدس في الأجسام الطافية). إلا أنه غالباً ما تستعمل كلمة (نظرية) ويراد منها (القانون).

تتضمن هذه المرحلة: كتـــابة التـــقاريـــر

- الخلاصـــة

تحتوي على المعلومات المرجعية الضرورية و ذلك بإختصار شديد، كما تحتوي على النتائج الهامة و الإستنتاجات

-المقدمـــة

و يتم فيها سرد طبيعة المشكلة و تتضمن أغراض البحث. كمل تحتوي أيضا على طبيعة البحث، و المعلومات المجمعة حول موضوع البحث، طريقة الباحث في التعامل مع البحث، و أهم ملاحظاته. و في نهاية الدراسة يلقي البحث عليها نظرة شاملة.

-الطريقـــة

في هذا يجب أن يشرح بالتفصيل الدراسة التي أجريت، الطرق المتبعة في البحث، أساليب جمع البيانات، طرق الترجمة، إستجابة الأفراد للعوامل المختلفة في الدراسة في تحليل البيانات و الخطوات المتبعة في تحويل الملاحظات الأولية إلى بيانات قابلة للتحليل و ذلك بالشرح المفصل

-النتائـــــج

في البداية؛ يجب أن تقدم الأدلة لضمان النجاح، كما يجب تهيئة الظروف المناسبة لإيجاد الإجابة عن الأسئلة المصطنعة.

- **تحليل المعلومات**: (وهي القياسات) ويكون بالتأكد من صحة الفرضيات باختبارها ومراجعتها وموازنتها.

- **استخلاص النتائج ونشرها** (التوصل إلى الحل) ويكون بتفسير ومناقشة ما تم التوصل إليه من حلول وكشف العلاقات (غاية البحث).

- **مصطلحات البحث**: هي الكلمات او التعبيرات الغامضة او غير المتداولة او التي تفهم بأكثر من معنى باختلاف السياقات التي تستخدم فيها، بحث يوضح الباحث هذا المصطلح من خلال تعريف والمقصود فيه في هذا البحث.

3.   المراجع:-

4.   يضع الباحث الباحث في نهاية الخطة مجموعة من المراجع والمصادر التي رجع إليها والتي ترتبط ارتباطا كبيرا ببحثه

الفصل الرابع
البحث الصفي

الفصل الرابع

البحث الصفي

فوائد ممارسة البحث الصفي

- تحسين مستوى الكتابة.
- الربط بين الجمل والفقرات والموضوعات المتداخلة في البحث الصفي.
- التعود على المطالعة واستخدام المكتبة.
- التدرب على الأمانة العلمية بتوثيق المعلومات.
- القدرة على اختيار مصادر المعلومات المناسبة.
- الاستفادة من أوقات الفراغ.
- زيادة المعلومات.
- ممارسة مهارة التلخيص لكثير مما تقرأ للبحث الصفي.
- تحسن مستوى سرعة القراءة.
- تحسن مستوى الفهم، واستخراج الأفكار الرئيسة.
- التدرب على وضع عنوانات مناسبة لفروع وجزئيات البحث.
- نقد الأفكار وتحليلها بإعطاء الأدلة والبراهين التي تدعم وجهة النظر الجديدة.
- يجعل للطالب قدرة على محاكمة الأشياء ؛ مما ينمي شخصيته العلمية والأدبية.
- إضافة التفصيلات والإيضاحات لما تم نقله.
- الخروج بنتائج وخلاصة (خاتمة) للموضوع قيد البحث.
- التدرب على كتابة المحتويات والفهارس والملاحق.
- التدرب على كتابة المراجع والمصادر وترتيبها حسب أسماء المؤلفين أو حسب أسماء الكتب.

تقويـم البحـوث الصفـي

الموضوع	الدرجات
مهارات البحث	
1- إعادة الصياغة.	
2- الأسلوب.	
3- التلخيص.	
4- المراجع والمصادر.	
مهارات لغوية	
صحة المفردات	
صحة الجملة	
صحة الفقرة (الجملة الرئيسة، الجمل المساندة، الربط بين الجمل، الربط مـع الفقرة اللاحقة)	
الوحدة العضوية وتماسك الموضوع.	
تقسيم الموضوع إلى وحدات.	
الترقيم.	
المحتوى	
صلته بموضوع البحث	
صفحة المحتويات	
أصالته	
جدته (في العرض)	
أمور أخرى	

نوع الخط Simplified Arabic وبقياس (14-18).(18 للعناوين)	
صفحة المقدمة.	
البطاقات.	
الغلاف.	
الهوامش والتوثيق.	

ضوابط كتابة أبحاث الإعجاز العلمي

1. تحديد فكرة البحث وتحريرها واختيار العنوان المناسب لها. مع ملاحظة أن يكون البحث جديداً في مجاله، أو إضافة جديدة لعمل سابق.
2. مراعاة التكامل والترابط والتوازن بين عناصر البحث وفق المنهجية العلمية في كتابة البحوث.
3. التقيد بالضوابط التفسيرية للنصوص الشرعية من القرآن والسنة وأهمها جمع النصوص المتعلقة مع التثبت من صحتها، واستخلاص الدلالات اللغوية، وخلاصة أقوال المفسرين، ومراعاة مقاصد الشريعة في ذلك.
4. التأكد من ثبوت الحقائق العلمية، وعدم اعتماد النظريات المفتقرة إلى الإثبات العلمي.
5. إثبات وجه الإعجاز العلمي دون تكلف، وبلغة واضحة.
6. عدم التحيز لما يعرضه الباحث من أفكار وأدلة، وعدم الركون للقناعات الشخصية، وتحاشي الطريقة الجدلية في الإثبات، وتجنب القضايا الخلافية قدر الإمكان.
7. التزام الموضوعية في الكتابة؛ وذلك باجتناب الإطناب والاستطراد، وكذا الاختصار المخل، مع الحرص على إظهار النتائج بسهولة وجلاء.
8. التزام الأمانة العلمية بتوثيق النقول، وتحقيق النصوص، وذكر جهود الآخرين.

9. إعداد فهارس للمراجع، والنصوص الواردة في البحث، والرسوم والجداول الإيضاحية والصور.

كيفية كتابة موضوع البحث:

إنَّ كتابة البحث لا تعدَّ هما؛لأنه يمكنك الاستعانة بفكرك وقدراتك المستريحة. يمكنك الاستعانة بالمكتبة والإنترنت. ويمكنك مناقشة موضوع البحث مع المشرف. ويمكنك الاستعانة بذوي الخبرة. ويمكنك الاستفادة من زميلاتك ممن تمرست في كتابة البحث.

ملحوظات حول كتابة البحث العلمي:

إنَّ المهارة في إجراء البحوث العلميَّة في ضوء الخطوات والمراحل السابقة جانب تعزِّزه القدرةُ على كتابة البحث بالشكل الصحيح، وتلك القدرة صفةٌ أساسيَّة في الباحث الجيِّد، وليتمَّ تحقيق أقصى فائدة من البحث فإنَّ على الباحث أن يراعي الأصولَ الفنيَّة الحديثة في ترتيب وإخراج محتوياته، وفي توثيق مصادره ومراجعه، وفي أسلوب كتابته وعرضه؛ إذْ لا يكفي جمع البيانات وتحليلها تحليلاً دقيقاً لتظهرَ وتعمَّ الفائدةُ من البحث، فجوانبه الفنيَّة من الأمور التي تسهم في زيادة تفهُّم القارئ له والإفادة منه؛ لذلك جاء استكمال هذا البحث تحت عنوان هذه الفقرة للإشارة إلى جوانب مهمَّة في إعداد البحث العلميِّ، جوانب تنتظمه من أوَّله إلى آخره، وهي وإن لم تكن من خطواته ومراحله وإنَّما هي جوانب فنيَّة ذات طبيعة علميَّة.

من ابرز النقاط التي ينبغي على الباحث الانتباه أليها أثناء كتابة البحث ما يلي:

1. قراءة جميع ما نقله من معلومات وآراء من المصادر والمراجع في البطاقات أو الأضابير أو الدفاتر قراءة ممعنة ومتأنية فاحصة وناقدة وهضم تلك المعلومات والأفكار بحيث يستطيع التعبير عنها بأسلوبه الخاص.

2. ينبغي الالتفات إلى أنه يتطلب الأمر من الباحث غالباً إبعاد كثير من المعلومات التي سبق أن نقلها في مرحلة متقدمة من إعداد البحث وذلك لعدم علاقتها بمواضيع البحث من قريب أو بعيد ولا حاجة للأسف على الوقت الذي صرفه الباحث في الحصول على تلك المعلومات لأنها مفيدة بوصفها ثقافة عامة.

3. من الضروري أن تبرز شخصية الباحث من خلال الأسطر ومن بين ثنايا الصفحات، بالآراء التي يدعو أليها والأفكار التي يطرحها والمقترحات التي يتقدم بها. فيجب أن يكون الباحث مؤثراً في الموضوع ومتأثراً به ولا يجوز أن يكون مقلداً للآخرين في أفكاره وآرائهم على الدوام.

4. عند أيراد الباحث رأياً جديداً فعليه تدعيم هذا الرأي وتعزيزه بالحجج المقنعة والمنطقية على أن يبدأ بأبسط الأدلة ومن ثم الانتقال نحو الأقوى من الأدلة.

5. عند انتقاد الباحث للآخرين من الباحثين والكتاب عليه أن يلتزم أصول وقواعد البحث العلمي بحيث يكون الانتقاد موضوعياً وبأسلوب مهذب ودون تجريح أو تقليل من شأن الآخرين أو غبن حقوقهم.

6. التكرار هو من العيوب الشكلية المعروفة في بعض البحوث ومفاده أيراد معلومة ما مرتين أو اكثر، والتكرار دليل على عدم اكتمال أو دقة خطة البحث. وإذا كان ثمة ضرورة علمية تتطلب تكرار معلومة ما فالدقة العلمية تتطلب اختيار أحد مكاني التكرار للعرض الكامل أما المكان الآخر فيكتفي بالإشارة السريعة إلى مكان تناول الموضوع مع ذكر رقم الصفحة أو الفصل.

7. إذا كان من الضروري الاستشهاد برأي أو فكرة تعود لمؤلف أو باحث فيقتضي الأمر ذكرها حرفياً مع وضعها داخل الأقواس.

الجوانب الفنيَّة في كتابة البحث العلمي:

- تصميم صفحة العنوان.
- بيانات المقدمة.
- طرق نقل المعلومات للبحث.
- اختصار المعلومات(التلخيص).
- تحديد عناوين البحث الرئيسة والفرعية.
- استخدام البطاقات لكتابة المعلومات وجمعها من مصادرها.
- التقسيم إلى فصول.
- توثيق البحث(الهوامش).
- إبداء الرأي الشخصي عند النقل.
- الخاتمة ونتائج البحث.

- تنظيم صفحة المحتويات.

- تنظيم مصادر ومراجع البحث.

توجيهات وملاحظات: إذا كان البحث يتضمن تعريفات كثيرة فلابد من:

- تعريف الكلمات والمصطلحات الواردة خصوصاً تلك المصطلحات التي تتضمن معان كثيرة.

- استخدم سؤالاً ليكون الجملة الرئيسة.

- يجب أن يكون التعريف جامعاً مانعاً غير ناقص ولا مجتزأ.

في حالة وجود نوع من المقارنة في البحث فلا بد من الآتي:

- تقديم مفصل لكلا النقطتين محل المقارنة.

- فصل في النقطة الأولى قبل الانتقال إلى المقارنة.

- استخدم كلمات مناسبة للمقارنة مثل: مقارنة بـ من جهة أخرى، وعلى العكس من، ومن جانب آخر، وبصورة أخرى، وعلى النقيض من هذا الرأي ترى الباحثة، ...)

في حالة وجود وصف في البحث احرص على الآتي:

- جملة رئيسة في بداية الفقرة أو في نهايتها.

- لا تبسط في الوصف بتقليل المعلومات الضرورية.

- لا تقدم حكماً مبـــكراً.

- نظم المعلومات بطريقة سهلة وطبيعية.

- رأي الباحث حيث يتم تقديمه بطريقة المقارنة السابقة التي أشرنا إليها.

مهارات بحثيَّة ضروريَّة ولازمة للباحث:

1- إتقان اللغة ووضوح العبارة:

لا شك أن من أهم الشروط التي يتوجب توفرها في الباحث العلمي إتقان اللغة التي يكتب فيها بحثه إذ لا يمكنه التعبير عن أفكاره وآرائه وعما يعنيه إلا إذا أتقن اللغة التي يحرر بها البحث العلمي، لذلك من الضروري معرفة الباحث لقواعد وأصول اللغة التي يكتب فيها بحثه ليكون دقيقاً في التعبير عن آرائه وحتى في نقل أفكار الآخرين وفهمها.

وإتقان اللغة لا يأتي دون تخطيط ودون بذل جهد وتعب، فهو يحتاج إلى مدة طويلة ومران وممارسة ومطالعة الكتب المعروفة بدقة تعبيرها وسلامتها اللغوية.

ويشترط في الباحث أن يكون واضحاً في عباراته ودقيقاً في استعمال المصطلحات والتعابير والكلمات التي لها معنى محدد، ومحاولة التوفيق بين الإسهاب والإيجاز بحيث لا يطنب الباحث في معالجة أمور واضحة ليست بحاجة إلى شرح وتفصيل وكذلك عدم الاقتضاب في أمور تستدعي الإيضاح والشرح المفيد، مع اجتناب استعمال تعابير غامضة ومبهمة بل يفضل الكتابة بتعابير واضحة وسلسة ومفهومة من قبل القارئ المتوسط الثقافة.

وكلما كان أسلوب الباحث سليماً ومتيناً ورصيناً لا تشوبه الأخطاء اللغوية والنحوية معبراً بشكل واضح عن آراء وأفكار الباحث كان مقبولاً من القارئ. ويتوجب تجنب الأسلوب المتكلف والتهكمي وعبارات السخرية والمبالغة في وصف الأشخاص والآراء.

ويفضل أن يتجنب الباحث استعمال ضمائر المتكلم بكل أنواعه، إذ ليس من المحبذ قول الباحث (أنا، وأرى، ورأيي) والأفضل استعمال (ولا نميل، ويبدو أنه، ويتضح مما تقدم، ولوحظ أنه) أو أي تعبير آخر يوحي بالتواضع العلمي والأدب الجم، فليس من المرغوب فيه بروز الباحث وهو معجب بنفسه بشكل مثير للتقزز.

2. طريقة الكتابة:

حيث تساعد في مرحلة المراجعة وقبل الكتابة النهائية:

أولاً: تركيب الجملة:

تنظيم المعلومات المجمعة للبحث، وتقسيمها إلى أقسام صغيرة مترابطة. ويشترط في الفقرة الخاصة بالتقسيم ما يلي:

تقديم جملة رئيسة تحدد النقطة الأساسية في الفقرة. وتحديد الأقسام.وتعريف كل قسم.ثم ضرب الأمثلة، وأخيرا جملة ختامية تلخص الأقسام السابقة.

ويمكن للتحقق من كتابة البحث طرح التساؤلات التالية:

- هل الجمل طويلة جداً؟
- هل الجمل غير واضحة المعنى؟
- هل الزمن(ماض، أم مضارع) مناسب للكتابة.
- هل المبتدأ والخبر متناسقان إعراب ياً (الرفع).
- هل الضمائر التي تشير إلى أشخاص أو أحداث واضحة غير مربكة للقارئ؟
- هل الصفات مناسبة للموصوفات من حيث العدد والنوع؟

ثانياً: التنظيم (على مستوى الفقرة)

- هل الفكرة واضحة، مختصرة، ومباشرة؟
- هل تحوي كل فقرة فكرة جديدة؟
- هل تحوي كل فقرة جملة رئيسة تضبط الفقرة؟ وما هي؟
- هل الفقرة كافية في التفاصيل والأمثلة؟
- هل كل جملة في الفقرة ترتبط عضوياً بالجملة الرئيسة؟
- هل أدوات الربط مناسبة؟
- هل المعلومات المقدمة متناسقة معنوياً؟
- هل الخاتمة كافية؟
- هل دعمت الآراء المقدمة بالأمثلة والشواهد؟

ثالثاً: الأســـــلــــوب:

- هل اللغة والمفردات المستخدمة تناسب المعنى المقصود؟ (اللغة معاصرة أم تراثية، مباشرة أم أدبيـة، سهلة واضحة)
- هل استخدمت بعض العبارات أو المصطلحات أكثر من اللازم؟
- هـل هنـاك تكرار في بعـض الكلمـات؟؛ الكاتب يلجـأ إلى الاستطراد.وهل يكثر مـن المترادفـات والأضداد.وهل الاستطراد مفيد أم معيب؟
- هل يستخدم الكاتب المؤكدات في بداية الجمل؟
- أي الجمل أكثر سيطرة أهي الجمل الفعلية أم الاسمية؟
- هل يلف الغموض الفكرة أم أنها واضحة جلية؟
- هل استدل بالآيات القرآنية والأحاديث النبوية أوالمأثورات نثرا أوشعرا؟.وهل الاقتباسات تتناسب والسياق؟
- هل الأسلوب سردي أو حواري أو بطريقة ترقيم الأفكار؟ وهـل هـو صعـب معقـد أو دقيـق واضح، وهل هو تعليمي

رابعاً: الإملاء والترقيـــم:

- مراجعة النص للتأكد من خلوه من الأخطاء الإملائية، وخاصة في كتابة الهمـزات والتـاء المربوطـة؛ لكثرة من يخطئ فيها.
- تأكد من وجود علامات الترقيم في مكانها الصحيح المعبر عن الوقفات الصحيحة، ومنها:
  - النقـــــطة.
  - علامات الاستفهام.
  - علامات التعجب.
  - الفاصـــلة.
  - الفاصلة المنقوطة.
  - الشرطة.
  - علامات التنصيص.
  - علامات التقسيم إلى فروع.

خامساً: فهرس البحث(المحتويات)

يوضع في بداية البحث أو في آخره، ويتضمن توزيع المادة الـواردة في البحـث حسـب ورودهـا متسلسـلة، حيث يوضع كل عنوان رئيسي أو فرعي ويقابله رقم الصفحات التي ورد فيها.

طريقة إعادة ترتيب البطاقات البحثية(*):

- تجمع المعلومات من مصادرها كما هي في النص الأصلي، دون تلخيص أو إعادة صياغة أسلوب.
- يمكن أن يكتب أكثر من بطاقة في موضوع واحد، وهذا أفضل.
- تثبت على البطاقة المعلومات التوثيقية: اسم المؤلف، اسم الكتاب، الـجزء، الصـفحة، دار النشر ومكان النشر، وسنة النشر، ورقم الطبعة.
- تكتب البطاقات وتختار معلوماتها بناء على صلتها بالموضوع ومحاوره وفرضياته ومحدداته.
- تصنف البطاقات بناء على صلة كل بطاقة بمحور(أو فصل) من محاور البحث.

– تعزل البطاقات غير المناسبة أو التي يظن أنها لا تتصل بالموضوع صلة قوية، أو إذا أدخلت لا تخدم الموضوع، وتكون معلوماتها حشوا.

– بعد ترتيب البطاقات بناء على محاور البحث تقرأ ثانية كي تفهم، ويكون للطالب شخصية في بحثها.

تصميم صفحة عنوان البحث

تعد صفحة العنوان مهمة لما لها من أثر واضح في لفت نظر القارئ وجذبه للاطلاع على موضوع البحث، وجدير بالطالبة أن تهتم به اهتمامها ببقية عناصر البحث إن لم يكن أكثر، ومن تقسيمات صفحة العنوان أن نطبق النقاط التالية في هذه الصفحة المهمة وهي:

– يوضع اسم الجامعة ثم اسم الوحدة أو القسم على الجانب العلوي الأيمن من الورقة.

– يوضع العنوان الرئيسي في نهاية الثلث الأول من الورقة، أعلى قليلا من المنتصف، ويكون بخط واضح ومميز عن غيره من الأسماء المكتوبة الخط وبنط (حجم) كبير نسبيا.

– يوضع العنوان الفرعي تحت العنوان الرئيسي مباشرة، ويكون أصغر منه حجما.

– يوضع العنوان الجانبي تحت العنوان الفرعي مباشرة، ويفضل أن يكون كذلك بخط وحجم أصغر قليلا من الخط الذي فوقه.

– يوضع بعد العنوان مباشرة بمسافتين اسم المدرس المشرف على البحث.

– يوضع اسم الطالب معد البحث ثم يتلوه مباشرة رقمه الجامعي بعد مسافة واحدة من اسم المشرف.

– يوضع الفصل الدراسي وتاريخه الهجري ثم الميلادي في منتصف القسم الأخير من الورقة.

3- القدرة على حل المشكلات (استخدام الاستقصاء في البحث العلمي)

مفهوم الاستقصاء

يقصد بالاستقصاء أن يبحث الفرد معتمدا على نفسه للتوصل الي الحقيقة أو المعرفة، يستخدم الباحث المستقصي مجموعة من المهارات والاتجاهات اللازمة لعمليات توليد المعلومات والبيانات وتقويمها، وإصدار قرار ما إزاء الفرضيات المقترحة التي صاغها الباحث لإجابة عن

سؤال أو التوصل الي حقيقة أو مشكلة ما ثم تطبيق ما تم التوصل إليه على أمثلة ومواقف جديدة.

ويشتمل الاستقصاء مجموعة من العمليات العقلية التالية:

- وضع الفرضيات
- التخطيط
- التنبؤ
- التقويم
- المناقشة
- الحوار والتفسير
- الاتصال
- التعاون
- الاستنتاج
- القياس
- الإجراء العملي

والفكرة الأساسية في الاستقصاء، هي تغيير عامل، وقياس أثر هذا التغير على عامل آخر.

عناصر الاستقصاء:

1. التخطيط Planning
2. التنبؤ (صياغة الفرضية) Making Predictions / hypothysis
3. إجراء التجربة وجمع الأدلة Making Experiment and Collecting Evidences
4. التوصل إلى النتائج وكتابة التقارير Recording and Reporting
5. التفسير والتقييم Interpreting and Evaluating

يتميز الاستقصاء بأنه نمط من أنماط التفكير،والمهارات العملية التالية:

- التنبؤForecasting :ماذا لو..؟ ماذا يحدث لو؟ ماذا يمكن أن يكون؟
- الاتصالrelation : عمل زوجي، جماعي، التعاون، المناقشة.
- المرونةFlexibility : التنوع، الاختلاف، سهولة الانتقال، البدائل

- التفاصيل Details: أجزاء الكل، تفاصيل دقيقة للبعد الواحد.

- التسلسل Gradation: التنظيم المتسلسل، التتابع، الترتيب المنظم

- الأصالة Originality: الندرة، التفرد، الجدة، الحداثة، والخصوصية والفائدة

- الطلاقة Fluency: كم الأفكار، الكثرة، الغزارة، العدد الهائل

- المقارنة Comparison : المقارنة بين شيئين من حيث مجال أو أكثر من مجال محدد، أوجه الشبه، أوجه الاختلاف

- التصنيف Classification: الانتماء للمجموعة في خاصية أو أكثر، في مجال أو أكثر

- الربط Attachment : رؤية العلاقات، علاقة أو أكثر، ربط بين شيئين، بعدين أو أكثر، علاقات ترابطية

إن نجاح الاستقصاء يعتمد على مجموعة من الإجراءات التحضيرية، التي تسبق تنفيذه، وأهمها:

■ تحديد الزمن الكافي لتنفيذ الاستقصاء.

■ توافر المواد والأدوات اللازمة

طريقة المشكلات

المشكلة بشكل عام معناها: هي حالة شك وحيرة وتردد تتطلب القيام بعمل بحث يرمي الي التخلص منها والي الوصول الي شعور بالارتياح ويتم من خلال هذه الطريقة صياغة البحث في صورة مشكلات يتم دراستها بخطوات معينة.

وتختلف المشكلة من حيث طولها ومستوى الصعوبة وأساليب معالجتها، ويطلق على طريقة حل المشكلات (الأسلوب العلمي في التفكير) لذلك فأنها تقوم على إثارة تفكير الباحثين وإشعارهم بالقلق إزاء وجود مشكلة لا يستطيعون حلها بسهولة. ويتطلب إيجاد الحل المناسب لها قيام الباحثين بالبحث العلمي المستمر لاستكشاف الحقائق التي توصل الي الحل.

مهارات حل المشكلات مفهوم حل المشكلات:

يقصد به مجموعة العمليات التي يقوم بها الفرد مستخدماً المعلومات والمعارف التي سبق له تعلمها، والمهارات التي اكتسبها في التغلب على موقف بشكل جديد، وغير مألوف له في السيطرة عليه، والوصول إلى حل له.

إن أسلوب حل المشكلة هو أسلوب يضع المتعلم أو الطفل في موقف حقيقي يُعْمِلون فيه أذهانهم بهدف الوصول إلى حالة اتزان معرفي، وتعتبر حالة الاتزان المعرفي حالة دافعية يسعى الطفل إلى تحقيقها وتتم هذه الحالة عند وصوله إلى حل أو إجابة أو اكتشاف

اساليب حل المشكلات:

عملية التصميم التقني

الاستقصاء الرياضي

دراسة الحالة

البحث العلمي أنواع المشكلات

حصر ريتمان أنواع المشكلات في خمسة أنواع، استنادا إلى درجة وضوح المعطيات والأهداف

1ـ مشكلات تحدد فيها المعطيات والأهداف بوضوح تام.

2ـ مشكلات توضح فيها المعطيات، والأهداف غير محددة بوضوح.

3ـ مشكلات أهدافها محدد وواضحة، ومعطياتها غير واضحة.

4ـ مشكلات تفتقر إلى وضوح الأهداف والمعطيات

5ـ مشكلات لها إجابة صحيحة، ولكن الإجراءات اللازمة للانتقال من الوضع القائم إلى الوضع النهائي غير واضحة، وتعرف بمشكلات الاستبصار.

ويصف المتخصصون طريقـة حـل المشكلات في تناولها للموضوعات والقضـايا المطروحـة علـى الأفـراد / الطلاب إلى طريقتين قد تتفقان في بعض العناصر ولكن تختلفان في كثير منها هما

1ـ طريقة حل المشكلات بالأسلوب العادي الاتفاقي أو النمطي.convergent

وطريقة حل المشكلات العادية هي أقرب إلى أسلوب الفرد في التفكير بطريقة علمية عندما تواجهه مشكلة ما، وعلى ذلك تعرف بأنها: كل نشاط عقلي هادف مرن بتصرف فيه الفرد بشكل منتظم في محاولة لحل المشكلة.

أ ـ إثارة المشكلة والشعور بها

ب ـ تحديد المشكلة

ج ـ جمع المعلومات والبيانات المتصلة بالمشكلة.

د ـ فرض الفروض المحتملة

هـ ـ اختبار صحة الفروض واختيار الأكثر احتمالاً ليكون حل المشكلة.

2ـ طريقة حل المشكلات بالأسلوب الابتكاري، أو الإبداعي. divergent.

أ ـ تحتاج إلى درجة عالية من الحساسية لدى التلميذ أو من يتعامل مع المشكلة في تحديدها وتحديد أبعادها لا يستطيع أن يدركها العاديون من الطلاب / أو الأفراد، وذلك ما أطلق عليه أحد الباحثين الحساسية للمشكلات

ب ـ كما تحتاج أيضاً إلى درجة عالية من استنباط العلاقات واستنباط المتعلقات سواء في صياغة الفروض أو التوصل إلى الناتج الابتكاري.

خطوات حل المشكلة

إن نشاط حل المشكلات هو نشاط ذهني معرفي يسير في خطوات معرفية ذهنية مرتبة ومنظمة في ذهن الطالب والتي يمكن تحديد عناصرها وخطواتها بما يلي:

1ـ الشعور بالمشكلة

وهذه الخطوة تتمثل في إدراك معوق أو عقبة تحول دون الوصول إلى هدف محدد

2ـ تحديد المشكلة

هو ما يعني وصفها بدقة مما يتيح لنا رسم حدودها وما يميزها عن سواها.

3ـ تحليل المشكلة:

التي تتمثل في التعرف على العناصر الأساسية في مشكلة ما، واستبعاد العناصر التي لا تتضمنها المشكلة.

4ـ جمع البيانات المرتبطة بالمشكلة:

وتتمثل في مدى تحديد الفرد لأفضل المصادر المتاحة لجمع المعلومات والبيانات في الميدان المتعلق بالمشكلة.

5ـ اقتراح الحلول

وتتمثل في القدرة على التمييز والتحديد لعدد من الفروض المقترحة لحل مشكلة ما.

6ـ دراسة الحلول المقترحة دراسة نافذة:

وهنا يكون الحل واضحاً، ومألوفاً فيتم اعتماده، وقد يكون هناك احتمال لعدة بدائل ممكنة، فيتم المفاضلة بينها بناءً على معايير نحددها

7ـ الحلول الإبداعية

قد لا تتوافر الحلول المألوفة أو ربما تكون غير ملائمة لحل المشكلة، ولذا يتعين التفكير في حل جديد يخرج

عن المألوف، وللتوصل لهذا الحل تمارس منهجيات الإبداع المعروفة مثل (العصف الذهني ـ تآلف الأشتات).

أهمية الاستقصاء وحل المشكلات في البحث العلمي

1. تعود الباحث على البحث والعمل من أجل الوصول الى المعرفة.

2. تكسب الباحث المهارات والاتجاهات والقيم الاستقصائية التي يتطلبها هذا النوع من البحـث، ومـن

هذه المهارات:

- التنبؤ
- الاتصال
- المهارات الحسابية لدى الباحثين.
- مهارة تحديد الهدف.
- موضوع البحث والتعرف علي المفاهيم والمصطلحات.
- القدرة على الوصف والمقارنة والتصنيف والتحليل والتصميم والاستنباط ووزن الأدلة وتقويم صدقها ودقتها العلمية.
- اتخاذ القرارات وتدوين المعلومات واستخدام المكتبة أما ما يكتسب من الاتجاهات فمنها حب الإطلاع والتعود على القراءة والتحصيل المستقل.
- الاعتماد على النفس وتحمل المسؤولية والتحلي بالصبر على الصعوبات والمعاناة

3- يكتسب الباحث مهارات التفكير العلمي في حل المشكلات التي تواجهه

4- البحث من خلال الاستقصاء يمثل أسلوب معين. وذلك لأن البـاحثين يسـتخدمون أكـثر مـن أسـلوب أو

وسيلة لدى تحديد الهدف وجمع المعلومات والبيانـات وتـدوينها والتحقـق مـن صـحتها وتقـويم

الأدلة المتصلة بها ومن هذه الأساليب: المناقشة، الاستكشاف، التحليل، التركيب، التقويم، التعميم.

5- تدفع الباحثين الي كشف الحقائق والمعلومـات بأنفسـهم وتزودهم بمهارات التفاعـل والتواصـل والاتصـال

الاجتماعي مع الجماعة، والعمل فيما بينهم في جمع الأدلة وتبادل الأراء والأفكار للوصول الي المعرفة.

6- تشجيع الباحثين على مواجهة المشكلات في الحياة الواقعية.

7- تنمية روح العمل الجماعي وإقامة علاقات اجتماعية بين الباحثين.

8- إن طريقة حل المشكلات تثير اهتمام الباحثين وتحفزهم لبذل الجهد الذي يؤدي الي حل المشكلة.

وتطبيق هذا الاسلوب يوفر قضايا حياتية ليتم تفحصها من قبل الباحثين،وتشجع مستويات أعلى من التفكير، وغالباً ما تتضمن المكونات الآتية:

أ. تحديد المشكلة.

ب. اختيار نموذج.

ج. اقتراح حل.

د. الاستقصاء، جمع البيانات والتحليل.

ه. استخلاص النتائج من البيانات.

و. إعادة النظر – التمعن ومراجعة الحل إن تطلب الأمر.

وخلال هذه الخطوات في عملية الاستقصاء يتوصل الباحث الى الأفكار من خلال الكتابة والمناقشة والجداول والرسومات البيانية والنماذج والوسائل الأخرى.

الاقتباس:

يستعين الباحثُ في كثيرٍ من الأحيان بآراء وأفكار باحثين وكتّاب وغيرهم، وتسمّى هذه العمليّة بالاقتباس، وهي من الأمور المهمّة التي يجب على الباحث أن يوليها اهتمامه وعنايته الكاملة من حيث دقّة الاقتباس وضرورته ومناسبته وأهميّته وأهميّة مصدره من حيث كونه مصدراً أصليّاً أم مصدراً ثانويّاً، والاقتباس يكون صريحاً مباشراً بنقل الباحث نصّاً مكتوباً تماماً بالشكل والكيفيّة التي ورد فيها ويسمّى هذا النوع من الاقتباس تضميناً، ويكون الاقتباسُ غير مباشرٍ حيث يستعين الباحثُ بفكرة معيّنة أو ببعض فقرات لباحث أو كاتب آخر ويصوغها بأسلوبه وفي هذه الحالة يسمّى الاقتباس استيعاباً، وفي كلتا الحالتين على الباحث أن يتجنّبَ تشويهَ المعنى الذي قصده الباحثُ السابق، ليحقِّقَ مظهراً من مظاهر الأمانة العلميّة بالمحافظة على ملكيّة الأفكار والآراء والأقوال، (غرايبة وزملاؤه، 1981، ص ص167-168).

دواعي الاقتباس:

للاقتباس دواعٍ تدفع الباحثَ إلى الاستعانة بآراءٍ وأفكارٍ ومعلوماتٍ من مصادر أوليَّة، بل ومن مصادر ثانويَّة أحياناً، وأهمَّ تلك الدواعي ما يأتي:

1) إذا كان لتأييد موقف الباحث من قضيَّةٍ ما.

2) إذا كان لتفنيد رأيٍ معارض.

3) إذا كانت كلماتُ النصِّ المقتبس تجسِّد معنى يطرحه الباحثُ على نحوٍ أفضل.

4) إذا احتوى النصُّ المقتبسُ على مصطلحاتٍ يصعبُ إيجاد بديلٍ لها.

5) إذا كانت المسألةُ تتعلَّق بنقدِ أفكارٍ لمؤلِّفٍ معيَّن فيجبُ تقديم أفكاره بنصِّها.

6) إذا كان الاقتباسُ ضرورةً لبناء نسقٍ من البراهين المنطقيَّة.

شروط الاقتباس من المصادر:

حيث تخضع عمليَّة الاقتباس إلى عدَّة مبادئ أكاديميَّة متعارف عليها فإنَّ هناك إرشاداتٍ وقواعدَ عامَّة في الاقتباس يأخذ بها الباحثون، يجب الالتفات إليها أثناء كتابة البحث، أبرزها الآتي:

(1) ينبغي الالتفات إلى ضرورة توخي الانسجام بين ما اقتبس وما سبقه وما يليه بحيث لا يبدوا المقتبس متنافراً أو نشازاً مع ما قبله وما بعده.

(2) عدم الإكثار من الاقتباس نصيحة مهمة على الباحث التمسك بها بحيث لا تضيع شخصيته بين الاقتباسات وآراء الآخرين. "فكثرة ذلك ووجوده في غير موضعه يدلُّ على عدم ثقة الباحث بأفكاره وآرائه، فعلى الباحث ألاَّ يقتبس إلاَّ لهدف واضح، وأن يحلِّلَ اقتباساته بشكل يخدم سياق بحثه، وأن ينقدَها إذا كانت تتضمَّن فكرةً غير دقيقة أو مباينة للحقيقة:

(3) تصحيحُ الباحث لما يقتبسه أو إضافته عليه كلمة أو كلمات يلزمه ذلك أن يضعَ تصحيحاتِه أو إضافاته بين علامتي تنصيص هكذا: "....."، هذا في حالة كون التصحيح أو الإضافة لا يزيد عن سطرٍ واحد فإن زاد وضع في الحاشية مع الإشارة إلى ما تمَّ وإلى مصدر الاقتباس. ويشار بعلامة أو بمعلومة في الحاشية (الهامش) إلى المصدر الذي أخذ عنه.**أما** النقل بالمعنى: يوضع النص من غير علامتي تنصيص، ويشار بعلامة أو بمعلومة في الحاشية (الهامش) إلى المصدر الذي أخذ عنه.

(4) من المفضل أن لا يتجاوز الاقتباس الحرفي ستة اسطر فإذا تجاوز هذا الحد فمن المستحسن صياغة المقتبس بأسلوب الباحث مع الإشارة إلى المصدر حسب الأصول.

(5) في حالة الاقتباس وقيام الباحث بحذف بعض العبارات، عليه أن يضع مكان الكلام المحذوف ثلاث نقاط وإذا حذفت من الاقتباس فقرة كاملة يوضع مكانها سطر منقط وإذا أراد الباحث أن يصحح كلاماً مقتبساً أو يضيف أليه كلمة، فيمكنه أجراء ذلك بوضع التصحيح أو الإضافة إذا كان لا يتجاوز سطراً واحداً بين قوسين.

(6) الدقَّة في اختيار المصادر المقتبسِ منها؛ وذلك بأن تكون مصادر أوليَّة في الموضوع جهد الطاقة، وأن يكونَ مؤلِّفوها ممَّن يعتمد عليهم ويوثق بهم.

(7) الدقَّة في النقل فيُنْقَل النصُّ المقتبسُ كما هو، ويراعي الباحث في ذلك قواعد التصحيح أو الإضافة وتلخيص الأفكار أو الحذف من النصِّ المقتبس.

8) وضع الاقتباس الذي طوله ستة أسطر فأقلّ في متن البحث بين علامتي الاقتباس، أمَّا إذا زاد فيجب فصله وتمييزه عن متن البحث بتوسيع الهوامش المحاذية له يميناً ويساراً وبفصله عن النصّ قبله وبعده بمسافة أكثر اتِّساعاً مما هو بين أسطر البحث، أو بكتابة النصِّ المقتبس ببنطٍ أصغر من بنط كتابة البحث، أو بذلك كلِّه.

(9) اقتباس الباحث المباشر لا يجوز أن يكونَ حرفيّاً إذا زاد عن صفحة واحدة، بل عليه إعادة صياغة المادة المقتبسة بأسلوبه الخاصّ، وأن يشيَر إلى مصدر الاقتباس.

(10) استئذان الباحث صاحبَ النصِّ المقتبس في حالة الاقتباس من المحادثات العلميَّة الشفويَّة ومن المحاضرات ما دام أنَّه لم ينشر ذلك.

(11) التأكد من أنَّ الرأي أو الاجتهاد المقتبس لمؤلِّفٍ ما لم يَعْدُل عنه صاحبُه في منشورٍ آخر:

التوثيق:

توثيق البحث يعني:

- استخدام الأدلة العلمية (العقلية والنقلية) من مصادرها لزيادة قوة الفكرة المعروضة والبرهان عليها.
- توثيق المعلومة بالإشارة إلى مصدرها في النص أو في الهامش.
- الأمانة العلمية والصدق.

يخطئ من يظنُّ أنَّ بإمكانه القيام بتوثيق المصادر بطرق عشوائيَّة؛ لأنَّ ثمَّة طرقاً علميَّة وقواعد خاصَّة لا بدَّ من مراعاتها عند توثيق المصادر في داخل البحث وفي قائمة إعداد المصادر في نهايته، والمقصود هنا بتوثيق المصادر هو تدوينُ المعلومات الببليوغرافيَّة عن الكتب والتقارير وغيرها من أوعية المعرفة التي استفاد منها الباحث، علماً أنَّ الحقائق المعروفة للعامَّة (البديهيَّات) لا حاجة إلى توثيقها، مثل: قسَّمت إدارةُ التعليم في محافظة عنيزة نطاقَ خدماتها إلى ثلاثة قطاعاتٍ تعليميَّة، هي: قطاع عنيزة، والقطاع الجنوبيّ، وقطاع البدائع، فمثل هذه المعلومة ولو أُخِذَتْ بنصِّها من مصدرٍ ما فليست بحاجة إلى توثيقها، كما ينبغي عدم الإحالة على مخطوطات تمَّت طباعتها؛ لأنَّ المطبوعات أيسر تناولاً.

خطوات التوثيق في الكتابة Word

1. .وضع القلم (الماوس) في نهاية النص المنقول.
2. .الذهاب قائمة إلى Insert.
3. .اختيار Footnote من قائمة Insert.
4. .اختيار Option عند أول توثيق فقط. واختيارAutoNumber
5. .اختيار طريقةContiu في الترقيم، ثم الموافقة Ok.
6. .تغيير اتجاه التوثيق من الشمال إلى اليمين.
7. .البدء بالكتابة باسم المؤلف فاسم الكتاب فرقم الصفحة.

ومن المتعارف عليه أنَّ هناك عدَّة طرق ومدارس للتوثيق العلميّ للنصوص المقتبسة مباشرة أو ضمناً، ولكلٍّ منها مزاياها وعيوبها، وليست هناك في الواقع قاعدة عامَّة تضبط العمليَّة؛ إذْ يمكن للباحث أن يختارَ أيَّةَ طريقة تناسبه بشرط أن يسيرَ عليها في بحثه كلِّه، وألاَّ يحيد عنها ليتحقَّقَ التوحيدُ في طريقة التوثيق.

ومن طرق التوثيق العلميِّ للنصوص المقتبسة ما يأتـي:

1. الإشارة إلى مصدر الاقتباس في هامش كلِّ صفحه يرد فيها اقتباسٌ، وذلك بترقيم النصوص المقتبسـة مباشرة أو ضمناً بأرقام متتابعة في كلِّ صفحة على حدة تـلي النصـوص المقتبسـة، وتـرقَّم مصـادر النصوص المقتبسة في هامش الصفحة بـذكر جميـع المعلومـات الببليوغرافيَّـة عنهـا لأولِّ مـرَّة، وفي المرَّات التالية يكتفى بعبارة مصدر سابق إذا فصل بمصدر آخر، أو بعبارة المصدر السـابق إذا كـان الاقتباسُ الثاني من نفس المصدر السابق.

2. الإشارة إلى مصادر الاقتباس في نهاية كلِّ فصلٍ مـن فصـول الدراسـة بترقيـم النصـوص المقتبسـة في جميع الفصل بأرقام متتابعة تلي النصوص مباشرة وتعطى نفس الأرقام في صفحة التوثيق في نهاية الفصل بذكر جميع المعلومات الببليوغرافيَّة التي تورد عنها في قائمـة مصـادر الدراسـة وذلـك لأولِّ مرَّة، وفي المرَّات التالية يكتفى بعبارة مصدر سابق إذا فصل بمصدر آخر، أو بعبارة المصدر السـابق إذا كان الاقتباسُ الثاني من نفس المصدر السابق.

3. الإشارة إلى مصادر الاقتباس في متن البحث أو الدراسة مباشرة بذكر اللقب وتـاريخ النشرـ وصـفحة أو صفحات النصِّ المقتبس بين قوسين مفصولاً اللقب عن تاريخ النشر بفاصلة وتـاريخ النشرـ عـن صفحة النصِّ المقتبس بفاصلة أيضاً كما هو متَّبع في هذا البحث، ويرى الباحث أنَّ هذه الطريقة - لذا اكتفى بذكر تفصيلاتها دون غيرها - أسهل وأسلس وأكثر دقَّة لما يأتـي:

أ. أنَّه قـد تخـتلط أحيانـاً المصـادرُ في الطـريقتين السـابقتين لإرجـاء تسـجيلها حتـى تقـتربَ الصفحة من نهايتها، أو حتى ينتهي الفصل، بينما في هذه الطريقة يسجل الباحثُ المصادر مباشرة بعد النصوص المقتبسة.

ب. أنَّه قد تأتي النصوص المقتبسة في نهاية الصفحة فلا يتَّسع الهامش لكتابـة مصـادرها وفـق الطريقة الأولى؛ لأنَّ كلَّ نصٍّ تأخذ الإشارة إلى مصدره سطراً أو أكـثر، في حـين أنَّـه في هـذه الطريقة قد لا تأخذ الإشارةُ إلى المصدر جزءاً من سطر.

ج. أنَّه في حالة كتابة البحث بالحاسب الآليِّ، ومن ثمَّ تطرأ إضافاتٌ أو اختصاراتٌ فـيما بعـد، وإذا أضيف نصٌّ جديدٌ أو استغني عن نصٍّ سبقت

الإشارة إليه فإنَّ ذلك يربك ترقيمها، ويكون التعديل شاقاً وبخاصَّة في الطريقة الثانية.

د. أنَّه في حالة التوثيق في الطريقتين السابقتين يتطلَّب ذلك عدداً كبيراً من الأسطر ممَّا يزيد في حجم البحث، وبخاصَّة في الطريقة الأولى.

ه. أنَّه تختلط في الطريقتين الأولى والثانية المصادرُ بالحواشي الإيضاحيَّة التي يرى الباحث إبعادها عن متن البحث.

و. أنَّ تصنيف مصادر الدراسة إلى كتب فدوريَّات فرسائل علميَّة فتقارير حكوميَّة غير مُلْزِم في هذه الطريقة، بل يتعارض ذلك معها في حالة البحث عن البيانات البيبلوغرافيَّة في قائمة المصادر لمصدرٍ ما ورد ذكره في المتن؛ إذْ يَلْزَمُ في حالة تصنيف مصادر البحث في مجموعاتٍ البحثُ المتكرِّر في كلِّ مجموعة على حدة؛ فليس هناك ما يشير في داخل المتن إلى تلك المجموعات.

مبادئ وقواعد:

إنَّ أبرز مبادئ وقواعد التوثيق العلميِّ للنصوص المقتبسة في هذه الطريقة، أي بالإشارة إلى مصادر الاقتباس في متن البحث أو الدراسة مباشرة وفق نظام (لقب المؤلِّف، تاريخ نشر المصدر، رقم صفحة النصّ المقتبس) المبادئ والقواعد الآتية:

التوثيق في متن البحث:

1- في حالة اقتباس نصٍّ اقتباساً مباشراً فإنَّ مصدره يتلوه بعد وضع النصّ بين علامتي تنصيص مثل: "إنَّ معدَّلات ما تخدمه المدارس الريفيَّة باختلاف مراحلها من السكَّان لا تبيِّن مدى سهولة استخدام هذه الخدمات.

2- في حالة اقتباس الباحث لنصَّين من مصدرين لباحث واحد منشورين في عام واحد فيُسْبَقُ تاريخ النشر بحرف (أ) لأحد المصدرين وبحرف (ب) للمصدر الآخر ويكون ذلك وفق ترتيبها الأبجديِّ في قائمة المصادر أي أنَّ الحرف الأوَّل من عنوان المصدر مؤثِّر في ترتيبه.

3- في حالة تعدُّد المؤلِّفين فيجب ذكر ألقاب المشاركين في التأليف إذا كانا اثنين مفصولاً كلُّ لقب عن الآخر بفاصلة منقوطة، أمَّا إذا زادوا عن ذلك فيذكر

لقب المؤلِّف الأول كما هو على غلاف المصدر متبوعاً بكلمة وآخرون أو وزملاؤه.

4- في حالة ورود لقب المؤلِّف في نصّ البحث فيتلوه مباشرة تاريخ النشر بين قوسين وفي نهاية النصّ يأتي رقم الصفحة بين قوسين بعد حرف الصاد، مثل: ويرى الواصل (1420هـ) "إنَّ معدَّلات ما تخدمه المدارس الريفيَّة باختلاف مراحلها من السكَّان لا تبيِّن مدى سهولة استخدام هذه الخدمات"، (ص356)، وفي حالة المصادر غير العربيَّة فلا يختلف الأمر عمَّا سبق إلاَّ بكتابة اسم المؤلِّف بالأحرف العربيَّة أولاً ثمَّ يليه اسم المؤلِّف بلغته، مثل ويرى وتني (Whitney 1946)، أنَّ البحث العلميَّ: "هو استقصاءٌ دقيق يهدف إلى اكتشاف حقائق وقواعد عامَّة يمكن التحقُّق منها مستقبلاً"، (p.18).

5- في حالة أن كان النصُّ المقتبس قد ورد في صفحتين أو أكثر وكانت الصفحات متتابعة فإنَّ توثيق صفحاته تأتي هكذا: مرونته وقابليَّته للتعدُّد والتنوُّع ليتلاءم وتنوُّع العلوم والمشكلات البحثيَّة، (فان دالين، 1969، ص ص35-53)، أمَّا إن لم تكن صفحاته متتابعة أو كان بعضها متتابعاً، فإنَّ توثيق صفحاته يكون هكذا: (فودة؛ عبد الله، 1991م، ص ص37، 199)، وهكذا: (فودة؛ عبد الله، 1991م، ص ص35-37، 199).

6- في حالة اقتباس الباحث لآراءٍ أو أفكارٍ من مصدرين وصياغتهما بأسلوبه فإنَّ توثيق ذلك يكون بعد عرض تلك الآراء أو الأفكار هكذا: (الصنيع، 1404هـ ص41)؛ (بدر، 1989م، ص ص267-268)، فيكون بين المصدرين فاصلة منقوطة، ويلزم أن يسبق المصدرُ الأقدم نشراً المصدرَ الأحدث في نشره.

7- في حالة أن يكون المصدر تراثيّاً فتنبغي الإشارة إلى سنة وفاة المؤلِّف سابقة لتاريخ الطباعة، ويكون ذلك هكذا: (ابن خلدون، ت 808هـ ط 1990م، ص300).

8- في حالة أن كان الاقتباس من مرجع مقتبس من مصدر ولم يتمكَّن الباحث من العودة إلى المصدر، فيُسْبِقُ الباحثُ الإشارةَ إلى المرجع الذي أخذ منه الباحث النصَّ بكلمتين مسوَّدتين تليهما نقطتان مترادفتان هما ذكر في: مثل: وعرَّف ماكميلان وشوماخر البحث العلميَّ "بأنَّه عمليَّة منظَّمة لجمع البيانات أو المعلومات وتحليلها لغرضٍ معيَّن"، ذكر في: (عودة؛ ملكاوي، 1992م، ص16).

9- في حالة الاقتباس من أحاديث شفويَّة في مقابلة أو محاضرة أو من أحاديث تلفزيونيَّة أو إذاعيَّة، فلتوثيق ذلك يكتب اسم الشخص الذي تمَّت معه المقابلة أو جرى منه الحديث أو المحاضرة وتاريخ ذلك في الهامش بعد علامة نجمة أحالت إليها نجمة مماثلة بعد النصِّ المقتبس، ويُعَرَّفُ الشخصُ غير المعروف بطبيعة عمله، ولا بدَّ من الإشارة إلى استئذانه بعبارة بإذنٍ منه.

- للتوثيق في قائمة المصادر والمراجع:

ترتب صفحة قائمة المصادر والمراجع حسب أسماء المؤلفين ترتيبا ألفبائياً، وهي كما يلي: أ ب ت ث ج ح خ د ذ ر ز س ش ص ض ط ظ ع غ ف ق ك ل م ن هـ و ي.

ويتقدَّم لقب المؤلِّف عن السطر الذي يليه بمسافة، ويمكن أن يدرج الباحثُ في قائمة المصادر كتاباً لم يقتبس منه ولكنَّه زاد بمعرفته، كما أنَّه يمكن إهمال كتاب ما ورد عرضاً، وتكتب المصادر كالتالي:

توثيق الكتب:

يكون توثيق وترتيب المعلومات إذا كانت من الكتب كما يلي:

1-اسم المؤلف 2- اسم الكتاب 3- مكان النشر 4-دار النشر 5- رقم الطبعة 6-سنة النشر

غالبًألا تسجَّل إلاَّ الطبعة الثانية فما فوق وإهمال تسجيل رقم الطبعة يعني أنَّ الكتاب في طبعته الأولى، وعادة تهمل ألقاب المؤلِّفين كالدكتورأوالشيخ أوغيرهما.

مثال على الكتاب:

فضل عباس، إعجاز القرآن الكريم، دارالفرقان،ط (1)،عمان، 1991م.

مصطفى صادق الرافعي، تاريخ آداب العرب، دار الكتاب العربي، ط (2)،بيروت، 1394هـ / 1974م.

مصطفى نمر دعمس، استراتيجيات تطوير المناهج وأساليب التدريس الحديثة،،دار غيداء للنشر والتوزيع، الأردن – عمان، 2008

فودة، حلمي محمَّد؛ عبد الله عبدالرحمن صالح،، المرشد في كتابة الأبحاث، الطبعة السادسة، دار الشروق، جدَّة، 1991م

الكتب التراثيَّة: في حالة كون الكتاب تراثياً فيوثَّق كغيره من الكتب المعاصرة أو الحديثة إلاَّ أنَّه ينبغي ذكر تاريخ وفاة المؤلِّف قبل تاريخ النشر؛ لكي لا يلتبس على من لا يعرِّف المؤِّلف والمؤلَّف، كما في المثال التالي:

ابن خلدون، عبدالرحمن بن محمَّد،، مقدِّمة ابن خلدون، دار الجيل بيروت،ت 808هـ ط 1990م.

الدوريَّات:

يكون ترتيب وتوثيق المعلومات إذا كانت من دوريات: [الصحف والمجلات اليومية والأسبوعية والشهرية] كما يلي:

1. اسم المؤلف
2. عنوان المقال) ويكون بين قوسين
3. اسم الدورية ويوضع خط تحت الاسم
4. مكان النشر
5. رقم وعدد المجلد
6. تاريخ نشر العدد

ويُفصل بين كل معلومة وأخرى بفاصلة، ويوضع خط تحت اسم الكتاب عندما يكون مرجعا، ويوضع خط تحت اسم الدورية إذا كانت مرجعا، وتنتهي المعلومات بالنقطة.

مثال على الدوريات:

معين القدومي، الأدمغة العربية بين الهجرة والتهجير، صحيفة البيان العدد 6854، أبوظبي، 8 ذو الحجّة 1419هـ25 مارس 1999.

عملية التوثيق في البحث الالكتروني:

يكون ترتيب وتوثيق المعلومات في صفحات الويب كما يلي:

1-اسم المؤلف

2-عنوان المقال، ويوضع خط تحت اسم المقال، مع ذكر اسم الموقع ان كان مشهورا كإن يكون موقع مجلة او جريدة او تلفزيون او تابعا لمنظمة او مؤسسة ما.

3- تاريخ نشرأو تسجيل المقال؛ وذلك لان بعض المواقع تعمد الى حذف ما نشرت بعد فترة طويلة وذلك بسبب ضيق المساحة التي تحجزها.

4- الرابط الالكتروني (link) كاملا وذلك باستنساخه مباشرة كطريقة سريعة للتوثيق

مثال:

مصطفى نمر دعمس، **الذكاء والتفكير**،موقع جيران،الخميس, 02 اغسطس, 2007

http://mustafademes.jeeran.com/archive/2007/8/281354.html

مصطفى نمر دعمس، الطرائق الحديثة لتطوير المناهج واساليب تدريسها، موقع جيران،الاثنين, 30 يوليو, 2007

http://mustafademes.jeeran.com/vb/archive/2007/7/279696.htm

ونجد هنا الرابط الذي يوصل الى صفحة البحث مباشرة والموجود في الموقع.

مثال آخر:

الربيعي، فلاح، النظام التعليمي ومتطلبات سوق العمل في ليبيا، مجلة علوم انسانية، العدد 15، نوفمبر 2004، www.ulum.nl/a151.htm

ونجد هنا الرابط الذي يوصل الى صفحة البحث مباشرة والموجود في المجلة.

أما عن طريقة توثيق الكتب المسموعة فهنا مثال لها:

كارليل، اليكس، 2004، الإنسان ذلك المجهول، أداء صوتي: احمد حمزة، الجزء الأول، الدقائق: 15-17، نشر المجمع الثقافي - ابو ظبي،

http://web.cultural.org.ae/new/audiobooks/p15.htm.2004-11-10 ،

وبهذا فانه بامكان باحث آخر او محقق او ناقد ان يصل الى الفقرة المقتبسة من الكتاب بسرعة وذلك من خلال اتباع خطوات سهلة اهمها كتابة العنوان الالكتروني ليجد نفسه في الموقع وثم لاحقا يضغط على الجزء الاول من الكتاب ليستمع اليه، وينتقل بمؤشر الصوت الى الدقيقة 15 ليستمع الى الفقرة المقتبسة. ان ذكر تاريخ وجود المادة على موقع الانترنت يعطي مصداقية اكثر ويمكن الباحثين او المتحققين من الاستفسار مباشرة من الجهة التي يعود لها الموقع فيما اذا كانت هذه المادة منشورة وقتذاك ام لا.

سلاسل البحوث التي تصدرها الجمعيّات: وتذكر كما هي في المثال الآتي، وفيها يسوَّد مسمّى السلسلة ورقمها، مثل:

السرياني، محمّد محمود، السمات العامَّة لمراكز الاستيطان الريفيَّة في منطقة الباحة في المملكة العربيَّة السعوديَّة، سلسلة بحوث جغرافيَّة رقم (14)، الجمعيَّة الجغرافيَّة الكويتيَّة، الكويت،1988م.

الكتب المحرَّرة: يذكر لقب المؤلِّف، ثمَّ اسمه،، فعنوان الفصل، ثمَّ يكتب ذكر في: بالخطِّ المسوَّد، ثمَّ لقب المحرِّر أو ألقاب المحرِّرين متبوعاً باسمه أو بأسمائهم، ثمَّ تكتب بين قوسين (محرِّر) أو (محرِّرين) ثمَّ عنوان الكتاب مسوَّداً ثمَّ رقم المجلَّد إن وجد، فرقم الطبعة إن كانت له أكثر من طبعة، فرقم صفحات الفصل، ثمَّ الناشر، فمكان النشر، ثمَّ سنة النشر مثل:

أبو زيد، أحمد،، نحو مزيد من الاهتمام بالموارد البشريَّة: قضايا أساسيَّة واتِّجاهات من حالات واقعيَّة، ذكر في: العبد، صلاح (محرر)، التنمية الريفيَّة: دراسات نظريَّة وتطبيقيَّة، المجلَّد الثالث، ص ص99-113، مكتبة النهضة المصريَّة، القاهرة،1993م.

الرسائل العلميَّة غير المنشورة: يذكر لقب المؤلِّف متبوعاً بالأسماء الأولى،، ثمَّ عنوان الرسالة مسوَّداً، ثمَّ تحدَّد الرسالة (ماجستير / دكتوراه) ويشار إلى أنَّها غير منشورة، ثمَّ اسم الجامعة، فاسم المدينة موقع الجامعة، ثمَّ سنة الحصول مثل:

اللواتي، محمد، المشكلات التي تواجهها الإدارة المدرسية في المدارس الابتدائية في سلطنة عمان. رسالة ماجستير غير منشورة، الجامعة الأردنية، عمان، الأردن، 1992م.

الكتب المترجمة: تظهر تحت اسم المؤلِّف أو المؤلِّفين وليس تحت اسم المترجم، هكذا:

ربي هيمان، طبيعة البحث السيكولوجي، ترجمة: عبد الرحمن عيسوي، (القاهرة: دار الشروق، ط1، 1989).

المنشورات والتقارير الحكوميَّة: يذكر اسم مؤلِّفها أو تعدُّ الإدارة الفرعيَّة التي أصدرت التقرير هي المؤلِّف، وفي حالة عدم وجود أيٍّ منهما تعدُّ الوزارة أو الجهة المصدرة هي المؤلِّف،، ثُمَّ عنوان التقرير، ثمَّ يحدَّد نوعُ التقرير ويشار إلى أنَّه غير منشور في حالة كونه كذلك، يلي ذلك اسم الجهة المصدرة للتقرير، فالمدينة التي تقع فيها الجهة المصدرة، يلي ذلك سنة النشر، هكذا:

الفريق الوطني للتقويم - استراتيجيات التقويم وأدواته، وزارة التربية والتعليم – الاردن،عمان،2004

الحياري، وزملائه،**لغتنا العربية:** الجزء الثاني، الصف الثالث الأساسي. عمان- الأردن، مجمع اللغة العربية الأردني، 1994م.

الجداول والأشكال والخرائط: توضع مصادر الجداول والأشكال المقتبسة بعد إطاراتها السفليَّة مباشرة كما ترد تلك المصادر في قائمة المصادر، وما لم يوضع منها أسفله مصدر فهي من عمل الباحث ولا يشار إلى ذلك فهذا يفهم بعدم وجود مصدر. الأحاديث الشفويَّة والتلفزيونيَّة والإذاعيَّة: يشار إلى لقب المتحدِّث أولاً فاسمه فتاريخ حديثه باليوم والشهر والسنة، فعنوان حديثه إن وجد، ورقم الحلقة إن وجدت، واسم الإذاعة أو القناة التلفزيونيَّة، وبعدذلك عبارة بإذنٍ منه، ويكون الباحث قد استأذن صاحب الحديث فعلاً.

الحاشية:

الحاشية هي الهامش؛ وهي الفسحة الواقعة تحت النصِّ مفصولة عنه بخط قصير يبدأ ببداية السطر بطول 4 سم، وبرغم ما ورد حول هذين المصطلحين من اختلاف بين من كتبوا في مناهج البحث العلميِّ إلاَّ أنَّ معاجم اللغة تستعملهما استعمالاً مترادفاً، قال الفيروز أبادي في القاموس المحيط: الهامش: حاشية الكتاب، ج 2، ص294، وأطلق أبو سليمان (1400هـ) على محتويات الهامش التهميشات، (ص95)، ومن الحقائق المهمَّة التي ينبغي على الباحث إدراكها أنَّه من الأفضل الاقتصاد قدر الإمكان من التهميش لأيٍّ غرض حتى يضمن متابعة القارئ فلا يقطع عليه تسلسل المعاني والأفكار، (أبو سليمان، 1400هـ ص96)، وفي متن البحث يحال إلى الهامش الإيضاحي بعلامة نجمة (*) وليس برقم، فإذا احتوت الصفحة على أكثر من إحالة أعطيت الإحالة الثانية نجمتان (**) وهكذا، ويكون لها ما يقابلها في الهامش، (شلبي، 1982م، ص ص115-116)؛ (بدر، 1989م، ص155)، وعموماً تستخدم الحاشيةُ لما يأتي:

1) لتنبيه القارئ إلى نقطة سبقت مناقشتها أو نقطة لاحقة.

2) لتسجيل فكرة يؤدِّي إبرازها في المتن إلى قطع الفكرة الأساسيَّة.

3) لتوجيه شكر وتقدير.

4) لشرح بعض المفردات أو العبارات أو المصطلحات أو المفاهيم.

5) للإشارة إلى رأي أو معلومة أو فكرة مقتبسة من مقابلة شخصيَّة.

5- مخطَّط البحث:

مخطَّط البحث هو مشروعُ عمل أو خطَّة منظَّمة تجمع عناصر التفكير المسبق اللازمة لتحقيق الغرض من الدراسة، ويهدف مخطَّط البحث إلى تحقيق ثلاثة أغرض أساسيَّة، هي:

1) أنَّه يصف إجراءات القيام بالبحث ومتطلَّباته.

2) أنَّه يوجِّه خطوات البحث ومراحل تنفيذها.

3) أنَّه يشكِّل إطاراً لتقويم البحث بعد انتهائه.

وربَّما يتساءل القارئ لماذا جاء الحديث عن مخطَّط البحث في هذا البحث متأخِّراً والتخطيط والخطَّة تسبق التنفيذ؟، وهل يعدُّ مخطَّط البحث من الجوانب العلميَّة أم من يعدُّ الجوانب الفنيَّة للبحث؟، والإجابة على هذين السؤالين تتَّضح بما يأتي:

1) أنَّ مخطَّطَ البحث لا يأخذ صورته النهائيَّة إلاَّ بانتهاء البحث.

2) أنَّ مخطَّطَ البحث يحتوي على عناصر وأجزاء ينالها التعديل والتغيير بتقدّم البحث.

3) أنَّ الحديث عن مخطَّط البحث في هذا الفقرة المتأخِّرة سيتناول جانبَه الفنيَّ فقط.

4) أنَّ الجانب العلميَّ لمخطَّط البحث تناولته الفقرات المتقدِّمة بطريقة مجزَّأة.

5) أنَّ المراجعة الأخيرة للبحث تهدف - ممَّا تهدف إليه - إلى فحص مخطَّط البحث.

6) أنَّ مخطَّطَ البحث أداة من أدوات تقويم البحث، والتقويم عمل إجرائيٌّ يتمُّ أخيراً.

والحقيقة أنَّ مخطَّط البحث يتطلَّبُ وقتاً وجهداً أكثر ممَّا يظنُّ بعض المبتدئين في البحث، فحينما يضع الباحثُ مخطَّطاً ناجحاً لبحثه فهو يعني أنَّه قد اختار مشكلة بحثه وصاغها بعناية وحدَّد فرضياتها وأسئلتها وأهدافها، وتَعرَّف على الدراسات السابقة والنظريات ذات العلاقة بالموضوع وعرف مكانةَ بحثه منها والجانب الذي يجب أن تنحوه الدراسة وتركِّز عليه، واختار أداة جمع البيانات المناسبة وصمَّمها وحدَّد مفردات البحث وأسلوب دراستها واختيار عيِّنة الدراسة إن كان ذلك هو الأسلوب المناسب وحدَّد المتعاونين معه، وفكَّر بأسلوب تصنيف البيانات وتجهيزها، وبذلك لم يبق بعد إعداد مخطَّط البحث إلاَّ تجميع البيانات وتحليلها وتفسيرها واختبار الفروض والإجابة على أسئلة الدراسة، وهذه ربَّما لا تحتاج من الجهد إلاَّ القليل وبخاصَّة إذا كان مخطَّط البحث متقناً.

وممَّا تجب الإشارة إليه في مخطَّط البحث هو شرح وافٍ بالطريقة التي سوف يجيب فيها الباحث عن أسئلة دراسته، والطريقة التي سيختبر فيها فرضيَّاته، ويلزم أن يكون ذلك الشرح تفصيليّاً بحيث يستطيع أيُّ باحث آخر أن يستخدم طريقة الباحث نفسها بالكيفيَّة

التي استخدمها الباحث، ويتضمَّن ذلك تحديداً لمجتمع الدراسة الذي يلزم تعميم نتائج الدراسة عليه، ووصفاً لعمليَّة اختيار العيِّنة وتعريفاً بها حتى يكون بالإمكان تعميم النتائج على مجتمعاتٍ لها نفس خصائص العيِّنة، كذلك لا بدَّ من تحديد المتغيِّرات المستقلَّة والمتغيِّرات التابعة والمستويات الخاصَّة بكلِّ متغيِّر، ولا بدَّ من إيضاح الترتيبات والإجراءات المتَّخذة لجمع البيانات اللازمة، وإجراءات جمع البيانات باستخدام أدوات ومقاييس واختبارات معيَّنة، ويلزم هنا وصف الأدوات وكيفيَّة تطويرها ومعايير الصدق والثبات التي تتَّصف بها، ويلزم أيضاً تحديد الطريقة المستخدمة في تفريغ البيانات الناتجة عن استخدام أدوات الدراسة المشار إليها، ولا بدَّ أيضاً من إيضاح الطرق والأساليب المستخدمة في تنظيم البيانات من أجل تحليلها، وإيضاح أساليب التحليل ذاتها، (عودة؛ ملكاوي، 1992، ص ص50-51)، ومن الجدير ذكره أنَّ الباحث بتقدُّمه في بحثه يجد قد في مخطَّط بحثه ما يمكن التوسُّع فيه أو تغييره أو حذفه بناءً على ما توفَّر لديه من بيانات ومعلومات جديدة.

وبعد ذلك فملامح ومكوِّنات الهيكل النهائيِّ لمخطَّط البحث تتألَّف من الآتي:

- صفحات تمهيديَّة: تتمثَّل عادةً بصفحة العنوان، وصفحة البسملة، وصفحة الإهداء، وصفحة الشكر والتقدير، ومستخلص البحث، وقائمة المحتويات، وقائمة الجداول، وقائمة الأشكال، والمقدِّمة أو التقديم.
- فصول إجرائيَّة: تشمل تحديد ووصف مشكلة الدراسة، وتحديد دوافع الباحث لاختيارها، وبيان بأهدافها وأسئلتها وأهميَّتها، وإيضاح فرضيَّاتها ومتغيِّراتها المستقلَّة والتابعة، وبيان ووصف لأدواتها، وإيضاح أساليبها ومناهجها وكيفيَّة تطبيقها، وتعريف بمصطلحات الدراسة وتحديد لمفاهيمها، واستعراض للدراسات السابقة لها وللنظريَّات ذات العلاقة بموضوعها لاتِّخاذها إطاراً نظريّاً للدراسة، ووصف الأسلوب المتَّبع في جمع البيانات وتسجيلها وتبويبها، وبيان ما إذا كان الباحث قام بنفسه بجمع البيانات أم بالتعاون مع فريق مدرَّب ويذكر كيفيَّة تدريب هذا الفريق، كما يذكر الوقت الذي استغرقته كلُّ عمليَّة، وكذلك لا بدَّ من وصف الأساليب المستخدمة في تحليل البيانات، وما إذا كانت يدويَّة أم استخدم فيها الحاسوب، كما يصف الباحثُ الأساليبَ الإحصائيَّة والكميَّة المستخدمة ومبرِّرات استخدام كلٍّ منها، ويصف الأساليب المستخدمة في تمثيل البيانات وتحليلها.

- فصول تطبيقيَّة: وتشتمل على مقدِّمة يبيِّن بها الباحثُ كيفيَّة تنظيمه لمحتوى هذه الفصول، يلي ذلك وصفُ خصائص مشكلة الدراسة ثمَّ يلي ذلك عرض النتائج مدعَّمةً بالأدلَّة تحت عناوين فرعيَّة ذات صلة بفرضيَّات الدراسة أو أسئلتها، مع مراعاة مناقشة ما يتوصَّل إليه الباحثُ من نتائج في ضوء نتائج الدراسات السابقة والاتِّجاهات النظريَّة التي يتبنَّاها الباحثُ والتي تمثِّل أفضل الأطر النظريَّة لتفسير نتائج الدراسة، وتوضيح مدى تأييدها أو معارضتها لتلك الأطر النظريَّة أو للدراسات السابقة وتفسير ما يمكن أن يجده من اختلاف، مع ضرورة عرض الجوانب التوزيعيَّة لموضوع الدراسة وعناصره والعوامل المؤثِّرة فيه، ومحصِّلة التفاعل بين العناصر والعوامل، وما يستخلص منها من نتائج أو قواعد تفيد في التوصيف العلميِّ للموضوع محلِّ الدراسة، ومعالجة جوانب القصور أو المشكلات التي تنطوي عليها المشكلةُ المدروسة حاليّاً ومستقبلاً وبما يحقِّق أهداف الدراسة المبيَّنة سلفاً.-
- خاتمة الدراسة: وقد تعطى رقم الفصل الأخير من الدراسة وقد تُعَنْوَن بالخلاصة والاستنتاجات والتوصيات، وفيها يبلور الباحثُ دراستَه بلورة مركَّزة مستقاة من الدراسة التفصيليَّة لمشكلة دراسته، ويبيِّن ما أوضحته من مشكلات وصعوباتٍ متَّصلة بها، ويعرض توصياته بحلولٍ تطبيقيَّة ممكنة التنفيذ لمشكلاتها وصعوباتها، ويقترح دراساتٍ لاستكمال جوانبها أو لبحث قضايا مشابهة تولَّدت منها.
- نهايات بحثيَّة: وتحتوي على قائمة المصادر، وعلى ملاحق الدراسة إن احتوت على ملاحق، وعلى كشَّاف بالأسماء الواردة فيها، وعلى صيغ المعادلات والأساليب الكميَّة إن احتوت على شيءٍ منها، وعلى الصور الفوتوغرافيَّة إن لم توضع في مواضعها من البحث.

عنوان البحث:

تجب صياغة عنوان البحث صياغةً جيِّدة توضِّح هدفَ الدراسة ومجالها التطبيقيَّ وألاَّ تتجاوز كلماته خمس عشرة كلمة، فإن احتاج الباحثُ إلى مزيد من الكلمات أو العبارات الدالَّة دلالةً حقيقيَّة عن البحث فلا مانع من إتمام العنوان بعنوانٍ تفسيريٍّ أصغر منه أو شرح العنوان في مستخلص البحث، وقد يكون العنوانُ أحد فرضيَّات البحث الأساسيَّة أو مطابقاً لأبرز نتيجة متوقَّعة للبحث، ومهما يكن من أمرٍ فإنَّ العنوان ينبغي أن يعبِّر بدقَّة واختصار

شديد عن البحث في طبيعته وموضوعه وأبعاده وربّما اقتضى الأمر أن يكون فيه إيحاءٌ بنتائجه، (الشريف، 1415هـ ص71)، انظر في العناوين المقترحة في الملحق رقم (3).

وعنوان البحث لا بدَّ أن يحتوي على ما يشير إلى الهدف الرئيس للدراسة وتحديد أبعادها العلميَّة والمكانيَّة والزمانيَّة كما هو واضح في العنوان التالي:

مراكز استقطاب الخدمات الريفيَّة

ودورها في تنمية القرى في منطقة حائل: دراسة في جغرافيَّة الريف

فهذا العنوان بصياغته تلك حدَّد موضوعَ هذه الدراسة بمراكز استقطاب الخدمات الريفيَّة مشيراً إلى بعض أهدافها بتقويم دور تلك المراكز في تنمية القرى، وعيَّن مجالَها التطبيقيَّ بمنطقة حائل، وأوضح انتماءَها في ميدانها التخصُّصيِّ إلى جغرافيَّة الريف، ويتحدَّد بعدُها الزمانيُّ بعام 1420هـ عام تقديمها.

ولعلَّ أهميَّة الصياغة لعنوان البحث تتَّضح بمقارنة العنوان السابق بعنوان آخر أذن لي صاحبُه بهذه المقارنة، ذلك هو العنوان التالي:

العمليَّات الحسابيَّة الأربعة

بين التحليل والتقويم وتحديد الأخطاء الشائعة فيها ومعالجتها

فممَّا يلاحظ على العنوان السابق ما يأتي:

1) أنَّ هذا العنوان يحتوي على خطأ لغويٍّ بصياغته بتأنيث العدد مع المعدود المؤنَّث، والقاعدة اللغويَّة بعكس ذلك، وصحَّته أن يقال: العمليَّات الحسابيَّة الأربع.
2) أنَّ صياغة العنوان أخفقتْ في تحديد الهدف من البحث، بل إنَّها حدَّدت هدفاً لم يكن صاحبُ العنوان يتصوَّره أو يقصده، فليس هناك من شكٍّ أنَّ هدفه هو تحديد الأخطاء الشائعة في تطبيق العمليَّات الحسابيَّة لدى مجتمعٍ مدرسيٍّ محدَّد في ذهنه بافتراض أنَّ الخطأ جاء نتيجةً تعليميَّة كأثر للمعلِّم وليس نتيجة تعلُّميَّة ترتبط بقدرات الطلاَّب، ويستوحى ذلك من كلمات بين التحليل والتقويم، وفهم ذلك باستجلائه من صاحب العنوان.
3) أنَّ صاحب العنوان زاد على الهدف السابق هدفاً آخر يتحدَّد بكلمة (ومعالجتها)، فأصبح لدراسته هدفان، ولو أنَّه حُدِّدَ مجتمعُ البحث وفق الهدف الأول لكان مجتمع البحث هم مجموعةُ طلاَّبٍ في مجموعة مدارس، ولو حُدِّدَ مجتمعُ البحث وفق الهدف الثاني لكان مجتمع البحث هم مجموعة المعلِّمين في تلك المجموعة

من المدارس، أي أنَّ هناك مجتمعين للبحث، أو بعبارة أخرى هناك بحثان مزدوجان.

4) أنَّ الباحث لم يحدِّد المجالَ التطبيقيَّ لبحثه، فهل سيصل البحثُ إلى نتيجة يمكن تعميمها على جميع الطلاَّب في جميع المدارس لمختلف الصفوف ومختلف المراحل في مختلف المناطق والدول؟، لا يمكن ذلك ولا يُظَنُّ ذلك ولكن الصياغة الحاليَّة للعنوان توحي بذلك.

5) أنَّ الباحثَ لم يحدِّد البعدَ الزمنيَّ لدراسته، فهل مشكلة دراسته قديمة أم طارئة، مستمرَّة أم محدَّدة بزمن؟، وبمعرفة السبب لمشكلة دراسته باعتبار أنَّ هناك فرضيَّة غير ناضجة أو مصاغة صياغة جيِّدة احتواها عنوان الدراسة، ذلك السبب هو الطريقة التعليميَّة للمعلِّمين في تلك المدارس، أي أنَّ السببَ لم يرتبط بالمعلِّمين أنفسهم، فبالإمكان أن يغيِّر أولئك المعلِّمون طرائقهم التدريسيَّة فتختفي المشكلة.

6) أنَّ الباحثَ بعنوان بحثه لم يقصدْ وجودَ أخطاء شائعة في العمليَّات الحسابيَّة الأربع بذاتها، وإنَّما قصد إلى وجود أخطاءٍ شائعة في تطبيقات المتعلِّمين، ولكن بالعودة إلى العنوان يتَّضح أنَّ العنوان بصياغته يعني وجود أخطاء شائعة في العمليَّات الحسابيَّة الأربع بذاتها وليس بتطبيقاتها من متعلِّمين معيَّنين.

وأخيراً يمكن إعادة صياغة العنوان لتلافي تلك الملاحظات، ومن ثمَّ مقارنة العنوان بصياغته الثانية بالعنوان بصياغته الأولى في ضوء تلك الملاحظات: أخطاء الطريقة التعليميَّة في تطبيقات العمليَّات الحسابيَّة الأربع لدى طلاَّب الصفِّ الرابع الابتدائيِّ في مدارس عنيزة

7- أسلوب كتابة البحث: يهدف البحثُ إلى نقل حقائق ومعلومات وآراء إلى مجال التطبيق، والكلمة المكتوبة وسيلة لذلك، "ومن ثمَّ كانت الكتابةُ مفتاح البحث وفيها تكمن قوَّته الحيويَّة" (والدو، 1986م، ص9)، فالبحثُ العلميُّ مادةٌ ومنهجٌ وأسلوبٌ، أمَّا الأسلوب فهو القالبُ التعبيريُّ الذي يحتوي العناصر الأخرى، وهو الدليلُ على مدى إدراكها وعمقها في نفس الباحث، فإذا كانت معاني البحث وأفكاره واضحةً في ذهن صاحبها أمكن التعبير عنها بأسلوبٍ واضحٍ وبيانٍ مشرق، والحقائق العلميَّة يستوجب تدوينُها أسلوباً له خصائصه في

التعبير والتفكير والمناقشة، وهو ما يسمّى بالأسلوب العلميّ؛ أهدأ الأساليب وأكثرها احتياجاً إلى المنطق والفكر وأبعدها عن الخيال الشعريّ؛ لأنَّه يخاطب العقلَ ويناجي الفكر.

إنَّ أسلوب كتابة البحث بما يتضمَّنه من نواحٍ فنيَّة كالاقتباس والتوثيق والتهميش والعرض المشوق للقارئ يحتاج إلى لغة مقبولة، سهلة القراءة والتفهُّم، وهذا يعني أنَّ طريقةَ عرض الأفكار في مراحل البحث يجب ألاَّ تجعل القارئ في حيرة من أمره في تتبُّع وتفهُّم ما يدور في خلد الباحث من أفكار. فالأسلوب الجيِّد والتحليلُ المنطقيُّ عوامل أساسيَّة في جذب القارئ لمتابعة وتفهُّم ما يرد في البحث من معانٍ وأفكار وآراء، ويجب أن يعبِّرَ الباحث عن نفسه بأسلوبٍ لا يسيء معه القارئ فهمَ الفكرة الأساسيَّة التي يعالجها، وهذا يتطلَّب عرض المادة بطريقة لا تدع مجالاً للثغرات في انسياب الأفكار وتسلسلها من نقطة إلى أخرى؛ لذلك فمن الضروريِّ التأكيد على أهميَّة استخدام التعبيرات والمصطلحات الفنيَّة والعلميَّة بمعناها المتَّفق عليه لدى الباحثين لغويّاً وعلميّاً، وألاَّ يَغْفَل الباحث عن تعريف وتفسير المصطلحات والكلمات ذات المعنى الفنيِّ الخاص؛ فيؤدِّي ذلك إلى صعوبة في الفهم وفي متابعة الأفكار المطروحة واستيعابها بالشكل المناسب لدى القارئ ذي الخلفيَّة المتوسِّطة عن موضوع البحث، ولا يكفي ذلك فيجب أن يحذرَ الباحث من استرسالٍ في تفصيلات ثانويَّة تبعده عن موضوع البحث الرئيس فتشتِّت ذهن القارئ.

ولا شكَّ في أنَّ القلقَ ينتابُ الباحثَ المبتدئ حين يبدأ بكتابة بحثه، وقد يشغله قلقُ الكتابة أكثر ممَّا يشغله البحثُ ذاته، ولكنَّ معرفة الباحث بخطوات ومراحل البحث معرفةً جيِّدة تبتعد بالبحث عن التناقض بطرد القلق فتتيسَّر الكتابة، ويُنْصَحُ الباحث المبتدئ في هذا المجال بكتابة مسودَّة أولى وسريعة للبحث دون نظرٍ كبير في جودة الأسلوب وسلامة الكتابة لغةً وإملاءً واستخداماً لعلامات الترقيم، وألاَّ ينتظر طويلاً ليبحث عن استهلالٍ مثاليٍّ، فهذا وذاك عمل يؤدِّي إلى التسويف، فعلى الباحث أن يبدأ بالكتابةَ ويمضي في ذلك؛ لأنَّه من الحكمة كتابة بدايةٍ تقريبيَّة ومن الخير أن تسجَّل على الفور ثمَّ تعدَّل فيما بعد، فبعد صفحات قليلة ستكون الكتابة أكثرَ يسراً بل كثيراً ما تصبح الكتابة التمهيديَّة أكثر مواتاة للباحث بعد كتابة الفقرة أو الفقرتين الأوليين، فإذا ما سارت الكتابةُ بيسر أمكن التركيز لاحقاً على جوانبها اللغويَّة والفنيَّة، فذلك أولى من فقدان القدرة على المتابعة بمحاولة التفكير في كلِّ شيءٍ في آنٍ واحد، ولا يعني هذا أنَّ المسوَّدة الأولى لا تحتاج إلى

عناية، بل إنَّها الوسيلة وليست الغاية؛ ولذا ينبغي أن تكتبَ بسرعة ليصبحَ البحثُ أكثر حيويَّة، فمن الخطأ أن يتوقَّفَ الباحثُ ليفكِّرَ بجوانب لغويَّة أو إملائيَّة أو ليراجع انسيابيَّة فقرةٍ في أسلوبها، فهناك بعد ذلك وقتٌ كافٍ للمراجعة، كما ويحسن ترك البحث في مسودَّته الأولى لفترةٍ ما قبل مراجعته، وحينئذٍ يكون من السهل معرفة الأخطاء اللغويَّة والإملائيَّة وتعقُّد الأسلوب أو ركاكته، (والدو، 1986م، ص15-17)، وفي ذلك قال أبو سليمان (1400هـ) "وينبغي الاهتمام في البداية بتدوين الأفكار بصرف النظر عن الأسلوب والصياغة، فإنَّ الباحثَ متى ما دوَّن أفكارَه وعقلها من أن تتفلَّتَ منه جاءت مراحلُ تطويرها أسلوباً وصياغةً فيما بعد بشكلٍ تلقائي؛ إذ المهمُّ في هذه المرحلة هو إبرازُ كيان البحث.

ومن الوسائل الناجحة للمبتدئين في كتابة البحوث ما اعتاده أحدُ كبار أساتذة القانون الأوربيِّين من تأكيدٍ على طلاَّبه في اتِّباع الطريقة الآتية:

- كتابة المسوَّدة الأولى للفصل من البحث ثمَّ تنقيحه بعناية شديدة.

- كتابة الفصل لمرَّة ثانية ومعاودة تنقيحه وتهذيبه.

- كتابة الفصل لمرَّة ثالثة وبعد ذلك يمزِّق الباحث مسودَّاته الثلاث ويكتب من جديد.

وبالرغم من أنَّ هذه طريقة صعبة، ولكنَّه أسلوب ناجح لتطوير الأسلوب الكتابيِّ واستمالة الذهن للتزويد بالأفكار، وكلَّما عوَّد الباحثُ نفسَه على الكتابة كانت أيسر وذلَّل لقلمه التعبير عن المعاني والأفكار.

إنَّ التفكيرَ السليم قبل الشروع في الكتابة ينتج عنه نوعٌ من الترابط بين الأفكار، وعموماً فأسلوب الكتابة هو نتاجُ الإحساس والتفكير معاً ومن الصعب دائماً وضع قواعد محدَّدة لهما، (والدو، 1986م، ص ص77، 74)، ولكن لا صحَّةَ لما يعتقده البعضُ من أنَّ صعوبة الأسلوب وغموضه مؤشِّرٌ على عمق التفكير، إذ العكس هو الصواب، كما يخطئ من يظنُّ أنَّ كتابةَ البحوث الجادة تقتضيـ أن يكونَ الأسلوب جافاً لا روح فيه، إذ الاختبار الحاسم للبحث هو عندما يستطيع المثقَّفُ المتوسِّط متابعة أفكار الباحث، وحيث أنَّ الكثيرين يجدون صعوبةً في عرض أفكارهم وكتابتها بطريقة منطقيَّة، فإنَّه يمكن الإشارة إلى أمور تساعد على تجاوز هذه الصعوبة توجز بالآتي:

1. أنَّ الاتِّجاه المباشر نحو النقاط الأساسيَّة في كتابة البحث دون مقدِّماتٍ وتعليقات بعيدة عن صلب الموضوع هو القاعدة الأولى لنجاح الباحث في كتابة بحثه.
2. أنَّ الانسيابيةَ في الأسلوب هي حركة الجمل والكلمات على نحوٍ متتابع متلاحق دون تحذلق أو تباطؤ.
3. أنَّ البحثَ يكون أكثر إقناعاً ودقَّة وإحكاماً باستخدام الصيغ الإخباريَّة، كما يحسن البدء بالجملة الفعليَّة فالفعل متجدِّد في ما يوحي به من معانٍ وأفكار.
4. أنَّ استخدامَ الزمن المبنيِّ للمعلوم يَفْضُلُ استخدام الفعل المبنيِّ للمجهول؛ لأنَّ الأول تعبير مباشر وصريح لا يوحي بالتمويه والإخفاء، (والدو، 1986م، ص66).

ويُنْصَحُ الباحثون المبتدئون لتطوير أساليبهم في الكتابة إضافةً إلى نصحهم بممارستها كثيراً، وبتكرار تسويد كتاباتهم، وبتركها فترة قبل مراجعتها وتنقيحها بالنظر في القواعد والإرشادات التالية:

1. أن يختاروا مفردات كتاباتهم بدقَّة.
2. أن يستخدموا الجملَ القصيرة، وأن يتجنَّبوا الجملَ الطويلة أكثر من اللازم.
3. أن يقلِّلوا قدر الإمكان من الجمل المشتملة على عناصرَ كثيرة.
4. أن ينتهجوا الوضوحَ في العبارة وأن يبتعدوا عن اللبسِ في فهمها.
5. أن يكون التركيبُ اللغويُّ للاحتمالات أو الشروط أو الأسباب المتعدِّدة واحداً، كأن تبدأ جميعها باسم أو فعل أو حرف أو ظرف؛ أمَّا تباين مطالع تلك الاحتمالات أو الشروط أو الأسباب فيعمل على إضعاف صيغها وتركيباتها اللغويَّة.
6. أن تكونَ المسافة بين المبتدأ والخبر وبين الفعل والفاعل قصيرة.
7. أن يتحاشوا الاستخدامَ المفرط للأفعال المبنيَّة للمجهول.
8. أن يبتعدوا عن الكلمات غير الضروريَّة مثل الصفات المترادفة أو المتتابعة.
9. أن يعدُّوا السلامةَ من الأخطاء اللغويَّة النحويَّة والإملائيَّة صفة مهمَّة جدّاً في الكتابة.
10. أن يتجنُّبوا الجملَ الاعتراضيَّة ما أمكن.

11. أن يحسنوا استخدامَ الفقرات وتوظيفها.

12. أن يبتعدوا عن الكلماتِ اللوازم، فهي تفسد الكلامَ وتجعله ركيكًا.

13. أن يراعوا علامات الترقيم وعلامات الاقتباس، انظر في الملحق رقم (2).

14. ألاَّ يسرفوا في الاقتباس إلى درجة أن يسأل قارئُ البحث نفسَه أين الباحث؟.

15. أن يُحْكِمُوا تضمين النصّ المقتبس في متن البحث بتوطئة وتعقيب ملائمين.

16. أن يستخدموا العناوينَ والتفريعات المنطقيَّة في البحث.

17. أن يستخدموا الوسائلَ التوضيحيَّة الملائمة في البحث.

18. ألاَّ يجزموا بأفكار وآراء ما زالت مثارَ جدل. وذلك بأن يستخدموا عباراتِ: فيما يبدو، ويظهر، ولعلَّ ذلك بدلاً من عبارات الجزم.

19. أن يستخدموا كلمةَ الباحث لا أن يستخدموا ضمير المتكلِّم أو المتكلِّمين.

20. أن يكتبوا لأرقامَ داخل النصّ بالحروف إذا كانت أقل من ثلاثة أرقام.

21. ألاَّ يبدأوا جملَهم بأرقامٍ عدديَّة فإن اضطرُّوا كتبوها بالحروف.

إخراج البحث:

لا شكَّ في أنَّ البحث المتميِّز هو ذلك الذي سار وفق خطوات المنهج العلميّ ومراحله بإتقان، وكُتِبَ بأسلوب علميٍّ واضح مترابط منساب دون استرسال، وبلغة دقيقة سليمة في قواعدها النحويَّة والإملائيَّة، ولكنَّ ذلك إن لم يكن بإخراجٍ حسن فإنَّه يفقد كثيراً من قيمته العلميَّة وأهميَّته البحثيَّة، فالبحثُ المكتوبُ بغير عناية يحكم عليه صاحبُه بالفشل؛ لذا ينبغي على الباحث إنجاز بحثِه في أحسن صورةٍ ممكنة باعتباره عملاً يفخر به، وليتذكَّر الباحثُ أنَّ التأثير الذي يتركه بحثٌ متميِّز يمكن أن يضيعَ إذا تضمَّنَ رسوماً بيانيَّة غير دقيقة أو صوراً سيئة غير واضحة، (والدو، 1986م، ص ص9، 16)، أو نُظِّم ورُتِّب بغير ما اعتاده الباحثون والقرَّاء من علامات أو أساليب كتابة وإخراج.

تلزمه مهارات متعدِّدة لينجز بحثَه فيكون متميِّزاً بين غيره من البحوث، منها مهاراتٌ علميَّة سبقت الإشاراتُ إليها، فإنَّ ما يشار إليه في هذه الفقرة بالمهارات الفنيَّة من إعداد الرسوم والأشكال التوضيحيَّة وإعداد جداول البيانات المعروضة، وتنسيق كتابة موضوعات البحث وعناوينه الرئيسة والفرعيَّة، وغير ذلك من مهارات فنيَّة تعدُّ مهاراتٍ يحسن بالباحث إتقانها، وبخاصَّة أنَّ الحاسوبَ الشخصيّ يساعد على كثير من تلك المهارات إضافة إلى إمكاناته في الجوانب العلميَّة، لذلك فإنَّ على الباحث أن يجيدَ استخدامَه لينجز بحثَه كتابة

ورسماً، فالباحث الذي يكتب بحثَه بنفسه ويرسم أشكاله يلحظُ كلَّ الاعتبارات المختلفة من جوانب علميَّة وفنيَّة، وممَّا يجب على الباحث أخذه باعتباره عند كتابة بحثِّه ما استقرَّ عليه الباحثون من قواعد في هذا المجال.

- ورق الطباعة:

يُكتب البحثُ على ورقٍ أبيض جيِّد بمقاس A - 4 على وجه واحد فقط، ويكون الهامشُ الجانبيُّ الأيسر باتِّساع 3.5 سم لإمكانيَّة التجليد، فيما بقيَّةُ الهوامش باتِّساع 2.5 سم.

- خطُّ الطباعة:

يفضل أن تكون الكتابةُ العربيَّة بالخطِّ العربيِّ من نوع T raditional A rabic بحجم 20 لعناوينها الرئيسة المتوسِّطة من الصفحة، وبحجم 14 أسود لمتن الدراسة ولعناوينها الجانبيَّة، وبحجم 12 او 14 أسود في جداولها، وبحجم 10 أسود لحواشيها، فيما تكون الكتابة الإنجليزيَّة بالخطِّ الإنجليزي من نوع T imes New Roma بحجم 14 أسود في متن الدراسة، وبحجم 10 في حواشيها، ويسوَّد منها العناوينُ الرئيسة والفرعيَّة وعناوينُ الجداول الخارجيَّة والداخليَّة في رؤوس الأعمدة فيما تكون العناوينُ الجانبيَّة في الأعمدة الأُوَل اليسرى من الجدول غير مسوَّدة، كما تسوَّد مواضع وكتابات معيَّنة في مجال توثيق مصادر الدراسة.

- الفقرات والعناوين:

تتراجع كتابةُ الفقرات عن بداية الأسطر بمسافة 1.2 سم، وتكون المسافة بين الأسطر واحدة على وضع (مفرد)، وتبتعد الفقرات عن بعضها مسافة 0.6 سم، فيما تبتعد العناوين الجانبيَّة عن الفقرات السابقة 0.8 سم ودون أن تبتعد عن الفقرات اللاحقة، بينما تبتعدُ العناوين الرئيسة المتوسِّطة في الصفحة عن فقراتٍ سابقة وفقرات لاحقة 1 سم.

- صفحة العنوان:

لا بدَّ أن تحتوي صفحة عنوان البحث في زاويتها اليمنى على الاسم الكامل للجهة والفرع أو القسم من الجهة التي أُعِدَّ البحث لها بحيث تكون متتابعةً مع بدايات الأسطر لا يتقدَّم سطرٌ على آخر، ويكون حجم خطِّها (البنط) بحجم 18 أبيض، ثمَّ تترك مسافة ليأتي عنوانُ البحث كاملاً في وسط صفحة العنوان بخطٍّ مسوَّدٍ بحجم 20، ويكون العنوانُ الطويلُ على سطرين يقصر الثاني منهما، ليأتي بعد مسافة اسم الباحث كاملاً وسط الصفحة بخطٍّ

مسوَّدٍ بحجم 20، وبعده عام إنجاز البحث وسط الصفحة بخطٍّ أبيض بحجم 20، ولا تزخرف صفحة العنوان إطلاقاً، ويأتي الغلافُ الخارجيُّ للدراسة تماماً كصفحة العنوان الداخليَّة.

- ترتيب البحث:

يبدأ البحث بصفحة العنوان يليها صفحةٌ بيضاء فصفحة بسم الله الرحمن الرحيم، فصفحةُ الإهداء إن وجدت، فصفحةٌ الشكر والعرفان إن وجدت، فصفحاتُ مستخلص البحث، فصفحاتُ قائمة محتويات البحث، فصفحاتُ قائمة جداول البحث، فصفحاتُ قائمة أشكال البحث، فصفحاتُ قائمة الصور التوضيحيَّة والفوتوغرافيَّة إن وجدت، ثمَّ يلي ذلك محتوى البحث (مقدِّمته، فصوله، خاتمته)، ومن ثمَّ تأتي مراجعُ البحث ومصادره، ومن بعدها تأتي ملاحقُه إن وجدت، وأخيراً يأتي مستخلصُ البحث باللغة الإنجليزيَّة.

- ترقيم صفحات البحث:

ترقَّم صفحات البحث في الوسط من أسفل بحروف هجائيَّة فيما يسبق متن البحث بما فيها صفحة العنوان دون إظهار ترقيمها، فيما ترقَّم صفحات متن البحث بالأرقام في الوسط من أسفل دون إظهار أرقام صفحات عناوين الفصول.

- ترقيم جداول البحث وأشكالها:

ترقَّم الجداول متسلسلةً لكلِّ فصل على حدة متخذةً رقمين مفصولين بشرطةٍ، يكون أيمنهما رقماً للفصل وأيسرهما رقماً للشكل أو الجدول، هكذا: 1 - 1، 1 - 2، 1 - 3، في الفصل الأول، 2 - 1، 2 - 2، 2 - 3 في الفصل الثاني، وتتَّخذ عناوينها كتابة موحَّدة مختصرة وواضحة مبيِّنة لموضوعاتها دالَّةً عليها، ويكون حجم خطِّ كتابتها 18 مسوَّد، هكذا:

جدول رقم 1 - 1 أعدادُ طلاَّب الصف الرابع الابتدائيِّ عام 1420هـ

جدول رقم 2 – 1 أعدادُ المدارس الابتدائيَّة في القطاعات التعليميَّة عام 1420هـ

شكل رقم 1 - 1 التوزيعُ البيانيُّ لأعداد الطلاَّب في سنوات الخطَّة الخمسيَّة الأولى شكل رقم 2 - 1 التوزيعُ المكانيُّ للمدارس الابتدائيَّة عام 1420هـ

- التلوين والتظليل:

لا يعدُّ التلوين والتظليل عمليَّة فنيَّة ذوقيَّة فقط بل إنَّ لكلٍّ منهما جانباً علميّاً في التلوين، وكقاعدة لا يستخدمان في الجداول إطلاقاً، ويستخدمان في الأشكال والرسوم

البيانيَّة وفق قواعد علميَّة في ذلك على الباحث أن يكونَ مدركاً لها عارفاً بما تعنيه تدرُّجاتها.

- عناوين البحث:

إنَّ تضمين البحث عناوين رئيسة وأخرى فرعيَّة أو جانبيَّة بدون إفراط سيجعل من الموضوع صورة حيَّة ناطقة، فعناوين الفصول أو المباحث تكتب متوسِّطة من الصفحة المخصَّصة ومن السطر المكتوبة عليه بخطٍّ مسوَّدٍ حجمه 20، فإن كانت العناوين طويلةً كتبت على سطرين ثانيهما أقصر من أوَّلهما، فيما العناوين الرئيسة داخل الفصول أو المباحث تكتب بخطٍّ حجمه 20 مسوَّدةً منفردةً في سطرها متوسِّطة صفحتها مفصولة عمَّا قبلها وعمَّا بعدها بسنتيمترٍ واحد، فيما العناوين الفرعيَّة تبدأ ببداية السطر منفردة في سطرها مفصولة عمَّا قبلها فقط بـ 0.8 سم مكتوبة مسوَّدة بخطٍّ حجمه 18، وتليها نقطتان مترادفتان، فيما تكون العناوينُ الجانبيَّة كالفرعيَّة تماماً غير أنَّها تتراجعُ عن بدايات الأسطر 1.2 سم غير منفردة بأسطرها فتليها الكتابة بعد نقطتين مترادفتين.

تفريعات البحث:

قد تتطلَّب مسائل في البحث تفريعات وتتطلَّب تفريعاتها تفريعات ثانويَّة، بل وقد تتطلَّب التفريعات الثانويَّة تفريعات لها، فعلى الباحث أن يتَّبع طريقة موحَّدة في التفريعات إشارة وبداية كتابة، فهذه المسألة الشكليَّة ذات قيمة كبيرة، فإذا قسَّم الباحث مسألة رئيسة إلى أقسام فيمكن أن يكون التقسيم: أولاً، ثانياً، ثالثاً، فإذا قسَّم ثالثاً يمكن أن يكون التقسيم: أ، ب، جـ فإذا قسَّم فقرة جـ يمكن أن يكون التقسيم ببدء الفقرة بشرطة أو بنجمة، ولا بدَّ من تراجع الفقرات في الكتابة عن بداية السطر بحسب مستواها التقسيميِّ.

طول فصول ومباحث البحث:

لا بدَّ أن تتناسب الفصول أو المباحث في البحث في أعداد صفحاتها، فلا يكون فصلٌ ببضع صفحاتٍ وفصل آخر بعشرات الصفحات، ففي هذه الحالة على الباحث أن ينظر في مدى قيام الفصل ذي الحجم الصغير بذاته أو بدمجه كمبحث في فصل سابقٍ أو لاحق، كما أنَّ تعدُّد الفصول أو المباحث بدرجة كبيرة يعدُّ مظهراً علميّاً غير مناسب إلى جانب إنَّه من ناحية فنيَّة لا يلاقي قبولاً مناسبًا.

كيف يمكن أن تبرز شخصية الباحث؟

1. إعادة صياغة أسلوب ما.

2. المقارنة والمفارقة بين المعلومات المتناقضة أو المتشابه

3. إضافة تفصيلات لمعلومات مختصرة موجزة.

4. نقض أدلة وبراهين بأدلة وبراهين أقوى، تقوية الأدلة الواردة بأدلة وبراهين أخرى.

5. إظهار الموافقة أو المخالفة مع بيان سبب مقبول مؤيد بالدليل.

6. اختصار وتلخيص ما تم كتابته في البطاقة.

7. تحليل المقروء وإيراد الأدلة والبراهين التي تدعم وجهة نظر الطالب.

8. لا بـــــد من أن تأخذ حريتك المسؤولة في التعبير.

9. تفرغ المعلومات وتكتب المعلومات والآراء والتعليقات على مسودة البحث.

10. تقدم مسودة البحث للمدرس المشرف على البحث ؛ كي يقوم بمراجعتها وتقديم الملاحظات العلمية.

الفصل الخامس

التقنية والبحث

الفصل الخامس

التقنية والبحث

استخدام الحاسوب في البحث العلمي

لماذا استخدام الكمبيوتر في البحث العلمي؟

الوظائف الأساسية للكمبيوتر في البحث العلمي هي

1. تصميم برامج تعليمية متطورة لتحقيق الأهداف المرجوة.

2. اختصار الزمن وتقليل الجهد على الباحث.

3. تعدد المصادر المعرفية لتعدد البرامج التي يمكن أن يقدمها الجهاز لباحث واحد أو لعدة باحثين للبحث العلمي.

4. القدرة على خزن المعارف بكميات غير محددة وسرعة استعادتها مع ضمان الدقة في المادة المطروحة

5. عملية البحث العلمي ووجود عنصري الصح والخطأ أمام الباحث أسلوب جيد للمراجعة والتدقيق وتصحيح الأخطاء.

6. تنوع الأساليب في تقديم المعلومات وتقويمها.

7. تنظيم عملية التفكير المنظم الإبداعي لدى الباحث.

8. تنسيق وتنظيم البحث – عن طريق التقويم الذاتي.

فوائد الكمبيوتر التعليمي ومميزاته:

يسمح الكمبيوتر التعليمي للباحث بالبحث بحسب سرعته.

إن الوقت الذي يمكن أن يستغرقه الباحث في عملية البحث من خلال الاقراص او الانترنت أقل في هـذه الطريقة منه في الطرق التقليدية الأخرى.

إنه صبور، ويستطيع الباحث استعمال البرنامج التعليمي مـرات ومـرات دون ملـل يمكـن الباحـث مـن تصحيح الأخطاء.

إنه يوفر الألوان والموسيقا والصور المتحركة والمكتبة الالكترونية مما يجعل عملية البحث أكثر متعة

إن الحاسوب يمكن الباحث استخدامه في أي وقت يشاءه وفي أي موقع.

البحث العلمي المعتمد على المصادر التقنية.

1- **البحث بمساعدة الحاسوب:** (Computer Assisted Research) حيـث يـتم تحميـل وتخـزين المعلومـات المستمدة من مصادر التعلم المختلفة والتحكم في عرضها من قبل الباحث.

2- **التعلم بمساعدة البريد الالكتروني:** (E-mail) يستطيع الباحـث مـن خـلال البريـد الالكـتروني الاتصـال وإرسال رسائل على هيئة أسئلة أو طلب مزيد من المعلومات عن مواضيع معينـة إلى أشـخاص أو هيئات متخصصة تجيب عن استفسارات الباحث بنصـوص فقـط أو بنصـوص مدعمـة بوسـائط مرئية.

3- **التخاطب:** (Chating) هي وسيلة توفر الحوار والمناقشـة بـين الباحـث وشـخص آخـر أو مجموعـة عـن الأشخاص بوساطة الكتابة باستخدام لوحة المفاتيح في جهاز الحاسوب.

4- **الصف الإفتراضي:** (Virtual Classroom) الصف الإفتراضي عبارة عن غرفة قـد تكـون إحـدى الوحـدات التـى يتكـون منهـا مركـز مصـادر. ويتم تجهيـز الغرفـة بوصـلات وأسـلاك تـرتبط عـادة بالقمر الاصطناعي بحيث يتمكن المتواجدون في الصف الإفتراضي من التواصل مـع الباحـث أو بـاحثين في مناطق جغرافية متعددة.

5- **الفيديو التفاعلي:** (Interactive Video) أدت تقنية المزج بين الحاسوب والفيديو إلى ظهور تقنية جديدة معتمدة على ربط جهاز الحاسوب مع جهاز الفيديو بحيث أمكن توفير عوض سمعي وبصري مـع وجود وإتاحة للباحث من التفاعل بطريقة تسمح له بتعلم أفكاره واكتساب خبرات جديدة.

6- **الوسائط المتعددة التفاعلية:** (Interactive Multimedia) الوسائط التعليميـة هـي منظومـة تعليميـة تتكون من مجموعة من المواد التعليمية التي تتكامل مع بعضها البعض وتتفاعل تفاعلاً وظيفياً في برامج تعليمي لتحقيق أهدافه

7- المكتبة الالكترونية البحث المتقدم في محركات البحث

1- العلامة +

الفائدة منها هي البحث عن جميع المواقع التي تحوي جميع الكلمات. ..

مثال

لكي تبحث عن المواقع التي تحوي الكلمتين school و teacher ضع البحث بهذه الصورة

school +teacher

2- العلامة -

الفائدة منها هي البحث عن جميع المواقع التي تحوي كلمة و لاتحوي كلمة أخرى

مثال

لكي تبحث عن المواقع التي تحوي الكلمة school و لا تحوي الكلمة teacher ضع البحث بهذه الصورة: -

school -teacher

3- علامات التنصيص " "

الفائدة منها هي البحث عن جميع المواقع التي تحوي ما بداخلها بالكامل و بنفس الترتيب

مثال: -

لكي تبحث عن المواقع التي تحوي الجملة please learn me و بالكامل و بنفس الترتيب ضع البحث بهذه الصورة: -

"please learn me"

4- الرابط OR

الفائدة منه هي البحث عن جميع المواقع التي تحوي إحدى الكلمات أو جميعها

مثال

لكي تبحث عن المواقع التي تحوي الكلمة school أو الكلمة tetcher أو كليهما معاً ضع البحث بهذه الصورة

school OR tetcher

5- الرمز intitle

الفائدة منه هي البحث عن جميع المواقع التي تحوي كلمة في العنوان المخصص للمواقع على google

مثال

لكي تبحث عن المواقع التي تحوي الكلمة school في العنوان الظاهر على google ضع البحث بهذه الصورة: -

intitle:school

6 - الكلمة allintitle

نفس الفائدة من رقم 5 و لكن الفرق أنه هنا بإمكانك أن تبحث عن أكثر من كلمة

مثال: -

لكي تبحث عن المواقع التي تحوي الكلمات school و tetcher و book و ذلك في العنوان الظاهر على google

ضع البحث بهذه الصورة: -

allintitle:school tetcher book

7- الكلمة inurl

الفائدة منه هي البحث عن جميع المواقع التي تحوي كلمة في عنوان الموقع على الانترنت

مثال: -

لكي تبحث عن المواقع التي تحوي الكلمة school و ذلك في عنوانها على الانترنت ضع البحث بهذه الصورة: -

inurl:school

8- الكلمة allinurl

نفس الفائدة من رقم 7 و لكن الفرق أنه هنا بإمكانك أن تبحث عن أكثر من كلمة

مثال: -

لكي تبحث عن المواقع التي تحوي الكلمات school و tetcher و book و ذلك في عنوانها على الانترنت ضع البحث بهذه الصورة: -

allinurl:school tetcher book

9-الكلمة cache

الفائدة منه هي الاستفادة من موقع google لسحب الموقع المراد بالكامل مع الاشارة إلى الكلمات المراد البحث عنها

مثال

نريد أن نبحث عن كلمة boy في الموقع www.school.com ضع البحث بهذه الصورة

cache:www.school.com boy

10-الكلمة link

الفائـــدة منـــه هـــي إيجـــاد المواقـــع التـــي تحـــوي رابطـــاً للموقـــع المـــراد البحـــث عنـــه

مثال

نريد أن نبحث عن المواقع التي تحوي الرابط www.yahoo.com ضع البحث بهذه الصورة

link:www.yahoo.com

11-الكلمة related

الفائدة منه هي إيجاد الروابط التي يكون فيها الموقع المذكور الصفحة الرئيسية

مثال: -

نريد أن نبحث عن الروابط الموجودة في الموقع www.yahoo.com ضع البحث بهذه الصورة

related:www.yahoo.com

12-الكلمة info

يعطيك معلومات عن الموقع الذي تريده

مثال

نريد معلومات عن الموقع www.yahoo.com ضع البحث بهذه الصورة: -

info:www.yahoo.com

13- الكلمة stocks

يستخدم كثيراً مع الرموز لاعطائك معلومات مفصلة مثلاً عليك وضع رمز شركة لا أن تضع اسمها

مثال

لكي تحصل على معلومات عن Intel و Yahoo ضع البحث بهذه الصورة: -

stock: intc yhoo

site -14

يتم البحث داخل الموقع المطلوب لإعطائك النتائج التي تحددها

مثال

لكي تحصل على صفحات المساعدة في موقع

http://www.google.com/ ضع البحث بهذه الصورة:

help site:http://www.google.com/

دراسة حول دور الانترنت في البحث العلمي

الإنترنت (بالإنجليزية: Internet) هي شبكة الشبكات التي تضم الحواسيب المرتبطة حول العالم، و التي تقوم بتبادل البيانات فيما بينها بواسطة تبديل الحزم بإتباع بروتوكول الإنترنت الموحد (IP). تقدم الإنترنت العديد من الخدمات مثل الشبكة العنكبوتية العالمية (الواب)، و تقنيات التخاطب، و البريد الإلكتروني، و برتوكولات نقل الملفات FTP. تمثل الإنترنت اليوم ظاهرة لها تأثيرها الإجتماعي و الثقافي في جميع بقاع العالم، و قد أدت إلى تغيير المفاهيم التقليدية لعدة مجالات مثل العمل و التعليم و التجارة و بروز شكل آخر لمجتمع المعلومات.

مصطلح "إنترنت" (Internet) هو إختصار لتعبير INTERnational NETwork و يعني "الشبكة العالمية". و من الجدير ملاحظة أن خطأ شائعا يتمثل في المرادفة بين مصطلحات "إنترنت" و "الشبكة العنكبوتية العالمية" (World Wide Web)، و من هنا جاءت عبارة www التي نكتبها قبل كل موقع او قبل كل عنوان لصفحة ويب ما،إذ أن الأولى تعني الشبكة "الفيزيائية" المكونة من أجهزة حاسوب مرتبطة فيما بينها سلكيا (كالتي تستعمل الألياف بصرية) أو لاسلكيا (Wireless)، فيما تمثل الثانية و المعروفة إختصارا بالـ"واب" شبكة البيانات و الموارد الأخرى الإفتراضية المرتبطة بوصلات (Hyperlinks) أو عناوين (URL). و بعبارة أوضح فإن الواب ليس إلا أحد الخدمات التي توفرها الإنترنت مثل البريد الألكتروني و نقل الملفات و التخاطب الآني.

شبكات الحاسوب و الإنترنت

الإنترنت أو تعرب أحيانا اختصارا " الشبكة " مثل ما يسميها مستخدمي الانجليزية NET.

على غير ما هو متوقع، فإن شبكة إنترنت تعتمد ما يعرف في علم تصميم الشبكات بأنه "تصميم سهل"، لأن شبكة إنترنت تقوم بعمل وحيد أولي و بسيط و هو إيصال رسالة رقمية بين عقدتين لكل منهما عنوان مميز بطريق "التخزين و التمرير" store and forward بين عقد عديدة ما بين العقدة المرسلة و العقدة المستقبلة، و بحيث لا يمكن التنبؤ مسبقا بالمسار الذي ستأخذه الرسالة عبر الشبكة كما يمكن أن تقسم الرسالة إلى أجزاء يتخذ كلا منها مسارا مختلفا و تصل في ترتيب غير ترتيبها الأصلي الذي يكون على العقدة المتلقية أن تعيد ترتيب الرسالة.

لا تضع إنترنت أي افتراضات مسبقة عن طبيعة الرسالة و فحواها أو الهدف من إرسالها أو كيفية استخدامها و لا تحاول إجراء أي معالجات على الرسالة أو محتواها غير ما يتطلبه إرسالها بين النقطتين. كل "الذكاء" الظاهري الذي تبديه الشبكة يكمن في الواقع في طبقة التطبيقات التي تعلو طبقة النقل، و كل القيمة المضافة في عمل الشبكة تكمن على أطرافها و ليس في قلبها الذي يتكون من المسيِّرات (routers) لا تفرق بين الرسائل، سواء كان ما تحمله رسالة بريدية، أو سيل فيديو أو بيانات لأي تطبيق أو خدمة أخرى من المبنية فوق إنترنت.

فوق هذه البنية التحتية لإيصال البيانات تنبني تطبيقات عديدة مثل البريد و نقل الملفات و انسياب الفيديو و الأوديو و المحادثة و الدردشة و غيرها الكثير، و بواسطتها يمكن نقل أي بيانات رقمية.

إستعمالات شائعة للإنترنت

البريد الإلكتروني

البريد الإلكتروني (بالإنجليزية: Electronic Mail وتختصر إلى E-Mail) هو مصطلح يطلق على إرسال رسائل نصية إلكترونية بين مجموعات في طريقة مناظرة لإرسال الرسائل والمفكرات قبل ظهور الإنترنت. حتى في وقتنا الحاضر، من المهم التفريق بين بريد الإنترنت الإلكتروني Internet E-mail وبين البريد الإلكتروني الداخلي Internal E-mail. فبريد

الإنترنت الإلكتروني قد ينتقل ويخزن في صورة غير مشفرة على شبكات وأجهزة اخري خارج نطاق تحكم كلاً من المرسِل والمستقبِل. وخلال هذه الفترة (فترة الإنتقال) من الممكن لمحتويات البريد أن تُقرأ ويُعبث بها من خلال جهة خارجية Third Party، هذا إذا كان البريد على قدر من الأهمية. أنظمة البريد الإليكتروني الداخلي لا تغادر فيها البيانات شبكات الشركة أو المؤسسة، وهي أكثر أمناً.

الشبكة العالمية

الكثير من الناس يستعملون مصطلحيّ الإنترنت والشبكة العالمية (أو وب فقط) على أنهما متشابهان أو الشئ ذاته. لكن في الحقيقة المصطلحين غير مترادفين. الإنترنت هو مجموعة من شبكات الحواسيب المتصلة معاً عن طريق أسلاك نحاسية وكابلات ألياف بصرية وتوصيلات لاسلكية Wireless وما إلى ذلك. على العكس من ذلك، الوب هو مجموعة من الوثائق والمصادر المتصلة معاً، مرتبطة مع بعضها البعض عن طريق روابط فائقة Hyperlinks وعناوين إنترنت URLs. بشكل آخر، الشبكة العالمية واحدة من الخدمات التي يمكن الوصول إليها من خلال الإنترنت، مثلها مثل البريد الإلكتروني ومشاركة الملفات Sharing File وغيرهما.

البرامج التي يمكنها الدخول إلى مصادر الوب تسمي عميل المستخدم User Agent. في الحالة العادية، متصفحات الوب مثل إنترنت إكسبلورر Internet Explorer أو فايرفوكس Firefox تقوم الدخول إلى صفحات الوب وتمكن المستخدم من التجول من صفحة لأخري عن طريق الروابط الفائقة. صفحة الوب يمكن تقريباً أن تحتوي مزيج من بيانات الحاسوب بما فيها الصور الفوتوغرافية، الرسوميات Graphics، الصوتيات، النصوص، الفيديو، الوسائط المتعددة ومحتويات تفاعلية Interactive Contents بما في ذلك الألعاب وغيرها.

الدخول عن بعد

يسمح الإنترنت لمستخدمي الحاسوب أن يتصلوا بأجهزة حاسوب أخري ومخازن المعلومات بسهولة، مهما يكن موضعها من العالم. تعرف هذه العملية بالدخول عن بعد Access Remote. بالإمكان عمل ذلك بدون استخدام تقنيات حماية أو تشفير أو توثيق Authentication. وهذا يشجع أنواع جديدة من العمل من المنزل، ومشاركة المعلومات في العديد من الصناعات.

خصوصية الإنترنت

خصوصية الإنترنت هي القدرة على التحكم بالمعلومات التي يريد المستخدم إذاعتها في الإنترنت، والتحكم بمن يمكنه الوصول إلى هذه المعلومات.

خصوصية الإنترنت هي جزء من مجموعة أكبر هي خصوصية الحاسوب. ولدى خبراء الإنترنت رأي يقول أن خصوصية الإنترنت هي أمر غير موجود في الواقع، أما المحامون الخصوصيون فهم يؤمنون بأنها "ينبغي" أن تتواجد.

بعض المخاطر على خصوصية الإنترنت سببها سجلات الخوادم التي تحتفظ بأرقام الآي.بي الخاصة بالمستخدمين الذي اتصلوا بهذا الخادم؛ الكعكات (كوكيز) والتي تحتفظ بها مواقع الوب في العادة لتسهيل التصفح وحفظ تفضيلات ومعلومات المستخدم، وهي بدورها قد تشكل خطراً على خصوصية المستخدم؛ وبرامج التجسس (Spyware) التي تهدف للتجسس و/أو التنصت على بيانات المستخدم أو اتصالاته؛ هذا عدا مزود خدمة الإنترنت (ISP) الذي تمر كل المعلومات القادمة والمرسلة من المستخدم عبره، لذا تستعين به أجهزة الشرطة أيضاً في حالات تعقب مخالفي القانون.

محرك البحث هو برنامج مصمم للمساعدة في العثور على المعلومات المخزنة على نظام حاسبي مثل الشبكة العالمية world wide web أو حاسب شخصي. يسمح محرك البحث للواحد أن يطلب المحتوى الذي يقابل معايير محددة (والقاعدة فيها تلك التي تحتوي على كلمة أو عبارة ما) ويستدعي قائمة بالمراجع توافق تلك المعايير. تستخدم محركات البحث مؤشرات/فهارس/مسارد منتظمة التحديث لتشتغل بسرعة وفعالية.

وإذا انعدم المزيد من التحديد، فإن 'محرك البحث' يشير عادة لمحرك بحث وِب (أي على الشبكة)، والذي يبحث عن المعلومات على الشبكة العامة. والأنواع الأخرى من محرك البحث هي 'محركات بحث المؤسسات' enterprise search engines، وتبحث في الشبكات الداخلية (إنترانت) intranets، ومحركات البحث الشخصية personal search engines وتبحث الحاسبات الشخصية الفردية.

بعض محركات البحث أيضا تحفّر في البيانات المتاحة على المجموعات الإخبارية newsgroups، وقواعد البيانات الضخمة، أو الأدلة المفتوحة مثل دِموز دوت أورج. على عكس أدلة المواقع، والتي يقوم عليها محررون بشر، تشتغل محركات البحث عن طريق الخوارزميات. معظم المواقع التي تسمي نفسها محركات بحث هي في الواقع أطراف في

الواجهة لمحركات بحث أخرى تملكها شركات أخرى. والمستخدم النمطي لن يعرف في الغالب أيّ محرك بحث من الباطن يستخدمونه.

المستقبل

يوجد على إنترنت اليوم بلايين الصفحات، وحسب المصادر المتوفرة فإنه قد تم حتى اليوم فهرسة ما يزيد قليلا على البليون صفحة. وتتسابق الشركات التي تقوم بفهرسة هذه الصفحات في إتاحتها لمستخدمي إنترنت، والحفاظ على سرعة الاستجابة التي يحصل عليها المستخدم. وإضافة إلى السرعة فإن على قواعد البيانات هذه أن تثبت وجودها بتقديم أجوبة "طازجة"، ومتناسقة، وذات علاقة بما يبحث عنه المستخدم. كما أن عجلة الابتكار لا تتوقف في مجال البحث، فموقع www.hotlinks.com يتيح للمستخدمين إمكانية حفظ مفضلاتهم Favorites ضمن دليل على إنترنت، وذلك كي تكون هذه المفضلات متاحة للمستخدم أينما كان، ويمكن للمستخدمين أن يختاروا مشاركة مفضلاتهم مع مستخدمي إنترنت الآخرين، وتمكين زوار الموقع من البحث على إنترنت من خلال البحث في مفضلات الآخرين، وبالتالي الحصول على معلومات رأي مستخدمون آخرون أنها مفيدة لدرجة وضع المواقع التي تحتويها ضمن مفضلاتهم. كما أن هناك مواقع للبحث مثل www.expertcentral.com والتي تقدم للباحثين إجابات متخصصة. وإضافة إلى ذلك فهناك العديد من محركات البحث التي تعتمد تقنيات الشبكات العصبية Neural Networks، ومحركات البحث التي يمكن تثبيتها على أجهزة المستخدمين، وفهرسة محتويات أقراصهم الصلبة. ونظرا للأهمية المتواصلة لمحركات البحث، فإن التقنيات الجديدة ستواصل ظهورها، وستواصل التقنية تطورها لتقديم نتائج أفضل للمستخدمين. وبظهور هذه التقنيات فإن بعضها سيفشل وبعضها سينجح، وستصبح التقنيات الناجحة جزءا من محركات البحث المستخدمة اليوم.

أولا: المقدمة:

1.1 التمهيد

إن توفير مصادر المعلومات الحديثة يعد أساساً للبحث العلمي الحديث، ومهما حاولت المكتبات من تحديث مقتنياتها الورقية لا يمكنها الإحاطة بالإنتاج الفكري الضخم في زمن ثورة المعلومات والاتصالات الذي يتزايد الإنتاج فيه تزايداً مطرداً.

فجاءت شبكات المعلومات العالمية وسيلة حديثة تفتح الآفاق للباحثين للتجوال عبر العالم الإلكتروني من خلال المواقع الإلكترونية التي تتيح للباحث الوصول إلى مصادر معلومات

حديثة ومتنوعة وعديدة عبر قواعد البيانات والمعلومات سواء النصية وغير النصية والفهارس والأدلة والببليوغرافيات عدا ما ينشر إلكترونياً من كتب ودوريات، لتكون بشموليتها وتنوع موضوعاتها وسرعة الوصول إليها دون حدود جغرافية أو لغوية أو زمانية مكملة لما يجده الباحث من مصادر تقليدية في المكتبات.

أظهرت الانترنيت العديد من أنظمة البحث عن المعلومات الهادفة إلى البحث في قواعد معلومات ضخمة عن وثائق متعددة الوسائط (Multi Media Document) المشتملة على النصوص والصور والأصوات والفيديو... وغيرها والتي جاءت لتلائم حاجة معينة لدى المستخدمين بطرق فاعلة تتطلب أقل ما يمكن من الجهد والوقت. فتسمح بعض الأنظمة إجراء عمليات البحث وفق صفات المعلومات المخزنة وفق بنية محددة، ويتيح بعضها الإجابة عن أسئلة من نمط آخر تركز على مضمون المعلومات، وبعض الأنظمة سمح للمستخدم التجوال المباشر ليتنقل بين هذه المعلومات ليصل إلى حاجته.

كل هذه الخصائص وغيرها من الخصائص الإضافية التي أفرزتها التقنيات الحديثة للمعلومات وطرق استخدامها المتطورة جعلت من الإطار العام للبحث والاسترجاع للمعلومات عنصراً دائم الحركية والفاعلية مع متغيرات العناصر الأخرى المرتبطة به كشبكات الاتصال عن بعد والبحوث في مجالات علمية. وقد شكلت هذه التغيرات عنصراً هاماً في إنجاز وتطوير الآليات والطرق الحديثة لمعالجة الوثائق الإلكترونية بقصد استرجاعها بأكثر نجاعة وشمولية وجدوى.

وما هذه الدراسة إلا واحدة من الدراسات التي تحث الباحث على التوجه إلى استخدام الانترنيت والاستمرار في التبحر في عالم المعلومات.

2.1 مشكلة الدراسة:

تتناول الدراسة مدى إفادة الباحثين في مجال البحث العلمي من استخدام تقنية الانترنيت، ومجالات الإفادة منها.

3.1 أهمية الدراسة:

تأتي هذه الدراسة من بين الدراسات التي تساهم في إلقاء الضوء على أهمية الانترنيت في مجالات البحث العلمي. ولعل أهمية هذه الدراسة تأتي نظراً لأهمية البحث العلمي لدى المدرسين في الجامعات وطلبة الجامعات من مستخدمي المكتبات وخاصة إذا عزز بالبحث الآلي عبر شبكة الانترنيت الغزيرة في المواقع وقواعد وبنوك المعلومات.

4.1 أهداف الدراسة:

تهدف الدراسة إلى تحقيق ما يلي:

- إبراز المجالات التي يمكن للباحثين الاستفادة منها خلال استخدام الانترنيت.

- لفت نظر الباحثين إلى الانترنيت لما يتوفر فيها من معلومات ومصادر المعلومات.

- الخروج بتوصيات يؤمل أن تساهم في تعميم استخدام الشبكة واستثمار كفايتها لتعزيز البحث العلمي.

1.5 منهجية الدراسة:

إن الباحث قد أعد استبانة لتوزيعها على مجموعة عشوائية من الباحثين من مستخدمي المكتبات الأكاديمية، ولكن ضيق الوقت حال دون إتمام توزيعها فاقتصر اعتماد الباحث على الجانب النظري ليوضح أهمية الانترنيت للباحثين المستخدمين للمكتبات الأكاديمية من خلال مراجعة الإنتاج الفكري المتخصص في موضوع الدراسة باللغة العربية والأجنبية، ومن خلال ملاحظاته وخبرته العملية مقدماً توصيات ومقترحات يؤمل أن تسهم في تعزيز البحث العلمي وتطوير وسائله.

ثانيا: تأثير التطور التكنولوجي على موضوع البحث العلمي:

أدى انفجار المعرفة إلى تزامن ظهور تطور متنام في تكنولوجيا المعلومات والحواسيب والاتصالات في مجال البحث عن المعلومات بسبب العديد من العوامل منها:

أ) الحاجة إلى تكنولوجيا وسائط التخزين والمعالجات والذاكرة:

إن ظهور الكم الهائل من الوثائق احتاج إلى إيجاد وسائط تخزين ذات سعة كبيرة، وتطوير تقنيات ضغط وتخزين الصوت والصورة تخزينا اقتصاديا. وكذلك دعت عمليات البحث والفرز إلى تحسين الأداء من خلال حاسوب ذي قدرة عالية في المعالجة والذاكرة الحية القادر على القيام بالحسابات بزمن أقصر

ب) تكنولوجيا التفاعل بين الإنسان والآلة: أدى تطور وسائل الاتصال ودخول الحاسب في شتى ميادين الحياة على نحو قوي وفعال، إلى التوجه نحو استخدام الواجهات التخاطبية الأليفة الاستخدام (Friendly Interfaces) من أجل تسهيل تعامل المستخدمين مع البرمجيات والنظم الحاسوبية عموماً ونظم البحث عن المعلومات خصوصاً مما أدى إلى إمكانية البحث عن المعلومات بفاعلية أكبر.

ج) تكنولوجيا الوسائط المتعددة (Multimedia) والوسائط الفائقةHypermedia:نظراً لتزايد أهمية البحث عن المعلومات المخزنة آلياً، وتعدد وسائطها من نصوص وصور ومقاطع فيديو ومقاطع صوتية، ونظراً كذلك إلى التطور في تقنيات التفاعل بين الإنسان والآلة، أدى إلى إمكانات الحصول على وثائق متعددة الوسائط التي تحتوي أنماطاً مختلفة من المعلومات ومصادرها وإتاحة المجال للباحث بالانتقال المباشر إلى المعلومات وتصفحها وصولاً إلى حاجته من المعلومات باستخدام الوسائط الفائقة التي سمحت بطرق عرض جديدة ومميزة.

د) تكنولوجيا الاتصالات والانترنيت: لقد أدى التطور في تكنولوجيا الاتصالات إلى انتشار المعلومات انتشاراً كبيراً، وبالتالي إلى الحاجة إلى أنظمة متطورة تقوم بالبحث الآلي عن المعلومات. ومما عزز ذلك ظهور الشبكة العنكبوتية العالمية World wide Web (WWW:) والتي شكلت ذروة الانفجار المعلوماتي في هذا العصر.

ثالثاً: شبكة الانترنت:

تعد الانترنيت شبكة متعددة الأوجه والاستخدامات فهي شبكة اتصالات تربط العالم كله، وتساعد في إجراء الاتصالات بين الأفراد والمجموعات لتبادل الخبرات المهنية والتقنية، كما تساهم في التعليم عن بعد، في حين أنها تضاعف من إمكانية الاستفادة من مصادر المعلومات المتوافرة على الحواسيب والحصول على مستخلصات البحوث والتقارير والقوائم الببليوغرافية لمصادر المعلومات المتاحة في قواعد البيانات العظيمة الحجم. وهي مكتبة بلا جدران إذ هي متعددة الاختصاصات ومستمرة في التوسع مع ازدياد عدد الشبكات المرتبطة بها.

وهناك من يعرفها بأنها مجموعة من شبكات الاتصالات المرتبطة ببعضها، تنمو ذاتياً بقدر ما يضاف إليها من شبكات وحاسبات.

وينظر للإنترنت على أنها مصدر هائل للمعلومات العلمية والترويحية، تكفل لملايين البشر في شتى أنحاء العالم فرصة التواصل... وهي أول منتدى عالمي وأول مكتبة عالمية.

وتمتاز الانترنيت أنها شبكة تحتوي شبكات حاسوبية عالمية متداخلة تتخاطب فيما بينها وتتبادل كل أنواع المعلومات والبيانات من النصوص الإلكترونية للأعمال الأدبية الكلاسيكية إلى الكتابات الفكرية الحالية في الصحف والمجلات، ومن النصوص

التاريخية إلى المقالات الصحفية عن أحداث الساعة، ومن الدراسات الأكاديمية إلى البريد الإلكتروني. مما يمكن الباحث على تداول كم هائل ومتنوع من المعلومات بالنص والصورة والبيانات والصوت وحتى الفيديو من مصادر منتشرة في كل أنحاء العالم وبسرعة مذهلة. إن شبكة الانترنيت في ضوء كل ما يقال عنها هي وعاء من أوعية المعلومات التي تحرص المكتبات على اقتنائها وإتاحتها للمستفيد.

وببساطة هي ملايين نقاط الاتصال تضم الكمبيوتر وشبكاته المنتشرة حول العالم والمتصلة مع بعضها وفقاً لبروتوكول TCP/IP لتشكل شبكة عملاقة لتبادل المعلومات.

رابعاً: نظم البحث:

من أنظمة البحث من يقوم بتأمين عمليات بحث عن صفات خارجية للمعلومات، ومنها ما يبحث ضمن المحتوى الدلالي للوثائق، ومنها ما يؤمن إمكان الانتقال المباشر إلى المعلومات ويسمح التجوال فيها. ويمكن تقسيم نظم المعلومات إلى قسمين رئيسيين:

أ) نظم الوسائط غيرالفائقة

ب) نظم الوسائط الفائقة

أ) نظم الوسائط غير الفائقة: فيمكن تقسيمها إلى:

أ/1 نظم الوسائط ذات غرض واحد

أ/2 نظم الوسائط ذات أغراض متعددة

أما الفرع الأول: أ/1 نظم الوسائط ذات غرض واحد

فهي ثلاثة أقسام:

أ/1/1 نظم قواعد البيانات التي تسمح بالبحث عن الصفات الخارجية للمعلومات (الوصف الببليوغرافي لها)

أ/1/2 نظم استرجاع المعلومات: وهي التي تعرف الباحث بالمحتوى الدلالي للوثائق (مضمون الوثائق)، ثم القيام بعمليات البحث وفق محتوى هذه الوثائق من المعلومات.

أ/1/3 نظم التصفح: وتتيح التجوال أو التصفح في الوثائق باستخدام الروابط (Links) والبنى المهيكلة (structured units) حيث يتيح النظام للباحث التنقل بين الوثائق وأن يختار الروابط التي يريدها وفق المعلومة التي يريد الوصول إليها.

وأما الفرع الثاني: أ/2 نظم الوسائط ذات أغراض متعددة فهي التي تسمح بمعظم عمليات البحث المذكورة سابقاً بنسب متفاوتة، وهذه هي حالة معظم محركات البحث (Search Engines)

ب) **نظم الوسائط الفائقة** (Hypermedia): وجاءت هذه النظم كبرهان على أن استخدام الحاسوب في عمليات تنظيم ومعالجة المعلومات بآلية النصوص الفائقة يساعد على تطوير قدرة الاستيعاب لدى المستخدم ويسمح له بأن يصل إلى معلومات مختلفة صوتية ونصية وبصرية.

ويعرف مصطلح الوسائط الفائقة على أنه المكاملة بين النص والصوت والرسوم والصور الساكنة والصور المتحركة ضمن نظام حاسوبي واحد، ومع تطور نظم الوسائط الفائقة أثرت إيجابياً على انتشار استخدام الويب على نحو واسع.

وهذه النظم تؤدي إلى طريقة جديدة في البحث عن المعلومات من حيث المنهج، وتدعم البحث بالتصفح الحر، أي التصفح ضمن الوثائق وتجميع المعلومات.

خامساً: خدمات البحث عن المعلومات في الانترنيت:

1.5: الشبكة العنكبوتية العالمية WWW

الشبكة العنكبوتية العالمية، أو الويب هي نظام وسائط فائقة موزع على مستوى العالم، يمكن الوصول إليه عن طريق الانترنيت.

يسمح الويب للمستخدم بالبحث عن المعلومات بالتصفح في وثائق النظام تصفحاً شفافاً متقصياً أماكن تخزين هذه الوثائق في مختلف مخدمات الويب على شبكة الانترنيت، ويرتكز على معيارين قياسيين أساسيين هما:

- بروتوكول Protocol HTTP (Hypertext Transfer) وهو يهتم بأمور شبكة الاتصال حتى يؤمن التواصل بين الموقع والمستخدم عبر الشبكة.
- لغة التأثير الفائقة HTML (Hypertext Markup Language) وهي تسمح بوصف الوثائق وخصوصاً الوثائق النصية.

ونظراً لأن أسلوب التصفح لا يتناسب كثيراً مع نظام ضخم جداً مثل الويب، فاستخدمت تقنيات نظم الاسترجاع ومكاملتها مع الويب من أجل تحسين عمليات البحث، وكانت النتيجة أن ظهرت محركات البحث Search Engines على الويب.

ومن محركات البحث العامة: Yahoo،HotBot، Alta Vista، Infoseek، Lycos، Excite، Webcrawler،

ومن أدوات للبحث أيضاً: Veronica،Gopher ، البحث في مواقع FTP بوساطة Archie، والبحث عن النصوص بوساطة WAIS.

ومن محركات البحث العربية: أين.

2.5 أنواع البحث:

هناك نوعان من البحث التي تقوم بها محركات البحث هما: 1.2.5 البحث البسيط وهو عمليات البحث التي تعتمد على مطابقة النماذج Matching Pattern)) من أجل إيجاد الوثائق المطابقة للطلب أو الاستعلام.

2.2.5 البحث المتقدم:

وفيه تتوافر إمكانية صياغة طلبات يتم فيها تحديد علاقات بين الكلمات المفتاحية المستخدمة. وهذه العلاقات هي علاقات منطقية (بولية)، أو علاقات بسيطة تعتمد على مواضع ورود الكلمات في النصوص.

وهذه العلاقات يمكن ربطها من خلال العوامل البولية وهي: "و - And"، والعامل "أو - Or" والعامل " ليس - Not".

وكذلك في البحث المتقدم يمكن أن نطبق البحث المقارب وهو الربط بين مصطلحين بعوامل الربط المذكورة مع تحديد موضع وجودها

سادساً: شبكة الانترنيت وإفادتها للباحثين:

1.6 الدور التعليمي:

أوضحت منى الشيخ أن شبكة المعلومات (الانترنيت) تقدم العديد من خدمات المعلومات للطلبة وأنها تعزز دور المكتبة في المساهمة في العملية التعليمية والتربوية في المدرسة، وأشارت الباحثة أن الكثير من الطلاب يفضلون استخدام (الانترنيت)، وذلك لحداثة المعلومات التي توفرها للمستفيدين.

ويعد تدريب المستفيدين على مهارات استخدام الانترنيت وسيلة من وسائل التعلم والتعليم تكسبهم معرفة وتطويراً للعمليات التعليمية، لأن الباحث يعتمد على ذاته في الحصول على المعلومات، ومع كثرة البحث والاسترجاع يصبح الأمر أكثر سهولة مما يحقق تطويراً للإنتاجية الفردية.

وتتيح الانترنيت لطلبة العلم الإحاطة بتكنولوجيا الاتصالات المتقدمة، وذلك من خلال البرامج التعليمية المتوافرة على الشبكة مثل and T Learning Network A، والاتصال بكبريات المكتبات حول العالم والاطلاع على آلاف الموضوعات، وكذلك الترجمات اللغوية.

2.6 دور الانترنيت في احتواء فيضان المعلومات:

لقد نتج عن التطور الهائل في تكنولوجيا المعلومات والاتصالات فيضان من المعلومات في إنتاجها واستخدامها. وهذا الكم الكبير المتتابع سبب مشكلات رئيسية في توصيل المعلومات وحصر وضبط مصادر المعلومات مما أدى إلى التوجه لحل هذه المشكلات بوساطة تكنولوجيا الاتصال في الفضاء، ونتج عن ذلك ظهور شبكات المعلومات التي تطورت إلى استخدام الحاسبات ذات السرعة العالية.

ومن جانب آخر، تعد الانترنيت أكبر مكتبة في العالم، حيث يدخل إليها نصوص كاملة من الكتب الجديدة والبالغ عددها أكثر من (45) ألف كتاب سنوياً عدا المنشورات الحكومية وتشتمل كذلك محتويات 1500 صحيفة يومية تصدر في أمريكا، إضافة إلى 3700 دورية تتناول مختلف المجالات والقطاعات (منها 250 دورية للمهندسين فقط) إضافة إلى نشاطات النشر في سائر أنحاء العالم والذي يشمل أكثر من ألف كتاب جديد يصدر سنوياً في اليابان وحدها، وتحتوي الانترنيت على موضوعات حديثة وغزيرة وغنية ما لم تتوفر في المكتبات من مصادر المعلومات الأخرى.

إن عصر المعلومات اليوم يتميز بنقلة نوعية من حيث حجم الوثائق المتوفرة على الشبكة وتنوع محتوياتها. وهذا الحجم الهائل والمتطور يومياً غير مفهوم البحث والاسترجاع من ظاهرة البحث والوصول إلى المعلومة ليضع المستفيد في حالة انتقاء واختيار للمعلومة الأكثر جدوى ونفعاً لأخذ القرار أو البدء في إنجاز العمل.

ويمكن للباحث وخاصة في المراحل العليا الاشتراك فيما يسمى بجماعات النقاش ويشارك فيها، كذلك يمكن للباحث من خلال First Search أن يصل إلى مقتنيات آلاف المكتبات الأكاديمية والبحثية.

وأشار د. عاطف يوسف إلى أن الباحث يبحر في هذه الشبكة متخطياً الحواجز المكانية مخترقاً الحدود بين الدول والأقاليم في لحظات مختصرا كثيرا من الوقت، وتمكنه الشبكات من التواصل مع وحدات المعلومات عن بعد، وهو مرتاح في مسكنه أو مكتبه.

وقد أوضحت الريحاني وعون الكرمي عدة عوامل دعت لاستخدام الانترنيت وهي:

- التخفيف من الوقت والتقليل من الجهود المطلوبة لإنجاز مهمات البحث عن المعلومات.

- تسهيل خدمات عدة مثل البريد الإلكتروني وإمكانية تحويل الملفات.

- يتيح إمكانية الوصول لنشر الإلكترونيات والنشر الفوري للمعلومات وإلى تغطية الأخبار بصورة فورية.

- تقديم الحلول المتكاملة في القطاع الحاسوبي.

- الاشتراك إلكترونياً في المجلات الإلكترونية بصورة مباشرة عبر البريد الإلكتروني.

- الاطلاع على الندوات والمؤتمرات والنشاطات العلمية والصناعية والمعارض.

ومن العوامل الهامة كذلك والتي تدعو إلى استخدام الانترنيت أن مستخدم المكتبة اليوم يختلف عنه سابقاً، فقد أثر تغير نمط الحياة على تغير الرغبة في المنتجات والخدمات، فأصبح أكثر وعياً ومعرفة واطلاعاً لخدمات ومنتجات المعلومات التي تقدم إليه بأشكالها الحديثة يومياً بل كل ساعة لترضي رغبته المتغيرة، مما دعا مزودي الخدمات والمنتجات إلى التنافس باستمرار في تقديم أشكال وأنواع من الخدمات والمنتجات المتعددة.

والباحث يهمه ما يلبي حاجاته وتطلعاته في الوقت المناسب مما يدعوه إلى استخدام الانترنيت التي تتيح له مجموعات متنوعة لمكتبات عدة غير محصورة، وتمكنه من الاستفادة من مصادر المعلومات غير المحددة في الوقت المطلوب، إضافة إلى كون الانترنيت شبكة عالمية، وكأن المكتبات تصل للباحثين بدلاً من تنقلهم إليها، ويمكنهم استخدامها كلهم وفي نفس الوقت.

ويجمع الكثير من الباحثين على أن الثورة التكنولوجية والاتصالية قوة إيجابية لتنظيم المعلومات وإدارتها وتسهيل مهمات الباحثين وتلبية احتياجاتهم فقللت من الفترة الزمنية في عمليات المعالجة والاسترجاع ومكنت من الوصول إلى المعلومات بأيسر الطرق وأقل تكلفة.

3.6 محركات البحث Search Engines:

إن ما تشتمل عليه الانترنيت من محركات البحث والأدلة قادرة على البحث عن أي كلمة في أي صفحة ويب في العالم (تقريباً) وذلك من خلال الفهرس الباحث Searchable Index تعين الباحث ليجد ضالته، ومن أشهر هذه المحركات "ياهو" Yahoo و"التافيستا" Altavista التي توفر بحثاً كبيراً جداً إلى الحد الذي تعي فيه الشركة أنه أكبر فهرس وقاعدة معلومات وجدت (21 مليون صفحة ويب تحتوي على أكثر من 8 ملايين كلمة وهو ما يعادل 45 جيجا بايت وموضوعات تتجاوز 13000 من مجموعات الاهتمام المشترك) و"أين" Ayna وغيرها. ومن الضروري أن يكون الباحث ملماً بعدد من تلك الأدوات وخصائص كل واحدة عن الأخرى وكيفية الاستفادة من هذه الخصائص للحصول على نتائج بحث ناجحة، كما يلزمه أن يكون محيطاً بأساليب البحث، ويتحرى الدقة في اختيار المصطلحات البحثية المناسبة لموضوعه.

ويوضح Best أن الباحث الذي يود أن يبقى على اطلاع كامل على ما يجري في حقل ما سيجد أنه من الأجدى أن يستخدم محركات البحث Search Engine في قواعد البيانات الإلكترونية على أن ينتظر نشر البحث من خلال مصادر تقليدية.

4.6 ما يجده الباحث في الانترنيت:

الانترنيت تقدم للباحث بأشكال إلكترونية العديد من الموسوعات، وكشافات الدوريات، والأدلة، والقواميس اللغوية، والفهارس، وغيرها من الببليوغرافيات وكتب الحقائق، والموجزات الإرشادية، ومن مواقع البحث ما هو متخصص بنوع معين من مواد المعلومات كالكتب والدوريات والمواد السمعية والبصرية أو الصور. وأظهرت نتائج دراسة ربحي عليان ومنال القيسي أن الغالبية العظمى من مجتمع الدراسة التي قاما بها (95.3%) يستخدمون الشبكة للبحث عن المعلومات لأغراض كتابة البحوث والدراسات والتقارير، وأن 83.01% منهم راضون إلى حد ما عن نتائج الاستخدام.

1.4.6 قواعد البيانات:

يمكن للباحث - بما يتوافر في الانترنيت من وسائل الاتصال المختلفة - أن يتصل بقواعد البيانات مثل DIALOG أو JANET (The Joint Academic Network in the UK) يمكن الباحث من تصفح القوائم الببليوغرافية ومحتوياتها بالنص الكامل للوثائق بما فيها

الصور والصوت عن طريق The Bath Information and Data Services BIDS مما يعـزز البحـث وخاصـة في مراحـل الدراسات العليا.

2.4.6 القوائم الببليوغرافية:

تشكل الانترنيت أداة مرجعية مهمة توفر رصيداً ضخماً مـن مصـادر المعلومـات، والمجموعـات الإخباريـة مـن مختلف المواقع، ويمكن من خلالها التوصل إلى البيانات الببليوغرافية لملايين الكتب ومقتنيات المكتبات ومراكز المعلومات.

كما يجد الباحث مواقع أخرى تعمل عمل ببليوغرافيات أو أدلة الأدلة، فعلى سبيل المثال يضم موقـع All in one Search أكثر من 500 أداة بحث في شبكة الانترنيت بحيث يمكـن للباحـث اختيـار مـا يناسـبه منهـا وإدخـال مصطلح البحث في الخانة المخصصة لذلك أمام اسم أداة البحث. ويستطيع الباحث أيضـاً اسـتخدام بعـض المواقـع التي تتيح له إجراء بحث شامل في مجموعـة مـن أدوات البحـث بـأمر واحـد والـذي نجـده في موقـع All for one Search machine.

كما توفر مواقع أدلة البحث خاصية المساعدة المباشرة On line Help التـي تعطـي إرشـادات آنيـة لكيفيـة استخدام موقع البحث. وتتخصص بعض مواقع أدوات البحث في جانب معين من العلوم مثـل موقـع Search Math في علوم الرياضيات، وموقع MRO Explorer المتخصص في الصناعة والإنتاج والتوزيع.

وهناك الكثير من المواقع المعلوماتيـة الببليوغرافيـة والنصـية والرقميـة التـي تـوفر للباحـث حاجتـه مـن المعلومات المرجعية مثل فهارس المكتبات، وقواعد المعلومات، والدوريات والمراجع الإلكترونية.

ومن الإمكانات المفيدة الهامة التي تتيحها الانترنيت الاتصال بفهارس المكتبات خاصة الأكاديمية، وتتضـمن المواقع الخاصة بفهارس المكتبات المتاحـة عـلى الخـط المبـاشر (OPACS)، حيـث يسـتخدمها اختصاصـيو المكتبـات والمعلومات في استرجاع البيانات الببليوغرافية لخدمة أغراض البحث، فهي التي تربط مبـاشرة بـين المسـتفيد وبـين فئات الفهارس المتاحة عبر الشبكة بغرض استشارتها.

وقد ألغت OPACS، الحاجة إلى وجود مكتبي واختصاصي المعلومات كوسيط للبحـث في قواعـد البيانـات الخاصة بالفهارس الآلية.

وكذلك مجموعة جانيت للمكتبات (USER GROUP FOR LIBRARIANS JUGLS): JANET ليصل الباحـث إلى العديد من الخيارات التي توصله بالخدمات الببليوغرافية

وخدمات البحث الآلي المباشر مثل: STAR،DIMOI ، STN، IRS، ISA، DATA،DIALOG وغيرها على موقع المكتبة البريطانية ومكتبة الكونجرس حيث يتاح للباحث استعراض فهارس المكتبات، وكذلك الوصول إلى نصوص الوثائق واسترجاعها والحصول عليها وفق العنوان أو المؤلف أو اسم الناشر أو تاريخ النشر.

ويتمكن الباحث من الوصول إلى العديد من قواعد البيانات من خلال ما يوفره OCLC ومن أهمها قاعدة الفهرس الموحد المباشر الذي يتضمن الملايين من التسجيلات الببليوغرافة.

3.4.6 النصوص الكاملة للوثائق:

ولقد أضافت الانترنيت رافداً هاماً للمعلومات ومصادر المعلومات فأظهرت العديد من المواقع التي تتيح ثروة هائلة من مصادر المعلومات المرجعية علاوة على مصادر المعلومات كاملة النص Full Text التي تمكنهم من الحصول على وثائق ونصوص كاملة، من مقالات ودوريات ومعلومات.

5.6النشر الإلكتروني:

وقد أوضح د.عماد الصباغ أن ظهور الانترنيت وانتشار استخدامها في العالم العربي أدى إلى التعريف بالنشر الإلكتروني بشكل واسع وقد بدأت العديد من المؤسسات الصحفية العربية تنتج نسخاً إلكترونية يومية من صحفها وتو فرها عبر الانترنيت مجاناً أو مقابل اشتراك معين.

وتتيح الانترنيت العديد من المصادر والمراجع المنشورة إلكترونيا، ومنها الكتب المرجعية المتوافرة من خلال البحث بالاتصال المباشر (Line -On) والأقراص المتراصة (CD-Rom) بالإضافة إلى ما توفره من خدمة التكشيف والاستخلاص ونشر العديد من الدوريات العامة والمتخصصة، وكذلك يستفيد الباحث من الاطلاع على المراجع ونشرات الإحاطة الجارية والفهارس.

وكذلك فإن شبكات المعلومات تتيح للباحث الفرصة الكبيرة لنشر نتائج بحثه فور الانتهاء منها في زمن ضاقت فيه المساحات المخصصة للبحوث على أوراق المجلات، بل يمكنهم إنشاء مواقع لهم على الشبكات أو الاستفادة من مواقع أخرى وبالتالي تكون فرصة النشر الإلكتروني لديهم أقوى.

7.6. البحث المتخصص:

والباحث المتخصص في موضوع ما يجد أيضاً ضالته في مجال تخصصه، ففي دراسة في مجال المكتبات الطبية أظهر الباحثان ماجد الزبيدي وعفاف العزة غولي أن شبكات المعلومات تحقق للأطباء والباحثين في المجال الطبي:

- التشارك في المؤتمرات الإلكترونية في الحقل الطبي والتعرف على أحدث النظريات الطبية.
- تعريف العلماء بالنتاج الطبي العالمي أو العربي عموماً.
- إجراء قراءة سريعة لمستخلصات عدة مجلات بحثاً عن مقالات متخصصة.
- الوصول إلى الوثائق الببليوغرافية وتحديد موقع عنوان أو مقالة غير معروفة.
- فحص العناوين الجديدة للكتب والمجلات.

الاطلاع على فهارس الكتب المتوفرة في أشهر المكتبات الطبية العالمية.

8.6 البريد الإلكتروني:

إضافة إلى ما تمكنه الشبكة للباحث من استخدام البريد إلكتروني بإتاحة الاتصال بالزملاء في المهنة والباحثين الآخرين وتبادل الرسائل والأفكار مع مجموعات الحوار Discussion Groups، فإنها تمكنه من الرد على الأسئلة المرجعية التي يطرحها الباحث عبر البريد الإلكتروني من استفسارات عامة في أي علم من العلوم. ومن هذه المواقع موقع مكتبة الانترنيت العامة Internet Public Library وموقع الخبراء All Experts أو المواقع المتخصصة مثل Ask the Dentist. وهناك مواقع تحيل أسئلة الباحثين إلى متخصصين للإجابة عنها مثل موقع ASKME.

9.6 المشاركة في المؤتمرات الإلكترونية:

والباحث يمكنه كذلك المشاركة عبر الانترنيت في المؤتمرات المرئية Conferencing Video ويمكنه النقاش والحوار.

سابعاً: الصعوبات التي تواجه الباحث في استخدام الانترنيت:

إن العديد من البحوث والمعلومات تنشر في شكلها الإلكتروني هذه الأيام، فإذا وجدت صعوبات أمام الباحث في استخدام الشبكة حالت دون وصوله إلى ما ينشر أو حرمانه منها، أو عدم تعريفه بها، فهذا يعد مشكلة تؤثر على نشاطه فهو بحاجة إلى أن يبدأ من حيث انتهى الآخرون، كما يتوجب عليه تجنب التكرار. فعلى الرغم ما للشبكات من الإيجابيات التي

ذكرت سابقاً، إلا أنه يمكن تلخيص الصعوبات التي تواجه الباحث مما أورده الدكتور عاطف يوسف:

- عدم الرغبة لدى العديد من الباحثين من استخدام تقانة المعلومات بنفسه لأنه معتاد على الطرق التقليدية.

- عدم قدرة الباحث على استخدام الحاسوب، وبالتالي فإنه سيحجم عن استخدام التقنية الإلكترونية

- عدم توفر الثقة الكافية في مقدمي الخدمة في المكتبة الإلكترونية لعدم وجود الخبرة الكافية لديهم.

- عدم إتقان الباحثين للغة الأجنبية وخاصة اللغة الإنجليزية مما يعيق الإفادة من الكثير من الوثائق الإلكترونية المتاحة بهذه اللغات.

- عدم توافر الدراية الكافية لدى الباحثين في تقنيات ضبط وتنظيم أوعية المعلومات البعيدة عن اللغة الطبيعية والمعتمدة على لغة التوثيق من خلال نظم التصنيف وقواعد الفهرسة وأدوات التكشيف والمستخلصات.

- حيرة الباحث أمام الكم الهائل من الوثائق المسترجعة ذات الصلة ببحثه، مما يؤدي به إلى المتاهة والضياع واستغراق الساعات في تصفحها والإفادة منها.

- عدم تمكن الباحث من الوصول إلى النصوص أو محتويات الوثائق حيث إن ما يتم استرجاعه غالباً ما يكون إشارات ببليوغرافية أو مستخلصاً.

- يواجه الباحث أحياناً مشكلات تتعلق بالمواقع على الشبكات، حيث تظهر الحاجة إلى تصنيف وتوصيف المواقع مع بيان نوعية وكم المعلومات التي توفرها، كما لا يعرف كثير من الباحثين أي أدوات البحث أنسب من غيرها، هذا بالإضافة إلى الحاجة إلى حصر المواقع المتخصصة المناسبة لاهتمامات الباحث.

- الحيرة التي يقع فيها الباحث في القدرة على الحكم على أي الوثائق أفضل وعلى صحة المعلومات الواردة فيها لأنه من المعروف أن ما ينشر في الانترنيت هو الغث والسمين من المعلومات.

- ليست كل الوثائق التي يحتاجها الباحث متاحة في شكلها الإلكتروني.

- تكلفـة استخدام الانترنيـت من أجهزة ومعدات ومتطلبات لازمة للاتصـال بشبكات المعلومـات أو الاشتراك في المجلات الإلكترونية.

وهناك صعوبات/تحديات أخرى لا تتعلق بالباحث وإنما تتعلق بالمعلومـات نفسـها مـن حيـث تخزينهـا وحفظها وإدارتها ومن هذه الصعوبات/التحديات:

- وجود كـم هائـل مـن المعلومـات المتدفقـة يوميـاً إلى شبكة الانترنيـت والتـي تحتـاج إلى تخزين ومعالجة وإدارة.

- الطلب الزائد على المعلومات بسبب التزايد الكبير والمستمر في أعداد مستخدمي شبكة الانترنيـت الذي زاد على 200 مليون مستخدم، وهذا ما يفرض على أنظمة البحث أن تتيح إمكانية الاستخدام لجميع الباحثين.

- طبيعة المعلومات التي أصبحت شـديدة التنوع سـواءً بسـبب طـرق عرضها وبنيتها أو بسبب اختلاف مجالاتها العلمية والاقتصادية والاجتماعية والتجارية... وغيرها من المجالات.

- تغير طبيعة حاجة الباحث في الوصول إلى المعلومات والوثائق، بل وصلت رغبتهم إلى الوصـول إلى أجزاء هذه الوثائق.

يوصي الباحث بما يلي:

1- زيادة المكتبـات مـن الاهـتمام بتـوافر الانترنيـت للبـاحثين وزيـادة الاشـتراك في قواعـد البيانـات الإلكترونية الببليوغرافية والنصية، والدوريات الإلكترونية.

2- زيادة المكتبات لتقديم الخدمات المعلوماتية من خلالها.

3- زيادة المساهمة في توعية المستفيدين لاستخدامها في مجالات البحث العلمي.

4- تدريب وتأهيل العاملين في المكتبات والمستفيدين على استخدام تقنيات البحث الآلي عبر شبكات الانترنيت.

5- ضرورة قيام المكتبـات الجامعيـة ومراكـز البحـوث بتـدريب المستفيدين علـى استخدام الشـبكة وأساليب البحث فيها.

6- ضرورة قيام المكتبـات الجامعيـة ومراكـز البحـوث بإنشـاء صفحات خاصة فيها علـى الانترنيـت، والعمل على تحديثها باستمرار.

7- ضرورة قيام المكتبات الجامعية ومراكز البحوث بالتوجه للنشر الإلكتروني.

8- ضرورة قيام المكتبات الجامعية ومراكز البحوث بإعداد قوائم وأدلة بـالمواقع المتخصصـة، ونشرهـا إلكترونياً وتوصيلها بالبريد الإلكتروني للمستفيدين.

9- حث مجامع اللغة العربية والشركات المتخصصـة في الحاسـوب بزيـادة الاهـتمام بمحركـات اللغـة العربية، وترجمة النصوص المتخصصة.

10- حث مراكز التوثيق على نشر قواعد التوثيق للمصادر الإلكترونية.

11- حث الجامعات على اعتماد المصادر الإلكترونية كمصادر بحث للمقالات المحكمة.

تعتبر الإنترنت وليدة التطور التقني الحالي وهـي وسـيلة الـربط الأكـثر تطـوراً التـي عرفهـا الإنسـان عـلى الإطلاق وبفضلها أصبح العالم أشبه بالقرية الصغيرة. يظن الكثير من الناس أن المقصود بالتعلم الإلكتروني هو تعليم الناس عن بعد ولكن التعلم الإلكتروني في حقيقة الأمر هو عبارة عن وسـيلة تـتيح للنـاس الـتعلم دون الحاجـة إلى التواجد داخل قاعات الدراسة ومهما تباعدت مسافاتهم، وبجانب رفضه إجتماعياً يواجه التعلـيم الإلكـتروني بهـذه الصفة العديد من العقبات تتمثل ببساطة في تخوف الناس من أن يفقد التعليم بشكله التقليدي جـوهره وسـماته المميزة بإعتبار أن التعليم الإلكتروني يستصحب معه مفاهيم مختلفة عن التعلم، وفي الظروف الحالية التـي تتسـم بهذا الكم الهائل من المعلومات يضـيف الـتعلم الإلكـتروني والتعلـيم الإلكـتروني بعـداً جديـداً إلى مفهـوم التجـارة الإلكترونية بعد أن أصبح الناس الآن أكثر تعلماً وبالتالي أكثر وعياً بما يطرح عليهم من منتجات.

أهمية الانترنت في البحث العلمي

الإنترنت هذه الوسيلة العلمية الإعلامية التي فاقت أنواع الميديا الأخرى في سرعة تقديم المعلومـة ووثـوق مصدريتها وتنوعها وإمكانيتها في خرق الرقابة المفروضة من قبل بعض السلطات، دخل استخدامها والاستفادة مـن خدماتها من ضمن مؤشرات التنمية والتقدم بالنسبة للبلدان كما انه دخـل مـن ضـمن مـؤشرات الحريـة الفكريـة وحرية الإعلام والحصول على المعلومة من منابعها.

ولاشك ان هذا ناتج ما احدثته الثورة التكنولوجية والرقمية التي تشـهد اليـوم تطـورات كـبيرة في عمليـة البحث العلمي واساليب استحصال البيانات. وتعد تقنية المعلوماتية او شبكة "الانترنت" أحد أشـكال هـذه الثـورة التكنولوجية ومصدرا هاما لهذه العملية.

يعتبر عالم اليوم بمثابة قرية مترابطة بالغة الصغر مكتظة بالمعلومات عن كل شيء وكل فرد إلى درجة أننا بدأنا نشعر بأن هذا العالم أصبح يتقلص تحت أقدامنا، فقد تجاوزت تقنية الإنترنت عامل الـزمن وواقـع المكان أو الموقع في كل جانب من جوانب حياتنا البشرية، ولم تشهد الحضارة الإنسانية في تاريخها أبداً مثل هـذا التـرابط والإنفتاح في مجال المعلومات، والعامل الأكثر إثارة وتأثيراً في الإزدهار المعلوماتي الـذي بـدأ في القرن المـاضي وأخـذ يتعمق خلال هذا القرن هو عامل الإنترنت.... هذه الشبكة التي نجحت في ربط العالم بشكل غـير مسبوق فـأثرت بذلك في حياتنا بمختلف جوانبها وإتجاهاتها وأدت إلى تغيير أساليب حياتنا بشكل لم نكن نحسب لـه حسـاب مـن قبل.

دراسات سابقة:

إذا كانت الدراسات التي تتناول تقنيات الانترنت وميزاته وتقييم منافعه وصلت الى مستوى معقول، فان تلك التي تتناول توظيفه في البحث العلمي او علاقته بالبحث العلمي تعد محدودة. ولهذا كان من الصعوبة بمكان العثور على دراسة لهذه العلاقة وهذا الموضوع. دراسة د. لمياء السامرائي: (واقع استخدام الطالبة الجامعية العراقية للانترنت: الاتجاهات والمعوقات)

د. لمياء السامرائي هي مدير الحاسبة الالكترونية بـوزارة العمـل والشـئون الاجتماعيـة العراقيـة، ودراسـتها المعنونة "واقع استخدام الطالبة الجامعية العراقية للانترنت: الاتجاهات والمعوقات". هـي عبـارة عـن ورقـة عمـل أعدتها للمنظمة العربية للتنمية الإدارية في عام 2004. وقد خلصـت الدراسـة غـالى أن عـدد مسـتخدمي الشبكة وقتها وبعد أشهر من التغيرات التي حصلت في العراق في ظل الحرب وانهيـار النظام السياسـي السـابق وصـل 136 فردا من عينتها من الطلبة، من مجموع 300 فرد تفوق فيها الذكور على الإناث حيث وصل عدد الذكور 92 شخص ووصل عدد الأفراد الذين لا يستخدمون الشبكة 164 فردا واختلفت أسباب عدم استخدام الانترنت في عـدم تـوافر الانترنت في المنازل بنسبة 63.4% وعدم تـوافر الانترنـت في مكـان قريـب 27 % والسـبب الثالـث هـو عـدم تـوافر التليفون بنسبة 36%.

وأكدت الدراسة أن اغلب المستخدمين للشبكة من العراقيين كانوا يستغلونه في إرسال كـروت المعايـدة في المناسبات المختلفة ووصل عددهم إلى 61 فردا من جمله 300 فردا واحتل البحث العلمي المرتبة الثانية بإجمالي 51 زائر وجاء الإطلاع على الأخبار والدردشة والموسيقى في المراتب التالية.

وأوصت الدراسة على ضرورة العمل على توفير الانترنت في البيت ؛ والعمل على توسيع وتحسين ظروف استخدامه في الجامعات ومقاهي الانترنت ؛ ووضع خطة سريعة لتعميم استخدام الانترنت في الجامعات العراقية قليلة التكلفة مع تأهيل العناصر البشرية الشابة في المراحل الدراسية الجامعية وتنمية قدراتها.

دراسة د. محمد شريف توفيق: إمكانيات توظيف الشبكة الدولية للمعلومات الانترنت في دعم البحث العلمي ومجالات الإفصاح الالكتروني

قدم د. توفيق وهو أستاذ المحاسبة المالية، ومدير مركز البحوث والدراسات التجارية، كلية التجارة جامعة الزقازيق في عام 1998 دراسة تحليلية لإمكانيات توظيف الشبكة الدولية للمعلومات الانترنت في دعم البحث العلمي ومجالات الإفصاح الالكتروني. وقد عرضت الدراسة نماذج متعددة للإفصاح الالكتروني علي شبكة الانترنت لشركات محلية وأجنبية. كما طرحت الدراسة قضايا تكلفة هذا الإفصاح، ومدي الحاجة لتطوير معايير محاسبية لتنظيم هذا الأسلوب، ومدي اعتباره مكملا أو بديلا لأسلوب العرض والإفصاح التقليدي، ودور مراقب الحسابات في هذا الشأن، وعلاقة هذا الإفصاح بمنهج (التوسع في الإفصاح). وقد انتهت الدراسة إلي أهمية الإفصاح الالكتروني وضرورة شموله لمعايير المحاسبة المصرية وان يشمله تقرير مراقب الحسابات مع اعتباره إفصاحا اختياريا .

دراسة د. يسرية عبد الحليم زايد: المصادر الإلكترونية المتاحة عن بعد في الاستشهادات المرجعية: دراسة تحليلية لأطروحات قسم المكتبات والوثائق والمعلومات بآداب القاهرة 1998-2003:

تناولت الدراسة المصادر الإلكترونية المتاحة عن بعد في الاستشهادات المرجعية للأطروحات المجازة من قسم المكتبات والوثائق والمعلومات بكلية الآداب- جامعة القاهرة، أجري البحث على 78 أطروحة، منها 46 ماجستير، 31 دكتوراه، خلال الفترة من عام 1998- 2003، وذلك لمعرفة مدى استعانة معدي هذه الرسائل بالمصادر الإلكترونية المتاحة عبر الإنترنت في توثيق المعلومات المستشهد بها في رسائلهم، والنسبة التي تشكلها المصادر الإلكترونية عن بعد قياسًا إلى المصادر المطبوعة، ونوعية المصادر الإلكترونية المتاحة عن بعد التي تم الاستشهاد بها (كتب- أطروحات- مقالات دوريات- أبحاث مؤتمرات...الخ)، وعناصر البيانات التي تم تسجيلها على كل نوعية من نوعيات مصادر المعلومات المستشهد بها، ومدى اعتماد معدي هذه الرسائل على قواعد مقننة عند إعداد استشهاداتهم المرجعية

بالمصادر الإلكترونية، والأدلة التي تم الرجوع إليها عند صياغة هذه الاستشهادات، إلى جانب معرفة العلاقة بين موضوع الأطروحة والاستشهاد بمصادر إلكترونية.

وقد تبين من البحث أن هناك 21 أطروحة فقط من بين 78 أطروحة بنسبة 26.02%، اعتمد أصحابها على مصادر إلكترونية متاحة على شبكة الإنترنت، وأنه لا توجد قواعد مقننة اعتمد عليها الباحثون في صياغة استشهاداتهم المرجعية إلا في ثلاث رسائل فقط(14%)، وأن عناصر البيانات المسجلة عن المصادر الإلكترونية المتاحة عن بعد تختلف اختلافًا من باحث لآخر فهي تتراوح بين تسجيل بيان الإتاحة أو الموقع فقط، إلى تقديم بيانات ببليوجرافية كاملة عن المصدر وفقًا للبيانات المحددة في المواصفة الدولية الصادرة عن الأيزو ISO، وجاء عدد المصادر العربية التي اعتمد عليها الباحثون قليل للغاية (ستة مصادر فقط) في مقابل (455 مصدرًا) أجنبيًا وردت في 21 أطروحة، ويرجع السبب في ذلك بالطبع إلى ضعف وقلة ما ينشر باللغة العربية أصلاً على شبكة الإنترنت. كما تبين أيضًا من البحث أن موضوع الأطروحة ليس هو العامل الوحيد والحاسم في استخدام المصادر المتاحة عبر شبكة الإنترنت، بل هناك عوامل أخرى لها تأثير كبير مثل: مهارات الباحثين في استخدام الكمبيوتر والتعامل مع الإنترنت وتوجيهات المشرفين.

دراسة محمود عبد الستار خليفة: استخدام مصادر المعلومات الالكترونية في مجال المكتبات والمعلومات: دراسة تحليلية للاستشهادات المرجعية بمصادر الانترنت في مقالات الدوريات العربية:

هدفت هذه الدراسة إلى التعرف على مدى إقبال الباحثين العرب في مجال المكتبات والمعلومات على استخدام مصادر الانترنت في إعداد بحوثهم، وذلك بتحليل الاسشتهادات المرجعية الواردة في المقالات المنشورة في أربعة من أشهر الدوريات العربية المتخصصة وأكثرها انتشارا، وتبدأ الدراسة بمقدمة منهجية تتناول الهدف منها والدراسات السابقة التي أجريت في هذا الموضوع، كما تعرض لحدود الدراسة.

وقد غطت الدراسة المقالات المنشورة خلال الفترة من 2000 حتى 2003، كما وغطت الدراسة الاستشهادات الواردة في البحوث والدراسات فقط مع استبعاد المقالات المترجمة والمقالات التي لا تشتمل على استشهادات مرجعية، كذلك تم استبعاد عروض الكتب والتقارير. وقد اقتصرت الدراسة على المقالات التي كتبها باحثون عرب بغض النظر عن اللغة.

تم اختيار 4 دوريات علمية متخصصة وهي أكثر الدوريات العربية انتشارا كما أنها من أقدم الدوريات أيضا وهي ؛ مجلة المكتبات والمعلومات العربية، الاتجاهات الحديثة في المكتبات والمعلومات، دراسات عربية في المكتبات وعلم المعلومات، عالم المعلومات والمكتبات والنشر.

بعد الانتهاء من تحليل الاستشهادات المرجعية، تعرض الدراسة النتائج التي توصلت إليها بلغة الأرقام وذلك وفقا لعدة جوانب هي: العدد الإجمالي للمقالات التي تم تحليل الاستشهادات الواردة بها موزعة وفقا للدوريات، مع بيان إعداد المقالات المستبعدة. وعدد المقالات التي استشهدت بمصادر الانترنت في مقابل المقالات التي استشهدت بالمصادر الأخرى. والعدد الإجمالي للاستشهادات المرجعية، وعدد الاستشهادات المرجعية بمصادر الانترنت مقابل الاستشهاد بالمصادر الأخرى. وتوزيع الاستشهادات المرجعية بمصادر الانترنت وفقا للدوريات. وتوزيع الاستشهادات المرجعية بمصادر الانترنت وفقا لسنوات النشر ـ وتوزيع الاستشهادات المرجعية بمصادر الانترنت وفقا لموضوعات المقالات. إضافة غالي الاستشهادات المرجعية بمصادر الانترنت وفقا للمؤلفين وأخيرا الاستشهادات المرجعية بمصادر الانترنت وفقا للغة المصادر المستشهد بها.

ان هذه الدراسات وعلى قلتها، فانها تعطي ولاشك دفعة للخوض في مجال مدى توظيف شبكة الانترنت في البحث العلمي في الاوساط البحثية والاكاديمية العربية خاصة، ذلك للفقر الذي تعاني منه المكتبات العربية من هذه الناحية بل ما يمكن ان نصطلح عليه بـ(أمية الانترنت) من الناحيتين العلمية والعملية، وان توفرت (ابجدية) الانترنت وثقافته في عالمنا العربي، فان طابعها الاغلب للاسف هو توظيفها في التسلية وقضاء وقت الفراغ، وكما اشارت دراسة د. لمياء السامرائي المذكور هنا مثلا، رغم انها اجريت في اوساط طلاب الجامعات.

واظهرت الدراسات الاخرى التي اشرنا لها الى فقر الاستفادة من هذه التقنية وتوظيفها في البحث العلمي. كما ان الدراسات نفسها كانت قاصرة او شبه قاصرة من ناحية شموليتها وتغطيتها الاكبر، وخلو معظمها من مقارنات واستشهادات بما تحقق في البلدان المتقدمة في هذا المجال.

وتتضح السمة الابرز لمثل هذه الدراسات من كونها دراسات استطلاعية وصفية بصورة عامة.

اهمية شبكة الانترنت ومميزاتها:

تكتسب شبكة المعلوماتية اهميتها من ميزاتها الكبيرة والتي منها:

- أنها تحتوي خزينا كبيرا وهاما من المعلومات يصل إلى عشرات المليارات من صفحات الانترنت.

- سهولة الوصول الى هذه المعلومات.

- تنوع التخصصات والفروع العلمية والمصدرية.

- مجانية او شبه مجانية الحصول على هذه المعلومات.

- سهولة تنضيد وتصنيف وحفظ هذه البيانات والمعلومات.

- الاطمئنان الى حد كبير على عدم تلفها او ضياعها او تأثرها بالعوامل والمؤثرات الفزيقية والفترة الزمنية.

- هذا بالاضافة الى ان شبكة الانترنت تعد وسيلة اتصال مهمة بين الناس سواء على صعيد المؤسسات الحكومية او الاهلية الاقتصادية او الافراد، حيث امكانية تحقيق الاتصال بالصوت والصورة عبر برامجها المتعددة والتي يعد المسنجر اشهرها.

وفي ضوء ذلك فاننا سوف نتقصى ـ مدى امكانية توظيف هذه التقنيات في خدمة عملية البحث العلمي. حيث يتم توظيف هذه الاساليب في الدراسة مأخوذا بنظر الاعتبار تاثيرها على طبيعة واساليب حياة الافراد وتفاعلاتهم في محيطهم اليومي محققة تقدما كبيرا في عمليتي استثمار الوقت وتقليل الكلفة المادية.

الاساليب الحديثة لجمع واستحصال البيانات:

لم تعد الاساليب والطرق الكلاسيكية القديمة لجمع البيانات هي السائدة فحسب، بل وظفت وفق المتغيرات التكنولوجية الحديثة طرقا واساليب جديدة، تعتمد السرعة واختزال الوقت، وتبحث عن الصدقية، وقلة التكاليف، والدقة في العمل، وتسهيل التعامل مع المبحوثين او مصادر المعلومات.

ومن الاساليب الحديثة لجمع البيانات بتوظيف شبكة الانترنت خصوصا في العلوم الانسانية والاجتماعية هي:

- استخدام محركات البحث (search engines) على شبكة الانترنت لأكتشاف ما موجود على الشبكة مـما تبحث عنه، واشهرها محرك البحث غوغل (Google).

- أدلة الانترنت (internet guides)، ومنها تلك المتخصصة بشتى انواع الاهتمامات، فهناك دليل المجـلات العلمية مثلا، ودليل الجامعات، ودليل الباحثين، ودليل المواقع العراقيـة او التونسـية او العربيـة... الخ

  - المقابلة باستخدام الانترنت وعن طريق برامج مثل المسنجر (messenger).

  - المقابلات باستخدام برنامج بالتولك (paltalk).

  - المقابلات باستخدام برامج المحادثة (تشات chat) سواء الصوتية منها او الكتابة. وبامكان هذه البرامج ان تعقد اتصالا بالصوت والصورة مع الطرف الآخر وحيثما كان.

  - المواقع الاليكترونية (E-websites)، التي تضع استمارات استبيان او استطلاعات للرأي.

  - المواقع الخدمية الخاصة مثل المواقع الحكوميـة والتعليميـة والعيـادات الطبيـة والارشـادية والمواقـع الدينية، وغيرها.

  - المكتبات الالكترونية المتوفرة على شبكة الانترنت.

- المنتـديات الالكترونيـة (E-forums)، وهـي مواقـع تبـادل الآراء والافكـار لاعـداد مـن مرتـادي الشـبكة تجمعهم خصائص مشتركة، مثل فئات الشباب او النساء او اهتمامات مشتركة مثل الرياضة والفن او الاعجاب بفنان او رياضي او سياسي ما وهكذا. ويتم الانضمام لهؤلاء وفـق فـتح حسـاب مجـاني عادة يحصل بموجبه المشترك على كلمة مرور (password) الى جانب لقبه الخاص (nickname).

- فرصة الاحتكاك والمعايشة للمجتمعات (الافتراضية) من خلال هذه الانواع من البرامج التي توفر فرصا للوصول الى مجتمعات ذات خواص مشتركة وفقا للمهنة او النوع (الجندر) او الفئات العمريـة او الهواية وغيرها. وبهذا فهي توفر قاعدة بيانات كبيرة ومهمة، وارضية جيدة للعديد مـن البحـوث والاستطلاعات. وهذا يعني امكانية وسهولة استهداف مثل هذه الفئات والاطلاع المباشر على

مختلف القضايا التي تطرحها او المشاكل التي تعانيها او التوجهات التي تسير نحوها وهكذا.

ان طبيعة هذه (المجتمعات) من ناحية التقائها والاهداف التي تجمعها والغايات التي تهدف اليها، تجري عن طريق الاتصال عبر شبكة الانترنت العالمية (World Wide Web = www) وبامكان الشخص ان يلتقي اناسا من مختلف بلدان العالم وهو يجلس في بيته خلف جهاز الكومبيوتر الذي يملكه، وهذا يتيح له حرية الحركة والطرح والتعبير عما يجول في نفسه بحرية تامة بعيدا عن العوائق التي تفرضها التابوات الاجتماعية والثقافية والسياسية المختلفة. وبهذا فهو يعطي نسبة كبيرة من المصداقية لبيانات البحث التي تستحصل.

وفي برامج الدردشة او (البالتوك)، يمكن للباحث ان يفتح غرفة دردشة (chat room) ويلتقي فيها بالمبحوثين كما لو انه يلتقيهم وجها لوجه. وفي برنامج مسنجر (messenger) يمكن للباحث ان يلتقي المبحوث صوتا وصورة ان شاء، او ان يرسل استمارات الاستبيان الى المبحوثين عبر وسائل الاتصال غير المكلفة مثل البريد الالكتروني(الايميل).

هذا ومن التجارب التي يمكن عدها رائدة باستخدام هذه التقنيات، هي الدراسة التي أعدها د. فيلب كورزني (Felpe Korzenny)، الرئيس والمدير التنفيذي لمركز بحوث التسوق والاتصال للآسيويين والهسبانك، بلمونت-كاليفورنيا. وقد عد الغرض الرئيسي الذي تقوم عليه هذه الدراسة هو تقديم نتائج مسح بالايميل اجري مع الاميركان الهسبانك. والهدف من البحث هو فهم العناصر الرئيسية التي يتم تبنيها من قبل الهسبانك في سبيل الاندماج الثقافي مع الثقافة الأميركية. وتم تصميم البحث لغرض الحصول على تصورات من الهسبانك الاميركان فيما يتعلق بتجربة تثاقفهم أو تمثلهم في أميركا. وقد تمت مراسلة حوالي 3000 مستجوب عبر البريد الالكتروني (ايميل) وهؤلاء هم ممن يحملون الألقاب الهسبانكية المدرجة في 11 دليل على شبكة الانترنت.

وكما يلاحظ هنا فان الباحث قد لجأ الى عدد من ادلة (دليل) الانترنت التي تتضمن اعدادا من العناوين، وبحث عن كل اسم ينتمي (او هكذا خمن الباحث) الى الثقافة الهسبنكية. وتمت مراسلتهم ودون سابق انذار.

كما انه بالامكان وضع استمارات استبيان الكترونية في مواقع الانترنت وذلك لغرض استطلاعات الراي او الاستفتاءات او اجراء البحوث والدراسات العلمية. وخشية من

عملية تكرار ملئ الاستمارة فان هناك تقنيات عالية لا تسمح بتكرار ملئ الاستمارة مرة اخرى الا من جهاز الكتروني او خط اشتراك آخر.

وبامكان الباحث ان يجول على مكتبات رقمية وافتراضية على شبكة الانترنت وان يقلب صفحات كتب وبحوث ومقالات عديدة. وبمجرد كتابة اسم الموضوع او المؤلف الذي تبحث عنه سيتسنى لك الاطلاع على ما منشور حوله في الشبكة وبمقدار تيسره. وبامكان الباحث الحصول على صفحات تؤشر بلون متميز الكلمات التي طلبها ضمن النصوص التي وردت فيها. حيث توفر التقنية الحديثة من خلال توظيف شبكة الانترنت نصوصا لكتب صوتية (اي مسجلة بالصوت) او حتى بالصورة من خلال افلام فيديوية موضوعة على الشبكة ويمكن للباحث ان يسمع ويشاهد ويقرأ مرة واحدة من خلال بعض الشروحات او النصوص المصاحبة.

محركات البحث (search engines) والبحث العلمي:

إذا كانت تقنية شبكة الانترنت تعد إعجازا في قاموس معجزات البشرية المعاصرة، فان محركات البحث على شبكة الانترنت تعتبر بمثابة معجزة حقيقية داخل هذه المعجزة.

ومحركات البحث التي هي عبارة عن برامج على الشبكة العالمية، تعمل بمثابة دليل أو (موظف مكتبة)، يستطيع أن يعطيك الإجابة السريعة على العنوان الذي تبحث عنه من خلال كتابة كلمة أو عدة كلمات (مفتاحية) لهذا الموضوع، من ناحية احتمال كونه موجودا أم لا. وإذا كان العنوان موجودا فانه سوف يعطيك تفاصيله ويمكنك منه.

ويعد محرك البحث غوغل (Google) الذي أنشأه طالبان أمريكيان عام 1998، أشهر محركات البحث التي تقدم هذه الخدمات ويسعى جاهدا للسبق والتنوع فيها. وقد طرح العديد من الخدمات المنوعة منها، "خدمة البحث عبر الهاتف الجوال (mobile) للمستخدمين في الولايات المتحدة Google SMS وسيتم إطلاق الخدمة في باقي دول العالم في مراحل لاحقة، ويمكن للمستخدم كتابة عبارة البحث وإرسالها بالهاتف الجوال على شكل نص، وتبرز مزايا الخدمة على الموقع. ويحصل المستخدم على نتائج البحث بعد إرسال رسالة نص قصيرة. وعند طباعة كلمة مساعدة (help) وإرسالها إلى الرقم 46645 (الذي يقابل حروف كلمة GOOGL، في معظم الهواتف سيتلقى كيفية عمل الخدمة. وتقتصر الخدمة حاليا على تقديم معلومات أساسية مثل أرقام دليل الهاتف وأسعار المنتجات من فروغل (Froogle) وقاموس للكلمات.

ويتم في هذه الخدمة الاتصال بالانترنت ومحرك البحث غوغل عبر الهاتف الجوال مباشرة لكن دون قدرات التصفح الاعتيادية، ويتولى غوغل بعدها إرسال النتائج التي لا تتضمن صورا أو روابط أخرى كما هي العادة. ولا تدعم الخدمة الحالية سوى اللغة الإنكليزية لكن سيسهل تقديم لغات أخرى بعد المرحلة التجريبية".

وفي إطار تخصيص الخدمات التي تعنى بالبحث العلمي وطلبته وباحثيه والأوساط الأكاديمية، أطلقت الشركة نفسها أخيراً محرك بحث جديداً يشمل فقط مقالات علمية وأبحاثا على شبكة الإنترنت. ويتيح هذا المحرك الجديد المتوفر في موقع (www.scholar.google.com) للطلبة والباحثين الحصول على نتائج بحث تخص مجالات تخصصهم على اختلافها. والشركة لا تنوي جباية رسوم مقابل استخدام محرك البحث الجديد ولا تنوي أيضًا عرض الإعلانات النصية التي تظهر عادة في صفحات النتائج التي يحصل عليها المستخدم في محرك البحث العادي. وهذا يضاف إلى خدماتها السابقة ومنها ما أطلقته منذ فترة وهو خدمة بريد الكتروني في مرحلتها التجريبية تستطيع استقبال بريد يصل حجمه إلى حدود 1000 ميغابايت.

وكانت شركة غوغل قد أطلقت في شهر نوفمبر 2004 برنامجًا يتيح لدور النشر تخزين الكتب الصادرة عنها وإضافتها إلى فهرس محرك البحث وإتاحة المجال أمام المستخدمين بالاطلاع على مضمون كتاب معين قبل أن يذهبوا إلى محال الكتب لشرائه.

حيث تتجه المكتبات إلى نشر جميع أو معظم موادها من كتب وأبحاث ومجلات ودوريات رقمياً، بحيث تكون قابلة للاستعراض والبحث لكل من لديه اتصال بالإنترنت. أما شركة غوغل فقد عكفتْ على مشروع ضخم بالتعاون مع خمسة من المكتبات الكبرى لتحويل جميع مقتنياتها الثمينة التي تقدر بعشرات الملايين من الكتب إلى وثائق إلكترونية وتوفيرها عبر محرك البحث غوغل .Google.com إنه مشروع طموح قد يستغرق ما بين 5 إلى 10 سنوات، غير أن دلالاته حين يكتمل بالنسبة لتاريخ الكتاب وبالنسبة للبحث العلمي وبالنسبة للفكر البشري والتراث الإنساني لا يمكن الإحاطة بأبعادها. ويعلق بيتر كوسوسكي، مدير النشر والاتصالات في مكتبة جامعة هارفارد على المشروع بقوله: "سيكون بإمكان الناس حول العالم الوصول إلى المواد الفكرية التي كانت في السابق مقصورة على منطقة جغرافية معينة أو على صلاحيات خاصة بمستخدمين منتسبين إلى مؤسسات معينة." وتجري عملية تحويل هذه الكتب إلى نصوص إلكترونية بمسحها ضوئياً

صفحة باستخدام ماسحات (سكانر scanner) عالية الدقة واستخدام برنامج (التعرّف الآلي على الحروف OCR)".

وهكذا سيكون لمثل هذه الثروة من المصادر المعرفية المتنوعة دور كبير في تيسير واثراء حركة البحث العلمي وفقا لمميزات استخدامها، واعادة احياء الكثير من الكتب والمصادر التي نال التلف وربما النسيان الكثير منها.

وبغية الحصول على نتائج افضل من عملية البحث من خلال محركات البحث، توجد مجموعة توصيات يضعها الخبراء في استخدام البحث على شبكة الانترنت واهمها:

1 - من المفيد أولاً أن تتعرف على محرك البحث والتقنيات المستخدمة في هذا المحرك من أجـل توظيفهـا في عملية البحث.

2 - حدد ما تريد من الإنترنت في شكل دقيق (موضوع محدد، مواقع محددة)

3 - حاول أن تستخدم كلمات دقيقة ومباشرة للموضوع الذي تريد البحث عنه.

4 - لا تكتف بطريقة واحدة في إدخال كلمـة البحـث، حـاول في عديد مـن المترادفـات والصيغ لكلمـات البحث (صيغة المفرد أو الجمع).

5 - لدى البحث عن المفاهيم المجردة استخدم صيغ المفرد لدى البحث عن الأشياء المحسوسة أو الأشخاص والجماعات استخدم صيغ الجمع.

6 - لا تستخدم العبارات العامة وكثيرة الاستخدام (مثل حروف الجر والعطف).

7 - كن على إلمام بالموضوع الذي تبحث عنه وبتداخلاته مع الموضوعات الأخرى.

8 - لدى عدم اقتناعك بنتائج بحثك استخدم البحث المتقدم الذي تتيحه معظم محركات البحث العالمية والعربية.

9ـ إذا كنت تبحث عن موضوع محدد حاول أن تتعرف على محركات البحث المتخصصة مثل محرك بحث خاص بالطب أو الاقتصاد.

10 ـ إذا لم تكن مرتاحاً من نتائج محرك بحث ما، حاول استخدام محرك بحث آخر أو في إمكانك استخدام محرك بحث يجمع عدداً من محركات البحث.

11 ـ استخدم تقنية البتر (wildcard) التي تعرف بـ "التحليل الصرفي من أجل توسيع نطاق البحث".

12 ـ من أجل الحصول على معلومـات دقيقـة حـاول أن تسـتخدم الأدلـة الموضـوعية بـدلاً مـن محركـات البحث.

13 ـ إذا كان عدد المواقع المسترجعة كبيرا حاول أن تضيق مجال أو نطاق البحث عبر رمزي " /" و" AND ".

14ـ إذا كان عدد المواقع المسترجعة صغيرا حاول أن توسع نطاق البحث عبر "/ " أو" OR".

15- وسع نطاق البحث أيضاً عن طريق اختيار البحث في جميع مواقع البحث أو استخدم عبارات أكثر شمولاً من العبارة التي أدخلتها وحصلت على نتائج قليلة.

عملية التوثيق في البحث الالكتروني:

واما عن عملية التوثيق في مثل هذه المصادر، فانه يتم الاشارة الى الرابط (link) كاملا وذلك باستنساخه مباشرة كطريقة سريعة للتوثيق، مع ذكر اسم الموقع ان كان مشهورا كإن يكون موقع مجلة او جريدة او تلفزيون او تابعا لمنظمة او مؤسسة ما، كما ويذكر تاريخ نشره وذلك لان بعض المواقع تعمد الى حذف ما نشرت بعد فترة طويلة وذلك بسبب ضيق المساحة التي تحجزها.

مثال:

الربيعي، فلاح، النظام التعليمي ومتطلبات سوق العمل في ليبيا، مجلة علوم انسانية، العدد 15، نوفمبر 2004، www.ulum.nl/a151.htm

ونجد هنا الرابط الذي يوصل الى صفحة البحث مباشرة والموجود في المجلة.

مثال آخر:

شبح المخدرات في الدول الإسلامية، تقرير منشور في موقع شبكة النبأ المعلوماتية –

http://www.annabaa.org/nbanews/24/032.htm، 10-7-2003.

حيث يذكر رابط الموقع الالكتروني الذي يوصل الى الموضوع مباشرة، ويتبع بتاريخ زيارة الموقع.

أما عن طريقة توثيق الكتب المسموعة فهنا مثال لها:

كارليل، اليكس، 2004، الإنسان ذلك المجهول، أداء صوتي: احمد حمزة، الجزء الأول، الدقائق: 15-17، نشر المجمع الثقافي - ابو ظبي،

http://web.cultural.org.ae/new/audiobooks/p15.htm، **10-11-2004.**

وبهذا فانه بامكان باحث آخر او محقق او ناقد ان يصل الى الفقرة المقتبسة من الكتاب بسرعة وذلك من خلال اتباع خطوات سهلة اهمها كتابة العنوان الالكتروني ليجد

نفسه في الموقع وثم لاحقا يضغط على الجزء الاول من الكتاب ليستمع اليه، وينتقل بمؤشر الصوت الى الدقيقة 15 ليستمع الى الفقرة المقتبسة. ان ذكر تاريخ وجود المادة على موقع الانترنت يعطي مصداقية اكثر ويمكن الباحثين او المتحققين من الاستفسار مباشرة من الجهة التي يعود لها الموقع فيما اذا كانت هذه المادة منشورة وقتذاك ام لا.

عيوب استخدام هذه التقنيات:

تبرز بعض العيوب في استخدام مثل هذه التقنيات في البحث العلمي واستحصال البيانات ومنها ما حصل مع الباحث كورزني حينما حصل فقط على استجابة 310 ردا فقط من اصل 3000 مستجوب. وكان حوالي 120 منها غير صالح لانها أتت من أفراد يعيشون خارج الولايات المتحدة الأميركية، او كانت غير مكتملة، او من أفراد ذكروا أنهم ليسوا من الهسبانك. ومن المحاذير الاخرى هي ان نكون دقيقين وحذرين لاحتمالات الكذب او التزييف التي تحدث احيانا لسبب او لآخر والتي يكون مردها الاساسي خوف المبحوث من ان تكشف هويته اذا ماكان يصرح بامور يحرص على اخفائها.

كما ان هناك احتمالات لامكانية اختراق (شبكة المعلومات او الموقع) وخرق سرية المعلومات، او حصول اعتداء عبر ارسال الفايروسات التي تعطل اجهزة الكومبيوتر بالنسبة للمستلمين، او تخوف بعض المبحوثين من ذلك.

هناك امكانية كبيرة ايضا للتضليل وانتحال الصفة، لذا يتوجب الحذر والتقصي ـ من بعض المعلومات والاشخاص قبل التعامل معهم.

التوصيات (د. حميد الهاشمي، 2006 م)

بغية الحصول على خدمة انترنت تخدم البحث العلمي بالدرجة الأساس، فإننا نضع جملة من التوصيات هنا وهي:

- توسيع استخدام الانترنت في صفوف الأوساط العلمية والبحثية وخاصة الأساتذة والباحثين والطلبة، ومنح مزايا وتخفيضات لهم.

- نشر ثقافة البحث العلمي بالاستفادة من تقنيات شبكة الانترنت بوسائلها المتعددة ومنها ما أشرنا له في هذا البحث.

- الإكثار من المواقع العلمية المتخصصة في شتى المجالات، إضافة إلى الدوريات الالكترونية.

- نقل التقاليد العلمية المطبوعة الى الانترنت، من نواحي الإلتزام بالمعايير والرصانة العلمية.

- محاولة رقمنة الكتب والأعداد السابقة من الدوريات العلمية الرصينة.

- عمل مواقع الكترونية للجامعات والكليات والمؤسسات والمحافل البحثية والعلمية الاخرى.

- الاكثار من الدراسات والبحوث والندوات التي تراجع وتشخص وتقيم واقع هـذه الخدمـة ومـدى توظيفها في مجلات الحياة اليومية المختلفة ومنها البحث العلمي.

الدوريات الإلكترونية العلمية بالمكتبات الجامعية

وأثرها على الدوريات الورقية

• خصوصيات الدورية العلمية

أهمية الدورية العلمية

• مواصفات الدورية العلمية

المقال العلمي من التأليف إلى النشر

• تقييم لجنة التحكيم

• الدورية العلمية والمكتبة الجامعية

توفير الدوريات بالمكتبة الجامعية

• تزايد الدوريات وانفجار المعلومات

• الدورية الإلكترونية العلمية وتطوراتها

• أساليب نشر الدورية الإلكترونية العلمية

• أنواع الدوريات الإلكترونية العلمية

• الاشتراك بالدورية الإلكترونية العلمية

• تجربة المكتبة المركزية بجامعة منتوري قسنطينة

• متطلبات إشتراك المكتبة في دورية الكترونية

• تحديات مستمرة مستقبل الدوريات الإلكترونية

• اقتراحات

مستخلص

دراسة حول الدوريات الإلكترونية واستخدامها في المكتبات الجامعية، وتأثيرها على الدوريات الورقية، وتتناول الدراسة مقدمة شاملة حول الدوريات العلمية وأهميتها ومواصفاتها، ثم ثم تناقش المقال العلمي ورحلته من التأليف إلى النشر وحتى التحكيم العلمي، ثم تتناول الدراسة الدوريات واقتنائها في المكتبات الجامعية من حيث اهميتها للمكتبة الجامعية، وطرق توفيرها، و الدوريات الإلكترونية العلمية وأهم التطورات التي طرأت عليها. طرق النشر في الدوريات الإلكترونية، وأنواع الدوريات الإلكترونية وطرق الإشتراك بها، ثم تعرض الدراسة لتجربة مكتبة جامعة منتوري بالجزائر في إقتناء الدوريات الإلكترونية، وأخيرا تقدم الدراسة بعض التحديات التي تواجه مستقبل الدوريات الإلكترونية.

* **الاستشهاد المرجعي بالبحث والدراسة: د.كمال بوكرزازة.**

الدوريات الإلكترونية العلمية بالمكتبات الجامعية وأثرها على الدوريات الورقية. 2.- cybrarians journal.- ع 11 (ديسمبر 2006) متاح في:

http://www.cybrarians.info/journal/no11/ejournals.htm

يفيد تتبع التطور التاريخي للدوريات أنها مدينة بوجودها للجمعيات العلمية التي كانت مسؤولة عن إصدار عدد لا يستهان به منها،ومن امثلة ذلك الدوريات التي كانت تصدرها الجمعية الكيميائية ب"لندن": Journal of the chemical society. ودوريات الأكاديمية العلمية للعلوم بالولايات المتحدة الأمريكية، ويبدو أن هذا النمط هو السائد في النشر العلمي في كل مكان حيث يعتبر إصدار الدورية المتخصصة أحد العناصر الأساسية في مقومات الهيئة الأكاديمية،وتعتبر اغلب الدوريات التي تصدرها هذه الهيئات دوريات بحث.

خصوصيات الدورية العلمية

إن أهم ما يميز الدورية العلمية عن الدوريات الأخرى:

- النظرة الجادّة والواعية في تناول المواضيع.
- احتواء رسوم بيانيّة كثيرة مع قلة الصّور.
- الإلتزام بذكر المصادر على شكل حواشي في التهميش أو فهارس دالة عليها.
- المقالات تُكْتَب من قبل عالم في الحقل ومتخصص في المجال.
- صرامة اللغة العلمية المستعملة.

- يفترض أن تكون للقارئ خلفية علمية كافية لاستيعاب وفهم المقال.
- الغرض الرّئيسيّ لمقال علمي هو تبليغ البحث الأصليّ أو التّجريب لجعل مثل هذه المعلومات متاحةً إلى باقي العالم العلميّ.
- التوجه في الغالب نحو فئة معينة من المهتمين الذين لهم تخصص موضوعي
- وإذا كانت الأمور تدرك جيدا بأضدادها،فإن مميزات الدوريات غير العلمية تستنتج تلقائيا من الخصائص سالفة الذكر.

أهمية الدورية العلمية

إن المكانة المركزية للدورية العلمية كما يرى كروسني Crosnier تتأتى من خلال العلاقة العضوية لثلاث عناصر أساسية هي الإطار المفاهيمي للخبرات العلمية المتطورة بسرعة هائلة إنتاجاوابتكارا، والحاجة الدائمة للمحافظة على مسارات الإكتشافات العلمية،ثم حق الإطلاع ومعرفة هذه الإكتشافات.

تكمن أهمية الدوريات العلمية في كونها الأداة المنوط بها تقديم المستجدات ومتابعتها في الحقل الذي تمثله وتسعى إلى خدمته، كما أنها الوسيلة التي يستطيع من خلالها الباحثون تقديم إسهاماتهم ونتائج أبحاثهم. فاستمرار صدور الدورية في تواريخ محددة وتنوع كتابها وانتماؤهم إلى تخصص واحد ومجال علمي محدد، يضمن إمدادها بالمواد والأعمال العلمية الجديدة والمنوعة.

إن الدورية في أي حقل من الحقول العلمية هي بمثابة المنتدى العلمي الذي يلتقي فيه المتخصصون والمهتمون للإفادة من بعضهم والتعرف على آخر المستجدات في الحقل الذي ينتمون إليه. وتعتبر الدوريات العلمية المتخصصة من أهم المصادر الأولية في وقتنا الحاضر وترجع أهميتها إلى اشتمالها على المقالات ومعلومات وأفكار أكثر حداثة من تلك التي توجد في الكتب عن أي موضوع، بخاصة في المجالات دائمة التغير كالسياسة والاقتصاد والعلوم والتكنولوجيا والطب وما شابه ذالك، إذ يحدث أن تنشر دورية معلومات عن أعمال واختراعات جديدة خلال أسابيع من التواصل إليها، في حين يحتاج الأمر إلى مدة تتراوح بين سنتين أوثلاث سنوات لكي تظهر تلك المعلومات نفسها في كتاب. وحسب "King" فإن معدل ثمن الإشتراكات في الدوريات العلمية تضاعف لأكثر من 7 مرات بين 1975 و1995. مما يعكس الإهتمام الكبير بها، والهاجس الذي تمثله بالنسبة لكل الباحثين والأساتذة.

مواصفات الدورية العلمية

أصدرت المنظمة الدولية للتقييس(ISO) قائمة للمواصفات القياسية تتضمن المعاييرالتي يجب الإلتـزام بهـا مــن طــرف الهيئــات المســؤولة عــن إصــدار الــدوريات العلميــة.وقــد قامــت المنظمــة العربيــة للمواصــفات والمقاييس (ASMO) بتعريبها،وأهمها 25 مواصفة خاصة بالملامح الشـكلية والفنيـة للـدوريات العلميـة.حيـث أنهـا تتسم بالوضوح وإمكانية قياس مدى الإلتزام بها كميا وبسهولة ملحوظة.

وتفرض علينا طبيعة هذا البحث الإشارة فقط إلى أن هناك 12 محورا تحوي جميع تلك المواصـفات، منهـا محاور عنوان الدورية، قائمة المحتويات، الترقيم، المجلد، وغيرها من المحاور التي سنذكرها مفصلة في قائمة الملاحق.

المقال العلمي من التأليف إلى النشر

يأخذ المقال العلمي مراحل عدة قبـل أن يصـل إلى المسـتفيد النهـائي،نظرا لاختلافـه عـن طبيعـة المقـالات الأخرى، من مرحلة كتابته مخطوطا إلى أن يصل مطبوعا للمستفيد النهائي. ويقدم"Raney" مسار المقال كما يلي:

المؤلف >> المحكمون >> المؤلف >> الناشر

>> المؤلف >> الناشر >>

الطابع >> كتابة >> تقييم >> تعديلات >> قراءة >> تصحيحا

ت >> ثانية

ويعطي مثالا على ذلك: دورية Géoscience and remote sensing society

إذ لاحظ ان هناك 8،21 شهرا في المعدل تنقضي بين تقديم المخطوط وتاريخ طبعه،ويشير إلى ان ما لا يقل عن 5 أشهر تخصص للبرمجة المختلفة والتركيب وإنتاج المجلة.

تقييم لجنة التحكيم

وهو تقييم لعمل أحد المؤلفين بواسطة زميلـه في الحقـل الموضوعي،ينصـب عـلى عمـل أرسـل إلى دوريـة علمية بهدف نشر العمل هذا وإن الأهداف الأساسية لهذه اللجنة هي:

- الشهادة على الإثباتات الشخصية لأصحاب المقالات العلمية.
- مراقبة الإنتحال والسرقات العلمية.

- لحد من بحوث إضعاف المعلومات أي تلك التي ترجع إلى ما قبل المعلومات الجديدة المتوفرة والمحينة.

- المساعدة على تحسين مستوى البحث العلمي وتشجيع روح الإبداع والإبتكار.

- إضفاء الطابع الرسمي والعلمي لمستوى البحوث.

ويكون الخبراء المحكمون ذوي درجة عليا في الإختصاص، وند نقد المقال يطلب تفادي تأثير سمعة الأسماء، وتدخل العوامل غير الموضوعية مثل الحزازات الشخصية والإختلافات الفكرية والمعتقدات. أما المحاور المركزية لدور المحكم فتنصب في الإجابة على التساؤلات التالية:

- هل يقدم الجزء الأساسي من المقال حقائق أو ملاحظات أو أفكارا جديدة؟ ومالم يكن الأمر كذلك فإنه يتعين على المحكم أن يبين البحوث التي سبق نشرها في الموضوع.

- هل عومل الإنتاج الفكري المنشور سابقا معاملة مناسبة في المقال؟

- هل يمكن فعلا الحصول على البيانات الواردة في المقال اعتمادا على الطرق والمناهج المستخدمة؟وتتطلب الإجابة عن هذا السؤال إحاطة كافية من جانب المحكم بمناهج البحث وطرقه في المجال وطبيعة البيانات التي يمكن الحصول عليها.

- هل يمكن تفسير النتائج والملاحظات بتفسير إضافي آخر أو أكثر فضلا عما أورده المؤلف؟

- هل تدعم الشواهد والملاحظات الخلاصة التي انتهى إليها المؤلف دعمتا مطلقا أو تدعمهما بقوة،أم إلى حد ما أم بشكل غير مناسب؟

ورغم حتمية وجود المحكمين في الدوريات العلمية "، إلا أن الفارق الزمني بين دفع المقال مخطوطا ونشره وتوزيعه لا زال مشكلا يعاني منه المؤلف والناشر بعامة،والمستفيد بخاصة نظرا لقيمة المعلومة عند الإحتياج والطلب.

الدورية العلمية والمكتبة الجامعية

يعتبر تقديم المعلومات المبرر الأساسي لوجود المكتبات ومراكز المعلومات، ويقصد بذلك:الناتج النهائي الذي يحصل عليه المستفيد من المعلومات والذي يأتي نتيجة للتفاعل بين ما

يتوافر لأجهزة المعلومات من موارد مادية وبشرية،فضلا عن تنفيذ بعض العمليات والإجراءات الفنية.

وتعرف المكتبة الجامعية بأنها عبارة عن مصالح للجامعة ليس لها أي استقلال مالي قانوني أدمجت رسميا في المصالح المشتركة للتوثيق، مهمتها الحقيقية هي تكوين وإبراز الأهمية للوثائق الضرورية للتعليم والبحث.ويكون غالبية روادها من طلبة وأساتذة الجامعة التي تنتمي إليها أو من الجامعات الأخرى،سواء من داخل الوطن أو خارجه.

ميزانية الدوريات داخل المكتبة الجامعية

تعتبر الدوريات أوفر أوعية المعلومات نصيبا من ميزانية المكتبات،وتشير الإحصائيات المتوفرة إلى تفاوت نسبة مخصصات اشتراكات الدوريات بشكل ملحوظ،حيث أنها تستأثر بثلاث أرباع ميزانية المكتبات كما تفيد لجنة المنح الجامعية في بريطانيا،شأنها في ذلك شأن المكتبات الجامعية أنها تنفق ما بين 40 % إلى30% من إجمالي ميزانيتها على اشتراكات الدوريات.

تشير التقديرات الحديثة إلى وجود ما يزيد عن 20000 دورية علمية تهم المكتبات الجامعية،نصفها تصدر الواحدة منها أكثر من 1000 نسخة.كما ارتفعت أسعارها في السنوات الخمس عشرة الماضية بنسبة 35%،مما اضطرغالبية المكتبات إلى إلغاء بعض العناوين المشتركة فيها.إلا أن الناشرين رفعوا الأسعار أكثر بسبب تراجع الإشتراكات، بغية تغطية التكاليف والأرباح.

أما المكتبة المركزية بجامعة منتوري بقسنطينة فلها ميزانية تقدر ب 3 مليار و100 مليون منذ 3 سنوات. وتخصص منها 16%،للإشراك في الدوريات العلمية.وذلك كل عام شريطة دفع مبلغ الإشتراك قبل وصول الدورية وتتم عملية الإشتراك بعد وصول الميزانية بين أفريل وماي من كل عام. وهناك 42 عنوانا لدوريات مختلفة تشترك فيها المكتبة،وكلها باللغة الفرنسية. أحيانا لا تصل كل الأعداد. والإشتراك عن طريق موردين اثنين هما CANEX في قسنطينة، وهناك SARL GROUPE B بالعاصمة.كما لا تتوفرالمكتبة على ميزانية بالعملة الصعبة.

وقد تبين أن هناك خللا في تسيير الدوريات داخل المكتبة الجامعية لايكمن في ارتفاع نصيبها من الميزانية للإقتناء، وإنما يرجع إلى التزايد المستمر في تكاليف الحصول عليها،وقد تبين منذ العقدين الماضيين أن الأسعار والإشتراكات ترتفع بمعدلات أعلى من معدلات زيادة

الميزانية، وأن نسبة ما ينفق على الدوريات في تزايد بينما يتناقص ما ينفق على الأوعية الأخرى.وهذا له علاقة بتزايد عدد الدوريات الهائل.

توفير الدوريات بالمكتبة الجامعية

تحصل المكتبة الجامعية على الدوريات من عدة مصادر هي:

- الإشتراك: وعادة يتم الإشتراك سنويا في الدورية،وتشترط دور النشر التجارية فيها دفع الإشتراك مقدما.كما يمكن للمكتبات ومراكز المعلومات الإشتراك مع الناشر للدوريات نفسها أو عن طريق وكيل أو موزع للدوريات،سواء كانم على المستوى الوطني أو الدولي، والطريقة الثانية أفضل،بخاصة في حالة اشتراك المكتبة بعدد كبير من الدوريات، حيث يوفر عليها الوقت والجهد وكثرة المراسلات مع الأطراف المتعددة.

- عضوية الجمعيات العلمية والإتحادات المهنية: إن لكل هيئة من هذه الهيئات برنامجها الخاص بالنشر،ومن هنا يتأتى التنوع فيما يصدر عنها من دوريات،وعادة ما تتضمن رسوم عضوية هذه الجمعيات والإتحادات بالنسبة للأفراد والمؤسسات على السواء،مقابل الحصول على دورية أو أكثر من مطبوعات الجمعية،إضافة إلى إمكانية الحصول على دوريات أخرى صادرة عن الجمعية نفسها بسعر منخفض.

وهذا النوع يساهم بقسط وافر في نمو وتمويل رصيد الدوريات،لأن اشتراك المكتبة الجامعية فيها يوفر لها الكثير من المصاريف.

- - الإيداع القانوني: تتمتع به المكتبات الوطنية،كما أن هناك أشكالا أخرى للإيداع تتمتع بها المكتبات الجامعية،ويلزم قانون الإيداع كلا من المؤلف والناشر والطابع أو أي جهة أخرى تمتلك حق الطبع أو الشر لأي مصدر معلومات بإيداع عدد محدد من النسخ المجانية من مصنفاتهما في المكتبة الوطنية قبل تسويقها أو بيعها.

- التبادل: يتم تبادل الدوريات عن طريق اتفاق مكتبتين أو أكثر،بحيث تقدم كل منهما للأخرى مطبوعاتها التي هي في غنى عنها دون تعامل مالي بينهما.فإذا كانت مكتبة جامعية تنشر دورية خاصة بها أو تتبع هيئة تنشر أكثر من دورية فإنه يمكن استثمار عدد معين من نسخ هذه الدوريات لأغراض

التبادل، وعلى الرغم من أن التبادل يعد مصدرا جيدا لتنمية المصادر،فإنه لا يمكن الإعتماد عليه بشكل مطلق في بناء مجموعة متكاملة من الدوريات.

- الإهداء: الإهداء هو أن يتطوع شخص أو هيئة بتقديم شيئ للمكتبة مجانا وبدون مقابل،ولا يشكل هذا الأخير مصدرا يمكن الإعتماد عليه كثيرا في الحصول على الدوريات، لأنها تتميز بالإنتظام في الصدور والإستمرارية، ومن ثم فإن الإعتماد على هذا المصدر غالبا ما يقتصر على الدوريات التي تصدرها الهيئات الأكاديمية والشركات التجارية،والمؤسسات الصناعية بهدف الترويج لمنتجاتها.

ومن الممكن في بعض الأحيان أن تتلقى المكتبة من أحد الافراد مجموعة مكتملة من دورية توقفت عن الصدور،أو مجلدات قديمة لإحدى الدوريات الجارية ويتوقف قبول المكتبة لهذه الهدية على مدى صلاحيتها بالنسبة للمستفيدين.

ويعتبر اعتماد مورد محلي أو عالمي للقيام بمهمة الإشتراك والتوريد الدوري للعناوين المختارة من أنجح الطرق التي تخفف العبء على المكتبة الجامعية،بخاصة إذا ارتبط ذلك بمراعاة المتغيرات المختلفة التي تطرأ على احتياجات المستفيدين.

إن اعتماد المكتبة الجامعية على الإشتراك يمكن أن يكون أكثر فاعلية إذا ما استندت إلى القوائم الموحدة للدوريات Union List of Periodical وهي عبارة عن قائمة مرتبة تضم مقتنيات عدد من المكتبات من الدوريات،وتعطي معلومات وصفية عن كل دورية وما يتوافر منها من أعداد في كل مكتبة،مع ذكر المكتبات التي تقتني هذه الدورية أورموز لها.وبهذا تتم عملية ترشيد الإشتراك وفق خبرات المكتبات الجامعية المتطورة،ومن أمثلتها القائمة العربية التي تصدر في الأردن،والتي ترصد جميع الدوريات التي تشترك بها عشرات المكتبات منذ 1988 إلى الآن.

تزايد الدوريات وانفجار المعلومات

إن كل ما وضحناه سابقا من مشاكل الدورية العلمية الورقية كان ولازال محور اهتمام العديد من الدراسات والبحوث لإيجاد الحلول والبدائل. ويرى" B.C Brooks" أن ما يسمى ب"انفجار المعلومات"إنما هوفي حقيقة الأمرتفجر في نشر المعلومات عبر الدوريات،ويرجع سبب ذلك إلى:

- الزيادة الهائلة في جهود البحث والتطوير التي يشهدها العالم.

- زيادة عدد الباحثين ورجال التكنولوجيا.

- ارتفاع معدل إنتاجية الباحثين لتوفر الوسائل والاجهزة المساعدة.

- وجود حوافز وترقيات بعد نشر البحوث في الدوريات.

- تزايد التخصص في أدق العلوم مما يؤدي إلى تزايد الدوريات.

- تطور تكنولوجيا الطباعة السريعة.

ويقدر عدد ما يصدر من دوريات في العالم الآن بنحو نصف مليون عنوانا سنويا يتوقف عن الصدور نحو15000 عنوان بينما يستجد 30000 عنوان جديد (فالزيادة السنوية تصل إلى 15000 عنوان،وهذه الزيادة يوجد فيها 8000 جريدة)ويصدر اليوم في العالم نحو 160000 دورية متخصصة ويصل عدد المقالات المنشورة في كل الدوريات إلى نحو250 مليون مقال سنويا. ومما يجدر ذكره أن النسخ المنشورة سنويا للدوريات يصل إلى 200 مليار نسخة من عنوان الدوريات الصادرة، بينما يبلغ عدد النسخ المنشورة لعناوين الكتب حوالي 20 مليار نسخة سنويا، ويستهلك العالم سنويا نحو50 مليون طن ورقة لطباعة نسخ الدوريات ونحو30 ملين طن ورقة لطباعة نسخ الكتب.

ومع تأثيرات التكنولوجيات الحديثة وارتفاع أسعار الإشتراك في الدوريات الورقية بصورة كبيرة،بالإضافة إلى استحالة السيطرة على الكم الهائل من الأعداد المتكاثرة،أصبح التفكير في إيجاد حل لهذه المعضلة عاجلا وحتميا باستغلال التطورات المتسارعة في تكنولوجيا الإعلام والإتصال وتسخيرها في توفير شكل جديد للدورية العلمية.

الدورية الإلكترونية العلمية وتطوراتها

ومن هنا نشأت الدورية الإلكترونية العلمية،ويمكن حصر أسباب ظهورها فيما يلي:.

- زيادة كلفة الطباعة والنشر.

- الزيادة الهائلة في عدد الدوريات جعل مهمة اشتراك المكتبات فيها ومواكبة التنامي المستمر مهمة شبه مستحيلة.

- الفترة الزمنية الطويلة التي قد تصل السنة بين تقدم الموضوع ونشره في المجلة.

- معظم الدوريات تنشر عددا كبيرا من المقالات في العدد الواحد،والقارئ لا يهتم إلا بمقال واحدأومقالتين ذات العلاقة بالإهتمام،لذلك فهو يدفع قيمة إضافية لباقي المقالات.

- محدودية الدوريات ذات المستويات العلمية الجيدة تجعلها تفرض العدد من المقالات التي تقدمها.

- محدودية مساحات التخزين لدى المكتبات،مما لا يسمح لها باستيعاب عدد هائل من الدوريات واستقبالها بصورة منتظمة.

- ظهور النشر الإلكتروني الذي أوجد حلولا للمشاكل،والإتاحة والإشتركات وغيرها...

ويمكن أن نضيف الحواجز المكانية والزمنية غير الموجودة في الدورية الإلكترونية،وهو أمر جوهري للإتصالات الأكاديمية والبحثية بصورة خاصة.

مرت الدورية الإلكترونية العلمية بمراحل صعبة قبل أن تعرف الإنتشار بفضل شبكة الإنترنت،إلا أن كل مرحلة كانت تضيف خبرة جديدة وتستفيد من كل التطورات التي يتيحها النشر ـ الإلكتروني.كما أن تعدد الإجتهادات وعدم اقتصارها على بلد بعينه أدى إلى تلاقح الأفكار وتشجيع الإبتكار لأجل غاية مشتركة،وهي إيجاد وعاء الكتروني فعال وسريع يربط بين مختلف الباحثين العلميين،مهما كان انتماؤهم وتخصصهم عبر نظام اتصالي شبكي يتجاوز حدود الجامعة والمخبر إلى كافة جامعات ومخابر العالم.

ويمكن ذكر هذه المراحل وفق النقاط التالية:

- **خطوة EIES والنظام الإلكتروني** Electronic information Exchange system وكان ذلك في الولايات المتحدة الامريكية بين 1978 و1980 وكان النظام الإلكتروني يحتوي على مقالات،بريد،ومجلة يديرها ناشر وملف للملاحظات.

- **قفزة BLEND نحو التفاعلية**

development project Birmingham and Loughborough networkوكان في بريطانيا بين 1980و1984 والهدف منه استغلال وتقييم مختلف طرق الإتصالات العلمية عن طريق دورية الكترونية موزعة عبر شبكة،وموازاة مع ذلك

دراسة الكلفة،الفعالية والاثر. وكان أهم جانب ايجابي ملحوظ هوالتفاعلية التي أتيحت للقارئ عن طريق تعليقاته حول المحتويات ومحاوراته مع المؤلف.لكن تكنولوجيات ذلك الوقت لم تسمح بتطوير هذه العملية بنحو أفضل.

- **ملاحة QUARTET بين الروابط التشعبية** بعد ذلك جاء مشروع Quartet في بريطانيا ايضا حيث أنشئت الدورية الإلكترونية التشعبية المسماة: Hyper BIT(behaviour and information technology)وكانت الروابط التشعبية تسمح بالملاحة بين الإحالات المرجعية أساسا.

-**الناشر العلمي الأول بADONIS والمسح الضوئي** بدأ هذا المشروع عام 1980 بالتعاون بين عدة ناشرين علميين لاختبار سوق النشر الإلكتروني حيث تم تخزين الدوريات باستخدام الماسحات الضوئية Scannage. الهدف هوالإتاحة الإلكترونية للدوريات الورقية وتكسير سلطة التجاريين.

-**مشروع** EMP **بين مواصفة**(SGML)وابتكار(AAP):لقد استعمل الناشرون في البدايات الأولى تنميطا خاصا بهم عند عملية الهيكلة،عادة ماتكون مع أصحاب المطابع ووفق المعدات الحاسوبية والبرمجيات التي يستخدمونها.ثم جاء عصر- تقييس المواصفات الذي مكّن من تغيير النظم الحاسوبية مع المحافظة على ديمومة المعلومات.وهذا التقييس المخصص للأشكال المختلفة التي تتلاءم مع مراحل سلسلة الإنتاج يندرج ضمن عائلة المواصفات التي ترجع إلى مواصفة" لغة الترميز العامة القياسية " "SGML."Standard Generalized Markup Lannguage.وهي معيار قياسي تم وضعه من طرف"Goldfarb Charles" عام 1979، ولم تتبنه المنظمة الدولية للتقييس " ISO "إلا في شهر أكتوبر عام 1986.

وكانت قد بدأت قبل هذا العام بثلاث سنوات مناقشة بين كبار الناشرين بهدف إقحام قواعد تحرير المقالات العلمية في الشكل المنطقي، والإتفاق عامة على التصميم المشترك المبني على مواصفةSGML المعبرة عن هذه القواعد.حيث انطلق التقييس لتصميم المقالة العلمية والطبية في "مشروع المخطوط الإلكتروني Electronic Manuscript Project"، والذي امتد من 1983 إلى1986 بين عدة متشاركين في سلسلة الإنتاج والتوزيع،كالناشرين الذين تمثلهم "جمعية الناشرين الأمريكيين American Association Publishers (AAP)،والمكتبات،بمشاركة مكتبة الكونغرس الأمريكية،المكتبة الوطنية الطبية، وقواعد البيانات مثل:"المستخلصات الكيميائية"و"Medline".وكان الهدف هو معرفة

الإستعمال الممكن لمواصفة SGML في السلسلة انطلاقا من المؤلف إلى المستفيد،ومرورا بالناشر،وبوسطاء التوزيع مثل بنوك المعطيات والمكتبات.

وتم في نهاية المشروع تطوير مواصفة أمريكية واعتمادها كأساس للمواصفة الدولية "ISO 12083":"إعداد وتحديد المخطوطات الأمريكية".وأصبحت بدورها مواصفة وطنية فرنسية.ثم وقع اتفاق عام 1988 بين فريق من Ohio College Library Center (OCLC) وبين جمعية الناشرين الأمريكيين لتسهيل عملية صيانة المواصفة الأمريكية.وبعدها شرع الناشرون الأوربيون والمتخصصون في تطبيق تقييس "AAP" في المجال الخاص بالدورية العلمية والتقنية والطبية.فميّزوا بين جزءين في البنية المنطقية للمقالة:

أ.رأس الصفحة ويتضمن العنوان،المؤلفين وانتماءاتهم،المؤتمرات،الكلمات المفتاحية،والمستخلص.أي كل المعلومات الوصفية التي تشيرإلى المقالة

ب.جوهر التحرير: توصل المجتمعون إلى اتفاق حول رأس الصفحة يتمثل في بنية منطقية مشتركة وفق مواصفة "SGML" نشرت عام 1991 من قبل الناشر"SPINGER"،حيث مكنت الناشرين من تقديم معلومات وصفية لمقالاتهم في شكل الكتروني بالطريقة التي نجدها في بنوك المعطيات.إلا أن المناقشات التي دارت حول جوهر الموضوع،والتي تتعلق بإدخال قواعد تحرير المقالة العلمية وبنية تحرير متطابقة في مواصفة "SGML" لم تصل إلى اتفاق نهائي.لذا أصبح كل ناشر يحوّل بمفرده خبراته إلى تلك المواصفة،مع المحافظة على المبدأ الأساسي لتقييس " AAP "

ويمكن تعريف واصفة "SGML" بأنها طريقة عالمية لتحديد البنية المنطقية للوثائق.وهوتحديد مستقل عن محتوى الوثيقة ونوع الوعاء،وتصميم حيادي غايته تبادل المعلومات،كما أنه مستقل عن النظام المعلوماتي الذي يقدم الوثيقة.ووثيقة"SGML" قابلة للمراجعة والتحديث،ولها القابلية لإعادة استعمالها في نظام مغاير للنظام الذي أنشئت به أو في تصاميم مبسطة مثل التي نجدها في معالجات النصوص.

وتتضح الرؤية جيدا،إذا رجعنا تاريخيا إلى ما قبل انتشار"SGML"،وعلمنا أن لغة الترميز أو الوصف"Markup Language" للمصادر أو الوثائق الإلكترونية هي نقطة انطلاق وانتشار الإتاحة الشبكية لمصادر المعلومات تماما،مثلما ساعدت الطباعة على نشر المطبوعات في العالم المادي الملموس.

إن الترميزMarkupأوEncoding أمـر جـوهري للنصـوص الإلكترونيـة،فهو الـذي يجعـل الأمـور الخفيـة غـير الواضحة للقارئ في غاية الوضوح للمعالجة والتجهيز الآلي.ويرجـع أصـل"SGML" إلى تسـمية "GML" كلغـة ترميـز عامة في البداية،ولم تضف إليها صفة المعيارية "S" إلا بعد اعتراف منظمة "ISO" بها كما سبق الذكر.

- ابتكار الواب ونشأة الدورية الإلكترونية العلمية رغم المجهودات الجبارة المبذولة في تلك المشاريع،إلا أنهـا لم تنجح بالصورة المنتظرة وذلك للأسباب التالية:
- المحدودية التقنية آنذاك مما نجم عنها الرؤية السيئة للدوريات على شاشة الحاسوب، كما أن الطبع سيئ اقل من التقنيات التقليدية للمطبعة.
- عدم تحمس المؤلفين والمستعملين للوعاء الإلكتروني.
- كان الورق مسيطرا على مكانته كوعاء أساسي للمعرفة.

إلا أنه ومع التطورات التكنولوجية المتسارعة آنذاك، وفي مارس 1989 كان المهندس الباحـث Tim Berners Lee في المجلـس الأوروبي للبحـوث الذريـة CERN الموجـود ب""جنيــف" (Conseil la recherche Nucléaire) Européen pour قد أنشأ الشبكة العنكبوتية العالمية "World WideWeb" أو ما يعرف ب "الواب" وهو نظام جديـد للإتصال، فعال وملئ بالتطورات التكنولوجية.وقد تولد هذا الإختراع بعد الحاجة الماسـة التـي أبـداها الفيزيـائيون للاتصال فيما بينهم،وضرورة إنشاء نظام شبكي سريع يربط بينهم وبين المخابر والجامعات ومراكز البحوث لتبـادل المعلومات ومواكبة آخر الإنجازات في دائرة اهتماماتهم العلمية.

وكـان مجمـل مـا جـاء في مشروع "Berners " هـو اسـتعمال تقنيـة النصـوص المترابطـة لتنظيـم الوثـائق والمعلومات وتبادلها في مجلس CERN في تقرير تحت عنوان:

" Hypertext and CERN " حيث استلهم مفهوم النص الفائق"

Hypertext "من العالم "تاد نلسون" "Ted Nelson"الـذي يعـود لـه الفضـل في اكتشـاف هـذه التقنيـة عـام 1965،وتدعيمها بمشروع"Exanadu" عام 1981 حول تصوره لنظام عالمي للمطبوعات المرتبطـة ببعضـها عـن طريـق الـروابط النصـية.إلا أن "Berners " أدمـج ثـلاث تقنيـات جديـدة هـي لغـة"HTML"التـي تسـتعمل لكتابـة وثائق"الواب"،وبوتوكولات " HTTP " لنقل وتبادل الصفحات والمعلومات، وبرنامج عارضات الواب " Web browser "لاستقبال وقراءة

البيانات ونشر المعلومات.إلا أنه ركز على أمر جوهري وهوأن اعتماد بروتوكول انترنت "IP" يمكّن أي مستفيد من الولوج إلى المعلومات مهما كان نوع الجهازأوالبرنامج المستخدم.

وتواصلت المجهودات إلى أن تم تجريب شبكة الواب في مارس 1991 في شكل شبكة صغيرة تجريبية وبدأ استعمالها الحقيقي في شهر ماي من نفس السنة،حيث شكلت البداية الأولى لنظام تبادل المعلومات بدمج التقنيات الثلاثة السالفة الذكر.ثم تم الإعلان في شهر أوت ولأول مرة عن إمكانية الولوج إلى ملفات ومعلومات مجلس CERN بواسطة مجموعات الأخبار.وبذلك أصبحت شبكة "الواب" منذ ذلك التاريخ أداة جديدة قابلة للإستعمال من كل المستفيدين.

وتعتبر شبكة الواب مجال نشر الكتروني متطور يتم من خلاله نشر وبث المعلومات بين مختلف المؤسسات العلمية والشركات الإقتصادية...والتعريف بنشاطاتها ومنتجاتها لتحقيق أغراض تخدم مصالح تلك المؤسسات في إطار تخصصها ومجال نشاطها

ومع السنوات المتتالية للتسعينات،ظهرت أولى الدوريات الإلكترونية العلمية الخالصة،وكانت غالبيتها من طرف العلماء الباحثين.وكانت رغبتهم التنديد والحد من السيطرة الكلية لعدة ناشرين أغلقوا النشر العلمي في دائرة تكاليف الإشتراكات. وعلى رأسهم أسماء الناشرين: .Stevan،.Paul Ginsparg،Harnad et Andrew Odlyzko

وخلال عام 1997 تم توفير الدوريات الإلكترونية العلمية بطرق تجارية من طرف الناشر التجاري الدولي المعروف: Elsevier ثم Institute of physics.،Blackwel science،Academic press.

ولم يتوقف تطور الواب الحالي عند هذا الحد،إذ يحتوي على كثير من المعلومات،لكن التعريف بها محدود جدا،كما أن لغة HTML تقدم روابط دون دلالات تسمح بالفهم الكافي للمحتوى.ولهذا أصبح الإتجاه الآن نحوتعميق الأبحاث والدراسات حول جوانب جديدة تستدرك النقائص الملحوظة في HTML من أجل إيجاد منافذ أكثرمساعدة للمستفيد.

ولهذا شرع" Berners " نفسه في تطوير الواب إلى واب جديد هوما يسمى الواب الدلالي Web sémantique منذ 1998،ثم بإشراف هيئة دولية هي اتحاد شركات الشبكة العنكبوتية W3C(WORLD WIDE WEB CONSORTUIM) وذلك منذ عام 2001.حيث يتمحور العمل أساسا على تخليص المستفيدين أثناء عملية البحث من الكثير من المعلومات غير المعبرة عن احتياجاتهم. غير أن أهم تغيير هو استحداث لغة جديدة من طرف w3c وهي "هيكل

وصف المصادر" RDF (Resource Description Framework) وتعتمد الأبحاث على الإمكانيات الهائلة التي يوفرها الذكاء الاصطناعي.

ويعد RDF بمثابة قواعد بناء العلاقات بين المصادر المختلفة المتاحة على الشبكة،كما يلعب دورا متميزا في تجهيز واصفات البيانات وتحقيق التوافق في التشغيل بين التطبيقات القائمة على تبادل المعلومات على الشبكة العنكبوتية، ويمكن توضيح مخطط RDF في الشكل التالي:

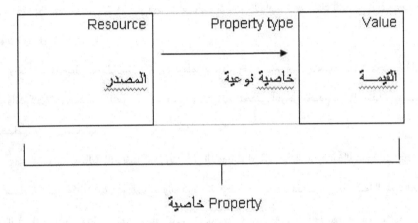

مخطط هيكل وصف المصادر RDF

يبين الشكل أن الهيكل يتكون من المصدر،ويعرف بأنه الكيان المتميز بعنوان الكتروني مستقل URL ،ويرتبط المصدر بقيمة تعكس أحد الخصائص التي يمتلكها.

وهناك موقع على شبكة الإنترنت يتعرض بالشرح والأمثلة لهذه الأبحاث الخاصة ب"الواب"الدلالي والتي لا زالت متواصلة لحد الآن.

وتجدر الإشارة إلى أن تعاظم أهمية الدوريات الإلكترونية العلمية عبر الإنترنت دفع البعض إلى الإهتمام بأدلة لها وإصدارها ثم تحديثها بانتظام.حيث يساعد ذلك على معرفة حركية الدوريات،ومتابعة أعدادها،كما يسهم في إجراء دراسات تقييمية وببليومترية للمقالات الإلكترونية المتضمنة فيها.

أساليب نشر الدورية الإلكترونية العلمية عبرالإنترنت

توفر شركات النشر الإلكتروني العالمية خدماتها المعلوماتية إما من خلال الإنترنت (الاتصال المباشر) أوعلى هيئة أقراص ضوئية. والأقراص الضوئية يمكن أن تتاح على

الشبكة الداخلية للهيئة (إنترانيت) مما يجعل إمكانيات الدخول إليها بمتناول الجميع من خلال حواسيبهم الشخصية.

أما خطوات إعداد الدوريات الإلكترونية حيث يتم إدخال بياناتهاالمطبوعة في الحاسب الآلي.ومن ثم إعداد رؤوس الموضوعات وعناوين المقالات وربطها ببعض لتسهيل عملية البحث. وتتم عملية إعداد الدوريات إلكترونيا من خلال دور النشر المشتركة في المشروع،ومن ثم إرسالها إلى إدارة المشروع لإتاحتها للمستفيدين،وبعد ذلك يقوم الناشر بتحديث المعلومات على الموقع المحدد له مع إبلاغ إدارة المشروع بتلك التحديثات. وبمرور الوقت أمكن لكثير من الناشرين اختصار مدة التحديث لتصل لحوالي شهرين أوأقل،وذلك يتح للباحث الحصول على المعلومات الحديثة في مجال تخصصه.

الأنواع المختلفة للدوريات الإلكترونية العلمية عبر الإنترنت

1. دورية الكترونية لها أصل ورقي

وهوالنوع الأكثر إنتشارا، إذ يكون أصله ورقيا وينشر الكترونيا ثم يوزع على الإنترنت.وهوأساسا يمثل دوريات كبار الناشرين العلميين التجاريين مثل:......Academic press; Elsevier; Springer;IOP.وغالبا ما تتم العملية عن طريق ماسح ضوئي للنسخة الورقية scannage على شكل صورة.ويجب الدفع قبل استعمال هذه الدوريات.

ويلجأ إلى استخدام الماسحات الضوئية أوالسكانيرلما تتميز به من خصائص عديدة،مثل طاقة المعالجة المحددة ب6،8،12 نقطة في1 ملم،والسرعة التي تصل إلى حد 200صفحة في الدقيقة،وتوفرطريقة الرقمنة التلقائية أي دون تدخل بشري.

2. دورية الكترونية خالصة

وهوالنوع الذي ليس أصل ورقي.وبالتالي له أولوية على النوع الأول، إذ يتطلب أدنى الشروط: حاسوب،برنامج للنشر الإلكتروني مناسب ووقت كاف،عوامل كافية لإنشاء دورية الكترونية. وحسب Ghislaine Chartron فإنه بإمكان كل مؤلف مرتبط بشبكة الإنترنت الآن ان يوزع مقالاته بطريقة احترافية وبذلك يتجاوز العائق الإقتصادي للنشر الورقي ويتم إنشاء مثل هذه الدوريات من طرف الباحثين أوالأقسام الجامعية في غالب الأحيان،وبصورة أقل من طرف الناشرين المحترفين.كما ينظر الباحثون إلى الإنترنت كوسيلة سهلة وفعالة للحد من سيطرة واحتكار كبار الناشرين التجاريين للدوريات العلمية الورقية. ومن هنا كانت مجانية هذه الدوريات هي الميزة الرئيسة لها.ولكن العائق العلمي المطروح

هو المصداقية العلمية لهذه الدوريات التي لا تشابه تلك الموجودة في الدوريات العلمية الورقية المحولة على الشكل الإلكتروني، وبالتالي موقعها ومشكلة المصداقية في حقل التخصص العلمي.

3. مواقع "واجهة" sites vitrines للدورية الورقية

تعمل هذه المواقع كمنتجات لإعلام وجذب المستفيدين.ويتم تصفح المواقع بطريقة مجانية،إلا أنها تقتصر على تقديم الغلاف الخارجي للدورية وقائمة المحتويات فقط،وهذا بعد الماسح الضوئي après scannage،وبعضها يقترح أحيانا بعض المقالات بالنص الكامل بطريقة مجانية.وبالتالي فإن هذا النوع من الدوريات قليل الفائدة بالنسبة للباحثين والمكتبات الجامعية.

4. مواقع ما قبل الطبع -les sites de preprints -Prétirages

وقد كان هذا النوع هوبدايات نشأة الدوريات الإلكترونية العلمية في أوائل سنوات 1990،وبالضبط في اختصاص الرياضيات والفيزياء، وهوالإختصاص الذي عرف منذ سنوات طويلة ثقافة حقيقية في دوران المقالات قبل الطبع،التي يمكن أن نسميها "ثقافة ماقبل الطبع".ومن هنا فإن النشر الإلكتروني لم يقم سوى بتحويل هذه الثقافة الإحترافية للباحثين إلى مواقع في الإنترنت. والرائد في إنشاء هذه المواقع المميزة هو Paul Ginsparg فيزيائي في لوس ألاموس Los Alamos،إذ تمكن بفضل برنامج آلي من إنشاء بنك أرشيف لمقالات ماقبل الطبع في اختصاص فيزياء الطاقة. ثم وقع بعد ذلك تشبيك لهذا البنك في أوربا عن طريق مركز البحوث LE CERN في جنيف الذي يضم هول أيضا قاعدة هائلة لمقالات ماقبل الطبع. ويتلخص دور هذه المواقع في الإتاحة السريعة،الحرة والمجانية للإسهامات العلمية من طرف الباحثين. ونجاح هذه المواقع ملحوظ بشكل ملفت للنظر،إذ تبين الإحصائيات أن المعدل بلغ 100000 نفاذ مباشر من طرف الفئة العلمية المتخصصة من شتى أنحاء العالم. وتجدر الإشارة إلى أن غالبية المقالات المتاحة هذه المواقع يتم طرحها للتجميع في دورية،حيث يتم قبول بعضها وإلغاء البعض الآخر،إلا أنها تبقى على المواقع رغم رفضها كمقالات في الدورية. وهنا يبدوإشكال حول القيمة العلمية للمقالات الموجودة في هذه المواقع.

الاشتراك بالدورية الإلكترونية العلمية عبرالإنترنت

تجدر الإشارة إلى أن الاشتراك الورقي أسهل من حيث الدفع حيث أنه يتم الدفع مسبقا لمبلغ يغطي أعداد السنة.لكن الكثير من الناشرين يضعون أسعارا مختلفة حسب

طبيعة الزبائن: مؤسسات هيئات عمومية،خواص،وبعضها يضع سعرا استثنائيا للطلبة. أما فيما يخص الـدوريات الإلكترونية في غالب الأحيان نجد نفس الناشر الواحد يعرض عدة طرق للاشتراك، وأشهرها:

1. مجانية الشكل الإلكتروني الموازي

في هذه الحالة لا يمكن النفاذ إلى الشكل الإلكتروني إلا بعد الإشراك في الشكل الورقي،وبالتالي فـإن هـذا النوع يخدم الناشر لأن يتفادى مشكلة التفاوض حول سعر الدورية مـن طـرف المكتبـات لان الشـروط المالية لا تتغير،مما يجعل إتاحة النسخة الإلكترونية خدمة إضافية لا غير. إلا أن هـذه الخدمـة لا تـدوم طـويلا،لأنها تقتصرـ على فترة التجريب والاختبار لبدايات الدوريـة في شـكلها الإلكتروني،فبعـد شـهور فقـط يصبح الولـوج إلى الشكل الالكتروني بالدفع وهناك من لا يزال يحافظ على مجانية النفاذ مثلEDP Sciences

2. الإشتراك المزيج بين الشكلين

وهو مزج الإشتراك الإلكتروني بالإشتراك الورقي مع زيادة طفيفـة في السعر،أوالإشـتراك الإلكتروني وحـده بسعر لا يقل كثيرا عن سعر الإشتراك ورقي(90% بالمائة من سعر الإشتراك الورقي). يبـدوهنا أن الحالـة الاولى هـي التي تناسب اكثر المشتركين. لأن الزيادة التي يدفعونها تتراوح بين 7 و30 بالمائة فقط مـن سـعر الإشـتراك الـورقي، للحصول على كلا النسختين. أما الحالة الثانية فهي تقتصر على النسخة الإلكترونية فقط مع سعر لا يقل كثيرا عن سعر النسخة الورقية.

3. الإشتراك في أحد الشكلين فقط

حالة نادرة، إذ يشترط بعض النـاشرين التخييربين الإشـتراك في أحـد الشـكلين فقـط دون وجـود إمكانيـة الإشتراك الممزوج. والهدف من هذا الإجراء هوالتأكيد على استقلالية الشكل الإلكتروني عن الشكل الورقي،لكي يكون منتوجا قائما بذاته له قيمته وليس خدمة إضافية.ومن أمثلة ذلك دوريـة Journal of Biological chemistry حيـث سعرها الورقي 1600 دولار في حين سعرها الإلكتروني 1100 دولار.

4. الإشتراك بالجملة حسب الموضوع

الإشتراك بالجملة حسب الموضوع في عدة دوريات بالشكل الإلكتروني. يتميز هذا النوع بالإشتراك المتضمن لعدة دوريات وليس دورية واحدة.فالناشر الفرنسي- للدوريات الطبية Masson يقترح هذا النوع من الإشتراك لفترة 6 أشهر، بوجود 12 موضوعا متخصصا في الطب للإختيار من بينها للإشتراك. مثال ذلك: الإشتراك في ثلاثة مواضيع من 12 موضوعاهي:

Anesthésie/Réanimation/Urgences يسمح بالحصول على 5 دوريات أي عناوين الدوريات،والسعر هو 910 ff لمدة 6 اشهر.في حين أن السعر الثابت للدورية الواحدة مهما كان عنوانها هو1440 ff. مما يبين الميل إلى ترجيح كفة الإشتراك بالجملة حسب المواضيع وليس الإشتراك الواحد بعنوان المجلة.ويمكن القول أن نوع هذا الإشتراك هوالمطبق في المكتبة المركزية بجامعة منتوري قسنطينة.

5. شراء المقال الإلكتروني دون الإشتراك بالدورية

هنا تصبح المجلة على شكل بنك معلومات للمقالات.إذ يمكن أن يزول مفهوم الإشتراك، ليحل محله تسعير للوحدة وهي المقال.مثال ذلك: L 'American Institute of Physics يحدد سعر المقال الواحد من الدوريات التي ينشرها بين 15 و20 دولارا عل شكل.pdf.

تجربة المكتبة المركزية بجامعة منتوري قسنطينة

خطت المكتبة أول خطوة نحوالإشتراك الإلكتروني في الدوريات العلمية.وكانت البداية في شهر جانفي 2004 بالإتصال مع المورد الثاني للمكتبة وهو SARL GROUPE B والموجود مقره بالعاصمة،والذي كان ولايزال يضمن الإشتراك الورقي في دورية علمية تغطي 21 تخصصا علميا دقيقا.وعنوانها

هوTECHNIQUES DE L'INGENIEUR، حيث تم الإتفاق بينهما على الإشتراك المزيج بتوفير الشكل الورقي والإلكتروني معا.إلا أنه اشتراك مميز،إذ يضم صفة الإشتراك المزيج والإشتراك بالجملة في وقت واحد.وبلغت تكلفة هذا الإشتراك السنوي أكثر من 100 مليون سنتيم.بعدما كانت كلفة الإشتراك الورقي لنفس الدورية تبلغ 48 مليون سنتيم. وقد تم الحصول على كلمة السر في أفريل 2004،ويقدم هذا الرقم لمحافظي مكتبات الكليات ذات التخصص المذكور من 21 تخصصا في تلك الدورية.

ويمثل شعر الإشتراك الإلكتروني أكثرمن 100% من سعرالإشتراك الورقي.وهوعبء ثقيل ومضاعف على عاتق المكتبة المركزية،لكنه لا يقتصر على تخصص واحد،بل يمس عشرات التخصصات الموجودة بالجامعة.

إن أي اتفاق من هذا النوع يجب دراسة مواده بدقة مادة مادة،خوف تضمنها مبدأ الخسارة.حيث ظهرت أمور معرقلة لاستفادة المكتبات الجامعية من الدوريات الإلكترونية في الدول الغربية،إذ تشترط بنود بعض الإتفاقيات حق منتج المعلومة إغلاق منافذ الدورية عند سوء الإستخدام مثلا.وهذا لا يسهل مهمة المكتبيين الذين يجب عليهم رفض مثل هذه البنود.وقد وضع بعض المكتبيين أسسا لاتفاقيات من هذا النوع:

- عدم الموافقة على بعض البنود في مثل هذه الإتفاقيات لضمان الأشكال المطبوعة.
- ضرورة السماح بحقوق دائمة للمكتبات في المعلومات،والدوريات التي سبق دفع اشتراكاتها،أي من خلال الدفع مرة واحدة.
- حتمية إتاحة الشكل الإلكتروني للدوريات وتوفيره للمكتبة،قبل صدورالشكل المطبوع بفترة مقبولة.
- منح المكتبة الجامعية حق الإشتراك في الشكل الإلكتروني دون الورقي،إذا أرادت ذلك.شريطة ألا يزيد سعر الأولى عن 80% من سعر المطبوع.

وهناك مشروع أوروبي يمنح للمكتبات حق ملكية الدوريات التي تشتريها،وفي الوقت ذاته حق الإطلاع المجاني للباحثين وطلبة الجامعات.ويقوم اتحاد المكتبات بالمشاركة في هذا المشروع،بتخزين الدوريات على مخدمه (Server)الخاص،ويسهرعلى تأمين تكاليف البرامج والمواد.

وعلى الرغم من الحلول التي يوفرها الإشتراك بالدوريات الإلكترونية،إلا أن هناك ارتفاعا في أسعاره في السنوات الأخيرة من 5% إلى 8%،ويبرر أحد الناشرين ذلك بتوقف العديد من المكتبات عن الإشتراك،إذ تضاعف تمويل مشاريع البحث العلمي بينما تمويل المكتبات يرتفع بصورة محتشمة.وذهب إلى القول أنه كان يتحتم علينا زيادة السعر ب12% لأجل تغطية جميع المصاريف.

على الناشرين أن يقوموا بدور مهم في خدمة إنتاج أوعية المعلومات على شكل وسائط متعددة المواد المطبوعة والمحوسبة، وإتاحتها في أكثر من شكل باستخدام

وسائل تقنية المعلومات الحديثة. إظهار بعض الليونة في تطبيق قوانين حقوق المؤلف مما يساعد على نشر المعلومات وذلك من خلال حصولهم على الحقوق من المؤلفين مجانا نظير نشر أعمالهم. العمل جنبا إلى جنب مع الجامعات ومراكز الأبحاث لتطوير نظم تقديم الخدمات المعلوماتية بيسر وسهولة للباحثين.

متطلبات إشتراك المكتبة الجامعية في دورية الكترونية علمية

- توفرمعدات وبرمجيات،وشبكة داخلية لربط نظام استرجاع المعلومات
- إنشاء روابط بين مختلف مصالح الشبكة الداخلية للمكتبة المركزية وبين مكتبات الكليات والأقسام الجامعية،بخاصة البعيدة عنها.
- ربط المكتبة بالناشر أومقدم الخدمة برقم النطاق.IP address
- كتابة الحواشي الخاصة بموقع الدوريات الإلكترونية.
- الربط بين مواقع الدوريات الإلكترونية العلميةعبرالإنترنت والدوريات العلمية التي يحتويها نظام الفهرس الآلي في المكتبة .
- توفيرخدمات التصويروالطباعة .
- -توظيف الكفاءات المكتبية ذات الالمؤهلات العلمية والعملية.

تحديات مستمرة أمام مستقبل الدورية العلمية عبر الإنترنتحقوق التأليف

مشكل حقوق التأليف مشكل رئيس في الدوريات الإلكترونية على خلاف الدوريات الورقية أين يتنازل المؤلف عن حقوقه للناشر، في حين نرى ناشري الدوريات الإلكترونية يخافون من الدوران السهل للمقالات من مستخدم لآخر،ولهذا يرفضون تطبيق الإعارة التعاونية بين المكتبات للدوريات الإلكترونية prêt inter bibliothèques ولهذا كان منتدى النقاش المسمى" Liblicense" مركزا على هذه النقطة على موقعه في الإنترنت،حيث يناقش قضايا حقوق التأليف، الإعارة التعاونية بين المكتبات،الحق في استعمال الأرشيف....بحماية حقوق النشر والملكية الفكرية.وذلك لما يكتنف بث المصادر الرقمية في موقع المكتبة سواء على شبكة الإنترنت أوعلى الشبكة الداخلية للمكتبة والجهة التابعة لها المكتبة الكثير من المحاذير التي تحتاج الإجابة عليها القيام بالكثير من البحوث والدراسات وسن القوانين والتشريعات، ولعل من هذه المحاذير ما يتعلق بضوابط استخدام مصادر المعلومات الرقمية، وكيفية حماية حقوق النشر والملكية الفكرية في ظل البيئة الرقمية .

لا توجد مشاكل كبيرة بالنسبة لحقوق النشر أوالملكية الفكرية في مجال المواد المطبوعة، فشراء المكتبة للنسخة المطبوعة يخولها لإعارتها لمن تريد وبأي عدد من المرات بدون الحصول على أي ترخيص من مالك حقوق النشر، كما أن المستفيد من المكتبة التقليدية يقوم باستعارة وعاء المعلومات من أجل القراءة والإطلاع ومن ثم يقوم بإعادته للمكتبة لتقوم هي بعد ذلك بإعارته لشخص آخر .

بينما في المكتبة الرقمية فالأمر مختلف تماماً، فلا توجد هناك عملية استعارة أساساً فالمستفيد يقوم بعملية إنزال مصدر المعلومات الرقمي من موقع المكتبة على الشبكة مما يخوله لملكيته الكاملة، كما أن المكتبة تتيح أي عدد مهما بلغ من عمليات إنزال مصدر المعلومات الرقمي .

ويخشى كثير من المهتمين بحماية حقوق النشر والملكية الفكرية في هذه الحالة من قيام هذا المستفيد أوغيره بأي عمل غير نظامي ربما ينتج عنه فقد معلومات المؤلف من مصدر المعلومات الرقمي، أوقد توضع بغير أسمه، كما أنه في بعض الأحيان ربما تظهر بيانات المؤلف صحيحة وسليمة ولكن قد يحدث تغيير في محتويات مصدر المعلومات الرقمي وذلك بإضافة أوحذف محتوياته بغير علم المؤلف ورغبته والتي ربما تؤدي إلى ظهور اسم المؤلف على مادة أوأفكار تختلف مع معتقداته وقناعاته .

وحول حقوق التأليف،انعقدت القمة العالمية الأولى حول"مجتمع المعلومات" بين 10-12 ديسمبر2003 في جنيف،والمتمحورة أساسا حول الملكية الفكرية.وذهب أحد المشاركين وهوHervé ،Le Crosnier إلى أن مناقشة حقوق المؤلف صعبة،لأن المواقف المتعارضة غالبا ما تكون مرسومة مسبقا دون قابلية للتنازل فيما بينها.كماأن هذه الحقوق غير مستقرة في مجتمع المعلومات ولهذا يجب العمل من أجل مجتمع معلومات متساوٍوفي الحصول على المعلومات،وأخوي في توزيع المؤلفات والمعارف،وذلك لتجاوز الإحتكار المفروض من طرف الصناعات التي تحتفظ بحق تسيير جميع المؤلفات الأكثراستعمالا.

وأكد نفس المشارك بعد نهاية القمة، وبالضبط يوم 16 جانفي 2004 عندما أقدم على نشر100 ورقة الكترونية صغيرة حولها على موقع في الإنترنت، بأن استمرار المعركة ضروري طالما أن التقسيم الجديد للعالم والمتسارع بخطى كبيرة يعمّق اللامساواة...بين المعلوماتيين الإنترنتيين وغيرهم،و...بين المعلوماتيين المرسلين والمعلوماتيين المستقبلين.

المجانية وضياع حقوق النشر والملكية الفكرية

إن السمات التي ربما تتنافس فيها المكتبات الرقمية هووجود خدمات مجانية لتحميل أعداد كبيرة من الملفات المحوسبة من نصوص وصور وملفات ملتيميديالية وبرامج وغيرها- مع أنه يصعب وضع كل معلومة في شكل الكتروني - لكل من أراد وبدون وجود حد أدنى من عملية التنظيم والتقنين، لذا أثار ذلك حماس المنادين بحقوق النشر وحماية الملكية الفكرية ونادوا بوجود قوانين وتشريعات أكثر قوة وصرامة تنظم هذه العملية، كما أن بعض هذه المكتبات لا تملك أساساً هذه المصادر الرقمية مما يجعلها خارج قوانين ضمان حماية حقوق النشر والملكية الفكرية. وفي المقابل تحصل بعض هذه المكتبات الرقمية على فوائد مادية وراء هذا البث للمصادر الرقمية، ولكن لا يحصل المسؤول أساساً عن هذه الملفات - وهوالمؤلف أوالناشر الحقيقي - على أي جزء من هذه المكاسب .

ومن خلال استعراضنا السابق لبعض المحاذير التي تعترض المكتبات الرقمية نجد أن المؤلف يخوض ثلاث صراعات رئيسية في عالم البيئة الرقمية نوجزها فيما يلي

- المؤلف والناشر: وهوالنزاع الأكبر، حيث يرى كثير من الناشرين أهمية تنازل المؤلفين عن حقوقهم لصالح الناشرين مما يجعلهم أكثر حرية في التعامل مع هذه الأعمال سعياً وراء الربح المادي، بينما يشتكي بعض المؤلفين من حدوث بعض الاختراقات لقوانين النشر وحماية الملكية الفكرية نتيجة تنازلهم لحقوق النشر للناشرين، فعلى سبيل المثال يرون أن التنازل عن حقوقهم لايشمل استعمال بعض أجزاء من عملهم مما يؤدي إلى ضياع حقهم في وجود أسمائهم على الجزء المستخدم، لذلك فقد هددوا بكسر هذه الاتفاقيات التجارية التي تنازلوا بموجبها عن حقوقهم .
- المؤلف والقارئ: وهذا نزاع من نوع آخر حيث يطالب المؤلفون بأهمية أن يستخدم إنتاجهم الفكري كاملاً وبدون تغيير وفي السياق الذي من أجله وضع، بينما يرغب بعض القراء في توجيه أجزاء من النص ليناسب قضية معينة، وأن الأمر يكون أكثر متعة إذا خلط العمل بعمل آخر، ولكن كثير من المؤلفين يرون أن حقوقهم تتلاشى إذا دمج عملهم بعمل مؤلف أخر .
- المؤلف والقانون: بعض المؤلفين بدأ يخوض صراعاً أخر يرى فيه أنه هوالصراع الأكثر أهمية، حيث يرى هؤلاء أنه يجب أن تشتمل قوانين حماية حقوق النشر

والملكية الفكرية العالمية على تفاصيل دقيقة تتواكب مع العالم الرقمي وتضع في حسبانها التطور التقني مما يضمن حقوق المؤلف، ويحدد قواعد النشر الرقمي، حيث إن كثير من قوانين حقوق النشر- خصوصاً في العالم الثالث - لازالت قاصرة في تغطية تفاصيل هذه الأمور إن لم يكن معظمها.

وقد عقدت مؤتمرات عديدة حول موضوع مجانية المعلومات والنفاذ الحر،ومن أهمها ما يسمى ب تصريح "برلين" بتاريخ 22 أكتوبر2003،والذي أمضى عليه اكثر من 20 ممثلا أوروبيا من كبار المسؤولين في معاهد البحث،والذي ينص على النفاذ الحر إلى الأرشيف العلمي،وتبادل وإتاحة المعارف العلمية.كما طالب المجتمعون بإتاحة جميع الكتابات،الأطروحات،والمقالات العلمية للنفاذ الحر،وأخذوا على عاتقهم عملية تحسيس وإقناع جميع الباحثين بهذا المسعى الجديد. ومبدأ العملية هوتلقي تكاليف النشر من المؤلف أوالمؤسسة العلمية التي ينتمي إليها

ومن جهة أخرى نجد الهيئة العلمية الأمريكية PLOS (Public Library of Science) التي تعمل لأجل النفاذ الحر،قد نشرت في أكتوبر الماضي العدد الأول لدورية في البيولوجيا،وبالشكلين الورقي والإلكتروني PLOS Biology ثم أتبعته بالعدد الثاني في جانفي 2004.وتنوي خلال هذه الأشهر نشر دورية أخرى في علوم الطب Medecine.PLOS ومبدأ العملية هونفسه المتبع في تصريح "برلين". وبعدها تتاح الأعداد على موقعها في الإنترنت

- **تباين الناشرين:** هناك البعض من الناشرين الذين يوفرون حلولا جزئية،إذ يسمحون بالنفاذ الحرلأعداد سابقة بصفة محدودةمثل OCLC[1].أما هيئة Science Direct فإنها تعرض جميع الدوريات المنشورة من طرف Elsevier Science منذ 1995،إلا أن النفاذ إليها يتعرض للتوقيف بمجرد التوقف عن الإشتراك.

- **الأرشفة الداخلية ومتطلبات الأجهزة:** تبدو الحلول الملائمة للمستفيد،هي تلك الأرشفة التي تقوم بها المكتبات في شبكتها الداخلية بواسطة العديد من الخوادم Serveurs أوالأقراص المضغوطة.حيث نجد هيئة Regulatory affairs Journal توفرأرشفة لأعدادها السابقة على أقراص مضغوطة،حيث يمكن للمستفيد ومن حاسوبه الشخصي من النفاذ مباشرة إلى الدورية عبرالصفحة الرئيسة للشبكة الداخلية،ويتم ذلك بعد الإتفاق على شروط التعاقد.

ومــع ذلــك فــإن الأرشــفة الداخليــة تطــرح العديــد مــن المشــاكل العويصــة مــن حيــث التسييروالصيانة،حيث تتطلب تكاليف تتضاعف مع مرور الوقت،سواء مــن الخوادم أوبرمجيــات تسيير الدوريات أوتأهيل الكفاءات القادرة على ذلك باستمرار.

— **أرشفة الثلث:** ورغم أنها قليلة الإستخدام،إلا أنها تبدوالحل الأنجع،حيث تقــوم هيئــة مســتقلة بمهمة أرشفة ثلث الدوريات، مثل JSTOR (Journal storage project) الذي يقــوم بعد موافقة الناشر بعملية المسح الضوئي للدوريات Scannage، وبالتالي تحويلها إلى شكل صــورة ثــم إرفاقهــا بالشكل النصي لغرض البحث عن النص الكامل.إلا أن JSTOR يتعامل فقــط مــع الهيئــات الأكاديميــة مثــل الجامعات القادرة على تمويل مثل هذه المشاريع.

أما الأرشفة الورقية للدوريات الإلكترونية في حالة الإشتراك المزيج فتبدوأسهل للمكتبيين وللناشرين،ذلك أن ارشفة الشكل الورقي تقضي على جميع الإشكالات المالية،التقنية والقانونية.

اقتراحات

يمكن إدراج بعض الإقتراحات التي نراها حلولا ضرورية تستوجب التجسيد العملي على مســتوى المكتبات الجامعية:

— دعم البنية التحتية للمكتبات الجامعية بمختلف أنواعها،بتوفير أجهــزة ومعــدات وبرمجيــات ذات العلاقة بالحواسيب وشبكة الإنترنت.

— إنشاء شبكة جامعية تربط بين المكتبة المركزية وبين مختلف الشبكات المحلية لمكتبــات الكليــات والأقسام، وكذا ربطها بشبكة الإنترنت.

— وضع وتركيب الأنظمــة الآليــة الخاصــة بمعالجــة المعلومــات مثــل نظــام الفهرســة الآليــة وأنظمــة استرجاع البيانات.

— تصميم وإنشاء مواقع لجميع المكتبات الآنفة الذكر.

— تــدريب المكتبــي وأخصــائي المعلومــات عــلى مهــارات التعامــل مــع الأنظمــة والتطبيقــات التكنولوجية،بصفة دورية كل 6 ستة أشهر،بالتعامل مــع مركزالبحــث في الإعــلام العلمــي والتقنــي، وتخصيص تربصات سنوية خارج الوطن للاحتكاك بالمكتبات الجامعية المتطورة،عربية وأجنبية.

- اشتراك المكتبات الجامعية في الدوريات الإلكترونية العلمية عبرالإنترنت، عن طريق الدمج بين أسلوب "الجملة وحسب الموضوع" وأسلوب "الإشتراك المزيج" وعدم اقتصاره على المكتبة المركزية،حيث يتم تمكين مكتبات الأقسام من النفاذ الحر إلى هذه الدوريات التي تشترك فيها المكتبة المركزية،حيث يسمح ذلك بتوفيرالمعلومة الفورية للأستاذ والباحث الجامعي، ويدعم دورأخصائي المعلومات في تدعيم التعليم الجامعي والبحث العلمي،بخاصة وأن العديد من الكليات والأقسام بعيدة عن مقر الجامعة المركزية.
- عدم الإستغناء عن الإشتراك الورقي بل تقليصه فقط،لأن النشر الإلكتروني وسيلة متطورة للوصول للمعلومات وليس أداة للقضاء على المطبوع الورقي.
- إشتراط المكتبة الجامعية على الناشر أو المورد تخصيص دورات تدريبية لكيفية استعمال ووتسييرالدوريات الإلكترونية المشترك فيها،ومن ثم تسهيل عمل أخصائي المعلومات في تدريب الأساتذة والباحثين على عمليات البحث فيها.
- ضرورة توفير الناشر لمجلد الكتروني سنوي على شكل قرص مضغوط،يحوي أرشفة جميع أعداد السنة الماضية، أو السماح للمكتبة الجامعية للقيام بذلك.
- وجوب تحلي الناشرين والموردين الوسطاء،بخاصة الجزائريين منهم بنوع من المرونة حيال المؤلفين والباحثين لنشر أعمالهم من جهة،ووضع اشتراك مميزللمكتبات الجامعية تدعيما للبحث العلمي والتنمية الوطنية الشاملة.
- ضرورة اضطلاع مؤسسة علمية على مستوى العالم العربي لتنسيق الاشتراك بقواعد النشر-الإلكتروني، بخاصة الدوريات الإلكترونية العلمية، وتوحيد خدمات التكشيف والاستخلاص.
- إيجاد صيغة موحدة تسهل على المكتبات الجامعية العربية الإشتراك في الدوريات الإلكترونية العلمية العربية،مع تبادل الخبرات والدورات التكوينية المستمرة.
- إنشاء وتدعيم الدوريات الإلكترونية العلمية العربية في مختلف التخصصات،وتحوي مقالات جميع الباحثين العرب، للتقليل من ثقافة الإستهلاك للدوريات الأجنبيةولدعم الإنتاج العربي المعلومات والتراث الفكري في ظل تأثيرات العولمة.

- الإحتكاك المتواصل بالجامعات والمؤسسات العلمية الأجنبية المتطورة،وتسهيل النفاذ إليها عبرشبكاتها الإفتراضية المتعددة.

إن الدوريات الإلكترونية العلمية المعدة وفق مواصفات وأنماط موحدة سواء أكانت على قرص مضغوط أوعلى الخط المباشر،سوف تكون إحدى الأوعية الإلكترونية الأساسية التي ستقوم المكتبات بمعالجتها وتوزيعها. وكما سلف فإن دراسات الباحثين والمتخصصين الأجانب حول جميع النقاط المتعلقة بهذه الدوريات هي في طور المراجعة وإعادة التعريف والتحديد.وما البحوث الجارية الآن حول لغات XML،XSL ... وRDF وعمليات تطويرالواب الدلالي Semantic Web...إلا إرهاصات مبشرة بتغيير مستمرفي عالم الحياة الإفتراضية.

فهل يمكن الحديث عن مجتمع المعلومات أوالمجتمع الرقمي العربي،دون إتاحة وتطوير وعاء علمي رئيس للأستاذ الجامعي والباحث العلمي وهوالدورية الإفتراضية العلمية بشكل يلبي رغباته ويطور بحوثه.

المكتبات الرقمية

المكتبات وتقنيات المعلومات

يشهد العالم الحديث ثورة متزايدة في مجال المعلومات والتقنيات المستخدمة في معالجة هذه المعلومات لتيسير الحصول عليها وإستخدامها، تمثل ذلك في:

- تطور خدمات المكتبات وتحولها لمراكز أو مراصد للمعلومات.
- إستخدام الحواسيب في حفظ التسجيلات بالمكتبات.
- إستخدام منظومات معلومات متعددة في تسيير العمل داخل المكتبات.
- إستبدال الوسائل التقليدية بأخرى إلكترونية فيما يتعلق بخزن وإسترجاع المعلومات.
- الإستفادة من تقنية الإتصال عن بُعد في بث المعلومات والإتصال بمراصد المعلومات عبر العالم.
- المشاركة في المعلومات من خلال إنشاء شبكات المعلومات أو الإنضمام إليها.

وهكذا فإن المكتبات بدأتْ تتغير وأصبح لها دور حيوي في هذا العصر الإلكتروني ورسالتها في إختيار وتخزين وتنظيم ونشر المعلومات أصبحتْ ذات أهمية كبيرة، لذا فإن

طريقة تنفيذ هذه الرسالة أو المَهمَة يجب أن تتغير بصورة فاعلية، فيما إذا أُريد لهذه المكتبات مواصلة الحياة.

ولقد أوجدتْ المؤسسات الكُبرى ذات الأعمال الواسعة في التجارة والصناعة والمصارف والنفط وغيرها مكتبة العمل (Business Library) وسخرتها لخدمة أعمالها وفقاً لتخصصها العام وحققتْ منها فوائد جمة.

لقد حقق الإنسان على مدى العصور الماضية تطور هائل في مجال تقنية المعلومات والإتصالات، حتى أصبح العالم أشبه ما يكون قرية واحدة، وفي وجود البيئة الإلكترونية للمعلومات والتي إزدادتْ كماً وكيفاً بوجود شبكة الإنترنت إنبثق منها عدة مصطلحات جديدة في جميع المجالات الحياتية، ومن بين المؤسسات التي إستفادتْ من هذا التطور التقني الهائل المكتبات ومراكز المعلومات، ونتج عنه ظهور مسميات جديدة للمكتبة مثل المكتبة الإلكترونية، والمكتبة الإفتراضية، إلا أن جمعية مكتبات البحث الأمريكية أشارتْ في تعريفها للمكتبات الرقمية الى أن تلك المصطلحات هي مرادفات للمكتبة الرقمية، وقد ساد كل منها في فترة من فترات التطور التي شهدتها المكتبات بإدخال تقنية الحواسيب في المكتبات (جعفر، 2002، ص 23)

وعندما نتحدث عن تقنيات المعلومات فإننا نتحدث عن إستخداماتها وتطبيقاتها في مجال المكتبات، وكيف يمكن تطويع التقنية لخدمة المعلومات من حيث معالجتها وتخزينها وإسترجاعها كما أننا عندما نتحدث عن المكتبات الرقمية فإننا نتحدث عن الجانب التقني من المكتبة التقليدية.

ومن مميزات إستخدام تقنيات المعلومات والإتصالات في المكتبات ومراكز المعلومات مايلي:

1- زيادة الفاعلية وتطوير الأداء في العمليات الفنية والخدمات المعلوماتية.

2- تقليص بعض الأعمال الروتينية، مما يساعد على الإستفادة من وقت العاملين لأداء الأعمال الأخرى الضرورية .

3- تساعد تقنيات المعلومات على الإستفادة من مساعدي أمناء المكتبات في القيام ببعض الأعمال التي كانت قاصرة على أمناء المكتبات .

4- إدارة سهلة وسريعة للمعلومات (الزهراني، 2003. ص445.)

تعريف المكتبة الرقمية

المكتبات الرقمية digital library، واختصارًا d-lib، هي مجموعة من مواد المعلومات الإلكترونية أو الرقمية digital، المتاحة على نادل المكتبة server، ويمكن الوصول إليها من خلال شبكة محلية أو على المشاع عبر الشبكة العنكبوتية.

ومن خلال الإطلاع على أدبيات الموضوع، وُجد أن هناك عدة تعريفات ومفاهيم متداخلة للمكتبة الرقمية، إلا أن هناك أرضية مشتركة تلتف حولها هذه المفاهيم تتمثل في الحواسيب الآلية وشبكات الإتصال المختلفة لربط الموارد الموزعة في الفضاء المعلوماتي.

ومن أبرز تعريفات المكتبة الرقمية ما قدمه مجلس المكتبات وموارد المعلومات(1)، " وهي عبارة عن مؤسسات توفر الموارد المعلوماتية التي تشمل الكادر المتخصص، لإختيار وبناء المجموعات الرقمية ومعالجتها وتوزيعها وحفظها، وضمان إستمراريتها وإنسيابها وتوفيرها بطريقة سهلة وإقتصادية لجمهور من المستفيدين " (أحمد الحافظ، 2001،ص 281)

ويُعرف محمد فتحي عبد الهادي المكتبة الرقمية بأنها: " تلك المكتبة التي تقتني مصادر معلومات رقمية، سواء المنتجة أصلاً في شكل رقمي أو التي تم تحويلها الى الشكل الرقمي، وتجري عمليات ضبطها بيليوجرافياً(2) بإستخدام نظام آلي، ويُتاح الولوج إليها عن طريق شبكة حواسيب سواء كانت محلية أو موسعة أو عبر شبكة الإنترنت" (عبد الهادي، 2002، ص 7 – 8)

أما معجم أودليس الإلكتروني فيفيد بأن المكتبة الرقمية هي مكتبة بها مجموعة لا بأس بها من المصادر المتاحة في شكل مقروء آليًا (في مقابل كل من المواد المطبوعة ورقيا أو فيلميًا microform)، ويتم الوصول إليها عبر الحاسبات. وهذا المحتوى الرقمي يمكن الاحتفاظ به محليًا أو إتاحته عن بعد عن طريق شبكات الحاسبات.

وربما كان أشهر تعريف للمكتبة الرقمية هو أنها مجموعات منظمة من المعلومات الرقمية (5). ويجمع هذا التعريف بين تنظيم المعلومات وجمعها، تلك العمليات التي تقوم بها المكتبات ودور الأرشيف التقليدية، ولكن مع عملية التمثيل الرقمي digital representation التي غدت ممكنةً بواسطة الحاسبات.

(1) Council of Library and Information Resource - CLIR

(2) الببليوجرافيا كلمة ليست عربية فهي يونانية الأصل تتكون من مقطعين ببليو معناها كتاب وجرافيا تعني وصف ولهذا فإن ابسط تعريف للكلمة هو وصف الكتب.و جرت

محاولات عربية بديلة لكلمة ببليوجرافيا مثل كلمة وراقة وغيرها ولم تلق الكلمات البديلة قبولاً لدى المكتبين العرب فبقيت الكلمة ببليوجرافيا هي المستخدمة

فيما يراها البعض بأنها مجموعة التقنيات والأدوات والمصادر والإجراءات ذات الصلة بإدارة المحتوى في بيئة المعلومات الإلكترونية.

من ناحية أخرى، تتفاوت المكتبات الرقمية في حجمها من مكتبات بالغة الصغر إلى أخرى بالغة الضخامة. كما أنها يمكن أن تستخدم أي نوع من أجهزة الحاسبات وأي برمجيات ملائمة في هذا الصدد. وإن المحك الرئيس هنا هو أن المعلومات منظمة على الحاسبات، ويتم إتاحتها عبر إحدى الشبكات، مع ما يصاحب ذلك من إجراءات اختيار مواد المعلومات، وتنظيمها، وأرشفتها، وإتاحتها للمستفيدين.

ومع ذلك، ومن وجهة نظر إحدى هيئات اليونسكو، فإنه لا ينبغي النظر إلى المكتبات الرقمية بوصفها فحسب مجموعة من مصادر المعلومات الرقمية وما يتصل بها من أدوات لإدارة هذه المجموعة، وإنما ينبغي النظر إليها بوصفها تلك البيئة التي تجمع معًا بين المجموعات والخدمات والأشخاص، لدعم الدورة الكاملة لإنتاج البيانات والمعلومات والمعرفة، وبثها وإخضاعها للدرس والتعاون، والإفادة منها.

الرقمنة والمواد الرقمية

تنقسم المواد الإلكترونية بطبيعتها إلى شقين؛ المواد ذات الشكل التناظري analog format التي من نماذجها الأشرطة الصوتية sound tapes وأشرطة الفيديو المرئية video tapes، والمواد ذات الشكل الرقمي digital format والتي من نماذجها الأقراص المكتنزة CDs وأقراص الفيديو الرقمية DVDs والمصادر العنكبوتية Web resources.

والرقمنة أو التحويل الرقمي digitization هو عملية تحويل البيانات إلى شكل رقمي وذلك لأجل معالجتها بواسطة الحاسب الإلكتروني. وفي سياق نظم المعلومات، عادةً ما تشير الرقمنة إلى تحويل النصوص المطبوعة أو الصور (سواء كانت صور فوتوغرافية أو إيضاحات أو خرائط... إلخ) إلى إشارات ثنائية signals binary باستخدام نوعٍ ما من أجهزة المسح الضوئي scanning التي تسمح بعرض نتيجة ذلك على شاشة الحاسب. أما في سياق الاتصالات بعيدة المدى، فتشير الرقمنة إلى تحويل الإشارات التناظرية المستمرة signals analog continuous إلى إشارات رقمية ثنائية pulsating.

وفيما يتصل بالوثائق محل التحويل الرقمي والتي عادة ما توجد بالمكتبات، فإن عملية الرقمنة بدأت أولا بالفهارس، ثم انتقلت إلى كشافات الدوريات وخدمات الاستخلاص، ثم إلى الدوريات نفسها والأعمال المرجعية الضخمة، وأخيرًا إلى نشر الكتب. ومعنى ذلك أن المكتبة الرقمية اليوم تشتمل على أي شكل من أشكال أوعية المعلومات ولكن في صورة رقمية. ويمكن أن تحتوي المكتبة الرقمية على أشكال متعددة من مصادر المعلومات، كما أنها يمكن أن تقتصر على نوعٍ واحد من المصادر كما هو الحال في المكتبات الرقمية للرسائل الجامعية. ويرى ديجان أن المصادر الرئيسة للمعلومات الرقمية هي:

- مقتنيات المكتبة التي تم تحويلها إلى الصورة الرقمية.
- مجموعات البيانات المشتراة على أقراص مكتنزة.
- مجموعات البيانات المشتراة على الخط المباشر
- المطبوعات الإلكترونية ذات المقابل الورقي.
- المطبوعات الإلكترونية التي ليس لها مقابل ورقي.
- الأعمال المرجعية الإلكترونية التي تزداد بصفة مستمرة وليس لها مقابل ورقي.
- الكتب الإلكترونية.

تصورات خاطئة

وهناك كثير من التصورات الخاطئة بشأن المكتبات الرقمية،منها:

- أن الإنترنت هي المكتبة الرقمية؛ بينما من المعلوم أن العثور على المعلومات المتاحة على العنكبوتية ليس من السهولة بمكان، كما أنه ليس من السهولة أيضًا الوثوق في مدى جودة تلك المعلومات؛ هذا مما يتنافى مع مفهوم المكتبة بصفة عامة والرقمية منها خاصة.
- أن المكتبات الرقمية سوف تعمل على توفير وصول عادل للمعلومات، من أي مكان وفي أي زمان. ومن المعلوم أن الإنترنت التي تحمل هذه المعلومات إلى الناس، ليست متاحة في الحقيقة في كل مكان – ليس في الدول النامية فحسب، وإنما أيضا في بعض مناطق الدول المتقدمة. كما أن الاتصالات نفسها بالشبكة – في حال توافرها – قد تكون بطيئة في بعض الأحيان.
- أن إنشاء المكتبات الرقمية يعد أقل تكلفة من إنشاء المكتبات التقليدية. ويتجاهل هذا الرأي أن التحويل الرقمي للمعلومات له تكاليف مستقلة به؛ حيث

يخصص كثير من المكتبات الآن مصادر مالية ضخمة لأجل البنية الأساس من العتاد والبرمجيات، وتزداد هذه النفقات - كما هو معلوم - مع الحاجة إلى أجهزة عتاد حديثة، ومع مزيد من الحاجة إلى التراخيص الخاصة بالبرمجيات، هذا فضلا عن الزيادة المتوقعة دوما في تكاليف البنية الأساس الخاصة بالإدارة والتدريب في مثل هذه المشروعات.

بين المكتبات الرقمية والإلكترونية والافتراضية

إضافة إلى مصطلح المكتبات الرقمية libraries digital، ثمة مصطلحات أخرى عديدة يتم استخدامها معه أحيانًا بصورة تبادلية. ومن هذه المصطلحات: مكتبات بلا جدران libraries without walls، ومراكز إدارة المعلومات information management centers، ومكتبات سطح المكتب desktop libraries، والمكتبات الشبكية networked libraries، والمراكز العصبية nerve centers، والمكتبات الإلكترونية electronic libraries، والمكتبات الافتراضية virtual libraries. إلا أن أشهر هذه المصطلحات جميعا، إلى جانب المكتبات الرقمية، هي المكتبات الإلكترونية والمكتبات الافتراضية.

وتنبغي الإشارة بدايةً إلى أن التفريق بين هذه المصطلحات لا يخلو من الصعوبة. كما نبادر إلى القول بإنه ليس ثمة اتفاق عام على أوجه الفرق بين هذه المصطلحات، للدرجة التي يتم استخدامها من قبل البعض بصورة تبادلية، وللدرجة التي ينفي البعض الآخر بعض هذه الأنماط من الوجود على الإطلاق.

ويمكن القول بدايةً إن الفرق بين هذه المصطلحات يكمن في عنصرين رئيسين، هما:

طبيعة المجموعات التي تتكون منها المكتبة، والحيز space أو المكان الذي تُتاح به هذه المجموعات.

وهناك أربعة سمات تُميز المكتبة الرقمية وهي:

1- إدارة مصادر المعلومات آلياً.

2- تقديم الخدمة للباحث من خلال قنوات إلكترونية.

3- قدرة العاملين بالمكتبة الرقمية على التدخل في التعامل الإلكتروني في حالة طلب المستفيد

4- القدرة على إختزان وتنظيم ونقل المعلومات الى الباحث منها من خلال قنوات إلكترونية (المرجع السابق، ص14)

ومن خلال التعريفات الآنفة الذكر نستنتج أن الإنترنت تعد هي البيئة المثالية لإحتضان وإتاحة الدخول الى المكتبات الرقمية التي تقوم بتوفير أوعية ومصادر المعلومات على وسائط رقمية مُخزنة في قواعد معلومات مرتبطة بشبكة الإنترنت، بحيث تتيح للمستفيدين الإطلاع والحصول على هذه الأوعية من خلال نهايات طرفية مرتبطة بقواعد المعلومات الخاصة بالمكتبة، وبهذه الطريقة تتيح للمستفيدين الإطلاع والحصول على أوعية ومصادر المعلومات في أي وقت، ومن أي مكان تتوفر فيه نهايات طرفية مرتبطة بتلك القواعد المعلوماتية (العلي، 2002)

ومن أهم العوامل الرئيسية التي تساهم في إيصال خدمات المكتبات الرقمية الى قطاع واسع من المستفيدين إنشاء وتصميم موقع للمكتبة على شبكة الإنترنت بحيث تتمكن من خلال واجهة تصفح الإنترنت إتاحة مايلي:

1- جميع الكتب ومصادر المعلومات الرقمية وغير الرقمية التي تقتنيها المكتبة .

2- لنُسخ الرقمية من مصادر المعلومات المطبوعة التي تقتنيها المكتبة .

3- مصادر المعلومات على الخط (Online) وقواعد معلومات أقراص الليزر والتي تمتلك المكتبة تصريح إستخدامها من قِبل المستفيدين منها، والتي تتضمن قواعد معلومات النص الكامل (Full Text) والفهرس المُوحد، وخدمات التكشيف والإستخلاص وأدوات الخدمة المرجعية الأخرى كالأطالس والقواميس والموسوعات.

4- مصادر المعلومات المجانية والمتاحة عبر شبكة الإنترنت (Judith Pearce, 2000) وتتكون المكتبة الرقمية من ثلاثة محاور رئيسية وهي:

- فهرس المكتبة العام، والإتصال بخدماته كطلبات الإعارة.

- مجموعة المحتويات الرقمية مثل قواعد المعلومات والكتب والمجلات الرقمية

. - الخدمات التفاعلية مثل الدعم الفني والإجابة على الإستفسارات والإحاطة الجارية والأخبار وغيره.

ومن أهم شروط الولوج للمكتبة الرقمية والتمتع بخدماتها توفر ما يلي:

1- إمكانية النفاذ الى حاسوب ووجود خط هاتف ومحول مودم

2- الإرتباط بشبكة الإنترنت، أي وجود مزودين لخدمات الإنترنت

3- معرفة مواقع المكتبات الرقمية وعناوينها وأرصدتها.

متطلبات إنشاء المكتبة الرقمية

ليتم إنشاء مكتبة رقمية لابد من المرور بعدة مراحل من أهمها إدخال المعلوماتية في الوظائف الرئيسية للمكتبة التقليدية، وتشمل التزويد والفهرسة والإعارة وغيره، وحوسبة أغلب إجراءاتها ثم رقمنة ((Digitalization محتويات المجموعات النصية وتحويلها الى أشكال جذابة وصور متحركة، ومن أهم متطلبات إنشاء المكتبة الرقمية ما يلي:

1- إحتياجات قانونية وتنظيمية إذ يتعين على المكتبة عند تحويل موادها النصية من تقارير وبحوث ومقالات وغيرها الى أشكال يمكن قراءتها ألياً الحصول على إذن خاص من صاحب الحق عملاً بقوانين حقوق الطبع والحماية الفكرية.

2- أجهزة خاصة لربط المكتبة بشبكة إتصالات داخلية وشبكة الإنترنت العالمية.

3- أجهزة تقنية خاصة بتحويل مجموعات المكتبة من تقليدية الى رقمية، وأجهزة حاسوب وملحقاته المختلفة، وطابعات ليزرية متطورة، وماسحات ضوئية، وأجهزة تصوير.

4- برمجيات (Software) وبروتوكولات لربط نظم إسترجاع المعلومات على الخط.

5- الإشتراك في الدوريات الإلكترونية، حيث يتم ربط المكتبة بالناشر أو مقدم الخدمة برقم النطاق (IP Address).

6- الربط بين موقع الدوريات الإلكترونية والدوريات التي يحتويها نظام الفهرس الآلي في المكتبة، وكتابة الحواشي الخاصة بموقع الدوريات الإلكترونية .

7- كوادر بشرية فنية مؤهلة وقادرة على التعامل مع هذه التقنيات الحديثة بوجهيها المادي والفكري.

8- الدعم المالي القوي الذي يساعد على تنفيذ المشروع وتشغيله.

مشاكل التحول الى المكتبة الرقمية وسُبل تذليلها

إن التحول من الشكل التقليدي للمكتبة الى الشكل الإلكتروني يواجه العديد من المشاكل المتعلقة بالأمور التقنية والقانونية والمادية، ومن أهم تلك العقبات والمشاكل ما يلي:

- التكاليف المادية المرتفعة لمصادر المعلومات الرقمية.

- التكاليف الباهظة للتجهيزات التقنية اللازمة للتحول الرقمي.

- الصياغة القانونية للعقود مع مزودي المعلومات، عند إقتناء قواعد البيانات أو مصادر المعلومات الرقمية

- حماية حقوق النشر والملكية الفكرية.

- عدم الوعي لدى المستفيدون بأهمية الإستفادة من التقنية الحديثة (مجلة المعلوماتية، ع2، 2003)

وبرغم هذه المشاكل إلا أنه يمكن تفادي بعضها، وذلك بدراسة تجارب بعض المكتبات العامة والمتخصصة العربية والدولية في مجال التحول الرقمي، والإستفادة من الأدب المنشور في مجالاتها المختلفة، للتعرف على كيفية التغلب على تلك الصعوبات التي واجهتهم.

كما أنه ليس من الضروري أن تُحول المكتبة كل مجموعاتها الى الرقمية، بـل يجب أن تُركز علـى المـواد والمطبوعات في المجالات الأكثر أهمية بالنسبة لمكتبة ومستفيديها، بحيث تخدم أهدافها بشكل أكبر.

أما بخصوص قضية حقوق الطبع والحماية الفكرية، فإن تحويـل المـواد المختلفـة الى أشـكال رقميـة آليـة يتطلب إذناً خاصاً من أصحاب العمل نفسه، وذلك يحتاج الى وقت طويل وجهود للحصول على الموافقة من مؤلف الكتاب، هذا إذا لم يُقابل الأمر كله بالرفض التام.

ومن حيث عدم الوعي الكافي بمكاسب التحول الرقمي التي ستعود على المستفيدين أنفسهم، هنا يتطلـب الأمر تدريب المستخدم أو الباحث على كيفية إستخدام مصادر المعلومات المتاحة في المكتبة للوصول الى المعلومات المطلوبة، ولتحقيق ذلك يتطلب الأمر التركيز على الأجيال الناشئة من خلال المؤسسات التعليمية لتعليمهم كيفية إستخدام الحاسوب وتطبيقاته، والتعامل مع شبكة الإنترنت وبرامج التصفح المختلفة (مجلة المعلوماتية، ع5، 2004. ص 11 - 12).

نظم تشغيل إدارة المكتبات (Library Management Systems):

هناك العديد من الأنظمة المكتبية، ويعد نظام أوراكل للمكتبات من الأنظمة الناجحة، حيث يعمل بناءاً علـى نظام إدارة قواعد البيانات العلائقية (Oracle Relation Database Management System)، ويتميز بأنه مُصمم ليعمـل علـى بيئة أنظمة مفتوحة ومن خلال أجهزة مختلفة، ويمكن إستخدامه من خلال أنظمة اليونكس (UNIX)، ويتضمن

النظام أنظمة فرعية للفهرسة، والإتاحة الالية المباشرة والتي تضم خدمات الفهرس الآلي المباشر (OPAC)، والتحكم في تداول مصادر المعلومات والتزويد والدوريات، كما يضم النظام برامج تستخدم لتحويل وتحميل سجلات مارك، ويوفر أيضاً إمكانيات كتابة التقارير من خلال برنامج (The Oracle SQL Report Writer)، ويستخدم هذا النظام بشكل رئيسي في أوروبا عامة وبريطانيا بشكل خاص، وهو نظام موافق للقواعد الدولية

نظم إدارة تشغيل قواعد بيانات متخصصة:

ويتم توفيرها بأحدى الطريقتين الأتيتين

- الشراء: بالنسبة لقواعد البيانات النصية ذات الطابع التعليمي والتثقيفي والتي لا تحتاج الى تحديث لمعلوماتها مثل برامج دوائر المعارف والموسوعات والقواميس والأطالس.
- الإشتراك: بالنسبة لقواعد البيانات والتي تحتوي على معلومات عن إصدارات الكتب، وكشافات الدوريات العلمية المتخصصة؛التي تحتاج الى تحديث لمعلوماتها بصفة دورية.

تاريخ المكتبات الرقمية

ما الذي يميز المواد أو الوسائط الرقمية عن غيرها، سواء كانت هذه المواد ملفات نصية، أو أفلام، أو موسيقى، وما إلى ذلك. الإجابة المختصرة هي أن هذه الوسائط أو المواد (في معظم الأحيان) سهلة الإنتاج والتوزيع إلى الملايين بتكلفة تصل إلى الصفر. فإنتاج كتاب ما مثلا يكلف الشركة الناشرة مبلغا معينا يتضمن شراء حقوق النشر والتوزيع من المؤلف، وأجور المؤلف. وفي العالم التقليدي تتضمن التكاليف أيضا تلك الخاصة بالطباعة والتوزيع والنقل والتخزين، وما إلى ذلك. أما في العالم الرقمي فيمكن توفير كميات كبيرة من هذه التكاليف بوضع ملف الكتاب (نسخة واحدة) على جهاز مزود مركزي وبيعها للمشترين الذين يتصلون بالمزود عبر إنترنت. وبالتالي فإن تكلفة بيع كتاب إضافي هي صفر بالنسبة للشركة الناشرة، وكل ما تجنيه من بيع النسخة الرقمية يعتبر ربحا صافيا. لكن هذه الأرباح التجارية لم تكن هي ما داعب أحلام الشاب مايكل هارت في عام 1971 عندما قام بإنشاء أول مكتبة رقمية في تاريخنا المعاصر، وأطلق عليها اسم مشروع غوتنبرغ مخلدا بذلك اسم الرجل الذي اخترع الطباعة في القرن الخامس عشر، منهيا بذلك سيطرة رجال الكهنوت

المسيحي على إصدار ونشر الكتب، مؤذنا بذلك عصر التنوير في أوروبا وتمكين المواطن الأوروبي العادي من اقتناء وقراءة الكتب. مايكل هارت هو غوتنبرغ العصر الرقمي؛ الحلم الذي راوده في عام 1971، ولا زال يراوده حتى يومنا هذا هو تمكين كل من يملك وصلة إنترنت وجهاز كومبيوتر، من الحصول على وقراءة أمهات الكتب وأصول المعرفة الإنسانية. ويعتبر موقع مشروع غوتنبرغ اليوم نقطة مركزية لكل من يرغب بالحصول على نسخة رقمية من أعمال مشاهير الكتاب والمفكرين على مر العصور، طالما لم تكن هذه الأعمال مشمولة بقوانين حماية الملكية الفكرية. ويوجد ضمن الموقع اليوم أكثر من عشرة آلاف من هذه الكتب، والتي تتوفر كملفات نصية مضغوطة، أو كملفات نصية فقط. وقد كان هدف هارت منذ البداية هو أن يتمكن من تزويد مستخدمي إنترنت بأكثر من تريليون ملف نصي مع نهاية العام 2001. ورغم الكميات الهائلة من الملفات المتوفرة ضمن موقع مشروع غوتنبرغ، فإنه لم يحتو على كثير من الميزات التي يمكن أن تجعل منه مكتبة رقمية كاملة، مثل إمكانيات البحث في النص، أو تصنيف الكتب، وما إلى ذلك، ولا يحتوي الموقع حتى اليوم إلا على محرك بحث بسيط يبحث في الكتب حسب العناوين أو حسب اسم المؤلف. والسبب في ذلك هو أن هارت منذ البدء ليس يهتم بالنواحي التقنية للموقع، وهدفه الوحيد، وحلم حياته، هو أن يضع أكبر كمية من الكتب الرقمية المجانية على الشبكة. ويحصل هارت على تمويله اليوم من الجامعة البندكتية في ولاية إلينوي، والتي عينته أيضا أستاذا في علوم النص الإلكتروني ووفرت له المعدات اللازمة لتشغيل الموقع، كما يعاون هارت في جهوده شبكة من المتطوعين يبلغ عددهم حوالي الألف.

ولكن هارت لم يكن وحده في جهوده الرامية إلى إنشاء أضخم مكتبة إلكترونية للنصوص الرقمية، حيث ظهر في أوائل التسعينيات مشروع واير تاب وهو موقع يستخدم إلى اليوم تقنية غوفر لتداول الملفات عبر الشبكة، ويحتوي على مجموعة هائلة من النصوص الرقمية المتخصصة، كنصوص المعاهدات والقوانين الدولية، والوثائق التقنية والعسكرية وما إلى ذلك.

وفي عام 1993 قام شاب اسمه جون مارك أوكربلوم، وكان طالبا في علوم الكومبيوتر ويعمل كمدير لموقع إنترنت الخاص بجامعة كارنيغي ميلون، ببدء العمل على فهرس يضم وصلات إلى جميع الكتب الإلكترونية الموجودة على الشبكة بما في ذلك

مشروع غوتنبرغ. وأطلق أوكربلوم على فهرسه هذا اسم صفحة الكتب الإلكترونية Online Books Page The.

وفي عام 1998 حصل أوكربلوم على درجة الدكتوراة في علوم الكومبيوتر وانتقل إلى جامعة بنسلفانيا حيث أخذ يعمل على الأبحاث المتعلقة بعلم المكتبات الرقمية في مكتبة الجامعة وقسم علوم الكومبيوتر، مرتكزا على فهرسه الأساسي الذي طوره في جامعة كارنيغي ميلون والذي أصبح الآن جزءا من مراجع المكتبات الرقمية لدى جامعة بنسلفانيا ويحتوي الموقع اليوم على وصلات لعشرات الألوف من الكتب الإلكترونية المجانية باللغة الإنجليزية أو غير المجانية ولكن التي سمح مؤلفوها بنشرها عبر إنترنت.

كما يحتوي الموقع على وصلات إلى العديد من المواقع التي تقوم بنشر الكتب الإلكترونية مثل مشروع غوتنبرغ. ولا تقوم أية جهة رسمية بتمويل الموقع، ولا زال أوكربلوم يقوم إلى اليوم بالاعتناء بالموقع مجانا ودون أي مقابل.

المكتبات الرقمية التجارية

وفي ذروة عصر ـ الدوت ـ كوم أدرك بعض رواد المكتبات الرقمية أنه رغم الانتشار السريع لإنترنت، وصيرورتها أحد أهم المصادر المعلوماتية، فإن الكثير من المعارف البشرية الهامة لا تزال محتجزة في بطون الكتب. ولكن هؤلاء لم يكونوا من الثوريين المتمردين أمثال هارت وأوكربلوم، ولكنهم كانوا رجال أعمال تقليديين أرادوا استغلال الفرص التجارية التي يمكن للمكتبات الرقمية أن توفرها لهم. ومن بين هؤلاء كان تروي وليامز المدير التنفيذي والمؤسس لموقع questia، والذي يعتبر اليوم أكبر مكتبة رقمية ذات طابع تجاري في العالم.

ففي بداية عام 1998، وربما أثناء وقوفه في طابور أجهزة تصوير الوثائق، أو طابور استعارة الكتب في إحدى الجامعات الأمريكية، أدرك وليامز عدة أمور هي:

1) ألن يكون هؤلاء الطلبة مستعدين لدفع مبلغ معين من المال مقابل تجنب صفوف الانتظار، وعملية البحث المضنية عن الكتب المناسبة لأبحاثهم؟

2) تصوير الطلاب لصفحات من الكتب أو لكتب بأكملها يمثل فرصة ضائعة للشركات الناشرة لهذه الكتب.

3) ألن توفر المكتبات العامة والجامعية الكثير من التكاليف الإدارية لو قامت بالاعتماد على الكتب الرقمية وأتاحتها كمرجع للطلاب؟

وانطلاقا من هذه التساؤلات، وبعد حوالي العامين ونصف العام من التخطيط والدراسة والإعداد أطلق ويليامز موقع Questia إلى الفضاء الخائلي. واعتمادا على نتائج دراسة الجدوى فقد اختار ويليامز أن تتخصص كويستيا في مجال الكتب الرقمية الخاصة بالعلوم الإنسانية والاجتماعية، ورغم أنه كان بإمكان الموقع أن يحتوي يوم افتتاحه على أكثر من مائة ألف كتاب، فإنه بدأ بخمسين ألف كتاب متخصصة في ذلك المجال فقط. وتتلخص فكرة الموقع في أن الطلاب الجامعيين والباحثين يطلبون عادة الكتب القديمة، وبالتحديد التي يزيد عمرها عن الخمسة سنوات. كما لاحظ ويليامز أيضا أن شركات النشر تتوقف عن إعادة طباعة معظم الكتب بعد سبع سنوات من نشرها، ولكن هذه الكتب تحتفظ بقيمتها لمدة ثلاثين سنة أو أكثر. لذا قامت كويستيا بالتعاقد مع أكثر من 170 ناشرا (عددهم اليوم هو 235)، وحصلت منهم على حقوق رقمنة كتبهم التي تتميز بهذه الصفة، ومن ثم إتاحتها للجمهور من خلال الموقع (وهو ما سنتحدث عنه بعد قليل). ولاختيار الكتب، قام ويليامز بتوظيف عشرة مختصين في علم المكتبات، وبالذات من المتخصصين في علم انتقاء مجموعات الكتب. وقام هؤلاء باختيار خمسين ألف من أفضل الكتب المتوفرة لدى الشركات الناشرة، وهي الكتب التي شكلت نواة المشروع. ورغم أن هذه المكتبة صغيرة بالمقارنة مع المكتبات التقليدية فإنها تتميز بأن الكتب متوفرة دوما للمستخدمين، كما أنه يمكن لكل مستخدم الحصول على نسخته الخاصة من الكتب المتوفرة. وتقوم كويستيا بتوفير الخدمة للطلاب الجامعيين والباحثين في مجال العلوم الاجتماعية والإنسانية، حيث يقوم الطالب بالاشتراك في الموقع، ويتمكن مقابل اشتراكه من النفاذ إلى كامل محتوى الكتب الرقمية، والبحث في محتواها للعثور على المعلومات التي يريدها، باستخدام محرك بحث متقدم من أوراكل وهو برنامج ConText، إضافة إلى أن كويستيا تقوم بتعليم البيانات باستخدام لغة XML، مما يجعل عملية العثور على المعلومات أكثر سهولة. ويمكن للطلبة أن يقوموا بطباعة نتائج عمليات البحث التي يقومون بها. ولكن الموقع يوفر ما هو أكثر من المراجع، كأدوات لكتابة الملاحظات على الصفحات، وإنشاء الحواشي، وفهارس المراجع (وذلك لتشجيع الطلبة على ذكر المراجع التي حصلوا منها على معلوماتهم). كما يحتوي الموقع على العديد من القواميس والفهارس، إضافة إلى إمكانية وضع مجموعات معينة من الكتب ضمن رف رقمي شخصي.

وماذا عن الشركات الناشرة للكتب؟ ما تقدمه خدمة كويستيا للشركات الناشرة يفوق مجرد شراء حقوق النشر، حيث تحصل هذه الشركات على نسبة معينة من إيرادات الاشتراكات ضمن الموقع، وهو مصدر دخل من كتب لا تدر في العادة عوائد على الشركات، كما أن المستفيدين منها عادة هم مراكز تصوير ونسخ الكتب التي يلجأ إليها الطلبة عادة. ولا يؤمن وليامز بجدوى سوق الكتب الرقمية خلال الأعوام الثلاث القادمة، حيث أن المنتجين لم يستقروا بعد على نسق قياسي يتم بموجبه إنتاج الكتب الرقمية، ولا زال السوق بحاجة إلى تحديد النسق الأفضل. كما أنه يعتقد أن الطلب غير موجود من قبل القراء (يجدر الإشارة إلى أن موقع أمازون يبيع الكتب الرقمية). ومن جهة أخرى يرى وليامز أن الطلب في الوقت الحالي يتمركز حول استخدام إنترنت لكتابة أوراق البحث. وما يقوم به هؤلاء الطلاب في الوقت الحالي هو اللجوء إلى مصادر غير محكمة أو موثقة على إنترنت. وما توفره كويستيا هو مراجع موثقة ومحكمة من الدرجة الأولى يمكن استخدامها لكتابة أبحاث أفضل.

NetLibrary.com

ومن الشركات الأخرى العاملة في هذا المجال هي شركة نت لايبراري. وتتبع هذه الشركة نموذجا مختلفا عن نموذج كويستيا. فهي ليست خدمة اشتراك، بل تقوم بناء على طلب المكتبات الجامعية، والتي ترغب في إنشاء مكتبات رقمية، برقمنة مجموعات من الكتب في مواضيع مختلفة، وتقوم هذه المكتبات بشراء هذه الكتب من نت لا يبراري. وحسب نموذج عمل نت لايبراري فإن بإمكانها استضافة الكتب الرقمية على مزوداتها. حيث تقوم المكتبات بتحديد سياسات التحقق من الهوية. وكما هي الحال في المكتبات التقليدية فإنه متى ما تمت استعارة كتاب ما فإنه يصبح غير متاح إلا بعد إعادته.

وتقوم شركة نت لايبراري بتحويل الكتب الرقمية أو المطبوعة إلى نسق إلكتروني خاص يمكن التعامل له ضمن النظام. ومن ناحية تتميز نت لايبراري بأنها لا تتخصص في مجال معين بل تقوم برقمنة الكتب المتخصصة في جميع المجالات بما في ذلك علوم الكومبيوتر والطب والمواضيع الأكاديمية الأخرى، ومع ذلك فإن مجموعتها من الكتب أصغر حجما من مجموعة كويستيا، حيث يبلغ عدد الكتب 40 ألف كتاب.

ومن ناحية أخرى فإن الشركة تقوم بإتاحة كافة موادها للمستخدمين من دون رسوم اشتراك. ولكن متى ما أراد الباحث أن يقوم بطباعة أو قص ولصق المحتوى فإن عليه أن يدفع

رسوما معينة مقابل ذلك. ومع أن هذا النظام يساعد الشركة والشركات الناشرة المتعاونة معها على استخلاص أكبر قدر ممكن من العوائد، فإننا نشك في أن الطلبة سيرغبون بالدفع مقابل كل نسخة من المعلومات يودون الحصول عليها. ولهذا فإن نموذج الاشتراك الشهري أو السنوي عملي أكثر بالنسبة للكثير من المستخدمين، والذين يرغبون في دفع سعر ثابت عادة مقابل النفاذ غير المحدود. كما أن نت لايبراري لا تقدم ضمن موقعها بيئة الدراسة المتكاملة التي تقوم كويستيا بتوفيرها للمستخدمين، مما يجعلها أكثر صعوبة عند التعامل معها. وإضافة إلى علاقاتها الواسعة مع شركات النشر العالمية، فإن عدد زبائن الشركة من المكتبات يبلغ، حسب قولها، أكثر من 5500 مكتبة عامة وجامعية في الولايات المتحدة.

شركة eBrary.com

تقوم هذه الشركة بتطوير البرمجيات والخدمات اللازمة لنشر الكتب الرقمية وتداولها بشكل آمن على إنترنت. وأهم منتجات الشركة هو برنامج ebrarian والموجه للناشرين ومزودي المحتوى الراغبين بإنشاء مكتبات رقمية تتكون من الكتب التي لا زالت خاضعة لقوانين حماية الملكية الفكرية، والمجلات العلمية المحكمة. ورغم أن النفاذ إلى هذه المطبوعات آمن ويخضع لقوانين التحقق من الهوية، حسب رغبة المكتبات التي تقوم باقتنائه، فإن البرنامج يسمح لمحركات البحث على إنترنت بفهرستها، وذلك للمساعدة في توجيه المستخدم الاعتيادي إليها، ولكن دون السماح له بالنفاذ إليها إلا حسب الشروط التي تضعها المكتبات. وبهذه الطريقة تزيد الشركة من نسبة النفاذ إلى المكتبة الرقمية، وأيضا الإيرادات الناجمة عن استخدام هذه الكتب الرقمية. وتقول الشركة بأنه من خلال رقمنة الكتب والمجلات الجامعية والسماح بفهرستها عبر إنترنت، فإنه بالإمكان إضافة 9.6 بليون صفحة إلى إنترنت، من المحتوى العلمي المرجعي، والذي تفتقر إنترنت إليه حاليا.

كما تقوم الشركة حاليا بإعادة بناء مكتبة رقمية، تقول بأنها ستقوم بتوثيق عملية البحث على إنترنت وذلك من خلال الدمج ما بين أمن حقوق الملكية الفكرية، والبحث الكامل في النص، وأدوات لبناء الفهارس في أوراق البحث (كالموجود ضمن موقع كويستيا).

وتقول الشركة بأنها ستتبع نموذجا مماثلا لنموذج نت لايبراري، حيث أنها لن تقوم بفرض رسوم اشتراك، ولكنها ستقوم بجعل المستخدمين يدفعون مقابل طباعة أو نسخ ولصق المعلومات التي يريدون الحصول عليها. وتقوم الشركة بدورها بمشاركة هذه العوائد مع

الشركات الناشرة. كما يمكن للمستخدمين شراء الكتب الرقمية بأكملها إذا رغبوا بذلك.

وتقول الشركة أيضا بأن النظام الذي طورته يمكن الشركات الناشرة من بيع محتواها بالصفحة أو بالفقرة إذا رغبوا بذلك أيضا. وقد ابتدأت الشركة في عام 1999 على يد كريستوفر وارنوك وكيفن سايار، حيث طور وارنوك فكرة الموقع أثناء دراسته في جامعة يوتا، وبعد عمله لعدة سنوات في شركة أدوبي وصناعة النشر- وبعد أن قلم وارنوك بتطوير خطة العمل تقدم بها إلى جامعتي ستانفورد ويوتا. وكانت جامعة ستانفورد في ذلك الحين قد حصلت على منحة من مؤسسة ميلون لتمويل بحث يمكن أن يؤدي إلى تطوير طريقة يمكن بها للشركات الناشرة أن توزع أعمالها إلى أجهزة مزودة تقوم بدورها بتوزيع هذه الكتب إلى المكتبات الجامعية. أما اليوم فتشرف مجموعة من كبريات الشركات الناشرة على تمويل أعمال الشركة وهي راندوم هاوس من خلال ذراعها التمويلي، وشركة بيرسون، وشركة ماغروهيل.

مخططات غوغل للمكتبات الرقمية

المكتبات الرقمية في العالم العربي

لسوء الحظ، الصورة ليست مشرقة حاليا. فهنالك خمس مكتبات رقمية:

إحداها: هي الخاصة بمعهد الإمارات للأبحاث والدراسات الاستراتيجية:

والتي قامت قبل عامين برقمنة جميع نتاجها العلمي باستخدام نظام نوليدج بيس KnowledgeBase وهذه المكتبة متاحة فقط للعاملين ضمن المركز.

المحاولة الثانية: **الوراق** (alwaraq.net):

وهو من المحاولات الأخرى لإنشاء مكتبة رقمية، والذي قامت شركة كوزموس للبرمجيات بإنشائه وتضمينه أمهات الكتب التراثية العربية، وميكانيكيات بحث ممتازة، ولكن هذا الموقع متخصص جدا في محتواه والذي يقتصر كما قلنا على الكتب التراثية العربية.

المحاولة الثالثة: **موقع مرايا الثقافي**:

وهو نواة ممتازة لمكتبة رقمية، والذي قام بإنشائه الباحث اللبناني عدنان الحسيني، والشاعر الإماراتي علي بن تميم. ويسعى الموقع لجمع النتاج الأدبي العربي المعاصر من شعر

وقصة ومسرح ضمن موقع واحد. وتوجد على الموقع نخبة جيدة من المحتوى ولكنها ليست بالغزارة التي تؤهلها لتكون مكتبة رقمية. وليس للموقع حاليا أية أهداف تجارية، بل هو جهد محبة كما يقولون، وهو بذلك يذكرنا ببدايات مشروع غوتنبرغ، والذي بدأ بـ 12 كتابا، وتوسع اليوم ليشمل عشرات الألوف من الكتب.

ورابعاً: موقع الموسوعة الشعرية:

والذي قام بإنشائه المجمع الثقافي في أبو ظبي. وتعتبر الموسوعة الشعرية باكورة أعمال المجمع الثقافي في مجال النشر الإلكتروني، وهي تهدف إلى جمع كل ما قيل في الشعر العربي منذ الجاهلية وحتى عصرنا الحاضر، ومن المتوقع أن تضم أكثر من ثلاثة ملايين بيت، ويقصد بالشعر العربي؛ الشعر العمودي الموزون وباللغة العربية الفصحى. ويضم الإصدار الحالي من الموسوعة الشعرية حوالي المليون وثلاثمائة ألف بيت من الشعر موزعة على الدواوين الشعرية الكاملة لأكثر من ألف شاعر في حين يتم زيادة هذا الحجم بمعدل مائة ألف بيت شهرياً، يتم إدخالها وتدقيقها ومراجعتها للتأكد من خلوها من الأخطاء حرصاً على أهمية هذه المادة، ولتعرض بالشكل اللائق بالشعر الذي يعتبر ديوان العرب.

وخامساً: مكتبة المسجد النبوي الشريف http://www.mktaba.org

والتي تقوم بجمع كل الكتب الإسلامية في صيغة إليكترونية ووضعها في قواعد بيانات وإتاحة البحث فيها للباحثين والرواد في داخل المكتبة ولكنها غير متاحة على الإنترنت. وعدا عن هذه المحاولات لا توجد أية محاولات أخرى نعرفها لإنشاء مكتبات رقمية عربية، وهو أمر نأمل بأنه سيتغير وذلك بتظافر الجهود بين دور النشر العربية وشركات التقنية.

وجدير بالذكر أن لا ننسى المكتبة العربية التي تمثل أكبر تجمع للكتب العربية الإلكترونية على مستوى العالم. حيث نشأت المكتبة العربية لتوثيق صلة المستخدم العربي بشتى منابع العلوم والمعرفة وللحفاظ على الكتب العربية وتوفيرها لكل العرب في كل أنحاء العالم.

مستقبل المكتبة الرقمية

رغم التطورات الكبيرة في مجال تقنيات الكتب والمكتبات الرقمية فلا زال أمامها شوطا بعيدا كي تقطعه لتحقيق الانتشار الكامل، والمشكلة الأساسية هنا هي موضوع حقوق النشر والتأليف. فمن ناحية يجمع الكثيرون من أقطاب الصناعة على أن تقنيات حماية وإدارة حقوق الملكية الفكرية الخاصة بالمحتوى الرقمي لم تحقق بعد مستوى الأمن المطلوب،

حيث لا زال من السهل كسر التشفير الخاص بالكثير من هذه الأدوات، كما حصل في حالة شركة أدوبي مؤخرا حين تمكن أحد الهكرة الروس من كسر شيفرة كتبها الرقمية. وترى شركات النشر أنه ما لم يتم حل هذه المعضلة فإنهم يخشون أن تؤول الكتب الرقمية إلى مصير مشابه لما حصل في صناعة الموسيقى عند ظهور نابستر، ويقولون بأن مصير التقدم البشري مرهون بحل هذه المشكلة، فإذا ما تمت قرصنة الكتب على نطاق واسع فإن ذلك سيؤدي إلى امتناع المؤلفين عن الكتابة والنشر، مما سيؤدي إلى تضاؤل النتاج العلمي. ولكن شركات النشر، وتحت هذا الغطاء، والذي نفهمه ونقدره كوننا كتابا، تخوض حربا شرسة لتمديد الفترة التي يكون فيها كتاب ما خاضعا لحقوق الملكية الفكرية. وقد نجحت الشركات الأمريكية في عام 2000 إلى مد الفترة التي يكون فيها كتاب ما خاضع لحقوق الملكية الفكرية إلى 75 عاما بعد موت المؤلف، وهو تمديد يهدد المكتبات الرقمية المجانية من أمثال مشروع غوتنبرغ، والذي يتخصص في رقمنة الكتب التي لم تعد خاضعة لقوانين حماية المؤلف، والتي كانت في الماضي تسقط عن الكتب بعد 25 عاما من موت المؤلف. ويقول مايكل هارت وأوكربلوم بأن هذه القوانين تحمي الشركات الناشرة وأرباحها فقط. ويقول أوكربلوم مازحا بأنه طبقا لهذا القانون فإن المخططات الهندسية لأول طائرة، والتي ابتكرها الأخوان رايت، لا تزال محمية بقوانين حماية المؤلف الجديدة. وأخيرا هنالك موضوع البنية التحتية الخاصة بإنترنت التي نعهدها اليوم، وخصوصا المواضيع المتعلقة بالبروتوكولات المستخدمة لنقل البيانات حاليا (وعلى رأسها TCP/IP)، والتي لا تسمح بتقديم خدمات متقدمة وآمنة لرواد المكتبات الرقمية. وهذا أمر يأمل القائمون على مشروع إنترنت 2 Internet 2 بأنه سيتغير، حيث أن هذا المشروع لن يوفر سعة الموجة اللازمة لتداول المحتوى الرقمي وحسب، بل سيقوم أيضا بتطوير بروتوكولات تناقل البيانات لتدعم نوعية خدمة أفضل Quality of Service. ومن الجدير بالذكر هو أن مشروع إنترنت 2 قام بمبادرة من مجموعة كبيرة من المعاهد الدراسية والجامعات الأمريكية ومراكز البحث العلمي، التي تنظر إلى المكتبات الرقمية كأحد المبررات الأساسية للمشروع.

ما الذي تحتاجه لبناء مكتبة رقمية؟

يوجد فرق شاسع بين أتمتة المكتبات ورقمنتها. ففي حين تعنى الأتمتة بحوسبة العمليات المكتبية مثل استعارة الكتب وفهرستها وتنظيم العمليات الداخلية للمكتبات، فإن رقمنة المكتبات تعني تحويل مجموعات من الكتب ضمن المكتبات التقليدية إلى صورة رقمية

سواء بمسحها ضوئيا، أو إدخالها كنص إلكتروني. وتوصي شركة صن مايكروسيستمز، وهـي مـن الشركات الرائـدة في إنشاء المكتبات الرقمية في الولايات المتحدة، بأخذ النقاط التالية بعين الاعتبار عند إنشاء المكتبات الرقمية.

- اعتماد نسق موحد للمعلومات (توصي صن باعتماد XML)
- أسلوب النفاذ إلى المكتبة الرقيمة-هل سيكون مفتوحا للعموم عبر إنترنت أم سيقتصر على فئة معينة من المستخدمين
- الأمان والتحقق من هوية المستخدمين
- برمجيات حماية حقوق الملكية الفكرية
- البنية التحتية للمشروع من برمجيات وقواعد بيانات ومدى قدرتها على التوسع واستيعاب الأعداد المتزايدة من المستخدمين
- محرك البحث المستخدم. المكتبة الرقمية لا تفيد بشيء إذا ما لم تستخدم محرك بحث قوي.
- وسائط التخزين وحفظ البيانات وقدرتها على التوسع، وأساليب التخزين الاحتياطي التي تعتمدها.

جماعة المكتبات البحثية

(RLG) Research Libraries Group

- نبذة تاريخية
- أهداف RLG
- أعضاء RLG
- النظام الإداري لـ RLG
- أنشطة ومشروعات RLG
- محتويات شبكة RLG
- الخدمات التى تقدمها RLG
- إصدارات جماعة المكتبات البحثية

مستخلص*

دراسة وصفية لجماعة المكتبات البحثية RLG وهي شبكة لأبحاث والمعلومات بين مجموعة من المكتبات الأمريكية، تعرض الدراسة لتاريخ الشبكة، وأهدافها وأعضائها من المكتبات، وتنظيمها الإداري، وأنشطتها والمشورعات التي تنفذه، ثم تتناول بالتفصيل محتويات الشبكة من فهارس آلية وقواعد بيانات وكشافات وببليوجرافيات، وأخيرا تنافش الدراسة خدمات الشبكة وإصداراتها.

* أحمد سيد السداوي/ قسم المكتبات والمعلومات - جامعة عين شمس/.- cybrarians journal.- ع 13 (يونيو 2007).

- متاح في: http://www.cybrarians.info/journal/no13/rlg.htm

نبذة تاريخية

قبل أن نتكلم عن تاريخ جماعة المكتبات البحثية نود أولا أن نعرف ما هى هذه الجماعة؟ وكيف تطورت؟ فهى جماعة بحثية لا تهدف للربح المادى وجمع المال ؛ ولكنها تهدف الى أن تكون شبكة للمعلومات تضم العديد من الأبحاث في مجال المكتبات والأرشيف والمتاحف، وتعتبر هذه الجماعة مكونة من أجل البحث والعلم والهدف الرئيسى من هذه الشبكة هوتنسيق التزويد فيما بينها وتشاطر المصادر بما يعود بالنفع على مجتمع البحث، ويكون التنسيق هنا بتفادى التكرار في الاقتناء.

تأسست جماعة المكتبات البحثية RLG عام 1974 وكانت في بداية الأمر عبارة عن تعاون بين ثلاث جامعات هم:

- جامعة كولومبيا Columbia University
- جامعة هارفارد Harvard University
- جامعة ييل Yale University

بالإضافة الى المكتبة العامة لنيويورك وكان مقرها في ولاية كاليفورنيا، وفي عام 1976 حصلت الشبكة على منحة من National Endowment of the Hmanities وذلك لتيسير الإتصال المباشر بمرصد مكتبة الكونجرس وبهذا أصبح من السهل على مكتبة نيويورك العامة ومكتبة جامعة كولومبيا (في نيويورك أيضاً) الحصول على المعلومات من مرصد مكتبة الكونجرس.

وفي عام 1977 ارتبطت ثلاث مكتبات في هذه الشبكة بمرصد BALLOTS للحصول على خدمات إعداد جاهزة ومباشرة، ثم انتقل المقر بعد ذلك الى جامعة ستانفورد وذلك عام 1978 حيث يتم هناك معالجة البيانات آليا والتي أصبحت بعد ذلك شبكة معلومات المكتبات البحثية RLIN (research libraries information network): بدلاً من BALLOTS وتعكس هذه التسمية رغبة الشبكة في تقديم خدماتها لكل المكتبات البحثية في جميع أنحاء الولايات المتحدة ولتشاطر المصادر وتنمية المجموعات فيما بينها.

وفي عام 1980 تم زيادة المشاركة من قبل أعضاء جدد واتسعت تغطيتها في الأبحاث المشاركة لتشتمل الأبحاث الجامعية،أبحاث المكتبات الرئيسية،كما أنها قامت بإنشاء قواعد بيانات لكي يكون هناك فهرسة موحدة لتشارك الموارد بين أعضاؤها مثل: معهد الفنون في شيكاغو،متحف الفنون في كليفلاند....... وغيرهم.

وأيضاً في نفس العام قدمت جماعة المكتبات البحثية للمكتبة الوطنية البريطانية قاعدة بيانات خاصة للفهرس المختصر لها في القرن الثامن عشر. كما أنها في 1983 قدمت مشروع للحفاظ على مجموعات من الأبحاث على المدى الطويل وذلك بحفظها على ميكروفيلم ومن ثم إتاحته على الانترنت.

وفي عام 1992 رحبت الجماعة بأول عضولها من خارج أمريكا الشمالية وهى المكتبة البريطانية،كما أنها أضافت اللغة العربية الى شبكة معلومات المكتبات البحثية RLIN ليس هذا فحسب ؛ بل وضعت مستويات للمقاولات الموجودة لكي يتم دخولها في الدوريات أوفي المؤتمرات.

وعام 1996 تم افتتاح شبكة خاصة تسمح لأي شخص في العالم الدخول الى الشبكة والاستفادة من خدماتها عن طريق الانترنت، حيث كانت قاصرة من قبل على الأعضاء فقط.

وفي عام 2000 تم إنتاج برنامج يسهل عملية تبادل الإعارة بين المكتبات.

وفي عام 2001 تلقت RLG دعم من مؤسسة Andro.W.millon لإنتاج مصادر جديدة للمعلومات ومن ثم المشاركة بينها وبين باقي الأعضاء.

أهداف RLG

1- تقديم الدعم للباحثين والدارسين في جميع أنحاء العالم وذلك عن طريق الوصول الى المعلومات والمواد البحثية في كل من تخصصات: المكتبات، الأرشيف،

المتاحف. وكذلك فهي تعمل مع أعضائها من المنظمات الأخرى من أجـل تعزيـز قـدرتها عـلى تـوفير موارد ومصادر البحث.

2- زيادة البحث على الخط المباشر ONLINE أي على شبكة الانترنت واستخداماتها في شبكات المعلومـات وعمل بث للأبحاث العلمية وانجازها وكذلك المشاركة في الموارد البحثية والرقمية.

3- تقديم برامج تعاونية من أجل حـل المشكلات البحثيـة والعلميـة وذلك عـن طريـق عمـل جماعـات النقاش في موضوع معين أوتخصص معين وكذلك التوصل الى كل ما هو جديد في مجال التخصـص وتطوير الأفكار القديمة.

أعضاء RLG

أعضاء هذه الجماعة والمشاركين فيها هـم: الجامعـات، المكتبات الوطنيـة، دور الوثـائق، المتـاحف. مـع مجموعة متميزة من الباحثين والدارسين ؛ وفي يوليوعام 1980 بلـغ عـدد الاعضـاء 22 مكتبـة وبعـدها ارتفـع عـدد المكتبات الى حوالي ثلاثين وبذلك تضمن الشبكة التمويل الـذاتي مـن الاعضـاء المشـاركين دون الحاجـة الى الـدعم الخارجي، ومازالت الزيادة مستمرة في اشتراك الاعضاء في الشبكة.

ومن يريد أن يكون عضوفي هذه الجماعة يقوم بقراءة الشروط أولا للاشتراك ثم بعد ذلك يقـوم بتقـديم طلب للانضمام للجماعة وإرساله

فاكس، كما أنه إذا وجد أي استفسار عن أي شيء يكون ذلك عـن طريـق البريـد الالكـتروني ويـتم سـؤال الشخص المختص بذلك.

النظام الإداري لـ RLG

يتم انتخاب مجلس الادارة من قِبل الأعضاء، كما أن هناك ممثلين يتم تعيينهم وهم مسؤلون عن الأنشطة والخطط الإستراتيجية والبرامج التعاونية.

عدد العاملين في الجماعة حوالي 85 شخص تحت الأقسام الآتية:

1- مدير الجماعة.

2- مسئولوالخدمات والبرامج.

3- قطاع الإنتاج.

4- مسئولو الأنظمة.

5- قطاع التسويق.

6- قطاع التمويل والإدارة.

أنشطة ومشروعات RLG

منذ ثلاثة عقود وتقوم الجماعة بالتعاون من أجل مواجهة التحديات المشتركة بين أعضائها وجعل البحـث من الأشياء اليسيرة ومشاركة الموارد بينهم.

فكل عام يكون هناك اجتماع لأعضاء لكي يتبادلوا فيه الخبرات والمعلومات وكذلك تطوير الأفكار القديمـة وطرح أفكار جديدة، ويتم تحديد اللقاءات ومواعيدها وموضوعاتها والنقاط المحورية التي سيتم مناقشتها كـما يتم بث المناقشات على الانترنت من خلال جماعـات النقـاش المشـترك في تخصص معين ومـن هنا تتبـادل الآراء والمعلومات بينهم ومن ضمن جماعات النقاش:

- جماعة RLG لإدارة تبادل الإعارة RLG's ILL Manager Discussion

- جماعة دراسات شرق آسيا East Asian Studies

- جماعة الفن والعمارة Art and Architecture

ومن ضمن المشروعات الحالية التي يتم العمل فيها:

- البوابة العالمية للأرشيف.International Archival Gateways

- وصف المواد الأرشيفية Encoded Archival Description

- المصادر المتاحة في العلوم الطبيعية Resources Available in the Natural Sciences

محتويات شبكة RLG

أولاً: قواعد البيانات المتاحة على الخط المباشر

تقدم RLG قواعد بيانات متاحة على الانترنت حيث تحتوى على ثـروة هائلـة مـن المعلومـات والمقتنيـات التقليدية وغير التقليدية مثل: الكتب النادرة، المقـالات، الـدوريات، الخـرائط، فهـارس المحفوظـات، المخطوطات، الأعمال الفنية، وكذلك أيضا الصور الرقمية، والمقتنيات في صورتها الالكترونية سواء كانـت كتـب أودوريات....الخ من الصور الأخرى التي تعتمد على البيئة الالكترونية.

وتغطى قواعد البيانات التخصصات الموضوعية التالية:

1-   الانثروبولوجيا وعلم الآثار.

2- الدراسات العلمية.

3- الفنون والعمارة.

4- علم التاريخ.

5- العلوم الإنسانية.

6-العلوم الاجتماعية.

7- علم القانون.

ويمكن لأي مؤسسة أو منظمة أن تطلع على هذه القواعد ومعرفة خصائصها وتغطيتها الموضوعية لمعرفة ما هو المناسب لاستخدامها ومن ثم الاشتراك فيها وإتاحتها للمستفيدين من هذه المنظمة، ومن أمثلة قواعد البيانات التي تتيحها الشبكة ما يلي:

RLG union cataloge.

تعتبر هذه القاعدة المصدر الرئيسي والأساسي للوصف الببليوجرافي لمجموعات البحث الموجودة في الشبكة، حيث توفر وصف ببليوجرافي موحد لجميع أنواع الموضوعات وتغطى حوالي 400 لغة للوصف. كما أنها تصف أشكال مختلفة ومتنوعة من المقتنيات من: كتب، مصغرات فيلمية، خرائط سواء كانت مطبوعة أويدوية، ملفات الكترونية، الدوريات، الصور، الرسومات، المخطوطات.....الخ من مقتنيات قواعد البيانات المشاركة في الشبكة. وتستهل هذه القاعدة على وصف أكثر من 130 مليون تسجيله ببليوجرافية 40 % منها بلغات غير الانجليزية ؛ كما أن هناك 3 مليون تسجيله لمواد نشرت قبل عام 1900، 2.5 مليون تسجيله تغطى الميكروفيلم.

وتعكس هذه التسجيلات مقتنيات كلا من: المكتبات الأكاديمية والبحثية، المكتبات الوطنية، مراكز البحوث المتخصصة، المتاحف ودور الأرشيف والمحفوظات، مكتبات الفنون والموسيقى، المكتبات الطبية والقانونية والمكتبات العامة.

Anthropological Literature:

تشتمل هذه القاعدة على الإنتاج الفكري الصادر من المكتبات المتخصصة في هذا العلم، وتشمل القاعدة التقارير والمقالات والتعليقات الخاصة بهذا العلم.

Anthropological Plus:

هذه القاعدة من أندر قواعد البيانات على مستوى العالم في علم الانثروبولوجيا حيث أنها تشتمل على المواد الببليوجرافية الخاصة بهذا العلم 1800 وحتى اليوم.

كما أن هذه القاعدة نتيجة تعاون كـلا مـن القاعـدتين Anthropological index، royal anthropological، institute Anthropological Literature حيث أدى هذا التعاون الى وجود قاعدة بيانات خاصة بهذا العلم والعلوم الأخرى المتصلة به من نوعها وغنية بمصادر المعلومات التي تساعد على التعلم والبحث.

Archive grid:

هوموقع عالمي على الانترنت يهتم بالترجمات الشخصية والتسجيلات التاريخيـة وعلم الأنسـاب ومواقع أوأماكن الولادة والوفاة لبعض الشخصيات التي يهتم بها.

واعتمد هذا الأرشيف في معلوماتـه عـلى علمـاء متخصصين في علم الأنسـاب، كما أن هناك مجموعـة المكتبات والمعاهد والمؤسسات (حوالي 2500 مكتبة ودور وثائق على مستوى العلم) ساهمت في إنشاء مثل هذا الأرشيف منها: مكتبـة نيويـورك العامة،المكتبـة الوطنيـة في اسـتراليا،معهد الفنـون في شيكاغو،متحف شـمال أريزونا،جامعة هارفارد،المعهد الدولي للتأريخ الاجتماعي......وغيرها.

ومن مميزات هذا الأرشيف أنه يقوم بإمداد الباحث بالمعلومات والوثائق التي يريدها بالضبط أثنـاء البحث فيه دون ظهور نتائج غير مرغوب فيها مثلما يحدث في محركات البحث العامة حيث أنه يقدم المعلومـات والتي تفيد غاية كل باحث

TROVE.NET:

هوموقع مجاني يحتوى على قاعدة بيانات بها حوالي 209 ألف صورة نادرة تعكس ثقافات العالم المختلفـة ومن أبرز مجموعاتها صور عن:

- مدرسة نيويورك الساحل الشرقي لها.

- أجزاء لورق بردى من مصر القديمة.

- رسومات لراقصات باليه وتصميمات أزياء.

- صور عن الحرب العالمية الأولى والثانية.

كما أن هذا الموقع يتيح أخذ الصور منه ووضعها على أغلفة الكتب، والإعلانات التجارية.......الخ.

HAND PRESS BOOK DATABASE:

قاعدة بيانات تشتمل على دليل عن المطبوعات الأوروبيـة منـذ القـرن الخـامس عشر ـ وحتـى عـام 1830، ويعتبر هذا الدليل مفيد جدا للمهتمين بالبحث في الإنتاج الفكري الاجتماعي وتاريخ الطباعة وتاريخ الكتاب.

RLG CULTURE METERIALS:

قاعدة بيانات فيها جميع نسخ رقمية من المخطوطات والوثائق التاريخية والصور التذكارية وجمعت هذه المواد من أنحاء العالم حيث تحفظ في المكتبات والمتاحف ويذهب الناس لزيارتها ومشاهدتها ولكن RLG قامت بتجميع هذه المواد الثقافية لكي يقوم أي باحث بالاطلاع عليها ومشاهدتها، ومن ثم عمل وسيط بين أشياء ووثائق مختلفة ثم يظهر باستنتاجات ونتائج جديدة، ويتم ذلك في سهولة ويسر عندما يتم تجميع أقصى- ما في الشرق وأقصى ما في الغرب أمام الباحث في وقت واحد.

HISTORY OF SCIENCE، TECHNOLOGY AND MEDICNE:

يقدم RLG قاعدة بيانات عن تاريخ العلوم والتكنولوجيا والطب، وهذه القاعدة تحت رعاية الاتحاد الدولي للتأريخ وفلسفة العلوم. حيث أنها نتيجة تكامل أربعة من أقوى وأفضل الفهارس الدولية لتاريخ العلوم والتكنولوجيا والطب، وتعكس هذه القاعدة تأثيرها على المجتمع والثقافة من قبل التاريخ الى الوقت الحاضر الآن.

AUTHORITY FILES:

تقدم هذه الخدمة RLG لكلا من المكتبيين والباحثين حيث أنها تحتوى على المصطلحات القياسية والعناوين المقننة المستخدمة في تسجيلات المقتنيات فهى تشبه قائمة رؤوس موضوعات مكتبة الكونجرس القياسية.

كما أنها تقدم المصطلحات القديمة وتطورها الى ما وصلت عليه الآن واستخدامها في الوقت الحالي.

INSIDE INFORMATION PLUS:

توفر هذه القاعدة خدمة الإمداد بالوثائق حيث أن هذه الخدمة تقدمها المكتبة الوطنية البريطانية، ويتيح قاعدة البيانات البحث فيها ولطلب الوثيقة سواء باسم المؤلف أوالعنوان. حيث أن هناك حوالي أكثر من 20 ألف دورية علمية تتوفر فيها هذه المقالات.

وتصل معدلات طلبات الإمداد بالوثائق الى حوالي 47 ألف وثيقة تقدم بواسطة مركز الإمداد بالوثائق بالمكتبة البريطانية، وتصل الوثائق الى من يطلبها إما عن طريق الفاكس أوالبريد الالكتروني.

هذا بالنسبة لقواعد البيانات التي تتيحها RLG من خلال شبكة الانترنت ولكن لا تتاح هذه القواعد مجانا ولكن يكون ذلك مقابل رسوم اشتراك يتم دفعها، حيث أن هناك استمارة يكون فبها السعر محدد وكذلك القواعد الخاصة بتراخيص الاستخدام ؛ وبعد مليء

هذه الاستمارة يتم إرسالها الى المختصين بذلك في الشبكة إما عن طريق البريد الالكتروني أوعن طريق إرسال الاستمارة الى مقر الشبكة.

ثانياً: الكشافات

Anthropological index، royal anthropological institute:

كشاف الإنثروبولوجيا الخاص بالمعهد الملكي للانثروبولوجيا يقوم بتكشيف أكثر من 900 مجلة متخصصة في الانثروبولوجيا وعلم الآثار، علم السكان، ووصف الأعراق البشرية، علم الاجتماع، الانثروبولوجيا الثقافية والاجتماعية، الفلكلور..... الخ من الموضوعات ذات الصلة

وتغطى هذه الدوريات كلا من: دول الكومنولث وأفريقيا وشرق أوروبا وآسيا وأمريكا واستراليا، كما أنها تركز أكثر على المناطق الواقعة خارج أوروبا.

ويعتبر هذا الكشاف مصمم بطريقة فريدة في محتواها حيث أنه يغطى مقتنيات كلا من: المكتبة الوطنية البريطانية للانثروبولوجيا، والمعهد الملكي للانثروبولوجيا ؛ لذا فهوأكثر المصادر صلاحية في مجال التعليم الانثروبولوجي والمجالات الأخرى ذات الصلة.

ويشمل التغطية اللغوية للمقالات الموجودة في هذا الكم الهائل من المجلات كل اللغات،كما أنه يمكن أخذ صورة ضوئية من أي مقالة لأي لغة مقابل رسوم يتم تحصيلها إذا كان المستفيد في المكتبة.

AVERY INDEXES ARCHITECTURAL PERIODICALS:

يعتبر كشاف (افري) من أهم أدوات البحث في الدوريات الخاصة بالعمارة والتصميم والحصر والتخطيط العمراني وكذلك في التصميمات التاريخية، ويمثل هذا الكشاف الدليل الأمريكي الشامل في التصميم والعمارة ؛ حيث تم الاستشهاد به في أكثر من 2500 دورية أمريكية وأجنبية أخرى وفي الدراسات العلمية الخاصة بالعمارة والتصميم.

INDEX TO HISPANIC LEGISLATION:

يعتبر هذا كشاف التشريع الأمريكي والقانون القومي الأمريكي فضلا عن التشريعات القانونية في الأنظمة الأسبانية والبرتغالية، ودول من أمريكا اللاتينية وبعض الدول الأفريقية.

INDEX TO 19TH CENTURY AMRICAN ART PERIODICALS:

هذا الكشاف هو كشاف للدوريات الأمريكية في القرن التاسع عشر في مجال الفنون. حيث أنه الوحيدة من نوعه على الانترنت التي يقوم بتكشيف دوريات الفنون في تلك الفترة الزمنية، ويغطي هذا الكشاف حوالي 42 دورية في مجال الفنون نشرت في الولايات المتحدة الأمريكية.

FRANCIS:

هذه القاعدة عبارة عن كشاف متعدد اللغات لمعلومات نشرت في أكثر من 4200 دورية و67% منها في العلوم الإنسانية، و30% في العلوم الاجتماعية، 3% في علم الاقتصاد ويعتبر هذا الكشاف قيم جدا في المكتبات البحثية.

ثالثاً: الببليوجرافيات

BIBLIOGRAPHY OF THE HISTORY OF ART:

هذه الببليوجرافية من أشمل الببليوجرافيات التي تغطى تاريخ الفنون المرئية أوالبصرية منذ العصور القديمة وحتى الآن في كلا من أوروبا وأمريكا، وتحتوى هذه الببليوجرافية على مستخلصات لكتب ومؤتمرات وأطروحات ومقالات من أكثر من 4300 دورية.

CHICANO DATABASE:

تمثل هذه القاعدة طابع خاص الى حد ما حيث أنها تعد ببليوجرافية لمصادر المعلومات عن موضوعات مكسيكية أمريكية، كما أنها تتضمن قاعدة بيانات الصحة العقلية الأسبانية حيث أنها تغطى الموضوعات النفسية والاجتماعية والتربوية، وتحتوى على مقالات منذ عام 1992 وحتى الآن. وتعتبر هذه التجربة الأوسع في تغطيتها على مستوى أمريكا الوسطى وكوبا.

HAND BOOK OF LATIN AMERICA STUDIES:

عبارة عن ببليوجرافية تم إعدادها من قبل علماء مختارون حيث تقدم الكتب والمقالات والمؤتمرات التي نشرت على مستوى العالم عن الدراسات التي تمت على أمريكا اللاتينية، كما أنها تقدم تقييم لهذه الكتب والمؤتمرات والمقالات.

RUSSIAN ACADMY OF SCIENCE BIBLIOGRPHIES:

هذه الببليوجرافية فريدة من نوعها حيث أنها غنية بمصادر المعلومات النادرة والتي تهم المستفيدين بالعلوم الاجتماعية والدراسات السلافية ؛ فهى تغطى أكثر من 12500 دورية نشرت في روسيا ودول الاتحاد السوفيتي السابق ودول غرب أوروبا.

رابعاً: الفهارس

CAMIO: RLG Catalog of Arts museum Image online:

هذا الفهرس لايقدر بثمن بالنسبة للدارسين باللغة الانجليزية في مجال الثقافة واللغة والأدب حيث يحتوى على معلومات ووصفا مسهبا عن عناوين المواد المطبوعة بالانجليزية وذلك منذ بداية الطباعة وحتى عام 1800 وذلك في بريطانيا العظمى أوأي إقليم تابع لها ؛ فضلا عن عناوين المواد المطبوعة باللغة الانجليزية في أي مكان آخر في العالم.

وتقدم RLG فترة تجريبية لقواعد البيانات FREE TRIAL ؛ فقبل أن تأخذ المؤسسة أوالمنظمة القرار في الاشتراك بإحدى قواعد البيانات تتيح RLG فترة تجريبية لهذه القواعد، وهذه الفترة تكون شهر واحد فقط لقاعدة البيانات الواحدة خلال سنة، وللحفاظ على الحقوق الملكية وبعد هذه الفترة الزمنية للتجريب إذا كانت ترغب المنظمة أوالمؤسسة في الاشتراك فعليها إتباع التعليمات وملء استمارة الاشتراك.

الخدمات التى تقدمها RLG

1- الاستخدام المجاني لبعض قواعد البيانات

تقوم خدمة الوصول المجاني لبعض قواعدها لمدارس المكتبات وعلم المعلومات في أمريكا الشمالية وبعض المدارس في القارات الأخرى ويكون السماح بالدخول على هذه القواعد فقط من أجل الأغراض التعليمية وليس بهدف المشاركة وعمل إضافة لهذه القواعد وهذه الخدمة تسمح بالوصول الى القواعد التالية:

- ARCHIVE GRID
- RLG CULTURE MATERIAL
-CAMIO: RLG CATALOGE OF ARTS MUSEUM
- IMAGE ONLINE.
- ENGLISH SHORT TITLE CATALOG (ESTC).
- HAND PREN BOOK DATABASE.
- RLG UNION CATALOGE.

كما أنه يمكن مشاهدة عينة من التسجيلات الببليوجرافية الخاصة بإحدى المقالات الموجودة في أي قاعدة من القواعد حيث يكون موضع بالتسجيلة: اسم المؤلف، العنوان، مستخلصات، المداخل الموضوعية بها، رقم التسجيلة.

2- خدمة EUREKA

عبارة عن موقع على الانترنت يتكون من واجهة بحث متاحة للمستفيدين سواء كانوا مبتدئين أومحترفين فهى تتميز بالسهولة في الاستخدام، وهى متاحة باستمرار وتقدم خدماتها

للمكتبين، الطلبة، الكليات، المعاهد، المؤسسات ؛ حيث تتيح هـذه الخدمـة البحـث في جميـع تسـجيلات قاعـدة البيانات ومحتوياتها سواء كان هذا البحث بالموضوع أواسم المؤلف أوالعنوان.....الخ.

3- الخدمة المرجعية التفاعلية LIBRARIAN ASK

وتتيح هذه الخدمة أن أقوم بإرسال استفسار الى أمين المكتبة أوالشخص المسئول عـن شيء معـين فيـتم قراءة هذا الاستفسارات ثم يرسل لي الرد.

4- خدمة تصدير البيانات الببليوجرافية الى برامج الببليوجرافيات

DIRECT EXPORT BIBLIOGRAPHIC SOFTE WERE:

حيث تقوم هذه الخدمة بإرسال التسجيلات الخاصة بالمؤسسات المشاركة في RLG والتي تشـارك بهـا المؤسسة في قواعد البيانات الى أشهر الببليوجرافيات، وذلك مـن أجـل اكتمـال التعـاون والمشـاركة وأن يعـرف مـن يطلع على هذه الببليوجرافيات وليس مشترك في RLG أوإحدى قواعد بياناتها أن ما قـد يبحـث عنـه موجـود لـدى تلك المؤسسة. ومن أشهر الببليوجرافيات التي يرسل إليها تسجيلات المشاركين في RLG هم:

REFWORKS، ENDMOTE، PROCITE AND

REFERENCE MAMGER.

5 - خدمة البيانات الببليوجرافية الأصلية ORIGINAL SCRIPTS:

ومن خلالها يمكن التعامل مع البيانات الببليوجرافية في لغتها الأصلية سواء كانت هـذه اللغـة: عربيـة، عبرية،يابانية،صينية،كورية.

6- خدمة المحدد الموحد للمصدر المفتوح OPEN URL

تدعم هذه الخدمة تحويل ملايين من التسجيلات الكتب والمقالات والمـواد الأخـرى الموجـودة في RLG الى روابط مباشرة للمصادر الخاصة بكل قاعدة أوكل مشترك. أومؤسسة معينة، وقد تكون هذه الروابط لمقالات كاملة أوموردي الكتب على الانترنت أوطلب لعمل إعارة من مكتبة أخرى (أي عمل تبادل إعارة).

7- خدمة جماعات النقاش

حيث تتيح RLG المساحة لجماعات النقاش ذات الاهتمام الواحد لتبـادل الآراء ووجهـات النظـر المتعلقـة بموضوع ما. وهناك جماعات نقاش في مجالات تخصصية معينة مثل: جماعة

النقاش في الفنون والعمارة، وفي الدراسات العلمية وفي القانون وفي طرق الحفظ وبالأرشيف وكيفية التحول من العصر الورقي الى البيئة الرقمية.... وغيرها من الجماعات ذوى الاهتمام الواحد.

8- خدمة مشاركة الموارد

تقدم شبكة RLG خدمة مشاركة الموارد حيث أن هذه الخدمة هى الهدف الأساسي لهذه الشبكة والذي من أجله أنشئت الشبكة، وتتم المشاركة عن طريق:

(أ) خدمة الفهرس الموحد

ويتيح هذا الفهرس الموحد في المشاركة حيث يكون هناك توحيد في طريقة التنظيم ؛ كما أن هناك تعاون بين جماعة المكتبات البحثية وشبكة OCLC

ONLINE COMPUTER LIBRARY CATALOGING

حيث تهتم هذه الشبكة بالفهرسة التعاونية وتبادل التسجيلات الببليوجرافية القياسية حتى تكون جميع التسجيلات بطريقة موحدة، وهذا التوحيد يسهل في عملية البحث حيث أنه يتم البحث في كل قواعد البيانات بطريقة واحدة، ويكون الاسترجاع سهل لأن هناك توحيد في هذه التسجيلات، وعن طريق EURKA يستطيع الباحث أن يقوم بعملية البحث في القاعدة ويسترجع نتائجه بسهولة ويسر ؛ ليس هذا فحسب ولكن تقوم EURKA بتوجيه الباحث الى النتائج المحلية الموجودة في بلده أولا ثم الى النتائج العلمية أوالمصادر غير الموجودة في بلد الباحث.

ويعتبر هذا الفهرس من أهم دعائم ومقومات المشاركة خاصة في تقديم خدمة تبادل الإعارة بين المكتبات حيث كلما كان هناك تبادل بين المكتبات أكثر حيث يكون التبادل بين مكتبات موحدة في طريقة التنظيم.

(ب) الخدمات التعاونية

تعتبر الخدمات التعاونية من أقدم الخدمات التي تقدمها RLG منذ حوالي 20 سنة تقريبا، ومن الممكن للمؤسسات المشاركة أن تحدد أسعار بعض الخدمات والإجراءات المتبعة، وعلى أن تكون هذه السياسات المتبعة مكتوبة حتى يكون هناك التزام بتنفيذها، كما أن هذه الإجراءات تساعد على زيادة الأنشطة والتعاون أكثر بين المكتبات.

وتتيح هذه المشاركة للأعضاء المشاركين سواء كانوا كليات، معاهد، مؤسسات، طلبة، أعضاء هيئة التدريس الى سبل الوصول ومشاركة نظائرهم المتعاونين معهم أيضا. كل

هذه البرامج التعاونية التي تحدث في معظم التخصصات تتم من خلال التكنولوجيا الفائقة الموجودة الآن.

وكذلك من خلال مصادر المعلومات الغنية بكافة أشكالها ولونظرنا الى تلك البرامج التعاونية سنجد أنها:

1- توفر المال والجهد والوقت بطريقة جيدة.

2- تساعد على الوصول السريع والشامل للمقتنيات.

3- إتاحة المجموعات الخاصة والمواد التي لا تعار عن طريق هذا التعاون.

ويستدعينا القول هنا الى الاستشهاد بمقولة توم ديلى رئيس التعاون بين المكتبات والإمداد بالوثائق بجامعة كولومبيا حيث قال "التعاون هوشئ تقليدي موجود منذ الأزل، ومن مميزاته أنه يفتح بطريقة أوتوماتيكية الأبواب المغلقة بين المكتبات ؛ حيث يوجد العديد من المقتنيات الجيدة ممكن أن تحصل عليها، وكذلك مقتنيات لا تستطيع الحصول عليها إلا بالمشاركة لأنها قد تكون نادرة ".

9- خدمة تبادل الإعارة بين المكتبات RLG (INTER LIBRARY LOAN) ILL):

يقوم بتنظيم تلقى طلبات الإعارة وإرسالها الى الراغبين، SOFTE WAREوهذه الخدمة عبارة عن برنامج MULTIPLEX & D.MULTIPLEX.ومن ثم تبسيط العمل في سهولة ويسر وهذا البرنامج يؤدى الى تقنية

10- خدمة بيع المطبوعات

تقدم RLG بيع الكتب والتقارير حيث تقدم الشبكة البيانات الببليوجرافية مثل: العنوان، سنة النشر، عدد الصفحات، مستخلصات عن الكتاب أوالتقرير.

ولا ننسى أن RLG تستخدم بروتوكول Z39.50 الذي يتيح إمكانية البحث في أكثر من قاعدة بيانات في وقت واحد من خللا واجهة تعامل واحدة. ومن ثم إظهار النتائج النهائية للبحث. وهذا يوفر في وقت الباحث بطريقة ملحوظة للغاية.

إصدارات جماعة المكتبات البحثية

تقدم جماعة RLG هذه الخدمة لأعضائها حيث تقدم لهم مطبوعات للتعرف على البرامج التعاونية والمؤتمرات وأنشطة الجماعة.

كما أنها تقدم آخر أخبار الشبكة في تكنولوجيا المعلومات ومنتجاتها من قواعد البيانات ومشروعاتها ويتم تقديم هذه الخدمة من خلال:

1- NEWS LETTER: أي النشرات الإخبارية حيث تقدم هذه النشرة للمشتركين شهريا تخبرهم بآخر أخبار الشبكة ومشروعاتها مع تحليل تلك المشروعات تحليل كامل وشامل. وصممت هذه النشرة خصيصا لأعضاء RLG لكي تجعلهم دائما على اطلاع بالخطط الجديدة وما الذي يريدون أن يفعلوه في المستقبل.

2- RLG FOCUS: حيث كانت تصدر كل شهرين الكترونيا على شبكة الانترنت ولكنها توقفت الآن عن الصدور حيث كان بداية اصدر منذ عام 1993 وآخر إصدار لها عام 2006. وما هو متاح منها الآن ما هو إلا لأغراض البحث التاريخي حيث كانت توفر هذه المجلة معلومات عن RLG وخدماتها ومصادر معلوماتها.

3- RLG DIGITAL NEWS: وتقدم هذه الخدمة الأخبار للمهتمين بالمواد الرقمية والكترونية وكذلك توضيح التطورات الجديدة في الممارسات التكنولوجية. وتصدر هذه النشرة آخر كل شهر حيث لا غنى عنها للمهتمين بهذا النوع من المصادر.

4- RLG NEWS: حيث كانت عبارة عن مجلة ملونة تقدم بعرض آخر أخبار وأحداث RLG والإعداد الموجودة منها الآن فقط للحفظ التاريخي حيث أنها توقفت عن الصدور.

كما أن الشبكة تقدم مطبوعة عن ندوات RLG والتي عقدت قبل عام 1996 وحتى الآن ويمكن مطالعة هذه الندوات وطباعتها حيث يتاح على الانترنت: عنوان الندوة، مكان انعقادها، تاريخ انعقادها، مستخلص بسيط عنها. فإذا أردت الحصول على هذه الندوة أوهذا التقرير يكون ذلك من خلال رسوم وتملء استمارة يكون فيها نوع الوعاء الذي تريد طباعة سواء كان مؤتمر، تقرير.........الخ يحدد فيه عدد النسخ، وتوضع البيانات الشخصية للتعرف على ذلك المستفيد، والطريق التي سوف يتم دفع الرسوم ثم ترسل هذه الاستمارة ومن ثم الحصول على النسخ المطلوبة.

قائمة المصطلحات

تعريفـاتDefinitions

الأداء Performance:

واجب يتطلب من المتعلم أن يبدي إنجازه بمهارة ما عن طريق إبداعاته وابتكاراته وإظهاره لتطور إنتاجه أو أدائه.

الاستدلال Inference

هو عملية تهدف إلى وصول المتعلم إلى نتائج معينـة، عـلى أسـاس مـن الأدلـة والحقـائق المناسـبة الكافية، حيث يربط المتعلم ملاحظاته ومعلوماته المتوفرة عن ظاهرة ما بمعلوماته السابقة عنها، ثم يقـوم بإصدار حكم يفسر هذه المعلومات أو يعممها.

الاستدلال: هو عملية استخراج جواب او نتيجة بناء عـلى معلومـات معروفـة مسـبقا فقـط، و قـد تكون صحيحة أو خاطئة.

يتم الاستدلال بطريقتين: إما استنتاجية deduction أو استقرائية Induction و تتم دراسـة هـذه العملية في العديد من الفروع العلمية:

- الاستدلال الإنساني (أي كيف يقوم الإنسان بالاستدلال و اسـتخراج الاسـتنتاجات) و هـو مـا يدرس في علم النفس الإدراكي.
- المنطق يدرس قوانين الاستدلال الصحيح.
- علماء الإحصاء يقوون بطوير الطرق الشكلية للاستدلال بناء على البيانات الكمية.
- باحثو الذكاء الاصطناعي يحاولون تطوير أنظمة استدلال آلية (ذكية).

المحاكاة emulation: تمثل اعادة بناء او خلق لشي حقيقي او مشكلة او حدث او موقف ما

الاتجاه trend

هو حالة استعداد نفسي لدى الفرد تتصل بشيء معين توجة سلوكة على نحو معين

بخصوص ذلك الشي وهو مكتسب يكتسبة من خلال التنشئة الاجتماعية مكونات الاتحاة ؟

معرفي، انفعالي، ادائي

الاستراتيجية: (Strategy).

تتعلق الاستراتيجية في المؤسسات غير الربحية باستجابة المنظمة لبيئة ديناميكية وعدائية لتحقيق رسالة الخدمات العامة، وهي خطة لكيفية تحقيق الأهداف الراهنة والمستقبلية، ونقل المنظمة من الحاضر إلى المستقبل، من خلال مجموعة من الأفعال تنفذ على مدى زمني قصير ومتوسط وطويل، وتعدّ اتجاهاً لرؤيا ما يمكّن أن تكون عليه المنظمة في المستقبل. وتتكون من مجموعة من الأهداف والغايات والسياسات والخطط الموضوعة لتحقيقها، ومحددة بشكل يمكّنها من تحديد نوع النشاط الذي تمارسه المنظمة، أو يجب أن تمارسه مع تحديد واضح لهويتها وشخصيتها المميزة الحالية والمستقبلية.

القيم:.(Values)

هي المعتقدات المشتركة لدى العاملين في المنظمة ويضعونها مكان التنفيذ، وتقودهم لأداء عملهم. ومن أمثلة القيم (الالتزام، والولاء، الخ...).

التخطيط الاستراتيجي:. (Strategic Planning)

هو عملية قصدية لتحديد أهداف المنظمة لاختيار المستقبل المنشود، وتحديد المسار اللازم لتحقيق هذه الأهداف، ويشمل تحديد الرؤيا والرسالة والأهداف والخطة والسياسات للمؤسسة.

الرؤيا: (Vision).

وهي الحالة التي ترغب المؤسسة في الوصول إليها مستقبلاً. وتمثل الصورة التي ينبغي أن تكون عليها المنظمة في المستقبل، بحيث تقودها للنجاح ممثلة في إسهاماتها في المجتمع. وبالتالي فهي خطة استراتيجية متخيلة لعمل المنظمة، وتتعلق الرؤيا بسؤال ما مدى نجاح المنظمة؟ حيث يجب أن تتسق الرؤيا مع القيم التنظيمية.

الرسالة.:(Mission).

هي وصف لجوهر وجود المنظمة ما هي؟ ولماذا هي موجودة؟ وماذا تفعل؟ ولماذا تقوم بما تقوم به؟ وماذا تنوي أن تحقق ؟ وهذا الوصف يجمع عليه الجميع داخل المنظمة والقطاعات التي تقدم لهم الخدمات. وغالباً ما تشمل معنى التغير في الوضع الراهن مثل "زيادة، خفض، منع، مكافحة،... الخ" وتحديد مشكلة أو وضع بحاجة إلى تغيير.

الأهداف.: (Objectives).

وهي الغايات التي تسعى المؤسسة لتحقيقها، وتوجه جميع الوظائف الإدارية بما فيها التخطيط، وترتبط عادة بطموحات المسؤولين فيها، وتضع الأهداف العامة على مستوى المؤسسة ككل، بحيث توضع الأهداف الجزئية على مستوى الإدارات والأقسام. ولا بد من أن ترتبط الأهداف الجزئية مع الأهداف العامة، ولا تتناقض معها.

الخطة الاستراتيجية: (Strategic Plan).

هي الشكل النهائي الذي يترجم الأهداف الاستراتيجية، ويحولها إلى خطوات تطبيقية عملية، تتعلق بإنجاز الأفعال لتحقيق الأهداف.

السياسة: (Policy).

هي أفعال وقرارات عملية تسهم في تحقيق الأهداف. وهي مسهلات لتنفيذ الخطة، وغالباً ما تشمل إدخال تشريعات أو معدات أو تدريب أو حوافز.....الخ.

البرنامج: (Program).

هي عبارة عن تركيب معقد من الأهداف، والسياسات والإجراءات والخطوات التي يجب ممارستها، بالإضافة إلى الموارد المستخدمة الضرورية لتنفيذ النشاطات، وهذه تعزز وتدعم بالأموال أو الميزانيات التقديرية.

الموازنة التقديرية: (Budget).

هي المبلغ المالي التقديري المحدد لتنفيذ نشاط معين أو برنامج ما.

الطالب: (student).

الدارسون من الذكور والإناث على مستوى الدراسات الدنيا أو العليا في الجامعة

المدرِّس: (Instructor).

الفرد الذي يقوم بعملية التدريس الجامعي

الكلية: (College)

الوحدة الأكاديمية، وتتكون من عدد من الأقسام الأكاديمية والبرامج العلمية.

القسم الأكاديمي (Department)

ويتكون من عدد من المختصين في حقل من حقول المعرفة والطلبة الدارسين، وقد يشمل برامج متخصصة ودراسات عليا ودنيا في ذلك الحقل.

المدى: (Time Interval).

هو الفترة الزمنية المتوقع إنجاز العمل فيها، وتقسم عادة إلى ثلاثة أقسام هي: قصيرة من سنةإلى سنتين، ومتوسطة من ثلاث إلى خمس سنوات، وطويلة لمدة خمس سنوات فأكثر.

فترة الخطة: (Plan Period). هي الفترة الزمنية للخطة.

الموازنة: (Budget). المبلغ المالي المقدر لتنفيذ النشاط أو البرنامج.

الفئات المستهدفة: (Target Groups). الجماعات المعنية بالبرنامج

الاستنتاج Reasoning:

هو العملية العقلية (الاستعرافية) للبحث عن سبب أو تفسير منطقي للحوادث بهدف الفهم أو دعم المعتقدات، أو استخراج عبر و مفاهيم، او أفعال أو مشاعر..

يميز عادة بين ثلاثة أنواع من الاستنتاج:

- استنتاج قياسي
- استنتاج استقرائي
- استنتاج تفسيري

الاستقصاءSurvey

عملية نشطة يقوم بها المتعلم باستخدام مهارات عملية أو عقلية للتوصل إلى تعميم أو مفهـوم أو حل مشكلة.

الاستقراءExtrapolation

هو عملية تفكيرية يتم الانتقال بها من الخـاص إلى العـام أو مـن الجزئيـات إلى الكـل، حيـث يـتم التوصل إلى قاعدة عامة من ملاحظة حقائق مفردة.

المشروعProject

هو عمل متصل بالحياة يقوم على هدف محدد، وقد يكون نشاطاً فردياً أو جماعياً وفقاً لخطوات متتالية ومحددة.

تقنيات تربويةEducational techniques

هي الطرائـق والوسـائل والأجهـزة والمـواد المسـموعة والمرئيـة والمقـروءة التـي تسـهم في تحقيـق الأهداف التربوية المنشودة.

الاستنتاجConclusion

هو عملية تفكيرية تمكن المتعلم من الوصول إلى الحقائق بالاعتماد على مبادئ وقوانين وقواعـد صـحيحة، فينتقل فيها المتعلم من العام إلى الخاص، أو من الكليات إلى الجزئيات، أو من المقدمات إلى النتائج.

الإبداعCreativity

هو مزيج مـن القـدرات والاستعدادات والخصـائص الشخصـية التـي إذا وجـدت في بيئـة تربويـة مناسبة فإنها تجعل المتعلم أكثر حساسية للمشكلات، وأكثر مرونة في التفكير، وتجعل نتاجات تفكيره أكـثر غزارة وأصالة بالمقارنة مع خبراته الشخصية أو خبرات أقرانه.

الانفجار المعرفيThe explosion of knowledge

: اخذ يحصل بطريقة متسارعة لا يمكن السيطرة عليها مما ادى الى استحالة الاحاطة بالكم الهائـل من المعلومات

- التكنولوجيا أو التقانة Technology:

(و هي مصطلح متداخل و متشابك مع التقنية technique) لها أكثر مـن تعريـف واحـد. أحـد تعاريفها هو التطوير وتطبيق الأدوات وإدخال الآلات والمواد والعمليات التلقائية والتي تساعد على حـل المشاكل البشرية الناتجة عن الخطأ البشري. أي إنها استعمال الأدوات و القدرات المتاحة لزيادة إنتاجيـة الإنسان و تحسين أدائه.

و تشتق كلمة تكنولوجيا من اللغة الاتينية, حيـث تتكـون مـن مقطعـين تكنـو techno و تعنـى الفن أو الحرفة و لوجيا logia و تعني الدراسة أو العلم و من هنا فمصطلح تكنولوجيا يعنى التطبيقات العلمية للعلم و المعرفة في جميع المجالات

Technology Education - تكنولوجيا التعليم

وتتمثل في الوسائل السمعبصرية وأجهزتها وتجهيزاتها وخدماتها المطبقة في عالم التربية

Information technology : - تكنولوجيا المعلومات

تكنولوجيا المعلومات اختصارا (IT) اختصاص واسع يهتم بالتكنولوجيا و نواحيها المتعلقة بمعالجة و إدارة المعلومات، خاصة في المنظمات الكبيرة.وتعرف بإنها مجموعـة مـن الأدوات التي تسـاعدنا في استقبال المعلومة ومعالجتها وتخزينها... بشكل الكترونـي باستخدام الحاسـوب. ومـن هـذه الأدوات الحاسوب والطابعة والأقراص و الشبكات المحلية والداخلية والدولية مثل الانترنت والانترانت وغيرها

بشكل خاص، تكنولوجيا المعلومـات يتعامـل مـع الحواسـب الإلكترونيـة و برمجيـات الحاسـوب لتحويل و تخزين و حماية و معالجة المعلومات و أيضا نقل و استعادة المعلومات.لهذا السبب، يـدعى غالبا اخصائيو الحواسيب و الحوسبة بإخصائية تكنولوجيا المعلومات. القسم الـذي يهـتم بتقنيـات التشبيك و البرمجيات في شركة معينة يدعى قسم تكنولوجيا المعلومـات. مـن الأسـماء التي تطلـق هـذا القسم أيضا. اسماء مثل: قسم خدمات المعلومات (IS) أو نظم المعلومـات الإداريـة (MIS), مـزود الخدمة المنظمة managed service provider او (MSP).

Communication technology: - تكنولوجيا الاتصال

وتتمثـل في الأليـاف البصرـية ووصـلات المـايكرويف والأقـمار الاصـطناعية وهوائيـات الاسـتقبال والهواتف النقالة

- التكنولوجيا الرقمية: Digital technology

وهي التي تمكن الإنسان من خلالها تحويل كافة مواد

تكنولوجيات التعليم والمعلومات والاتصال التماثلية والتقليدية إلى أشكال رقمية

مثل المواد والوسائل التعليمية كالشفافيات والشرائح والمجاهر والصور

تكنولوجيا المعلومات والاتصالات ICT:

تكنولوجيا المعلومات والاتصالات.

- **حوسبة** (computing)

يستخدم مصطلح حوسبة **كمقابل ل (computing) لإشارة لكل ما له علاقة بالحاسوب و إجـراء العمليات الحسابية و الرياضية.**

كلمة "Computing" أساسا كانت تستخدم مع ما له هلاقة بالعـد و الحسـاب counting and calculating، أي العلم الذي يتعلم مع إجراء الحسابات الرياضية. لكنها لاحقا أصبحت تشير إلى عمليـة الحساب و استخدام آلات حاسبة، و العمليات الالكترونية التي تجري ضمن عتاد الحاسب نفسه. إضـافة إلى الأسس النظرية التي تؤسس لعلوم الحاسب

قامت ACM بتعريف الحوسبة كتخصص ضمن المعلوماتية كما يلي:

تخصص الحوسبة هو الدراسة المنهجية للخوارزميات التي تصف و تحول المعلومات: النظريـة، التحليـل، التصميم، الفعالية، التطبيق. و يبقى السؤال الأساسي في الحوسبة: ما هو الشيء الذي يمكن أتمته (بفعالية).

- التكنولوجيا الرقمية:Digital technology

وهي التي تمكن الإنسان من خلالها تحويل كافة مواد

تكنولوجيات التعليم والمعلومات والاتصال التماثلية والتقليدية إلى أشكال رقمية

مثل المواد والوسائل التعليمية كالشفافيات والشرائح والمجاهر والصور

حل المشكلات Problem Solving:

أسلوب تعليمي يتم من خلاله إعطاء الطالب قضايا ومسائل من الحياة ويطلب منه تمحيصها ومعالجتها، إن مثل هذا الأسلوب يشجع الطالب على التفكير بمستوى عالٍ.

خريطة مفاهيمية Concept Map:

أسلوب مرئي يمثل تداخل العلاقة بين الأفكار عن طريق ترتيب المعلومات على شكل خلايا يتم ربطها مع بعضها بعضاً بالأسهم أو الخطوط.

القياس

هو العملية التي تقوم على إعطاء الأرقام أو توظيفها وفقاً لنظام معين من أجل التقييم الكمي لسمة أو متغير معين، وهي التعبير الكمي بالأرقام عن خصائص الأشياء والسمات وغيرها.

– المفاهيم: Concepts

المفهوم هو تجريد للعناصر المشتركة بين عدة حقائق، وعادة يُعطى هذا التجريد اسماً أو مصطلحاً أو رمزاً. وكل مفهوم له مدلول أو معنى معين أو تعريف يرتبط به.

العامل الذي يتم تغيير قيمته للتحقق من صحة الفرضية.

المفهوم: هو تصور عقلي مجرد في شكل رمز أو كلمة أو جملة، يستخدم للدلالة على شيء أو موضوع أو ظاهرة معينة.

المتغير التابع Dependent Variable :

العامل الذي يتم قياسه، والذي تتغير قيمته تبعا لتغير قيم العامل المستقل.

المتغيرات المضبوطة Correct Variable :

العوامل التي تؤثر في نتيجة التجربة، والتي يجب إبقاؤها ثابتة (مضبوطة).

المعيار (Standard):

هو جملة يستند إليها في الحكم على الجودة في ضوء ما تتضمنه هذه الجملة مـن وصـف لـما هـو متوقع تحققه لدى المتعلم من مهارات، أو معارف، أو مهمات، أو مواقف، أو قيم واتجاهـات، أو أنـماط تفكير، أو قدرة على حل المشكلات واتخاذ القرارات.

المهارةSkill :

1. تعرف في علم النفس بأنها: السرعة والدقة في أداء عمـل مـن الأعمـال مـع الاقتصاد في الوقـت المبذول، وقد يكون هذا العمل بسيطاً أو مركباً.

2. وتعرف في كتابـات المناهج بأنهـا: قـدرة المـتعلم عـلى اسـتخدام المبـادئ والقواعـد والإجـراءات والنظريات ابتداءً من استخدامها في التطبيق المباشر، وحتى استخدامها في عمليات التقويم.

المهارةSkill : هي الكفاءة والجودة في الأداء.

شيء يمكن تعلمه أو اكتسابه أو تكوينه لدى المتعلم، عن طريق المحاكاة والتدريب.

المنهج (Curriculum):

مجموعة الخبرات التربويـة التي توفرها المدرسـة للمتعلمـين داخـل المدرسة وخارجهـا مـن خلال برامج دراسية منظمة بقصد مساعدتهم على النمو الشامل والمتوازن، وإحداث تغيرات مرغوبة في سـلوكهم وفقاً للأهداف التربوية المنشودة.

إيجاد الافتراضات Find assumptions

يعني البحث عن الأفكار أو المعلومات بهدف التوصل إلى فهم أعمق للمشكلة أو النص.

الاستنتاج Conclusion:

التفكير فيما هو أبعد من المعلومات المتوافرة لسد الثغرات فيها.

الإسهاب Length:

تطوير الأفكار الأساسية، والمعلومات المعطاة، وإغناؤها بتفصيلات مهمة، وإضافات قـد تـؤدي إلى نتاجات جديدة.

الأصالة Originality:

وتعني الخبرة والتفرد، وهي العامل المشترك بين معظم التعريفات التي تركز على النواتج الإبداعية كمحل للحكم على مستوى الإبداع.

الإفاضة Elaborating:

وهي القدرة على إضافة تفاصيل جديدة ومتنوعة لفكرة أو حل المشكلة.

اتخاذ القرار Decision

عمليه تفكير مركبة تهدف إلى اختيار افضل البدائل أو الحلول المتاحة في موقف معين.

الترتيب Arrangement:

وضع الأشياء أو المفردات في منظومة أو سياق وفق أسس معينة.

التصنيف Classification:

وضع الأشياء في مجموعات وفق خصائص مشتركة.

التفكـــــير Thinking

سلسلة من النشاطات العقلية غير المرئية التي يقوم بها الدماغ عندما يتعرض لمثير يتم استقباله عن طريق واحدة أو أكثر من الحواس الخمسة بحثاً عن معنى في الموقف أو الخبرة.

التفكير العلمي Scientific thinking

هو العملية العقلية التي يتم بموجبها حل المشكلات أو اتخاذ القرارات بطريقة علمية مـن خلال التفكير المنظم المنهجي.

التمثيل Representation:

إضافة معنى جديد للمعلومات بتغيير صورتها (تمثيلها برموز، أو مخططات، أو رسوم بيانية).

التنبؤ Forecasting:

استخدام المعرفة السابقة لإضافة معنى للمعلومات الجديدة، وربطها بالأبنية المعرفية القائمة.

ـ الحساسية للمشكلات The sensitivity to problems:

ويقصد بها الوعي بوجود مشكلات أو حاجات أو عناصر ضعف في البيئة أو الموقف

حل المشكلات Solve problems

عملية تفكير مركبة يستخدم الفرد فيها ما لديه من معارف سابقة ومهارات من اجل القيام بمهمـة غير مألوفة أو معالجة موقف جديد.

التصنيف Classification

إحدى مهارات جمع المعلومات وتنظيمها, وتعني إيجاد نظام لتبويب الأشياء أو المفردات وفصـلها ضمن فئات لكل منها خصائص أساسية تميزها عن الفئات الأخرى.

الاستدلال Inferred

عمليه تفكير تتضمن وضع الحقائق أو المعلومات بطريقة منظمة أو معالجتهـا بحيـث تـؤدي إلى استنتاج أو قرار أو حل المشكلة.

الطلاقة Fluency :

وهي القدرة على توليد عدد كبير من البدائل أو الأفكار عند الاستجابة لمثير معين، والسرعة والسـهولة في توليدها، وهي في جوهرها عملية تذكر واستدعاء لمعلومات أو خبرات أو مفاهيم سبق تعلمها.

المقارنة Comparison :

وتعني ملاحظة أوجه الشبه والاختلاف بين شيئين أو أكثر.

الملاحظة Observation :

وتعني الحصول على المعلومات عن طرق أحد الحواس أو أكثر.

ـ مهارات التركيز Skills focus:

تعني توضيح ظروف المشكلة و تحديد الأهداف.

مهارات جمع المعلومات Information collection skills:

تشمل:

الملاحظة: وتعني الحصول على المعلومات عن طرق أحد الحواس أو أكثر.

التساؤل: وهو البحث عن معلومات جديدة عن طريق إثارة الأسئلة.

مهارات التحليل Analysis skills:

تحديد الخصائص والمكونات والتمييز بين الأشياء.

أو تحديد العلاقات والأنماط، والتعرف على الطرائق الرابطة بين المكونات.

مهارات التذكر Memory skills :

تشمل:

الترميز: ويشمل ترميز وتخزين المعلومات في الذاكرة طويلة الأمد.

الاستدعاء: استرجاع المعلومات من الذاكرة طويلة الأمد.

مهارات التقويم Skills Evaluation :

تشمل:

- وضع محكَّات Mgat : وتعني اتخاذ معايير لإصدار الأحكام والقرارات.

- الإثبات Evidence : تقديم البرهان على صحة، أو دقة الادعاء.

- التعرف على الأخطاء: وهو الكشف عن المغالطات، أو الوهن في الاستدلالات المنطقية، والتفريق بين الآراء والحقائق.

الحقائق Facts: كل ما هو صحيح حول الاشياء والاحداث والظواهر الموجودة في هذا الكون

المفاهيم: ابداعات عقلية يقوم العقل بتكوينها لرسم صورة ذهنية عامة عن الاشياء والاحداث والظواهر

التفاعل الاجتماعي Social interaction

: عملية التاثير المتبادل بين افراد المجتمع او الجماعات او مؤسساتة بين الافراد والجماعـات بشـكل

مباشر او غير مباشر

الثقافة Culture

: مجموعة الافكار والمثل والمعتقدات والمهارات والتقاليد الموجودة في المجتمع

المفهوم: هو تجريد ذهني لخصائص مشتركة لمجموعة من الظواهر او الاشياء المدركة بالحولس.

الملاحق

نماذج جمع المعلومات على البطاقات:

1) بطاقة جمع المعلومات عن كتاب:

عنوان الكتاب:استراتيجيات التقويم التربوي الحديث وأدواته _اسم المؤلف:مصطفى نمر دعمس
سنة النشر : (2008 م) دار النشر : غيداء رقم الطبعة :(1)
بلد الناشر: الاردن الصفحة: (30)
موضوع البطاقة: أسس عملية التقويم
تستند عملية التقويم التربوي الناجحة إلى أسس ثابتة، يمكن تلخيصها على النحو التالي : -ارتباط التقويم بأهداف العملية التعليمية التعلمية . -شمولية التقويم لكل أنواع الأهداف ومستوياتها التي نرغب في تحقيقها . -تنوع أدوات التقويم، واتسامها بالصدق والثبات والموضوعية . -تجريب أدوات القياس قبل اعتمادها، واشتراك المعلم والطالب في بنائها . - الانتقال من التقويم التقليدي إلى التقويم الأصيل(Authentic Assessment)؛ الذي يسعى لقياس المعرفة العلمية والمهارات عند الطلاب لكي يستخدموها بكفاءة في حياتهم اليومية. - القدرة على التمييز بين مستويات الأداء المختلفة والكشف عن الفروق الفردية . -التقويم عملية مستمرة، ملازمة لجميع مراحل التخطيط والتنفيذ . -اقتصادية التقويم من حيث الجهد والوقت والكلفة . -التقويم عملية إنسانية واستراتيجيه فعالة للتعرف على الذات وتحقيقها. -عملية التقويم هي عملية تشخيصية وقائية وعلاجية . -التقويم عملية منهجية منظمة ومخططة تتم في ضوء خطوات إجرائية محددة.

2) بطاقة جمع المعلومات عن الدوريات:مجلات وصحف.

عنوان الدورية :-----عنوان الموضوع --------
اسم المؤلف:------ رقم المجـلد (   ) رقم العـدد: ----
رقم الصفحات: -----   سنة النشر والسنة:------

3) نموذج لبطاقة بحثية للمحاضرات والقصص الإخبارية:

عنوان المحاضرة:............. اسم المحاضر:.............

مكان المحاضرة:.......... الزمن والتاريخ:--------------

الموضوع:

النص

....

....

....

4) نموذج إعداد صفحة العنوان:

جامعة اليرموك / اربد

كلية الآداب والعلوم

قسم اللغة العربية والدراسات الإسلامية

العنـــوان الرئيسي

العنوان الفرعي

العنوان الجانبي

إشراف الأستاذ: د............

إعداد الطالبة:.......................

الرقم الجامعي للطالبة:.......................

العام الدراسي:.................................

الفصل الدراسي:...............................

قائمة المصادروالمراجع

أولاً: المراجع العربيّـة:

القرآن الكريم

قائمة كتب التفسير

- جامع البيان عن تأويل القرآن، أبو جعفر محمد بن جرير الطبري، تحقيق أحمد محمد شاكر، مؤسسة الرسالة الطبعة الأولى 1420 هـ - 2000 م
- الجامع لأحكام القرآن، أبو عبد الله محمد بن أحمد الأنصاري القرطبي، دار الكتب العلمية / بيروت 1988
- تفسير القرآن العظيم، عماد الدين أبو الفداء إسماعيل بن كثير الدمشقي، دار إحياء الكتب العربية / مصر.
- التفسير الكبير تفسير القرآن الكريم،أبو القاسم سليمان بن أحمد بن أيوب الطبراني، تحقيق: هشام البدراني، الطبعة الأولى، دار الكتاب الثقافي، إربد- الأردن، 2008م.
- تفسير الميزان، للسيد محمد حسين الطباطبائي
- روح المعاني في تفسير القرآن العظيم والسبع المثاني، أبو الفضل شهاب الدين محمود الألوسي، دار إحياء التراث العربي / بيروت
- تفسير الثعالبي الجواهر الحسان في تفسير القرآن لأبي زيد عبدالرحمن بن محمد بن مخلوف الثعالبي
- تفسير البغوي معالم التنزيل لأبي محمد الحسين بن مسعود البغوي المتوفى سنة 516 هـ دار طيبة للنشر والتوزيع 1417هـ - 1997م الطبعة الرابعة تحقيق محمد عبد الله النمر - عثمان جمعة ضميرية - سليمان مسلم الحرش.

قائمة كتب الحديث

- صحيح البخاري، محمد بن إسماعيل البخاري، الدار السلفية / مصر
- صحيح مسلم، مسلم بن الحجاج القشيري، الدار السلفية / مصر
- سنن أبي داود، أبو داود، الدار السلفية / مصر
- سنن الترمذي، أبو عيسى الترمذي، الدار السلفية / مصر
- سنن النَّسائي، النَّسائي، الدار السلفية / مصر
- سنن ابن ماجه، ابن ماجه، الدار السلفية / مصر
- مسند أحمد بن حنبل، أحمد بن حنبل، الدار السلفية / مصر
- فتح الباري شرح صحيح البخاري، علي بن حجر العسقلاني، الدار السلفية / مصر

قائمة كتب اللغة

- ابن منظور، لسان العرب، دار صادر / بيروت- لبنان
- الفيروز آبادي، القاموس المحيط، دار النفائس / بيروت- لبنان
- الزمخشري، أساس البلاغة، دار الكتاب العربي / مصر
- المعجم الوجيز، مجمع اللغة العربية، طبعة خاصة بوزارة التربية والتعليم، القاهرة.

قائمة الكتب العربية:

- إبراهيم، درويش مرعي، (1990م)، إعداد وكتابة البحث العلمي: البحوث ورسائل الماجستير والدكتوراه، مكتبة الفاروق الحديثة، القاهرة.
- أبو سليمان، عبدالوهَّاب إبراهيم، (1993م)، كتابةُ البحث العلميِّ ومصادر الدراسات الفقهيَّة، دار الشروق، جدَّة.
- بارسونز، س ج، (1996م)، فنُّ إعداد وكتابة البحوث والرسائل الجامعيَّة، ترجمة أحمد النكلاوي ومصري حنورة، مكتبة نهضة الشرق، القاهرة.

بدر، أحمد، (1989م)، أصولُ البحث العلميِّ ومناهجه، الطبعة الخامسة، دار المعارف بمصر، القاهرة.

- بدوي، عبدالرحمن، (1977م)، مناهجُ البحث العلميِّ، الطبعة الثالثة، وكالة المطبوعات، الكويت.

- جابر، جابر عبد الحميد، (1963م)، علمُ النفس التعليميّ والصحَّة النفسيَّة، دار النهضة العربيَّة، القاهرة.
- حسن، عبد الباسط محمَّد (1972م)، أصولُ البحث الاجتماعيِّ، مكتبة الأنجلو المصريَّة، القاهرة.
- الخشت، محمَّد عثمان، (1409هـ)، فنُّ كتابة البحوث العلميَّة وإعداد الرسائل الجامعيَّة، مكتبة الساعي، الرياض.
- الربضي، فرح موسى؛ الشيخ علي مصطفى، (بدون تاريخ)، مبادئُ البحث التربويِّ، مكتبة الأقصى، عمَّان.
- زكي، جمال؛ يس، السيِّد، (1962م)، أسسُ البحث الاجتماعيِّ، دار الفكر العربيِّ، القاهرة.
- الشريف، أحمد مختار، (1415هـ)، تأليفُ البحوث والرسائل الجامعيَّة باستخدام برنامج وورد العربي، الرياض.
- شلبي، أحمد، (1982م)، كيف تكتبُ بحثاً أو رسالة: دراسة منهجيَّة لكتابة البحوث وإعداد رسائل الماجستير والدكتوراه، الطبعة الخامسة عشرة، مكتبة النهضة المصريَّة، القاهرة.
- الضويَّان، محمَّد بن عبد الله؛ الزهراني، علي بن مزهر؛ الغنَّام، عبدالرحمن بن عبد الله، (1420هـ)، أولويَّاتُ البحث التربويِّ في وزارة المعارف، مجلَّة المعرفة (عدد 51 جمادى الآخرة 1420هـ ص ص24-32)، الرياض.
- ضيف، شوقي، (1972م)، البحثُ الأدبيُّ: طبيعته، مناهجه، أصوله، مصادره، دار المعارف، القاهرة.
- عودة، أحمد سليمان؛ ملكاوي، فتحي حسن، (1992م)، أساسيَّاتُ البحث العلميِّ في التربية والعلوم الإنسانيَّة: عناصر البحث ومناهجه والتحليل الإحصائيُّ لبياناته، الطبعة الثالثة، إربد.
- غرايبة، فوزي؛ دهمش، نعيم؛ الحسن، ربحي؛ عبد الله، خالد أمين؛ أبو جبارة، هاني، (1981م)، أساليبُ البحث العلميِّ في العلوم الاجتماعيَّة والإنسانيَّة، الطبعة الثانية، الجامعة الأردنيَّة، عمَّان.

- فان دالين، ديوبولد ب، (1969م)، مناهجُ البحث في التربية وعلم النفس، ترجمـة محمَّـد نبيـل نوفـل وآخرين، مكتبة الأنجلو المصريَّة، القاهرة.
- الفرَّا، محمَّد علي عمر، (1983م)، مناهجُ البحث في الجغرافيـا بالوسـائل الكميَّـة، وكالـة المطبوعـات، الكويت.
- فودة، حلمي محمَّـد؛ عبـد اللــه عبـدالرحمن صـالح، (1991م)، المرشـدُ في كتابـة الأبحـاث، الطبعـة السادسة، دار الشروق، جدَّة.
القاضي، يوسف مصطفى، (1404هـ)، مناهجُ البحوث وكتابتها، دار المريخ، الرياض.
- القرني، علي عبد الخالق، (1419هـ) آفاقٌ جديدة في تقويم الطالـب، مجلَّـة المعرفـة (عـدد 34 محـرَّم 1419هـ ص ص62-77)، الرياض.
- لجنة الدراسات العليا، (1416هـ)، دليلُ إعداد المخطَّطات والرسائل الجامعيَّة، دليل غير منشور، كليَّـة العلوم الاجتماعيَّة، الرياض.
- محمَّد الهادي، محمَّد، (1995م)، أساليبُ إعداد وتوثيق البحوث العلميَّة، المكتبة الأكاديميَّة، القاهرة.
- محمود، سليمان عبد اللـه، (1972م)، المنهجُ وكتابة تقرير البحث في العلوم السلوكيَّة، مكتبة الأنجلو المصريَّة، القاهرة.
- والدو، ويليس، (1986م)، خطوات البحث والتأليف: دراسة منهجيَّـة لفـنِّ كتابـة الرسـائل الجامعيَّـة، ترجمة محمَّد كمال الدين، دار اللواء، الرياض.
- حسب اللـه، سيد؛ الشامي أحمد محمد.الموسوعة العربية لمصطلحات علوم المكتبـات والمعلومـات والحاسبات. القاهرة:المكتبة الأكاديمية،2001.
- بولين، أثرتون؛ ترجمة حشمت قاسم. مراكز المعلومات: تنظيمها وإدارتها وخـدماتها.القـاهرة: مكتبـة غريب،1995.
- العسافين، عيسى. المعلومات وصناعة النشر.دمشق: دار الفكر،2001..
- قاسم، حشمت. مصادر المعلومات وتنمية مقتنيـات المكتبـة. القـاهرة: دار غريـب للطباعـة والنشر- والتوزيع،1995.
- بن السبتي، عبد المالك. التسيير الإلكتروني للوثائق.مجلة المكتبات والمعلومات.2003،مج.2. ع1.

– بومعرافي، بهجة مكي. بناء المجموعات في عصر النشر الإلكتروني وانعكاساتها على المكتبات في الوطن العربي.المجلة العربية للمعلومات،1997،مج18،ع2.

– قنديلجي، عامر إبراهيم. الحوسبة والتعاون بين المكتبات ومراكز المعلومات.وقائع المؤتمر الحادي عشر للإتحاد العربي للمكتبات والمعلومات حول استراتيجية لدخول النتاج الفكري المكتوب باللغة العربية في الفضاء الإلكتروني.القاهرة 12-16 أكتوبر 2001.الرياض: مكتبة الملك عبد العزيز العامة،2001.

– مصطفى نمر دعمس، استراتيجيات تطوير المناهج وأساليب التدريس الحديثة،الطبعةالأولى،دار غيداء للنشر والتوزيع، الأردن – عمان، 2008

– أحمد بدر، أصول البحث العلمي ومناهجه، ليبيا:الطبعة الثانية،1977م.

– عبدالحكيم منتصر، تاريخ العلم ودور العلماء العرب في تقدمه، 1980،القاهرة, دار المعارف

– محمود قاسم: المنطق الحديث ومناهج البحث، الطبعة الرابعة

– محمد زيان عمر، البحث العلمي، مناهجه وتقنياته،القاهرة: الهيئة المصرية العامة للكتاب، 2002.

– ريي هيمان،طبيعة البحث السيكولوجي، ترجمة: عبد الرحمن عيسوي،(القاهرة: دار الشروق، ط1، 1989): ص 31 وما بعدها.)

– دعمس، مصطفى نمر، الاستراتيجية التعليمية، الأردن- عمان، دار غيداء 2008

– ماجد عرسان الكيلاني - مناهج التربية الإسلامية والمربون العاملون فيها،بيروت:عالم الكتب، (1416هـ).

– صالح بن علي أبو عرّاد(1426هـ) التربية الإسلامية المصطلح و المفهوم.

– زينب الشمري، عصام الدليمي، فلسفة المنهج المدرسي، الطبعة الأولى ، 2003 ، دار المناهج، عمان،.

– محمد هاشم فالوقي، بناء المناهج التربوية سياسة التخطيط واستراتيجية التنفيذ، د. ط 1997 ، المكتب الجامعي الحديث، الإسكندرية.

- جورج بوشامب، نظرية المنهج، ترجمة محمود سليمان وآخرون، الطبعة الأولى،1987، الدار العربية للنشر و التوزيع، مقدمة الطبعة الأجنبية.
- صالح عبد الله جاسم،بحث بعنوان: نظرية المنهج: استشراف مستقبل العلوم في الدراسات البينية ـ نحو منهج تكاملي،(مجلة كلية التربية وعلم النفس)، العدد 25، الجزء 1، 2001، كلية التربية، جامعة عين شمس
- إبراهيم بسيوني عميرة، المنهج وعناصره، الطبعة الثالثة، 1991، دار المعارف، الاسكندرية.
- حسن شحاتة، زينب النجار، معجم المصطلحات التربوية والنفسية، الطبعة الأولى، 2003، الدار المصرية اللبنانية، القاهرة.
- عادل عوض، منطق النظرية العلمية المعاصرة وعلاقتها بالواقع التجريبي، 2000 منشأة المعارف بالإسكندرية.
- علي أحمد مدكور، نظريات المناهج التربوية، الطبعة الأولى، 1997، دار الفكر العربي، مدينة نصر.
- أحمد اللقاني، علي الجمل، معجم المصطلحات التربوية المعرفة في المناهج وطرق التدريس، الطبعة الثانية، 1999، عالم الكتب القاهرة.
- حمدي أبو الفتوح عطيفة،منهجية البحث العلمي وتطبيقاتها في الدراسات التربوية، الطبعة الأولى، 1996، دار النشر للجامعات القاهرة.
- ألن أ. جلاتهورن، قيادة المنهج، ترجمة سلام و آخرون، 1995
- أحمد بدر. مناهج البحث في علم المعلومات والمكتبات. ــ الرياض: دار المريخ، 1998
- شعبان عبد العزيز خليفة. المحاورات في مناهج البحث في علم المكتبات والمعلومات. ــ القاهرة: الدار المصريةاللبنانية، 1998
- محمد فتحى عبدالهادى. البحث ومناهجه في علم المكتبات والمعلومات. ــ القاهرة: الدار المصرية اللبنانية، 2005
- بيشت، هربيرت ودراسكاو، جنيفر (2000) مقدمة في المصطلحية. ترجمة محمد محمد حلمي هليل. الكويت: مجلس النشر العلمي.

– الحمزاوي، رشاد (1986) المنهجية العامة لترجمة المصطلحات وتوحيدها وتنميطها (الميدان العربي). بيروت: دار الغرب الإسلامي.

– الديداوي، محمد (2000) الترجمة والتواصل. دراسات عملية تحليلية لإشكالية الإصطلاح ودور المترجم. الدار البيضاء\بيروت: المركز الثقافي العربي.

– "أساسيات البحث العلمي.. في التربية والعلوم الانسانية، للدكتور أحمد سليمان عودة، والدكتور فتحي حسن ملكاوي، بكلية التربية بجامعة اليرموك بالاردن، مكتبة الكتاربي (1992م)

– تيسير الناشف،السلطة والحرية الفكرية والمجتمع،المؤسسة العربية للدراسات والنشر،بيروت،ط2001

ثانياً: هوامش

– د. سعيد الغامدي - الأستاذ الجامعي والبحوث العلمية - مجلة التدريب والتقنية/ عدد (14) 1421هـ

– نخلة وهبة، رعب السؤال وأزمة الفكر التربوي،مركز المطبوعات للتوزيع والنشر،بيروت، 2001،

– عبد المالك خلف التميمي،التعليم الجامعي والتنمية في منطقة الخليج العربي، مجلة الباحث،س07،ع40،دار الباحث بيروت،أكتوبر -ديسمبر،1985.

– عبد الحميد أحمد رشوان،التربية والمجتمع،المكتب العربي الحديث،الاسكندرية.القاهرة.2002..

– حامد عمار، العرب وجامعاتهم...رؤية مستقبلية، العربي،ع551،وزارة الإعلام،دولة الكويت، أكتوبر2004

– محمد عبد الشافي القوصي،الجامعات الإسلامية في وجه العاصفة!!(تحقيق)، منار الإسلام371 ، س31، وزارة العدل، دولة الإمارات العربية المتحدة، ديسمبر2005..

– فاروق الباز، العرب وأزمة البحث العلمي،مجلةالعربي،ع547، دولة الكويت.جون2004.

– محمد الصيرفي، تكوين العقلية الإبداعية،المجلة العربية،س30،ع346، الرياض،ديسمبر 2005..

- محمد العربي ولد خليفة،المهام الحضارية للمدرسة والجامعة الجزائرية،ديوان المطبوعات الجامعية، الجزائر،1989.
- نجيب بن خيرة،الطالب الجامعي بين رؤيتين، العقيدة ع81،مؤسسة النصر للصحافة، قسنطينة، الجزائر، 1992.
- محمد عارف جعفر، محسن السيد العريني." مكتبة المستقبل العامة نموذج للمكتبات الرقمية: دراسة تحليلية لأهدافها ووظائفها وخدماتها ".- الإتجاهات الحديثة فى المكتبات والمعلومات، ع18، 2002.
- راشد الزهراني، علي الأكلبي." توطين تقنيات المعلومات فى مؤسسات التعليم العالي: نحو خطة لإنشاء شبكة مكتبات إلكترونية فى كليات المعلمين بالمملكة العربية السعودية ".- فى وقائع المؤتمر الثالث عشر للإتحاد العربي للمكتبات والمعلومات.- حول إدارة المعلومات فى البيئة الرقمية: المعارف والكفاءات والجودة.- تونس: المنظمة العربية للتربية والثقافة والعلوم، 2003.
- أحمد الحافظ إبراهيم." نحو مكتبة رقمية فى دولة الإمارات العربية ".
- فى وقائع المؤتمر العربي الثاني عشر للإتحاد العربي للمكتبات والمعلومات
- حول المكتبات العربية فى مطلع الألفية الثالثة – بُنى وتقنيات وكفاءات متطورة
- مج1 - الشارقة: الإتحاد العربي للمكتبات والمعلومات، 2001.
- محمد فتحي عبد الهادي." مكتبة المستقبل ".- الإتجاهات الحديثة فى المكتبات والمعلومات، ع17، 2002.
- عبد اللـه عبد الرحيم عسيلان: لمحات في منهج البحث الموضوعي، مقال على الإنترنت، 2005 .
- عبد الرحمن عبد اللـه أحمد المقبول: البحث التربوي أهميته, وممارسته، ومعوقاته، لدى المشرف من وجهة نظر المشرفين التربويين بمنطقة الباحة، خطة بحث منشورة على الإنترنت 2005 .
- ابن منظور: لسان العرب(15 مجلد)، بيروت: دار صادر، ط1 (د. ت) ج 2
- أمل سالم العواودة: خطوات البحث العلمي (دورة تدريب المتطوعين على المسح الميداني)، (الجامعة الأردنية، مكتب خدمة المجتمع،2002)
- محمد زيان عمر، البحث العلمي، مناهجه وتقنياته، (القاهرة: الهيئة المصرية العامة للكتاب، 2002)

– ريي هيمان، طبيعة البحث السيكولوجي، ترجمة: عبد الرحمن عيسوي، (القاهرة: دار الشروق، ط1،
1989): .

– رشدي فكار، لمحات عن منهجية الحوار والتحدي الإعجازي للإسلام في هذا العصر، (القاهرة: مكتبة
وهبة، ط1، 1982)

– زين العابدين الركابي / - جريدة الشرق الأوسط 2006 العدد 10168 صحيفة (المجد) الأردنية، العدد
(150) 17 شوّال 1417هـ 24 شباط فبراير 1997،

– أنطوان زحلان، التحدي والاستجابة، مساهمة العلوم والتقانة العربية في تحديث الوطن العربي،
(المستقبل العربي)، السنة الثالثة عشرة، العدد 146 أبريل 1991).

– عبد الحسن الحسيني، (الأبحاث في القطاعات المدنيّة) الإسرائيلية) والعربية)، في صحيفة النهار، (23
سبتمبر 1999).

– وجيه الصقار، (أبحاث لا تقبل التطبيق)، في (الأهرام)، (4 أغسطس 1998).

– مكتب التربية لدول الخليج العربي: واقع البحث العلمي في الوطن العربي، وقائع ندوة) :تطبيق
نتائج البحوث لتنمية المجتمع العربي)، مكتب التربية العربي، الرياض، 1990.

– أنطوان زحلان، حال العلم والتقانة في الأمة العربية، في حال الأمة العربية المؤتمر القومي العربي
السابع)، (بيروت: مركز دراسات الوحدة العربية، ط1،1997 .

– معين القدومي، (الأدمغة العربية بين الهجرة والتهجير)، صحيفة البيان العدد 6854، أبو ظبي، 8 ذو
الحجّة 1419هـ 25 مارس 1999.

– محمد رضا محرّم، (تعريب التكنولوجيا)، مجلّة (المستقبل العربي)، السنة 6، العدد (61) (آذار مارس 1984)،

– أنطوان زحلان، العرب وتحديات العلم والتقانة: تقدم من دون تغيير (بيروت: مركز دراسات الوحدة
العربية، ط1، 1999).

- طه النعيمي، (البحث العلمي والتنمية المستدامة في الوطن العربي)، في (مجلّة أبحاث البيئة والتنمية المستدامة)، المجلد الأول، العدد صفر، 1997، ص 12 .
- نوزاد الهيتي، (دور مركز البحوث في التنمية في الوطن العربي)، في مجلّة (شؤون عربيّة)، العدد (99) (سبتمبر 1999، جمادى الأولى 1420 هـ
- الدكتور طه تايه النعيمي، "تطبيق نتاج البحث العلمي لاغراض التنمية"، إتحاد مجالس البحث العلمي العربية، 1994.
- الدكتور حسين الشريف، "أهمية العلاقات المتينة بين مؤسسات البحث العلمي وقطاعات الانتاج"، وقائع ندوة تطبيق نتائج البحوث لتنمية المجتمع العربي، بغداد، 1987.
- الدكتور مزيد جواد الدليمي، والدكتورة انتصار الخطيب، "سياسات البحث والتطوير-عرض وتحليل لبعض التجارب الدولية"، وقائع ندوة المردودات الاقتصادية والاجتماعية للبحث العلمي، بغداد، 1994.
- الدكتور طه تايه النعيمي، "تبادل نتائج البحث العلمي بين المؤسسات العلمية العربية وأثرها على التنمية"، دراسة مقدمة للمنظمة العربية للتربية والثقافة والعلوم، 1998.
- أ.د. عبد اللـه بن احمد الرشيد،"أهمية ووسائل ربط البحث العلمي بالقطاعات الانتاجية"، ورقة عمل قدمت الى ندوة المواءمة بين البحث العلمي الجامعي ومشاريع القطاعات الانتاجية في العالم العربي، الجامعة الاردنية، 21-2000/11/23، عمان- الاردن.
- إتحاد مجالس البحث العلمي العربية،"آلية لتطبيق نتائج البحث العلمي في التنمية الشاملة في الاقطار العربية"، دراسة مقدمة الى لجنة المتابعة المنبثقة عن الدورة السادسة لمؤتمر الوزراء المسؤولين عن التعليم العالي والبحث العلمي في الوطن العربي، 1998.
- مستقبل المكتبة الرقمية فى المملكة العربية السعودية.- مجلة المعلوماتية، ع5، 2004.
- محمد أمان، ياسر عبد المعطي. النظم الآلية والتقنيات المتطورة للمكتبات ومراكز المعلومات.- الرياض: مكتبة الملك فهد الوطنية، 1998.

ثالثاً: المراجع الإلكترونية:

- واقع ثقافة البحث العلمي الإبداعي في جامعات العالم العربي، سلطان بلغيث,/2007-10-13

http://www.ejtemay.com/showthread.php?t=3009

- الطرابيشي، عارف. مستجدات حقوق الملكية الفكرية في تقانات المعلومات. 2005. متاح العنوان:

http://lib.hutech.edu.vn/cd/inforusa/usiaweb/regional/nea/arabic/journala/electcom.htm

- حمد إبراهيم العمران." المكتبة الرقمية وحماية حقوق النشر والملكية الفكرية".- مجلة المعلوماتية، ع2، 2003، على الرابط الأتي:

http://www.informatics.gov.sa/magazine/modules.php

- ا- الدكتورة عائدة أبو السعود القيسي، مقال منشور على الانترنت

http://www.najah.edu/arabic/articles/163.htm

- د. حميد الهاشمي، عضو هيئة تدريس في جامعة اوربا الاسلامية- هولندا / ورقة بحث على الانترنت بعنوان/ فرص توظيف برامج الانترنت في البحث العلمي

http://www.iraqcp.org/members4/0061112wzaaqw7.htm

- محمد مسعد ياقوت / باحث في العلوم الإنسانية- مقال بعنوان (البحث العلمي العربي معوقات وتحديات) عبر الموقع

http://www.al-jazirah.com.sa/culture/26092005/fadaat25.htm

- د. كمال بوكرزازة/ أستاذ مساعد، قسم علم المكتبات، كلية العلوم الإنسانية والإجتماعية- جامعة منتوري قسنطينة الجزائر- الدوريات الإلكترونية العلمية بالمكتبات الجامعية وأثرها على الدوريات الورقية - cybrarians journal.

- - ع 11 (ديسمبر 2006) متاح في:

http://www.cybrarians.info/journal/no11/ejournals.htm

- واثق غازي المطوري، أنواع البحوث العلمية وكيفية انجازها، جامعة البصرة/ 2006 مقال منشور:

http://www.geologyofmesopotamia.com

- علي سعد العلي." مشروع المكتبة الإلكترونية الوطني ".- مقالة إلكترونية على موقع منتدى الكُتَّاب، تاريخ النشر : 06 / 06 / 2002،

    http://writers.alriyadh.com.sa/kpage.php?art=6725&ka=210

- Judith Pearce." The Challenge of Integrated Access: The Hybrid Library System of The Future ".- Presented at The VALA 2000 Conference , Available at: http://www.nla.gov.au/nla/staffpaper/jpearce1.html

- Mel Collier. " Toward a General Theory of The Digital Library ".- A Paper Presented at ISDL97 , Available at:

    http://www.dl.ulis.ac.jp/ISDL97/proceedings/collier.htm1

رابعاً: المراجع الأجنبيَّة:

- Association des professionnels de l'information et de la Documentation.La Declaration de Berlin:pour le développement du libre accés.Documentaliste-sciences de l' information.2004,.

- Renolt,Danie.les bibliothéqes dans l'université.Paris:edition du cercle librairie,1994.

- BALDUIN,CHRISTINE.electronic.journal.publishing.IFLA.journal, 1999,

- Bonnet,Juliette Doury.le web semantique.Bulletin des bibliotheques de France, 2004

- COX ,JOHN E publishers ,publishing and the internet. The electronic library 1997.

- .Delaine,Virginie.La gestion au quotidien des revues électroniques sur Intranet..Documentalite sciencede l'information,2000.

- Lahary,Dominique.La proprieté intelectuelle s'invite au sommet de l'information.Bulletin des bibliotheques de France.,2004

- Maisonneuve,Marc.Bien choisir son serveur Web.Bulletin des Bibliothèques de France, 1998

- Paul,Anderson.excessive publication in scholarly journals. Managing information,1996

- Raney,keith.into a glass darkly. Into the journal of electronic publishing, 1998

- Hervé, LeCrosnier. Les journaux scientifiques électroniques ou la communication de la science à l'heure du réseau mondial. Actes du colloque des 16, 17 et 18 mars 1995, Bordeaux;: Paris: ADBS, 1995.

Printed in the United States
By Bookmasters